智慧医疗在养老产业中的创新应用

郭源生 王树强 吕 晶 编著

电子工业出版社

Publishing House of Electronics Industry

北京·BEIJING

内 容 简 介

我国老龄化问题和矛盾日渐突出，养老和医疗已成为两大热点民生问题。随着互联网、移动网、物联网、3D、人工智能等新兴技术与医疗、健康、养老产业深度融合，将使智慧医疗与健康养老得到深入、广泛地应用。

本书创新性地提出了"居家养老、社区与社团帮老、科技助老"，以应对我国所面临"未富先老、未备先老"的复杂形势和社会环境与背景。本书第一篇指出我国日益严重的养老压力，以及我国现有医疗资源与人民需求之间的差距。第二篇介绍新技术在医疗行业中的应用及案例。第三篇介绍国内外养老模式与案例，探索适合我国国情的养老模式；同时从需求出发，结合技术特点，对业内企业家、研究者提出完善智慧养老产业的具体措施与方案。

本书适合从事智慧医疗技术、产品和服务类研究的工程技术人员，以及政府公务员、事业单位、企业管理者、投资机构等相关人士阅读。也可作为高等院校信息类、通信类、计算机类等专业的物联网概论课程的教学参考用书。

图书在版编目（CIP）数据

智慧医疗在养老产业中的创新应用 / 郭源生，王树强，吕晶编著. —北京：电子工业出版社，2016.9
ISBN 978-7-121-29775-5

Ⅰ. ①智…　Ⅱ. ①郭…　②王…　③吕…　Ⅲ. ①信息技术－应用－养老－服务业－产业发展－研究－中国　Ⅳ.①F719-39

中国版本图书馆 CIP 数据核字（2016）第 198318 号

策划编辑：陈韦凯　　责任编辑：陈韦凯
文字编辑：许存权　秦　聪
印　　刷：北京虎彩文化传播有限公司
装　　订：北京虎彩文化传播有限公司
出版发行：电子工业出版社
　　　　　北京市海淀区万寿路 173 信箱　邮编　100036
开　　本：787×1 092　1/16　印张：21　字数：538 千字
版　　次：2016 年 9 月第 1 版
印　　次：2020 年 8 月第 8 次印刷
定　　价：65.00 元

凡所购买电子工业出版社图书有缺损问题，请向购买书店调换。若书店售缺，请与本社发行部联系，联系及邮购电话：(010) 88254888，88258888。

质量投诉请发邮件至 zlts@phei.com.cn，盗版侵权举报请发邮件至 dbqq@phei.com.cn。

本书咨询联系方式：chenwk@phei.com.cn，(010) 88254441。

前　言

　　人生 50 方自知。50 岁是人生的一座分水岭。在 50 岁之前，从来不曾考虑年老后或退休后的事情；但到了 50 岁，却在认真思考如何为退休后做点什么事情：需要积蓄多少钱？退休后住哪儿？与子女住一起，自己独立居住，还是回乡下老家居住？住自己的房子，还是住养老院？自己的身体健康情况如何，是否需要为此储存一笔钱以防生一场大病？当自己不能照顾自己的时候，怎么办？

　　与年轻时相比，年老之后最大的特征是：不挣钱光花钱，生病成为常态，最后甚至还可能照顾不了自己。对此，我们需要的钱从哪儿来，能得到多少，够不够？生病去哪儿看病、养病，是否方便，需要多少钱？当需要被照顾时谁来照顾，需要多少钱？其中最为担心甚至恐惧的，是生一场大病，那该怎么办？人总会担忧自己的生命是否一直健康，担忧自己是否能够行动自由。

　　要回答这些问题，得先清楚居住地附近的医疗资源：生小病时可以去的医院以及生大病时可以去的医院的情况，如医院数量、医疗水平、不同类型等；生大病后需要康复的机构情况；养老机构的情况怎样。我是否能够挂上号，找到合适的医生？记得有位著名的相声演员，住在乡下别墅里，心脏病突发时附近没有合适的医院，耽误了抢救而不治。

　　我国老年人口急速增加，同时人民生活水平不断提高，这两者都导致民众对医疗的需求日益旺盛，进而导致我国现有的医疗资源与人民的需求相差很大。这个差距越大，企业家的机会就越大。

　　在我国老龄化社会与医疗健康服务环境矛盾突出和严峻的背景下，如何通过智慧医疗相关技术和服务模式创新应用，推动医疗产业的快速发展和内容落地，成为解决当今矛盾问题的关键。养老和医疗是当今两大社会热点民生问题，在互联网等信息技术快速发展、普及应用的时代，必然产生不同的智慧养老和智慧医疗的解决方案。信息技术的发展将给养老和医疗带来革命性的变化，智慧养老与智慧医疗已成为目前 IT/IS 领域的研究热点，大数据技术、云计算技术、物联网技术等都会在智慧养老和智慧医疗领域发挥重要作用。

　　当然这也是一个创新发展和探索的过程。随着互联网、移动网、物联网、3D、人工智能等新兴技术与概念的不断完善与提高，必将与医疗、健康、养老产业深度融合，从而在智慧医疗、远程医疗、智慧医院、智能康复、智能家居中得到深入、广泛的应用。这对于实现"科技助老"并解决养老产业中的各类问题，将发挥积极作用，同时产生产业变革和深远影响。同时，应当并值得引起企业家和医疗服务机构的高度认识和重视。

本书创新性地提出了"居家养老、社区与社团帮老、科技助老",以应对我国所面临的"未富先老、未备先老"的复杂形势和社会环境与背景。试图通过移动互联、大数据、云计算、物联网等技术,以及将可穿戴设备、移动智能终端、家庭智能终端与服务类机器人等产品创新性地应用于健康养老中,并希望梳理和探索出新的体系构架和服务模式,从而促进整个智慧医疗产业走向集约化、可持续的良性创新发展阶段,全面提升智慧医疗与健康养老创新应用的整体水平。本书第一篇指出我国人口结构的老龄化所带来的日益严重的养老压力,以及我国现有医疗资源与人民需求之间的差距;第二篇介绍新兴技术与概念在医疗行业中的应用情况及相关企业案例,可以说智慧医疗的发展在一定程度上能够优化我国医疗资源的配置,缓解医疗资源不足的压力;最后,第三篇介绍国内外的现有养老模式与有关企业案例,在此基础上,探索适合我国国情的养老模式,同时从老年人的需求出发,根据新兴技术的特点,得到了智慧养老的一些落脚点,试图帮助对健康养老有兴趣的企业家、研究者思考如何完善智慧养老的产业。

本书的编写力求突出系统性、全面性、创新性和实用性。书中详细梳理了智慧医疗的概念与基本内涵,体系架构与功能特征,以及产业体系与建设运营模式,强调智慧医疗与健康养老之间的协同关系,重点对医疗方法与模型创新应用、与产业的关联性、基础功能模块和系统架构、产业构架与服务模式等进行了详细阐述,并介绍了大量国内外相关技术应用和服务模式创新的具体案例。最后对智慧医疗与养老产业协同创新理念与发展趋势,以及产业面临的主要问题与对策进行了探讨。本书大量系统翔实的资料对于当前我国智慧医疗与养老产业的技术渗透、相互融合、协同发展,以及业内相关企业的实践具有实用的参考价值。

本书由郭源生总策划并统稿。郭源生、王树强、吕晶等共同编著。复旦大学胡奇英教授、傅江峰博士等参与编写工作;全书由郭源生和徐静等审校并定稿。

本书适合从事智慧医疗技术、产品和服务类研究的工程技术人员及政府公务员、事业单位、企业管理者、投资机构等智慧医疗与养老产业相关人士和关注者阅读,以及作为物联网开发相关技术人员与科研工作者的参考工具;也可作为高等院校信息类、通信类、计算机类等专业的物联网概论课程的教学参考用书。

本书编写过程中参考了许多学者、相关技术人员及各类网站提供的研究数据和资料,在此表示衷心感谢。

人类步入 21 世纪全面进入信息时代,随着信息技术的发展与成熟,各种产品和服务模式层出不穷,以物联网为基础的智慧医疗及健康养老观念不断深入人心。结合"十三五"规划的开启,我国已进入信息技术深度融合的高速发展期。时代发展日新月异,信息技术变革突飞猛进,智慧医疗与健康养老将成为人们生活最基本的必要保障性需求,使得人们快乐享受健康的生活成为可能。同时,也为企业创新和产业发展提供了无限的市场想象空间。当然,尽管编者在编写过程中尽量采纳最新的研究成果和技术资料，也难以完全跟上技术发展变革的脚步。由于研究团队理论与技术水平的限制，书中难免有很多不足和局限，期待广大读者和专家学者给予批评指正，我们有机会将不断更新补充本书的内容。

编著者
2016 年 8 月

目　录

第三篇 健康养老

第一篇

养老现状与医疗困境

第1章　人口老龄化与养老现状

我国面临着严重的人口老龄化问题，这不仅给社会的生产带来严重影响，同时也使我国的养老问题压力激增。因此，在这种情况下逐步加大医疗资源投入，平衡医疗资源分配，完善全国各级城市和乡镇养老问题，重点扶持和保障贫困地区养老，是十分重要而艰巨的任务。另一方面，智慧医疗手段是缓解社会就医压力、提高医疗资源使用率和保障养老效率的重要手段。本章主要从我国养老需求的不断扩大和养老供给的不足两方面对比，介绍我国目前在养老问题上所面临的困难，强调优化医疗资源和发展智慧医疗的重要性。

1.1　养老需求不断扩大

人口老龄化是指总人口中因年轻人口数量减少、年长人口数量增加而导致的老年人口比例相应增长的动态，有两个含义：一是指老年人口相对增多，在总人口中所占比例不断上升的过程；二是指社会人口结构呈现老年状态，进入老龄化社会。国际上的通常看法是，当一个国家或地区 60 岁以上老年人口占人口总数的 10%，或 65 岁以上老年人口占人口总数的 7%，即意味着这个国家或地区处于老龄化社会。

未来几十年里，老龄化浪潮将会席卷中国，60 岁以上老年人口所占比例将会迅速提高，2015 年这一比例达到了 15%。2012 年和 2013 年是中国人口老龄化发展中形成的第一个老年人口增长高峰。2005 年，相对每 100 名适龄工作成年人，仅有 16 名中国老年人。老年抚养比是指人口中非劳动年龄人口数中老年部分对劳动年龄人口数之比，用以表明每 100 名劳动年龄人口要负担多少名老年人。这一比例到 2025 年将会翻番到 32%；到 2050 年会再翻一番，达到 61%。到 2050 年时，将会有 4.38 亿中国人年龄达到或超过 60 岁，其中 1.08 亿人超过 80 岁，2050 年劳动者的负担将增长 3 倍。我国过去 20 年老年抚养比如图 1-1 所示。

由于人口老龄化超前于现代化，"未富先老"和"未备先老"的特征日益凸显。老年人面临诸多问题和困难，2012 年全国约有 2300 万老年人属于贫困和低收入者。城镇老年人口的宜居环境问题十分突出，七成以上的城镇老年人口居住的老旧楼房无电梯，高龄、失能和患病老年人出行困难。2012 年农村留守老年人已达 5000 万人。

随着中国迎来人口迅速老龄化的新时代，如何面对迅猛而来的老龄化问题，已成为全社会共同关注的焦点。从社会工作的角度看，无论是早期的慈善服务，还是当今的专业工作，始终把老人作为关照、帮助和服务的对象，为解决老龄化社会中老人对经济供养、医疗保健、生活照料和精神文化等方面的需求，实现老人群体与社会生活之间的良好福利状态，搞好养老社会工作日益彰显出重要性。如何为老人提供全方位的社会服务，成为摆在多元社会工作部门面前的艰巨任务。中国不仅是世界上人口最多的国家，也是老年人口数量最多和增长速度最快的国家之一。搞好养老社会工作已经刻不容缓，而如何搞好养老工作更是值得深入探讨的新兴议题。

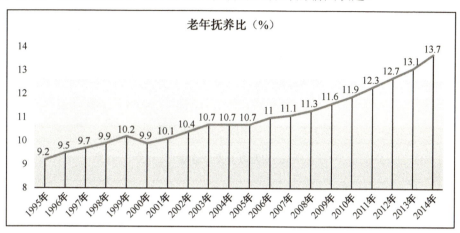

图 1-1　我国过去 20 年老年抚养比

接下来，从我国人口老龄化的程度、老龄化的区域性，以及老人个体需求的变化，来分析我国养老需求。

1.1.1　老龄化严重

1949 年以前，中国人口的平均寿命只有 35 岁，呈现出高出生率、高死亡率、低增长率的特点，属于典型的年轻型人口结构。新中国成立后，由于社会经济的持续发展，城乡医疗卫生条件的改善，中国人口表现出高出生率、低死亡率、高增长率的特点，人口的年龄结构从年轻型转变为成年型。改革开放以来，经济快速发展，人民生活水平和生活质量有了很大提高，中国人的平均预期寿命延长到 70 岁以上。此外，20 世纪 70 年代以来，中国实行了严格的计划生育政策，人口的总生育率降到低于正常水平的 1.8%。较大的人口基数和总生育率的下降，这两个因素促使中国的人口结构从成年型迅速向老年型转变。

目前，我国社会老龄化程度较高，老年人口规模呈现总量扩张、增量提速的发展态势。我国的人口基数决定了老龄人口规模十分巨大，2012 年，我国大陆地区总人口达到 135404 万人，其中 15～64 岁劳动年龄人口为 100403 万人，占全部人口的 74.1%，较 2011 年下降 0.3 个百分点；65 岁及以上的老年人口数量为 12714 万人，占当年全部人口的 9.4%，比重较 2011 年上升 0.3 个百分点，如图 1-2 所示。

我国在 2000 年时，60 岁及以上人口占总人口的比例达到了 7%，这标志着我国进入了老龄型社会。到 2012 年，我国 60 岁及以上人口占总人口的比例为 14.3%，处于快速老龄化阶段。截至 2014 年底，我国 60 岁及以上老年人口已经达到 2.12 亿，占总人口的 15.5%。预计 2033 年前后将翻番到 4 亿，到 2050 年左右，老年人口将达到全国人口的三分之一，届时"银发潮"的到来，将对我国的经济、社会、政治、文化发展产生深远的影响。图 1-3 显示的是我国 65 岁及以上人口结构的变化。

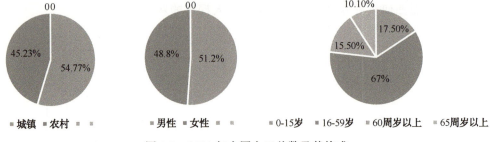

图 1-2 2014 年中国人口总数及其构成

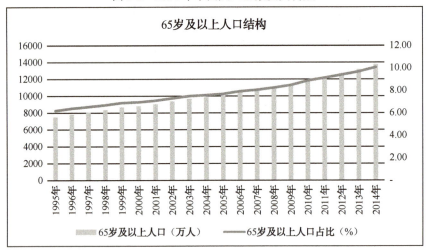

图 1-3 我国 65 岁及以上人口数量与占比

此外，中国社会的老龄化速度逐渐加快。中国人口老龄化发展趋势预测研究报告指出，21 世纪的中国老年人口发展进程可分为以下 3 个阶段。

第一阶段为快速老龄化阶段（2010—2020 年），此阶段中国平均每年新增的老年人口约为 600 万，年平均速度约为 3.3%，远远超过总人口的年平均增长速度 0.7%，预计至 2020 年，老年人的绝对人数将为 2.5 亿，占总人口的 17.2%，而高龄老年人口（80 岁及以上）总数将超过 3000 万，占老年人口的 12.3%。

第二阶段为加速老龄化阶段（2021—2050 年），此阶段进入加速老龄化阶段与 20 世纪 60、70 年代的第二次人口生育高峰人群步入老年密切相关，此阶段中国平均每年新增的老年人口约 620 万，预计至 2050 年，老年人口的总数将超过 4 亿，比例将超过 30%。

第三阶段为稳定的重度老龄化阶段（2051—2100 年），2051 年中国的老年人口总数将达到峰值 4.37 亿，此阶段，老年人口较稳定，总数在 3～4 亿，比例保持在 31.0%左右，其中 80 岁及以上高龄老年人占老年人口的比例将稳定在 25.0%～30.0%，中国社会进入高度老龄化的平台期。

在中国老龄化进入快速发展阶段的同时，还伴随着高龄化的快速推进。数据显示，目前中国 80 岁以上的高龄人口已接近 2400 万，占整个老年人口的 11%。同时，与发达国家相比，我国老年人的健康程度偏低。

1.1.2 老龄化区域分布不均衡

众所周知，我国人口众多，各地区的经济社会发展水平差异较大。与此同时，人口老龄化发展形势也表现出明显的区域不平衡性。从地区分布来看，东部和中部地区的人口老龄化形势相对严峻，西部地区的人口压力相对较小。从时间走势来看，东部地区人口老龄化正逐渐向中部和西部地区转移。数据显示，2002 年，我国 31 个省、区、市中，有北京、天津、上海和浙江 4 个省市的 65 岁及以上人口占比超过 10%，这些省市全部属于东部地区。2012 年，有天津、江苏、安徽、山东、湖北、湖南、重庆和四川 8 个省市的 65 岁及以上人口占比超过 10%，其中属于东部地区和中部地区的各有 3 个，属于西部地区的有 2 个。老年人口占比高的地区增多，一方面显示我国人口老龄化形势愈发严峻，另一方面也显示出人口老龄化呈现转移趋势。

我国老龄化程度存在地区差异，依据 2013 年各省绝对和相对老龄化程度统计结果，从相对老龄化程度看，天津、山东、辽宁、上海、江苏、安徽、湖南、重庆和四川 9 个地区的绝对老龄化程度较高，绝对老龄化程度均在 10%以上。其中重庆市最高，达 13.25%，其次为四川和江苏，分别为 12.76%、12.25%。西藏、新疆、青海、宁夏和广东 5 个地区绝对老龄化程度较低，均在 7.5%以下。除广东外，其他地区均处西部地区。其中最低的是西藏 5.17%，其次是新疆和宁夏，分别为 6.37%、7.08%。从相对老龄化程度看，重庆、四川、江苏、天津和山东 5 个地区程度较高，均在 11%以上。其中重庆最高，为 13.7%。其次为四川和江苏，分别为 13.2%、12.7%。西藏、新疆、宁夏、青海和广东相对老龄化程度最低，均在 7.5%以下。其中西藏最低，为 5.3%，其次是新疆和宁夏，分别为 6.6%、7.3%，如图 1-4 所示。

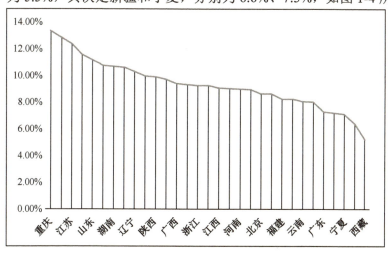

图 1-4 2013 年各省市绝对老龄化程度

从总体水平上看，无论是绝对老龄化程度还是相对老龄化程度，东部地区均高于中部和西部，除了广东和北京。西部地区中除四川省和重庆市老龄化程度位居群首之外，其他省老龄化水平都比较低。中部地区除湖南省和安徽省稍高之外，其他省均在一般水平。

从老龄化的速度来看，2010—2013 年，总体上国内人口老龄化的年均增长率，东部地区明显低于中西部地区。一方面东部地区经济发展快，吸引更多来自中西部地区的青壮年到东部，从而造成了"东部青壮年越来越多，而中西部老年人口相对增多"的这样一种趋势。另一方面，东部经济发展较快的地区，人口流动也较为频繁，流动人口多为青壮年的劳动力，因此，其人口年龄结构会呈现出"中间高，两边低"的趋势，进一步减缓了东部地区的老龄化速度。

在人口老龄化的进程中，一个值得注意的现象就是城乡差异大，农村的老年人口高于城市。由于在农村地区"养儿防老"的传统观念可谓根深蒂固，加之主要的养老方式是以家庭型为主，并且社会养老保障体系的完善程度与城市地区差异较大，所以，没有实施计划生育政策以前，农村地区人口的增长速度明显快于城市地区。随着计划生育政策的实施和农村育龄妇女传统生育观念的转变，农村地区人口增长速度迅速下降，造成农村地区人口老少比大于城市地区，人口老龄化比城市地区更加严重。

从新中国成立初期到改革开放以前，由于我国的生育政策和户籍制度的限制，城市地区与农村地区人口老龄化并没有太大差距。改革开放以来，我国实行以市场经济为主导的经济制度，户籍制度逐渐放宽。自此，农村大量青壮年劳动力涌向城市，以寻求更多的发展机遇，流动的人口促使农村老龄化加快，并逐步超过城市。我国人口老龄化城乡倒置的另一基本特征，即农村地区经济发展水平与城市地区差距巨大，但人口老龄化水平反而高于城镇。而且，城市老年人三分之二有养老金，而在农村这一比例只有 4.6%。受到人口迁移与城市化的双重影响，农村老龄化速度长期高于城市，到 2050 年老年人口比例可能超过四成。经济、社会发展程度的差别，则使一些中心城市和大城市人口老龄化速度高于其他省区。

1.1.3 老年人需求的变化

对于老年人而言，健康管理和医疗陪护是他们最基本的需求。有研究指出，80岁以上的高龄老人是长期护理需求最高的人群。这表明，随着年龄的增加，老年人对医疗和护理照护的需求也会相应增加。老年期是人生理和心理上的衰退期，随着年龄的持续增长，老年人的身体状况也会越来越差，自我照护水平越来越低，对照护的需求也就越来越高。很多老年人都面临各种类型的疾病，需要时时关注他们的健康状况。

在现代社会，医疗技术水平不断提高，老年人有机会获得更多更好的治疗。在接受健康照料的同时，他们还有情感、精神等方面更高层次的需求。随着独生子女家庭和空巢家庭越来越多，老年人情感需求问题也越来越突出。老年人的生活质量，不仅表现在物质上，还表现在精神上，愉悦的精神是保持老年人健康的重要条件，与物质生活相比，空巢老人的精神生活同样值得关注。社会节奏的加快，就业压力的增加，使大多数子女因忙于工作，没有时间和精力去探望老人，更谈不上给予生活上的照护，这样易使老人心理产生孤独感、抑郁感和被遗弃感。情感需求是老年人心中普遍强烈的精神需求。老年人从子女那里最想得到的不是金钱、物质而是亲情。老年人如果长期得不到关怀照顾、精神缺少慰藉，就会感到孤独寂寞，心理素质也会逐渐弱化，从而产生某些消极情绪，严重影响老年人的身心健康。子女日常的嘘寒问暖和经常的沟通交流，配偶的相依相随、亲属的慰问关怀，都能使老年人得到精神慰藉，从而使老年人心情舒畅、精神愉快。

随着社会经济的快速发展，人民生活水平有了长足的提高。社会经济体制和价值观的变化，以及家庭结构的逐步演变，老年人群体的文化心理和价值观念也发生了转变。老年人的生活观已从原先最基本的生存需求，发展到不仅需要富足的物质生活，还需要健康、长寿、知识、技能和精神慰籍。他们希望自己融合于家庭，融合于社会，多方位地享受社会的文明发展成果。

俗话说："活到老，学到老"。老年人虽然已经退休，但他们仍然希望与时俱进，不被发展的形势淘汰。他们渴望老有所学，获得继续学习的机会，通过教育，学习文化知识和专业技能，从而提高文化素质，更新观念，感到自己不断被充实和丰富，从而觉得活得更快乐、更有滋味。

自我实现是老年人精神需求的最高层次，老年人在长期的工作实践中拥有了娴熟的技术，积累了丰富的阅历和经验，退休后依然希望参与社会活动，为社会做一些力所能及的事情，充分发挥自己的潜能和余热。实现自身价值或未竟心愿，即实现老有所为、老有所用、老有所成。

1.2　养老供给不足

1. 经济领域：中国面临"未富先老"困境

30 多年的改革开放，经济高速增长，成就了"中国奇迹"。数据显示，截至 2010 年 9 月底，成为世界第二大经济体。然而，与此相对，我国目前人口平均年龄的增加却高于发达国家同期增长水平。随着 1952 年和 1953 年出生的人口进入老年期，中国迎来了第一个老年人口增长高峰，60 岁以上老年人口达 1.94 亿人。老年人口的高龄、失能（生活不能自理）和空巢化，将进一步加剧应对人口老龄化的严峻性和复杂性。截至 2012 年底，80 岁及以上高龄老年人口达 2273 万人，失能老年人口 3600 万人，慢性病患病老年人口 0.97 亿人，空巢老年人口 0.99 亿人。2025 年之前，高龄老年人口将保持年均增长 100 万人。

由于人口老龄化超前于现代化，老年人面临着贫困、疾病、失能、服务、照料、精神关爱等诸多困难和问题。一是贫困和低收入老年人数量仍然较多，2012 年约有 2300 万人。二是城镇老年人口的宜居环境问题突出，七成以上的城镇老年人口居住的老旧楼房没有安装电梯，高龄、失能和患病老年人出行举步维艰。三是农村老年人留守现象突出，2012 年约有 5000 万人。

目前，我国应对人口老龄化的顶层设计和战略规划相对滞后，政府、市场、社会多元主体共同应对人口老龄化的体制尚未形成，而且养老保障和医疗保障水平还比较低，特别是农村老龄事业发展明显滞后。我国的养老服务面临"未变富先变老"的挑战。

2. 社会领域：中国老龄化社会未备先老的特征

每个社会都存在着自我养老、家庭养老和社会养老三种养老方式。其中，家庭养老是配偶、子女和亲属在经济、生活照料和情感慰藉上对老年人的支持，在我国养老中扮演十分重要的角色。家庭养老得以持续，需要具备主观和客观方面的条件。随着经济发展、社会结构和家庭结构的变迁，家庭养老存在的主客观条件正受到挑战。主观上，人们越来越向往独立、自由和人格平等的生活，追求自我实现。在这种价值观的影响下，"空巢"现象越来越多，亲属之间的联系也明显减少。客观上，面临时间、经济和人口的挑战，有些年轻人也有孝敬老人的主观愿望，但通常为了生计或在激烈的职业竞争下，无暇照顾老人和顾及老人的精神需求。鉴于此，仅仅依靠家庭养老，不能满足我国社会的养老需要。

社会养老服务（或称养老社会服务）是针对我国家庭养老功能弱化，高龄老人和空巢老人增多，而需要从社会角度对老年人的帮助服务，是由政府、社会组织、企业、志愿者为老年人提供各种生活所需的服务。社会养老服务又可以分为基本养老服务（福利性养老服务）、非营利性养老服务和市场养老服务（后两种养老服务也称为非基本养老服务）三大类。非基本养老服务是对老年人生活所需的具有一定幸福指数的享受型服务。在老年人的生活中，社会养老服务和家庭养老服务相互联系、相互依赖、相互补充、相互促进，共同支撑了老年人的生活生命质量。社会养老服务体系作为一个系统，内容丰富，范畴囊括了除家庭养老服务外的所有政府、社会组织、企业等为老年人服务的内容、行为、形式、制度、机构、设施、人员等要素。其基本要素有四个：一是有服务需求的老年人；二是有主导养老服务工作开展的政府、制度和人员；三是有提供养老服务的内容，如医疗照料服务、文化教育服务、优待维权服务、家务劳动服务、老年人再就业服务等；四是有必需的养老服务机构和场所、设施，如老年公寓、老年康复中心、养老院、托老中心（所）、老年权益维护中心、老年学校、老年活动中心等及配套的服务场所和设施。

目前，我国的养老服务体系明显滞后于养老服务需求，可谓"未备先老"。我国养老服务供给能力还明显不足，截至 2015 年年底，中国每千名老年人拥有养老机构床位仅为 19.7 张，不仅低于发达国家的平均水平，也低于一些发展中国家的水平。社区和居家养老服务发展缓慢，区域、城乡之间养老服务发展不平衡。服务队伍职业化程度不高，养老服务专业人员相对缺乏。

养老服务业现状总体上和老年人日益增长的需求存在较大差距。表现为，广大居家老年人难以就近享受到方便多样的社区服务，社区养老的依托地位亟待夯实；养老机构的布局结构不合理，普遍存在城区"一床难求"，郊区农村养老院多有空置的状况；面对失能、高龄等特困老年人的护理型、医养结合型养老机构严重短缺；农村养老服务水平明显低于城市，养老服务存在的问题比城市更加突出。

社会力量参与养老事业严重不足。民间资本进入养老服务领域与公办养老服务机构，在用地、融资、用人、政府补贴等方面缺乏统一、公正、公平政策和平等竞争的社会环境，国家规定的养老机构优惠政策难以落实，影响社会力量参与养老服务业发展的积极性；养老服务业队伍建设亟待加强，专业护理人才培养严重滞后，因文化素质不高、流动性大、社会偏见等原因，取得资质的护理人员极度缺乏，服务质量难以保障，急需解决"谁来服务"的问题，加快发展养老服务业任重道远。

1.2.1 未富先老

中国内地人口结构已经出现重大转变，三十年来无限供给的劳动力市场出现了消失，迎来经济学上的"刘易斯拐点"，中国刚进入中等偏上收入国家行列，人口红利三年内即将消失，但老龄化趋势凸显，中国是典型的"未富先老"。从国际上发达国家的经济发展和人口结构变化来看，大部分国家都是在物质财富积累达到一定程度后，才开始进入到人口老龄化阶段，相应地这些国家有足够的财力来解决老年人的养老问题。而本世纪初，我国进入人口老龄化社会时，物质财富积累则相对不足。2001年，我国 65 岁及以上老年人口占比达到 7.1%，按照联合国标准，正式进入到老龄化社会，而当年人均 GDP 仅为 1041.6 美元，不及德国、英国和加拿大的 1/20，仅为美国和日本的 3% 左右，与发达国家存在较大差距。2012 年，我国人均 GDP 虽然大幅增长至 6188.2 美元，但与美国、日本、德国、英国等多数发达国家仍然存在较大差距，经济发展压力依然较大。

"未富先老"给我国的社会经济发展带来了诸多问题。首先，"未富先老"在减少劳动力供给的同时，也降低了整个社会吸收新知识和新观念的速度。同时，"未富先老"使得我国原有的劳动密集型产业优势不复存在，在迫使我国产业结构转变的同时，也制约着技术创新产业类型的选择。因为产业结构调整必须有与之相适应的技术开发创新和推广，以适应新的行业和产业结构体系的需要。但从整体上讲，老年人虽然经验丰富，但技术开发创新能力和接受适应能力有所减弱，不利于新兴产业部门的成长。对于老龄化造成的技术创新能力的下降，有可能会诱发采取贸易措施保护国内的劳动力市场，从而削弱技术进步和灵活的劳动力市场对产业长期增长的贡献作用。

其次，经济发展需要保持一个较高的经济增长速度，较高的经济增长速度需要较高的积累和投资率作为保障。"未富先老"引发的另一个突出问题就是社会养老压力增大，加重了社会养老方面的支出。从政府的角度看，一方面受人口老龄化的影响，经济减速导致政府收入减少。另一方面随着人口抚养比的提高，政府的养老支出扩大。老年人的增加必然对养老金、退休金、医疗保障的需求自然扩大。老年人口的快速增长引起老年退休金、养老金、医疗卫生支出、老年福利设施和老年服务等非生产性政府支出大幅上升，政府关于社会养老的负担大大加重。

中国的经济社会发展水平尚未达到发达国家标准，却提前步入人口加速老龄化的社会阶段，这将对我国的社会政策调整、经济可持续发展形成压力与挑战。从我国中长期的经济社会发展前景考虑，需要及时采取有力措施，力争在人口老龄化程度达到最高值之前，夯实经济承载能力，完善社会保障体系。

1.2.2　家庭养老现状

随着我国日益严重的老龄化，养老问题已成为社会公共问题，质量养老离不开家庭的支持，配偶、子女和亲属的精神慰藉直接关系到老年人的身心健康和生活质量。

家庭养老是一种源自于血缘亲情的养老模式，它强调家庭和家庭成员对养老的支持，因此，为老人提供生活照料与精神服务的，主要是家庭成员。它包括两个层次，即家庭养老模式和家庭养老方式。其中，家庭养老是指由家庭承担养老责任的文化模式和运行方式的总称。家庭养老方式是指家庭成员履行养老责任时的运作形式。

目前，我国的养老模式仍然以家庭子女养老为主，这种传统的养老模式给家庭和子女造成了一定压力，甚至会影响老年人自身的生活质量。子女养老压力是指儿子或女儿赡养直属血缘系统内老人所感受到的压力，是评价子女赡养老人心理状态的指标，它不仅直接影响子女对老人的照顾效果，使得老年人晚年生活质量下降，同时也是家庭关系和谐与否的重要因素，上世纪80年代后期至90年代初，随着计划生育的推行，独生子女日益增多，家庭平均人口下降，家庭构成趋于小型化。"四二一"家庭逐渐成为主流，导致家庭供养比上升，加之日益增长的生活成本，年轻人的负担日益加重，其经济收入以及精力和时间，都难以满足老年人的养老要求。

目前，我国对于子女养老压力现状的研究，主要集中在三个方面：经济压力、工作繁忙导致时间上的压力、老年人心理问题导致的沟通压力。

首先，中国目前有1.78亿老龄人口，居世界首位，65岁及以上老年人约占全国总人口的8.87%，到2020年将上升至13.6%，2030年将提高到18.7%，人口老龄化的速度高于世界平均老龄化速度。我国养老模式仍处于逐步完善中，覆盖不全，收效参差不齐，加上我国传统以家庭为中心的养老模式，使得养老重担仍然很大一部分依赖子女赡养，导致很长一段时间"三无"老年人和"五保"老年人是社会福利享受主要对象。我国制订有《中华人民共和国老年人权益保障法》，其规定，国家和社会采取措施，改善老年人生活、健康以及参与社会发展的条件。要求各级政府将老年事业纳入国民经济及社会发展计划，逐步增加对老年事业的投入，鼓励社会各方面的投入，促进老年事业与经济、社会的协调发展。同时，老年人经济供养也不稳定，20世纪 90 年代中期，计划经济向市场经济过渡的初期，国有企业调整力度加大，企业优化减员增效，导致体制性下岗、结构性下岗、企业深化性下岗，而下岗的职工中，多为有供养老人负担的中年人。同时，市场竞争使家庭成年子女收入不稳定，甚至导致一些家庭成为贫困户，子女自身经济收入不稳定，对家中老年人的经济供养造成威胁。

其次，工作繁忙导致子女养老存在时间上的压力。改革开放以来，社会流动性增强，年轻人不再奉行"父母在，不远游"的文化传统，而是去经济发达地区寻求发展，同时，现代社会竞争激烈，人们的学习、工作压力增大，生活节奏加快，造成年轻人照顾老人的时间和精力减少。若夫妻双方均为独生子女，婚后多随一方父母生活，加之工作时间原因，容易缺少对另一方父母的照顾。

此外，老年人心理问题导致沟通压力。随着岁数增长，老年人的心理状况会发生极大改变，心理承受能力会出现很大程度的降低。老年人心理特点很容易导致老年人罹患某些精神障碍性疾病，如抑郁症、神经衰弱、退休综合征、空巢综合征等。这一系列生理、心理变化，造成其与年轻人沟通困难。目前中国家庭规模小型化、家庭结构多样化，除了"421"家庭外，还出现了丁克家庭、单身家庭、单亲家庭、空巢家庭等多种类型，传统的家庭养老功能减弱，迫切要求建立与家庭结构、养老服务需求增加相适应的社会养老服务制度，满足老龄化社会快速发展的需求，适应高龄、失能、患病、空巢家庭老人不断增长的现状。

实际上，在养老对象中，最需要长期照料护理服务的是失能老人。随着年龄的增长，他们的身体技能和生活能力不断退化，各种常见病、多发病以及老年性疾病越来越多，生活自理程度越来越低，对长期照料和康复护理等方面服务的依赖性需求越来越多。这时，家庭养老并不能很好的照料这一类老人，专业化的机构住养服务反而应是他们的最佳选择，机构收住此类服务对象，需要专业化的护理照料跟上，服务过程中各种专业知识、手法、技巧必须有充分的应用和体现。可是，反观我国养老机构服务队伍的专业化建设状况，却与失能老人的专一业化养老服务需求存在着巨大反差。养老机构的专业服务人员严重短缺，现有的专业人员数量远远不能满足需要。尤其是民办养老机构普遍面临缺少资金、缺少政策扶持、护工紧缺、服务不规范等问题。还有一些民办养老机构定位于高端养老人群，普通老百姓只能望而兴叹。

1.2.3　社会养老资源不足

中国的养老模式发生了很大变化，目前，家庭养老存在观念意识渐淡、家庭人口减少，独生子女供养老人在提供经济支持、生活照料和精神慰藉等方面力不从心现象突出；空巢老人、失独老人增多、老年人的养老条件缺乏保障等问题。逐渐地，我国养老模式正在从家庭养老向其他养老方式转变。但是，社区居家养老、机构养老等社会化养老模式目前还面临着资源不足，难以满足我国现今养老需求的问题，形成了"未备先老"的状况。

首先，机构养老虽已经起步，但仍然发展缓慢。尽管近年来全国各类养老机构发展迅速，床位数呈快速增长趋势，但目前养老机构供给量与市场需求量仍有差距。截至 2014 年底，我国老龄人口已达近 2.12 亿，占总人口的 15.5%，并正以每年 1000 万人口的速度增加。预计到 2055 年，这一比例将达到 35%。按照"百名老人 5 张床位"的国际标准计算，我国养老床位仍有不小缺口。同时，大多数养老机构服务质量较差，包括基础设施不够完备、机构环境较差，以及卫生条件不达标，服务人员专业化水平较低，服务内容单一且收费高等情况。值得一提的是，中国传统文化也对机构养老的发展有一定的约束。我国大部分老年人不愿意到养老机构养老，而愿意采用居家养老的方式。部分老人认为入住养老院可能代表自己的子女不孝顺，是一件非常没有面子的事情，因此，拒绝入住养老院。

其次，社区居家养老虽然发展迅速，也在成本与效率上展现出了一定的优势，但也存在一些难点。首先，社区养老资金来源单一、财政压力较大。开展居家养老服务必须有一定的经费作保证，但从目前情况看，存在着资金投入的严重不足。其次，现存的社区居家养老关注更多的是贫困老人的最低生活保障，以及高龄老人的基础医疗服务等一些具有明显福利性质的内容，缺少系统规划。然后，专业社工人员紧缺，人力资源不足。在我国虽然也开始了对社工的培训和资格认证，但大多停留在短期的简单培训上，提供的多是类似于家政服务的项目，满足不了现阶段老年人对高层次养老的需求。最后，对社区居家养老这一新型的养老模式，从服务的提供者到服务的享受者，都存在思想观念滞后的问题，缺乏参与积极性。

尽管社会养老和社区居家养老模式在现代社会中具有独特的比较优势，家庭养老将会在未来的岁月中慢慢淡出历史舞台，但至今理论界和实际工作部门仍未找到一种尽善尽美的养老方式或养老模式，也没能找到能够有效适用一切情境和一切场合的养老模式，家庭养老在具有深厚历史传统底蕴的中国，仍将会在当前和今后相当长的一段岁月中继续发挥着巨大的功能和作用。养老工作必须在因地制宜、扬长避短和发挥各地优势的基础上探索解决养老问题的有效途径。

第2章 医疗资源状况与行业发展

医疗资源与行业的发展是关系到国计民生的重大事项。在智慧医疗兴起和不断发展的今天，我们仍需时刻重视我国医疗行业的发展现状。只有在此基础上，保障全国各级城乡基本医疗水平，加大医疗资源投入，优化医疗资源配置，才能为智慧医疗的进一步发展提供良好的基础，切实解决广大群众特别是乡镇群众和老人、小孩、残障人士等特定人群的"看病贵"和"看病难"问题。本章分别从医疗技术、医疗需求和医疗资源等三方面阐述我国医疗行业的发展现状，为后续章节介绍智慧医疗和智能养老提供现实基础。

2.1 医疗资源供需矛盾

2.1.1 人口总体健康状况

人口与健康是反映一个国家或区域的经济发达程度、社会发展状态、卫生保健水平和人口素质优劣的重要指标。进入新世纪后，我国医药卫生事业面临着人口结构和疾病谱系迅速改变、公共卫生和医疗保健需求剧增、环境污染和食品安全保障等巨大挑战。人口与健康的和谐发展是建设小康社会的核心任务之一，需要国家和民间长期稳定的投入，需要现代科学技术的有力支撑，需要高效运行的公共管理体制。

随着我国经济的迅速增长和人民生活水平的显著提高，城乡差异逐渐缩小，高脂肪、高蛋白食品摄入增加，加上吸烟以及生活节奏加快等原因，致使我国城乡居民疾病谱发生变化。我国每年新增的高血压、糖尿病、血脂异常、肥胖和糖耐量低减的病例数均相当于一个中等城市的全部人口，极大地影响了劳动力人口的健康和生活。据统计，15～64 岁的慢性病患者占总患病人数的 52%，占死亡人数的 30%，对经济和社会发展造成了巨大压力，这一趋势具体表现如下。

（1）高血压患病率有较大幅度升高。我国 18 岁以上人口的高血压患病率为 18.8%，全国患病人数估计超过 1.6 亿。农村患病率上升迅速，城乡差距已不明显。大城市、中小城市、一至四类农村（一类指富裕农村，二类指小康农村，三类指温饱农村，四类指贫困农村）高血压患病率依次为 20.4%、18.8%、21.0%、19.0%、20.2% 和 12.6%。我国人群高血压知晓率为 30.2%，治疗率为 24.7%，控制率为 6.1%，仍处于较差水平。

（2）糖尿病患病人数增加。我国 18 岁以上人口的糖尿病患病率为 2.6%，全国现有患者超过 2000 万人。城市患病率明显高于农村，一类农村明显高于四类农村。与

1996 年相比，大城市 20 岁以上人群中的糖尿病患病率由 4.6%上升到 6.4%，中小城市由 3.4%上升到 3.9%。

（3）超重和肥胖现象呈明显上升趋势。我国成人超重率为 22.8%，肥胖率为 7.1%，与 1992 年相比，成人超重率和肥胖率分别上升了 39%和 97%，估计总人数分别为 2 亿和 6000 余万。大城市成人超重率与肥胖症患病率分别高达 30%和 12.3%，儿童肥胖率已达 8.1%，形势极其严重。

（4）血脂异常值得关注。我国成人血脂异常出现率为 18.6%，估计全国现有血脂异常人数为 1.6 亿，其中高胆固醇血症占 2.9%，高甘油三酯血症占 11.9%，低高密度脂蛋白血症占 7.4%。必须指出，血脂异常患者的年龄和城乡分布无明显差别，显示其普遍性。

然而，我国居民（包括城市居民）的医疗意识和健康知识水平仍然相对落后。在充分考虑居民健康意识这一因素的情况下，通过样本调查以及网络舆论（BBS、新闻媒体、微博等多种网络媒介）数据挖掘分析的结果来看，经济越发达的城市，普通居民的健康意识越强，往往会采用多种现代科技设备改善健康条件，尤其是北京、上海、深圳、广州等一线城市，对空气净化器、健身器材、得高氧生仪、环保装修材料的购买量相当大，经济较发达的二线城市次之。

2.1.2 医疗需求的变化

随着我国居民收入水平和医疗技术水平的不断提高，我国居民医疗保健需求也在日益增长，医疗保健支出在居民日常消费支出中占据着越来越重要的地位。《2012 年中国卫生统计年鉴》显示，我国居民个人卫生总支出从 2008 年的 5875.86 亿元持续增长到 2011 年的 8465.28 亿元，总增长率为 44.07%。从居民医疗保健支出及其占消费支出比例来看，从 2008 年至 2011 年，城镇居民人均医疗保健支出由 786.2 元增长到 969.0 元，总增长率为 23.25%，医疗保健支出占消费性支出的比例由 7.0%略下降到 6.4%；农村居民人均医疗保健支出由 246.0 元迅速增长到 436.8 元，总增长率为 77.56%，医疗保健支出占消费性支出的比例由 6.7%持续增长到 8.4%，图 2-1 显示了我国人均卫生费用的变化。

但是，有研究表明，我国居民的医疗消费结构是失衡的。医疗消费结构失衡的突出表现是药价太高。例如，治疗糖尿病的基本常用药"倍顺"，规格为一盒 20 片装，这种药原来零售价为 49.5 元，药厂出厂价为 13.5 元。零售价和出厂价之间的差异构成了药品代理商、医药公司、医药代表、医生等诸多中间环节的利益，这其中有些环节，如医药代表、医生等却并非是必要的环节。可见，药品价格贵，并非源自其价值的本身，而是市场环境中，监管机制的缺失或失效下，多方利益追求的结果。此外，医生劳动力成本增加引起医疗消费的增加部分，以及材料、设备价格上涨等不是"看病难，看病贵"的主要原因。医疗消费结构失衡另一个原因是医院逐利、加之有些政府部门监管不力和卫生保障缺失。在社会发展的过程中，中央和地方财政对卫生事业的拨款稳中有增，但是近年来，相对于物价和劳动力成本的增长来说，拨款增幅不大，个别地区甚至略有下降。我国的卫生投入比率不仅远远低于发达国家，而且也低于大多数发展中国家。政府投入不足也是医疗消费结构失衡的原因之一。政府投入不足的直接后果是医院的逐利行为。

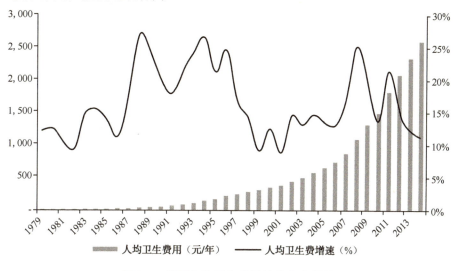

图 2-1　我国人均卫生费用持续稳定增长

除了医疗消费结构的变化外，病人对医疗服务的需求也发生了变化。现代医疗服务产品消费需求已从"生理的需求（解除疾病痛苦）"跨越步入"自尊与受人尊重的需求"层次。病人进入医院就是渴望受人尊重并解除病痛，最突出的表现是对医疗服务的道德素养、技术水平、服务水平以及工勤保障和生活环境的改善和渴望。造成当前医疗服务需求满意度下降和不满意率上升的主要原因，主要是医务人员对当前医疗服务需求的理念和变化趋势缺乏同步认识，在观念上和行为上表现滞后。当前医疗服务消费需求，正处在从医疗质量需要向服务质量、工勤保障、生活质量、就医环境综合需求转变的重要时期，并成为当前医疗服务消费需求变化的重要客观因素。

关于我国网络健康消费的数据显示，我国居民的健康消费水平大幅上涨。2014年，阿里零售平台上健康消费总额达 650.2 亿元，较 2013 年同期增长 62.5%，高于网络零售整体增速（50.8%）。其中，广东、浙江、江苏健康消费总量位居前三，湖南、河北、江西增幅位居前三。2014 年北京消费者健康消费占总消费比例最高，上海次之；东北三省健康消费占总消费比例排名位居前十。从年龄上看，29～35 岁是健康消费的主力消费群体，消费贡献占比达到 30.7%，与平台整体情况相比年龄偏高，医疗健康服务的消费，29～35 岁人群贡献占比超过 45.6%。健康消费的增长绝大程度上受健康消费的人群增长驱动，人均消费金额略有上升，说明通过网络平台实现健康消费的人数在迅速增加。

促进健康消费快速增长有多方面的因素，比如：

（1）财富增长，健康理念变化。2014 年，中国人均 GDP 已上升至 7575 美元，在世界银行划定的标准中处于中等偏上位置，中国目前多个省份人均 GDP 已达 1 万美元。随着生活条件的改善，居民的医疗保健消费理念也发生了根本性改变，从"有病治病"到"无病预防"，人民更舍得为健康投入。

（2）人口结构老龄化。我国老龄人口占总人口的比率从 2004 年的 7.6%上升到 2014 年的 10.1%，老龄化的速度加快。65 岁以上老年人口年均医疗花费显著高于其他年龄段。

（3）城镇化，快速推。30 多年来，伴随工业化快速发展，中国城镇化取得了举世瞩目的成就，城镇化率从 1978 年的 17.92%上升到 2014 年的 54.77%。城镇化将拉动居民收入转而增加对医疗服务的消费需求；城镇化带来居民生活方式的转变。

（4）环境污染加剧，亚健康。气候变化和污染加重人类健康隐患，水、空气污染的后果越来越明显地显现出来。人们更加关注环保，加大在环境污染防治、疾病防治方面的投入；75%的人处于亚健康状态。

我国居民医疗保健消费观念发生改变，更舍得为健康投入。根据 2004 年美国全国经济研究所的一份报告，美国健康消费的兴起是由于收入的增加，当收入增加时，消费行为的边际效用快速减少，而增长寿命的价值增加。根据研究的模型，当人们越富有时，消费随之增加而健康消费所占的比重就会增大，同样，当人越来越富有时，对消费而言最具有价值的渠道就是"购买"额外的生命年数（就是增长寿命）。数据显示，1998-2009 年我国城镇居民人均滋补保健品消费支出从 16.77 元增长到 133.88 元，增长了 8.98 倍，年均增长速度达到 20.79%，超过了城镇居民人均医疗保健支出的年均增长 13.87%的速度。城镇居民人均滋补保健品消费支出占医疗保健支出的比重从 8.17%提高到 15.63%。

2.1.3　医疗投入与产出低

1. 历年医疗投入比重虽有增加，但依然偏低

我国政府医疗卫生支出的规模不断扩大。我国政府在医疗卫生领域的绝对支出量逐年增长，同时占财政支出和 GDP 比重也呈上升趋势。根据《中国统计年鉴 2014》和卫生部卫生发展研究中心 2014 年的一项研究数据，可以看出政府医疗卫生支出从 1978 年的 35.44 亿美元增加到 2014 年的 10579.23 亿元，占财政支出的比重由 1978 年的 3.16%上升至 2014 年的 6.97%，占 GDP 的比重从 1978 年的 0.9%上升到 2014 年的 1.67%，如图 2-2 所示。

可以看出，政府对医疗卫生的支出一直呈上升趋势，增长速度先慢后快，尤其 2006—2012 年增长速度较快，而 2000—2005 年增速相对较慢，趋于平缓，政府医疗卫生支出占财政总支出的比重总趋势是上升的。发展速度相对平缓，表现为波动循环上升。2007—2012 年所占的比重却从 5.19%增至 7.19%，增幅较快，如图 2-3 所示。

政府医疗卫生支出占 GDP 的比重上升总趋势较为缓慢，2000—2012 年仅上升了1.02%。综合上述三个要素可以看出，2006 年是一个分界点，它标志着中国医疗卫生支出规模增长由快变慢。这是由于 2006 年 6 月新一轮医疗卫生体制改革的酝酿，逐步加大了政府的财政责任。政府在医疗卫生支出方面的增长速度不但加快了，而且在医疗卫生总支出中所占的比例也快速增长。

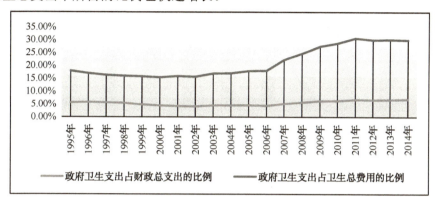

图 2-2　政府卫生支出占财政总支出和占卫生总费用的比例

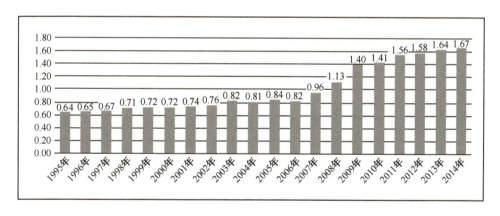

图 2-3　政府卫生支出占 GDP 百分比

但是，我国的政府医疗卫生支出水平依然偏低。从我国的医疗卫生支出来看，政府在医疗卫生支出方面的水平仍旧偏低，这是我国公共医疗卫生支出面临的主要问题。其主要表现为政府医疗卫生支出占财政总支出和 GDP 的比重依然偏低、政府医疗卫生支出在卫生总支出中的比重偏低、政府医疗卫生支出占财政支出和 GDP 的比重仍然偏低。只有 2012 年政府医疗卫生支出占财政总支出的比重达到了 7.20%，其他年份均不到 7%，这样的支出水平难以在全国范围内实现平等的基本医疗卫生服务。《国际统计年鉴》2013 年的最新数据显示，中国的医疗卫生支出占 GDP 的比重不仅低于 10.60%的世界平均水平，而且低于平均水平为 5.28%的低收入国家，政府医疗卫生支出在医疗卫生总支出中的比重较低，且低于我国社会卫生支出和个人卫生支出在卫生总支出中所占的比重，如图 2-4 所示。

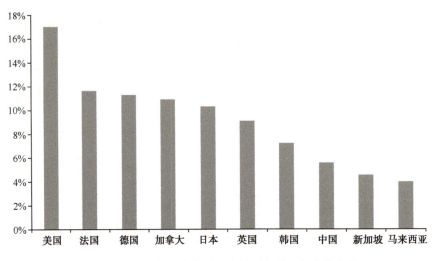

图 2-4　我国医疗卫生费用支出比例与其他国家的比较

2. 医疗行业教育和人员投入及有效产出偏低

近年来，我国城乡居民健康状况并未随着经济发展和生活改善而发生明显变化，1993—2003 年城乡居民的患病率从 140.1‰提高到 143.0‰，这说明医疗卫生技术人员提供的服务质量偏低，远不能满足广大人民群众日益增长的求医治病、追求健康的实际需要。特别是优秀人才基本上集中在发达地区、城市大医院，落后地区、农村和城市社区卫生技术力量十分薄弱，1996 年无医疗点的行政村仍占总数的 10%左右。当初在农村卫生院的优秀人才大部分返回到城市，而大量的应届毕业生将自己的求职范围仅仅局限在大中型医院，相当多的医学毕业生无法找到工作，纷纷放弃专业，无形中造成了人才资源的过剩和浪费。由于基层医院技术水平低，群众不信任，只好舍近求远到大医院，城乡居民就诊流向上级医院集中，不合理的病人流向使基层医疗机构的技术水平下降，也使大医院的技术优势得不到合理利用，无形中浪费了医疗人力资源。尽快提高现有医疗卫生人员，特别是基层服务人员的技术水平刻不容缓。

3. 人均医疗成本高昂

据统计，从 1999 年到 2003 年，卫生部门综合医院平均门诊费用从 79.00 元增长到 108.20 元。其中，药费年均增长 5.7%，检查治疗费年均增长 20.9%。2003 年卫生部门综合医院门诊病人医疗费中，药费比重占 55%，检查治疗费占 28%。与 1999 年相比，药费比重下降 5.2 个百分点，检查治疗费比重上升 10 个百分点。卫生部门综合医院人均住院费用从 2891.10 元增长到 3910.70 元，年平均增长 7.8%。2003 年卫生部门综合医院住院病人费用，药费比重占 45%、检查治疗费占 36%。与 1999 年相比，药品费用比重下降 2.5 个百分点。检查治疗费比重上升 6.4 个百分点。

从 1991 年到 2013 年，我国人均医疗费用的年均增长率为 17.49%，如果现有的政策环境不变，预计 2015 年我国人均医疗费用的年度增长率为 14.33%～18.24%，明显高于 2013 年我国人均 GDP8.97%的粗增长率。在现有医疗卫生政策下，2015 年人均医疗费用将较 1991 年增长 45.57～52.7 倍，而 2020 年人均医疗费用增长将在 2015 年的基础上再增长 1.83～2.3 倍。

虽然医改期间，财政投入大幅度增长，药占比严控，卫生总体筹资及百姓费用指标明显好转，但是随着医疗费用不合理地过快增长，未来医疗卫生体系整体的均衡程度依然呈现略微的恶化趋势，需要引起注意。

2.1.4　医疗资源分布

1. 人均医疗资源分布不足

我国人口占世界人口的 22%，但医疗资源仅占世界医疗资源的 2%。我国每千人拥有 1.2 个医师，而发达国家是 2.8 个，中等国家是 1.9 个；我国每千人拥有 2.4 个床位，发达国家是 7.4 个，中等国家是 3.7 个，如表 2-1 所示。

表 2-1　人均医疗资源对比

	中国	中等发达国家	发达国家
医师数（个/千人）	1.2	1.9	2.8
床位数（个/千人）	2.4	3.7	7.4

今天看病难的局面是多方因素造成的结果，单是靠医院一方是难以扭转局面的。然而，这并不意味着医院就要放弃，各个医院特别是大医院都努力想方设法从"便捷"入手，改善看病难。医院自身内部把所有的就医流程和环节，通过现代信息手段优化后，确实能降低病人在院等候时间，暂时缓解医院排长龙的情况。加大医疗资源投入，给病人提供足够的医疗资源，才能从根本上解决病人就医的问题。

2. 医疗资源的分布不均（东西部差异、城市农村差异）

我国总体卫生资源不足，分配相对不均衡，优质医疗资源相对不足，本应为"金字塔"型结构的医疗卫生体系，在我国却呈现为"倒金字塔"型，70%左右的卫生资源在城市，广大农村只拥有 30%左右的卫生资源；高新技术、优秀卫生人才集中于大城市的大型医院，东部医疗资源明显多于中西部。

我国城乡的医疗资源差异非常明显，相比于城市，偏远贫困地区的医生更为缺乏。有数据显示，截止 2009 年，中国每千人城市人口的医生数是 1.75 人，而每千人农业人口的医生数仅为 0.47 人。而美国的人均医生数是每千人 3.59 个，法国 3.37，英国 2.2。据报道，四川省凉山州的乡镇卫生院平均仅 3 名工作人员，昭觉县只有 440 人的卫生队伍，距离编制 1600 人相差甚远。此外，农村和城市社区等基层医疗卫生机构，不仅设备和条件有待提高，而且缺乏合格的全科医师。对基层医疗机构的不信任感，导致群众患病后纷纷涌向大城市大医院，部分可以在基层诊疗的患者也转至大医院，而大医院有限的优质医疗资源难以承载如此巨大的就诊压力。

从东西部地区医疗资源的分布来看，东部地区物质医疗资源最为丰裕，中部和西部两个地区差异不大。同时，2007—2010 年，东部地区物质资源与中西部地区持续保持较大程度的优势。2007 年，东部地区物质医疗资源的整体丰裕度是中部地区的 1.40 倍，是西部地区的 1.41 倍；到 2010 年，该倍数分别为 1.41 和 1.42。人力资源在 3 个地区的分布与物质资源相似。2007 年，东部地区人力医疗资源的整体丰裕度是中部地区的 1.16 倍，是西部地区的 1.17 倍；到 2010 年，该倍数分别为 1.19 和 1.27。东部地区对中西部的优势扩大了。

3. 专业化、科技化水平不足，就医效率低

数据显示，2005—2010 年，各级医疗机构诊疗人次数和住院人次数明显增长，年均增幅较大。2005—2010 年，我国医院诊疗人次数由 14.74 亿人次增长至 21.88 亿人次，年平均增长率为 9.69%；医院门急诊人次数由 14.19 亿人次增长至 21.35 亿人次，年平均增长率为 10.09%，医院入院人数由 5434.0 万人增长至 10125 万人，年平均增长率为 17.27%。而同期我国卫生人员数、床位数增长速度远低于医疗服务需求量的增长速度。2005 至 2010 年，我国卫生人员数由 644.7 万人增长至 820.8 万人，年平均增长率仅为 5.46%；医疗卫生机构床位数由 336.8 万张增长至 478.7 万张，年平均增长率为 8.43%。原本就不足的医疗资源，其增长速度却落后于群众诊疗需求的增长，两者之间的差距仍然很大，如图 2-5 所示。

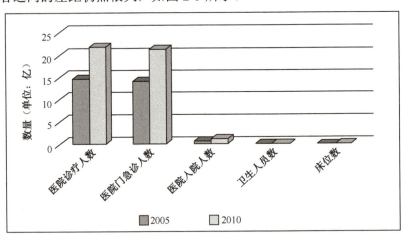

图 2-5　2005 年、2010 年我国医疗卫生资源与需求增长对比

但是，即便是医疗资源配置量较低的地区，也存在资源闲置的情况，仅有少数地区在基层医疗资源上，出现了低配置量、较高使用效率的情况。根据卫生部信息中心发布的统计数据显示，截至 2012 年 9 月底，二级以上医疗机构仍处于超负荷状态，三级医疗机构床位使用率为 106.2%，2011 年同期为 104.6%，而社区卫生院及乡镇卫

生院床位使用率则分别为 57.7% 和 63.6%。分析其原因，一是对基层医疗服务需求少，由于用药习惯、就医习惯、自我诊疗、人口流动等因素，导致对基层医疗服务需求较少；二是医疗水平难以得到群众认可，基层医疗机构由于硬件设施不足，人员专业水平有限，整体服务意识不足等原因，无法实现对其作为缓解大医院诊疗压力有效途径的预期。患者就医最重视的是诊疗质量，其关键在于医师水平，虽然政策上期望引导"小病进社区"，但对于患者来说，无论大病小病都期望得到最充分、最有效的治疗，对基层医疗机构医疗水平的不信任，使得基层医疗机构产生资源闲置。基层医疗机构因其功能定位决定了其设备设施与二、三级医院存在差距，单纯引导高端专业人才、"值得信任的"医师流向基层，并不利于其才能的充分发挥。

2.1.5 医疗资源集中和聚集问题

现在看病难，更多的是医疗资源结构性失衡造成的。医疗资源过分集中在大城市、大医院，不仅让社区和农村没有能力承担起基本的医疗功能，而且也让以"高药价、高耗材"为特征的过度医疗愈演愈烈。

大量优质医疗资源，包括硬件和软件资源集中在大医院，即使基层小医院自己培养出来的优秀医护工作者，也在经济利益等诱惑之下不断流入大医院，使得基层小医院长期处于失血状态。在农村大多数乡镇卫生院和村卫生室医疗设备落后，人才匮乏，难以提供合格的医疗服务，基层医院的医护人员医疗水平相对较低，医疗条件也相对较差，特别是基层小医院发生的医疗事故相对较多，很多基层医院有能力做的手术也时常失败，导致很多患者对需要做手术的小病，不敢去基层医院治疗，不相信基层医院的水平能够彻底治好小病，不得不花高价去大医院治疗。同时，有的小医院为了降低自身风险，对于一些有能力可以医治的小病，也不敢轻易医治，而是劝说患者去大医院治疗。最终导致农民就近看病困难。而在城市，街道社区医疗机构病人很少，大医院挂号、就诊、化验、取药等到处都排着长队，患者苦不堪言。

除了看病难的困扰，还有不少患者面临着无力支付医疗费用的问题。国家统计局的数据表明，2004 年度，卫生部门所属医院的人均门诊医疗费为 117.7 元，人均住院费用为 4283.7 元，个人年均医疗费用的支出由 1980 年的 14.51 元上涨到 2004 年的 512.50 元，增加了 30 多倍。从《卫生和计划生育统计年鉴 2014》中查到的资料来看，2013 年门诊人均医疗费用为 186 元，其中最多的是药费 92.4 元，占比达到 49.7%；而当年住院人均医疗费为 7027 元，最多的也是药费，为 2939.7 元，占比也达到了 41.8%。由于经济原因，我国现有 48.9% 的群众有病不敢上医院治疗，城镇有 29.6% 的应住院患者、农村有 65.0% 的应住院患者不能住院治病。

看病贵的本质，是卫生服务需要未能转化为卫生服务需求。医疗卫生筹资总体不公平是导致看病贵的主要原因，筹资实际上是享受卫生服务后谁付费、付多少费、怎么付费三大问题。在医疗保险制度残缺，以及支付方式以项目付费为主，必然导致卫生费用个人负担过重，从而产生看病贵。当然，医疗费用个人负担比重过大只是看病贵的一方面原因，另一方面原因是医疗卫生价格过高，超越了医疗服务购买者的经济承受能力，医疗服务价格的虚高与医疗保险的残缺必然导致看病贵。

缺少公共支持的市场化不能解决难题，造成资源配置和使用效率低下的结果，导致资源分配在更大程度上的不平等。统计表明，近 8 年来，医院人均门诊和住院费用平均每年增长 13%和 11%，大大高于人均收入的增长幅度，人民群众经济负担沉重。在公立医院的运行机制上，一方面，政府投入少，客观上形成了靠市场筹资维持发展的局面；另一方面，政府对医院的收支缺乏有效监管，加之长期以来实行的以药补医政策，导致大处方等问题的出现，致使医疗费用大幅攀升、群众负担加重，从而引发医患关系紧张；同时，公立医院隶属于各级政府、部门、行业和企业，条块分割，卫生全行业管理无法真正实现，区域卫生规划、医疗机构属地管理难以实施，医疗机构分类管理不严格。

2.2 医疗行业发展现状

2.2.1 医疗诊治设备及信息技术

随着社会的进步，人类健康水平的提高，医疗设备产业得到了飞速发展。特别是进入 21 世纪以后，随着超、核磁共振、直线加速器、超声定位体外震波碎石机等一批尖端精密医疗仪器设备的广泛应用，医疗设备市场迅速增长。

从我国的情况来看，"十五"以来，由于国家经济与社会的高速发展，人民生活水平的持续提高，人口的自然增长与人口老龄化的发展趋势，国家医疗卫生体制的改革，特别是新型农村合作医疗和城镇合作医疗的推进，医保政策的完善，人们对生存质量的要求不断提高，对医疗保健越来越重视，对早期、快速、精确、微创等诊断与治疗设备的期望和需求愈来愈高。针对医疗市场供需矛盾比较突出的实际情况，医院依靠市场、不等不靠，积极采用融资租赁、合作投放等方式引进医疗设备，弥补了卫生事业费用的不足，促进了医院的建设和发展。随着以新技术、新材料为代表的大型数字医疗设备的引进，医院医疗设备建设进入快速发展时期，年增长率达到 10%～20%。

医疗设备已从过去作为疾病诊治的辅助工具逐渐变为主要手段，发挥着举足轻重的作用。超声造影、PET/CT、MRI 功能图像和 CT 等解剖图像融合，医学影像引导直线加速器精确放疗等技术的引进和应用，为临床诊治疾病带来了革命性变化。特别是在我国疾病谱上，恶性肿瘤、心脑血管疾病等慢性疾病在病死率构成中已占 62%以上，推动了肿瘤、心脑血管疾病诊治所需大型设备数量的快速增长。如大于 64 排的螺旋 CT、PET/CT、MRI、DSA 的广泛应用，使恶性肿瘤的早期诊断有了突破性进展，取得了显著成效。

另外，健康管理也随着监测、跟踪个人健康状况的各种设备的出现而快速发展。最典型的例子是可穿戴式智能医疗监测设备，可以广泛应用于个人健康管理、远程病人监测、现场专业医疗护理等领域。可穿戴式智能医疗监测设备可对病人实时监测，所反馈的数据有助于提高诊断准确度。这种在医院之外、远离医生办公室的健康监测模式具有更高的性价比。随着中国对医疗保健投入的加大，利用当今先进的技术、工作流程和预防性保健模式，将获得高性价比等诸多优势。巨大的市场使得众多企业看到了移动信息技术和医疗技术结合的机遇，现在许多新创公司以及专业领域企业，都在开发提供网络医疗应用服务的可穿戴式设备，GE 和飞利浦等都参与其中。厂商将传感器、计算、通信和电源管理等诸多技术集成到电子电路内部，将低功耗产品和无线连接技术完美地契合在产品里面，极大地推动了可穿戴式设备的巨大变革。

医疗设备的发展，带动了医院经济效益的增加，目前医院普遍采用以设备带动医疗技术、拓展新业务、吸引患者、提高综合效益的发展模式，使医疗设备显得尤为重要。其固定资产的比例由原来占医院固定资产的 20%～30%上升到 50%～70%。医疗设备技术诊断、治疗占医疗收入的比例逐年升高，目前已达到 15%～25%。

电子信息技术在医学科技领域中得到广泛的应用、交叉、渗透、融合，促进了医学科技理念、方法、技术和手段的革新，临床医学、基础医学、预防医学、医学工程、医院管理和卫生管理等各方面学科知识和实际工作都产生了质的飞跃。具体说来，包括以下 3 个方面。

1. 医疗设备数字化

医疗设备中最具代表性的数字化技术是：医学影像数字化技术、电生理参数检测与监护技术、临床检验数字化技术。医学影像数字化技术主要是指医学影像以数字方式输出，直接利用计算机对影像数据快捷地进行存储、处理、传输和显示。医学图像归档和通讯系统（picturearchivingandcommunicationssystem，PACS）是数字化医学影像系统的核心构架，是沟通医院影像设备和医生的桥梁，也是未来数字化医院的组成之一。随着计算机技术、网络技术以及数字成像技术的发展，PACS 将成为影像科室的重要组成部分。电生理技术是指以多种形式的能量刺激生物体，测量、记录和分析生物体发生的电现象（生物电）和生物体的电特性的技术。临床检验作为临床医学的一个分支，在临床需求的推动下，是应用电子、信息、生物等学科的研究成果最多、发展最快的医学临床学科之一，如血细胞分析仪、血液自动生化分析仪等。

2. 医疗机构信息化

通过宽带网络把数字化医疗设备、数字化医学影像系统和数字化医疗信息系统等全部临床作业过程纳入到数字化网络中，实现临床作业的无纸化和无片化运行。它使医院简化、加速了临床流程，并实现了临床数据的在线存储和查询。临床信息系统结合医院管理信息系统（HMIS），两者融合在一起就构成了一个完整的数字化医院。另一方面，电子病历成为医疗信息记录和追踪的主导方式。从技术发展和应用内容上看，电子病历具有三个内涵：一是包含了患者的完整信息并能进行共享、二是能提供医疗提示和报警、三是能提供资料库支持。电子病历的目标和意义并不在于要取代纸质病历。电子病历的发展目标主要是方便患者信息的即时共享和获取，从而提高工作效率和医疗质量；同时，借助计算机强大的功能，快速检索数据的同时接受多个终端访问，在相关医学信息处理的帮助下，可以轻松地实现病历资料的分类、统计等工作，为临床、循证医学等研究提供原始材料。系统借助计算机存储技术的发展，满足长期存储病历的需求。电子病历技术能带来的核心价值更是实现医疗信息共享，医疗诊断信息如果能够在不同医院之间、不同地区的医疗机构之间实现共享，这不仅对个人的医疗有极大帮助，并且将给公共卫生和医学科研带来巨大效益。通过信息共享挖掘和运用这些信息，将对一个城市、一个地区甚至一个国家的常见病、流行病防治起到重要的监测作用。

3. 医疗诊断治疗远程化

远程医疗是医疗信息网络化的核心内容，其目标包括建立远程医疗诊断系统、会诊系统、教育系统和以家庭病床为目的的远程病床监护系统。远程医疗系统实际是远程通信技术、医疗保健技术和信息学技术的结合，这三大技术构成了远程医疗的支撑技术。目的远程诊治、远程会诊、远程咨询并不是陌生的词汇，它是指借助远程通信的途径，实现对远程治疗对象的诊断、治疗、会诊和咨询的过程。诊断和治疗一直是医学的核心内容，因此，远程诊治实际是远程医疗最重要的功能。远程手术是指外科医生通过远程医疗通信设备在本地对一个遥远地方的患者进行手术治疗。这一方式可在最短的时间内汇集外科专家共同攻克疑难手术，在一些微创外科手术中，用更精密的仪器来代替人工操作，以减小手术创伤，在放射性外科手术中对医生的健康加以保护，这些是人们目前共同关注的热点。此外，如果给部队配备无线移动远程医疗系统，就相当于把战地医院的触角向前延伸，后方医生能及时对前方医护人员进行指导，以保证危重伤员得到及时恰当地救治。

2.2.2 医治服务

在我国，公立医院在医疗服务方面发挥着非常重要的作用。作为我国医疗服务提供主体，公立医院承担了90%以上诊疗服务。根据2010年数据，虽然从总体的机构数量来看，公立医院只占约2/3，但从住院服务能力来看，公立医院处于垄断地位，提供了大部分医疗服务。但从拥有的床位数量来看，地市级以下的公立医院拥有床位数占公立医院床位总数的54%，提供的住院服务占所有公立医院的84%。其中，县级市属和县属基层机构拥有床位数量为44%，承担的住院服务约占56%。可见，地市以下，尤其是县级医疗机构在公立医院体系中发挥了重要的支撑作用。

截至 2014 年 11 月底，我国医院数量达到 2.6 万个，与 2013 年 11 月底比较，全国医院增加 1039 个。其中，公立医院 13343 个，民营医院 12166 个。与 2013 年 11 月底比较，公立医院减少 98 个，民营医院增加 1137 个。2014 年 1-11 月，全国医院诊疗人次达 26.3 亿人次，同比提高 8.7%。其中，公立医院 23.5 亿人次，同比提高 8.2%；民营医院 2.8 亿人次，同比提高 13.3%。截至 2014 年 11 月底，全国乡镇卫生院 3.7 万个，与 2013 年 11 月底比较，有所减少。

我国的医疗体制改革，在 20 世纪 80 年代就已经开始，但效率相对低下的公立医院的垄断地位并未得到有效撼动，整个医疗服务市场供需不平衡的局面始终未能有根本性改善，医院数量的增加仍然不能满足需求。加之政府对社会办医的政策长期处在纲领性的鼓励层面，民营医院的发展状况同样不容乐观。中国的民营医院从 1995 年至 2000 年，曾经是一个朝阳产业。2001 年前后是民营医院发展高峰期，直至 2013 年 9 月末，全国民营医院已经发展到 10795 所。伴随着一系列利好政策，近几年我国民营医院发展迅猛，尤其是在数量上，与公立医院日益接近，但在整体规模和技术水平上，与公立医院差距很大。

2.2.3　健康保障

医疗保险是为补偿疾病所带来的医疗费用的一种保险，职工因疾病、负伤、生育时，由社会或企业提供必要的医疗服务或物质帮助的社会保险。如中国的公费医疗、劳保医疗。中国职工的医疗费用由国家、单位和个人共同负担，以减轻企业负担，避免浪费。发生保险责任事故需要进行治疗，按比例付保险金。医疗保险同其他类型的保险一样，也是以合同的方式预先向受疾病威胁的人收取医疗保险费，建立医疗保险基金；当被保险人患病，并去医疗机构就诊而发生医疗费用后，由医疗保险机构给予一定的经济补偿。因此，医疗保险也具有保险的两大职能，即风险转移和补偿转移，把个体身上由疾病风险所致的经济损失分摊给所有受同样风险威胁的成员，用集中起来的医疗保险基金来补偿由疾病所带来的经济损失。

目前，我国基本医疗保险体系包括城镇职工基本医疗保险、城镇居民基本医疗保险和新型农村合作医疗三大支柱，以实行大病统筹为主起步，分别从制度上覆盖城镇就业人口、城镇非就业人口和农村居民。基本医疗保险以低水平、广覆盖、保基本、多层次、可持续、社会化服务为基本原则，主要通过建立国家、雇主、家庭和个人责任明确、合理分担的多渠道筹资机制，实行基本医疗保障基金和个人共同分担的医疗费用共付机制，实现社会互助共济，满足城乡居民的基本医疗保障需求。基本医疗保险制度实行社会统筹与个人账户相结合的原则，将社会保险和储蓄保险两种模式有机地结合起来，实现了横向社会共济保障和纵向个人自我保障的有机结合，既有利于发挥社会统筹共济性的长处，也有利于发挥个人账户具有激励作用和制约作用的优点，比较符合我国的国情，容易为广大职工接受。这种医疗保险模式，符合中国国情，是具有中国特色的社会医疗保险制度。在基本医疗保险之外，各地还普遍建立了大额医疗费用互助制度，以解决社会统筹基金最高支付限额之上的医疗费用。国家为公务员建立了医疗补助制度，有条件的企业可以为职工建立企业补充医疗保险。国家还将逐步建立社会医疗救助制度，为贫困人口提供基本医疗保障。

当前的医改重点任务之一，是真正要对医院开大处方、大检查的现象动手，采取的办法是通过医保支付方式改革，让医院和医生迸发内在的控费动力。

国务院办公厅近日印发《深化医药卫生体制改革 2016 年重点工作任务》。其中提到，今年将推广地方成功经验，系统推进按人头付费、按病种付费、按床日付费、总额预付等多种付费方式相结合的复合支付方式改革。医保支付方式改革被认为是深化医改的一个关键环节，它影响到中国新一轮医改能否成功，同时也牵涉参保人、医疗机构、医保基金各方利益。

虽然按人头支付、按病种支付、按床日支付、总额预付等方式，都可以激励医院及医生在定额内降低医疗成本，避免过度医疗，同时提高医疗水平，提高服务效率，但也有各自的弊端和需要应对的挑战。

2.2.4 医疗行业前景及发展趋势

医疗行业是我国国民经济的重要组成部分，是传统产业和现代产业相结合，一、二、三产业为一体的产业。医疗行业对于保护和增进人民健康、提高生活质量，为计划生育、救灾防疫、军需战备以及促进经济发展和社会进步均具有十分重要的作用。

随着国内人民生活水平的提高和对医疗保健需求的不断增加，我国医疗行业越来越受到公众和政府的关注，在国民经济中占据着越来越重要的位置。近年来，我国医药制造行业生产总产值一直呈上升趋势，从 2005 年的 3365.85 亿元，增加至 2011 年的 14522 亿元，增加到原来的 4.3 倍，行业保持较快增长速度。尤其是在 2008 年至 2009 年，在全球经济环境普遍放缓的背景下，医药制造业依然表现较好，显示出了巨大的行业发展潜力。2012 年医药商业销售总值 1.11 万亿元，比 2011 年增长 18%；主营业务收入 7881 亿元，比 2011 年增长 20%；实现利润总额 150 亿元，比 2011 年下降 1%。2012 年医药销售收入高于全国工业 9.1%，增加值高于全国工业 4.5%，实现利润增幅高于全国工业 15%，利润率高于全国工业 4.1%。

医疗行业被称为永不衰落的朝阳产业，其未来发展趋势非常明确：人口老龄化、城市化、健康意识的增强以及疾病谱的不断扩大，促使医药需求持续增长；生物科技的发展使得供给从技术上能够保证医药创新研发，满足医药需求；政府对医疗投入的不断加大，提供了满足需求的资金。

现在社会上就医疗服务改革是否应该完全市场化，进行着激烈探讨。习近平同志2015 年 4 月 1 日下午主持召开中央全面深化改革领导小组第十一次会议，并发表重要讲话，会议强调，公立医院是我国医疗服务体系的主体；要把深化公立医院改革作为保障和改善民生的重要举措，着力解决好群众看病就医问题；要坚持公立医院公益性的基本定位；要落实政府办医责任。这就明确了医疗服务体系改革的公益化大方向。随后，新华社也发表新华时评，认为公立医院作为医疗服务体系主体，要姓公，不能再搞市场化、商品化改革，文章指出，在我国，公立医院是医疗服务体系的主体，担负着维护人民群众健康的重任，也是医改的重点和难点。公立医院大搞创收，致使"潜规则"在部分医院大行其道。全国人大代表、中国工程院院士钟南山，就曾在今年全国两会上痛批当前一些公立医院医生不讲医德、违规创收的行为。一些公立医院大肆逐利，不仅加重了群众看病负担，还容易滋生腐败现象。改变这种局面，必须深化公立医院改革。一方面，公立医院姓公，在深化改革过程中，必须坚持和体现公益性的基本定位，将公平可及、群众受益作为改革出发点和立足点，落实政府办医责任，统筹推进医疗、医保、医药改革。另一方面，公立医院医生与患者的关系不能变成商家和消费者的关系，必须下决心斩断医务人员收入与患者就医费用之间的利益关联，建立符合医疗行业特点的人事薪酬制度。尽管如此，我们还是要看到，医疗服务是典型的私人物品，不是公共物品。医疗服务的市场化提供不仅是现实，而且也是全球性医疗改革的趋势之一。只是结合我国国情，加上医疗服务领域存在着市场失灵，国家干预对于医疗服务维持其社会公益性是不可或缺的。由于医疗保险的特殊性，市场化无法实现普遍覆盖，从而有损公平和效率，因此政府主导医疗保障体系的建设是必须的。至于医疗服务的递送，完全可以由多种形式的提供者相互竞争。只要政府主导了医疗保障体系，并且借此扮演好医疗服务第三方购买者的角色，医疗服务的市场化和社会公益性就能相得益彰。

医疗行业的发展越来越开始强调医疗、预防和保健的一体化。医疗、预防、保健一体化是新型的现代医学模式，代替了以往单纯医疗的局限服务方式，要求医疗保健人员更新观念，确定现代化思维方式的大卫生观，从思想上、组织体制上完成从单纯医疗型向预防、保健、医疗、康复型转变；加强横向联系，逐步形成以医院为中心的预防、医疗、保健一体化网络体系，加强保健机构和技术队伍建设，达到整体优化、技术精良、设备完善、服务优质、管理规范，全面普及综合预防保健知识，提高自我保健能力和整体健康素质；实现急重症抢救网络化，达到快速、优质、高效的标准；保证保健对象的特殊诊治和特殊用药的合理要求。

同时，用户需求推动医疗服务品类细分化、场景多元化发展。从患病者角度看，他们的需求包括：院前服务需求，初步了解自身病情，寻找对症医生为目的；院中服务需求，简化就医流程，以达到提高医院服务效率和节约患者等待时间的目的；院后服务需求，建立诊后医患沟通平台，以达到病情跟踪治疗的目的。对于健康的人，也存在健康状况诊断需求，包括确认健康状况，以达到早发现早治疗的目的；健康威胁检测需求，确认慢性病或癌症的患病率，以达到提前预防的目的；健康维护需求，缓解亚健康状况，达到恢复健康的目的。从场景角度看，线上医疗服务场景中，互联网、移动互联网技术的发展直接促使线上医疗服务场景多样化发展。线上医疗服务场景可分为医疗服务终端、医疗服务应用载体、医疗服务使用等场景。线下医疗服务场景主要是朝向医疗机构就医、健康诊断机构检测、疗养院康复等场景推动"健康-医疗"全服务场景细分化发展。线下医疗服务场景可分为健康诊断、就医、康复等医疗服务场景。

从目前医药企业来看，传统医药企业普遍经受着移动互联网大潮的冲击，以天猫医药馆为代表的平台型医药电商，利用自身的平台优势，放大用户流量庞大特性，大力整合医药供应链资源，占据患者流量、品牌黏性等优势；以康美药业为代表的生态型医药电商依托从采购到零售、主攻医药兼顾地产金融的生态系经营优势，发力康美健康商城、e药谷等多类电商平台，战略性布局医药云平台资源，力图构建线上线下、医内医外等多重战略优势；好药师则发力 B2C 电商，谋求线上线下的高度整合；更有大量的医药渠道创新移动电商、医生 P2P 平台等，无不对传统医药企业的电商经营产生了重度冲击，电商经营是医药企业发展的必由之路，不做则亡，创新则生。

产业链式经营、大生态系构建，已经成为移动互联时代医药产业发展的关键成功要素，医药电商运作渐成医药产业快速发展的催化剂。中国医药行业，无论是传统中成药行业，还是西药行业，其产业链都比较长，涉及上游的原料种植、收购、运输等环节，涉及中游的研发、生产、制造等环节，更涉及下游的医院、医生、患者等专业类资源，各产业链主体各有其商业诉求，医药企业跨领域合作日渐提上日程，而行业内医药博弈、政商博弈不断，患者抱怨度日渐增长，企业的销售增长面临着波动乃至停滞的风险，只有创新性运作移动电商资源，努力构建自己的优秀产业链、大生态医药服务体系，医药企业才能快速发展，这也正是医药产业发展的必然趋势。

传统以差价驱动的企业价值链渐渐衰落，以电商驱动的新商业模式创新是医药企业快速发展的关键引擎之一。从医药行业发展现状来看，大量的医药企业把商业盈利点放在以药品差价为驱动的渠道销售上，强化品牌公关、人员推广等，而优质的医疗服务、良性的患者沟通、健全的用药指导等往往不被重视，新兴商业环境需要医药厂家改变旧有的发展模式，积极发力医药电商运作，重塑医药厂家、商家、医院医生和患者等多方关系，电商驱动、革新发展才是医药企业推陈出新、跨越式成长的有力武器。

患者医疗自主权有限回归，移动互联的消费环境，让医药企业不得不强化品牌社群建设，点亮电商创新的"发展之灯"。患者在整个医药产业链中处于产业最末端，也是行业中最刚需的群体，其患病后几乎没有任何的选择权，只能用药治病、伸手掏钱，目前非处方药已经放开，用户可以自主选择，而处方药坚冰已解，用户的药品选择权正在有限回归，部分还要听医院医生的诊断建议，而医药企业长期以来，强化公关推广，弱化品牌社群沟通，销售强而用户沟通差，品牌有而社群表达弱；为应对新移动互联消费环境的变化，医药企业需要注重更立体式、更全面的电商发展，强化电商品牌建设，亮化电商创新发展，这样才能制胜市场、快速发展。

　　纵观医药企业电商运作，其原有的企业经营优势部分已经变成了未来发展的劣势，巨大的"政策黑洞"正在不断吞噬着医药企业电商经营的信心；面对来自产业链、政策环境、患者体验等多方面的电商经营痛点，医药企业只有创新前行、寻找到自己的突破方向才能更快发展。

　　原有的部分经营优势已经成为电商经营包袱。医药企业在线下市场经营多年，多数已经具有自己的渠道优势、品牌优势、患者优势、专业口碑优势等，或是拥有遍布全国的销售渠道网络，或是拥有多达千人的医药销售队伍，或是其药品在医院医生中强大的口碑，或者在患者中具有高品牌影响力，不过这些经营优势在移动互联时代反而成了电商经营的鸡肋，如果调动线下渠道资源进行线上线下联动，恐会引发价格冲突；如果不调用线下终端资源，又形成了线上服务沟通线下诊断的联动机制；如何更好地发挥原有经营优势是医药电商企业创新运作电商的关键一步，也是如何推进高效医药电商 O2O 联动的关键步骤之一。

　　突破方向在于：①放大已有、可用的优质资源优势，优先优质的经营资源，根据线上用户的诊断咨询、用药服务等推进状况，科学评定品牌与用户的沟通频率、沟通内容等，实现有效、可用、无风险的线上线下联动，同时赋予优质终端（优质医药代理人等）以线下用药指导、诊断服务等多重功能。②打造"新医药电商品牌"，将电商品牌与原有医药品牌分隔开来，采用科学的品牌架构，如果原有线下医药品牌拥有高品牌影响力、高品牌知名度等，可以采用由其背书的"母子品牌"架构；如果新电商品牌与原有线下医药品牌主攻人群相近、药理特性相近等，可以采用相互借势的"系列品牌"或是采用"明星产品品牌"战略，以更好地发挥线下市场的用户认知优势。

　　复杂的政商博弈、医药博弈，使医药网络经营变数增大。医药行业属于政府高度监管、高度专业性的行业，国家政策对其影响力巨大，尤其是医保支付、在线药品销售等政策；行业发展至今，OTC 用药经过多年品牌教育，患者已经能自主购药，而国家对处方药仍处于高度监管状态，医院医生垄断了药方权等，同时国家对于网络销售药品等行为鼓励的态度并不明显；与之相对应，长期以药养医、医院利润自主的行业常态使医药博弈更加明显，线下医药企业无不付出巨大的推广成本，甚至处于"灰色地带"，医药企业的电商经营受到政商博弈、医院药商博弈等的影响可谓深远。

　　突破方向在于：①构建适于经营的政商环境，在持续向公众提供高品质、安全医药产品及服务的同时，更应强化对政府的公关行动，或举办公众用药安全教育活动，或举办关爱类慈善活动，或举办医药电商开放日等活动，让政府放心才能做好事情，同时积极推动医药电商经营的高效改革。②适时植入医院的优质服务、专业诊断、良性护理等优势资源，结合已有品牌优势，与医药品牌的高知名度、高影响力、高价值感密切契合，真正建设"因病施药、药学良用、医药结合、用户互动、品牌互补"的良性循环，相互补充不替代，相互整合求突破。

　　用户网络购药的服务、安全、品质等亟须破局。医药行业的 OTC 产品经过多年市场教育和用药引导，患者普遍依靠自主诊断、自主辨症、自主购买等即可实现，不过患者往往是缺乏专业的病症诊断技巧、没有相应的药学知识等，在无法辨别自有病症的同时，不敢贸然购药，在不知晓药品的药理知识、用药禁忌等时，又怎能在网络上购药，如何提供高效的网络购物咨询服务、用药指导服务，怎样提供给患者更好、更让人信服的药品高品质、高安全等的体验，是摆在医药电商面前要解决的关键性问题之一。

突破方向在于：①彰显医药品牌的力量，真正让用户感受到你的品牌是优秀的，是可以更好地解决患者病痛的，优秀的医药品牌可以解除用户的部分担心，医药品牌的力量在此充分显现。②强化在线用药咨询服务，设置专职性的药学技师、药学客服等，必要时可以联合"轻诊疗软件"、"患者微社区"等，让用户通过相关患者病症、外在病象等自我先行诊断，提升网络诊断、远程诊疗等的准确性、有效性，全方位增强用户用药安全感。

线上线下等全方位联动的用药指导等有待强化。医药电商毕竟还是在网络上销售医药产品，OTC 产品具有天然的优势，而处方药未来前景是好的，但面临着网络销售、医保支付等难题，无论何种医药产品，都需要医药电商在提供优质网络购药咨询的同时，有必要提供面对面沟通，或远程诊断，或线下服务，而这些是目前的医药电商品牌远远没有做到的，因为网络远程诊断投入大、周期长、涉及关联环节多，需要更好的创新突破才能实现。

突破方向在于：①线上线下联动起来，医药品牌厂家完全可以借助已有的优质渠道资源、医生资源，推进线上咨询诊断、线下用药指导服务，通过药品二维码、会员消费码等实现。②远程诊断、近处治疗相结合，有实力的医药厂商完全可以整合社会化的医院资源、医生资源，用户可以远程咨询用药，线下由被整合的医院医生进行治疗指导，同时可以推进医生 P2P、移动医治 O2O 等新商业模式创新，给予患者全方位用药指导。

诉求多层互动的医药圈层构建难度大。医药产业链比较长，涉及患者、医生、医院、代理商、制造商、品牌商、供应商等多类群体，其圈子也涵盖患者群、专业群、厂商群等不同群体，不同群体往往各成一体，内部自主互动，外部很难融入；医药企业要想建立强大的电商运作体系，摆脱原有的渠道依赖、专业依赖、人员推广依赖、政府用药指导依赖，就要强化多类圈层互动，设法打破医院的资源垄断权，打破医生的处方垄断权，促进患者自主用药权的回归，为医药产业的新电商运作带来一缕清风。

突破方向在于：①强化用户对诊断治疗质量的全方位评价体系，从患者的病症诊断、治疗、用药、护理等可对医生服务、用药服务、治疗咨询等进行全方位评价，增强患者对医生处方的相对约束权，增强用户整体对医院等专业资源的群体性影响，多方瓦解专业资源的顽固壁垒。②促进医疗类专业资源的自由流动，鼓励有专业精神、有治学精神、有创新精神的医生，自主创业、自由流动，设法进行社会化整合，盘活社区医生、家庭医生等社会化专业群体，促进医药行业多圈层的高效互动。

药品物流运输等专业性待提升。药品作为特种商品，有其特有的运输环境，有其特有的储藏条件，这些条件对于传统医药企业来说是相对简单的，也轻车熟路，GSP等标准比较专业、门槛也比较高，而对于新兴的医药电商而言，要想快速成长，就得对一些需要特殊冷藏的药品、需要特种运输的药品等进行特殊处理，一方面保证药品品质，另一方面增强药品配送的便利性和快捷性。

突破方向在于：①根据医药电商定位，匹配相应的仓库及储运条件，常规储运的医药产品配置一般即可，针对特殊药理的药品提供特种储运。②可以整合专业化的第三方药品配送企业，由其完成药品物流运输即可，减轻企业电商经营压力。

医药供应链平台建设亟待战略协同。从目前医药电商的发展现状来看，很多医药品牌从单一的医药经营已经发展到多品类、多业态的经营，如"好药师"除经营中西药品、医疗器械、养生保健等产品外，更经营了个护美妆、食品百货、母婴等产品，医药电商多品类经营渐成常态，或是为了提升患者的购买总额，或是为了推动患者关联购买，这些都需要强大的供应链系统支撑，即使是单一销售医药保健品，也需要整合不同品牌的不同药品，以更好地向患者提供集成式的诊断治疗方案。

突破方向在于：①建立集合式、集成式的产品采购平台，针对重点药品、明星药品可以进行重点招商，针对常规药品可以进行竞标优选，根据病症诊断治疗需要确定相关药品采购名录等。②推进必要的战略业务协同，根据医药电商运作的业务需要，对核心的患者轻诊断、网络购买、线下终端医药服务等环节进行深度掌控，可以并购优质的医药网络轻诊断机构、优质线下医疗服务终端、网络云诊断平台等产业资源，可以推进医药产业链多主体的战略合作、联盟推广，以推进医药电商的深度战略协同。

总之，医药电商前景是光明的，巨大的机遇面前医药企业可以奋发进取、大有作为，全方面、立体式解决运作痛点，寻找适合自己的战略性突破方向。

第二篇

智慧医疗

第3章 智慧医疗理念

大医院人满为患，社区卫生中心却门可罗雀，郊区民众长途奔波涌进大医院问诊，这样的景象未来或将逐渐消失。

致力推进分级诊疗的上海，在互联网技术的帮助下，智慧新措不断。病人在社区卫生中心也能享受到与二级以上医院病理中心同质的服务；高血压心电监测移动平台随时追踪民众病情变化，并给予及时的治疗指导；尿毒症患者在社区就可进行腹透治疗，等等。

在上海松江区中心医院，设立了高血压心电监测移动医疗平台，一边是区内具体患者的心率监测显示，遇异常情况，便会发出警报声，一边是社区医生的可视画面，可以随时沟通。医院专家"坐镇"平台远程指导治疗。

高血压心电监测移动医疗平台连接松江所有专业医疗机构，对全区社区卫生服务中心、社区卫生站、村卫生室等医疗终端上传的生理参数进行分析、筛选，进而给出评估和治疗建议。此举为全区高危心脑血管病患者提供了最优化的分级诊疗、远程会诊，以及双向转诊服务。

医院目前已成立了专家团队，实现基层与上级医院医生协作、转诊和会诊，提高分级诊疗的效率。上海松江区中心医院将逐步建立以松江区中心医院为核心，辐射全区社区卫生服务中心、社区卫生站、村卫生室，囊括全区人口的网络化远程医疗平台；通过中心医院技术、业务下沉，推动慢病、常见病病人就诊下沉。

松江区中心医院区域影像、检验、病理三大中心已运行多年，区内民众在家门口就能享受高效、优质、便捷的医疗服务。如今，肾内科建立区腹透信息平台，将适宜技术推广至社区，患者在小医院也能看大病。

家住松江泖港的一位患者，患糖尿病肾病多年，双目失明、脑梗，长期与轮椅为伴，以前每次到医院开腹透药，仅路程就要花费两个多小时。如今，这位患者在家附近的社区卫生服务中心接受治疗，着实享受了 VIP 服务，家庭医生定期上门指导，中心医院专家随时能看到检验结果。一年下来，仅医药费就节省了一万多元开支。

这是一个呼唤高效率和智能化的时代。智慧医疗是近年来兴起的专有医疗名词，其核心主旨是通过打造个人健康档案，利用最先进的信息技术和传感技术，实现患者与医务人员、医疗机构、医疗设备之间的互动，逐步达到医疗资源、医疗手段和过程，以及医疗用品的信息化和智能化综合管控。本章首先介绍智慧医疗的内涵和目标，并从医疗理念、业务模式和信息化发展等方面分析智慧医疗的几大特点，在此基础上重点介绍以健康监测、智能医疗与服务和医疗设备与药物智能化管控为主要内容的智慧医疗模式和发展。

3.1 智慧医疗的含义

近年来,智慧医疗得到了来自患者、医生、应用开发商、网络服务商和研究人员的广泛关注,虽然目前还处于起步阶段,但是随着老龄化的加剧和政策的开放,智慧医疗已经处于爆发前夜。社会老龄化加剧、收入提高带来健康管理意识增强,原本医疗资源供不应求、供不对求、信息不透明,又加之运作效率低下的传统医疗服务体系已经无法满足持续增长、不断多样化的国民医疗服务需求。这些问题的存在,给互联网医疗的发展创造了良好的机遇。随着大数据、云计算、物联网等多领域技术与移动互联网的跨界融合,新兴技术与新商业模式快速渗透到医疗的各个细分领域,从预防、诊断、治疗、购药都将全面开启一个智能化的时代,图 3-1 描绘了互联网对于医疗过程的变革。从健康端来看,患者可以通过可穿戴设备对个人健康数据进行采集,健康监测数据通过移动互联网传送到云端,运用大数据技术分析个人健康数据,实现健康状况的监控和预测;从医药端来看,患者借助电子病历和电子处方的支持,可以通过 B2C 或 O2O 的方式便利地购买药品;从医疗端来看,借助互联网手段,通过远程问诊和远程手术的方式,对患者进行诊断,并且建立大医院与基层医疗机构之间的医疗互助网络,在一定程度上缓解医疗资源不均衡的问题;从医保端来看,医保、商险等机构通过医疗信息化平台,实现跨医院、跨地区、线上线下相结合的综合医保体系。

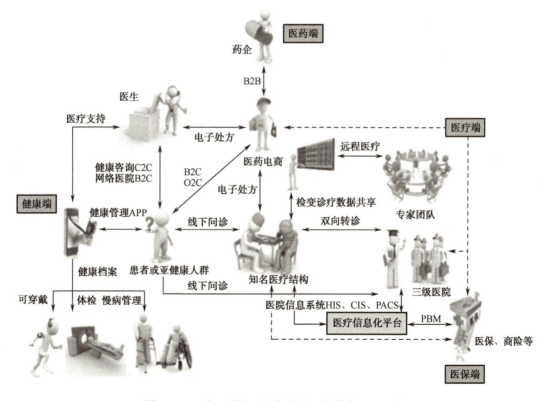

图 3-1 互联网重塑医疗生态圈,资料来源于网络

中国智慧医疗起步较晚，仅有 20 年的历史，最初是通过远程手段进行会诊咨询。日前国务院办公厅正式发布《全国医疗卫生服务体系规划纲要（2015—2020 年）》，纲要提出，到 2020 年，实现全员人口信息、电子健康档案和电子病历三大数据库基本覆盖全国人口，并实现信息的动态更新，全面建成互联互通的国家、省、市、县四级人口健康信息平台，并积极推动移动互联网、远程医疗服务等发展。近年来，在市场规模和市场结构方面发展迅速，商业模式将不断清晰完善，细分领域龙头初现。

目前，拥有技术、医师或患者资源的相关方都在积极布局这一市场。例如，腾讯从医疗社区平台"丁香园"切入，希望打造综合性的医疗平台，后者以偏重医生资源而著称。一些传统的软件企业也在布局，如金蝶集团旗下的金蝶医疗、东软集团等，金蝶医疗通过供应商的 ERP 系统连接医院 HRP 系统，再连接医院移动服务平台，实现药品供应商发出的每一粒药都可以跟踪到具体患者，并获取服药效果评估。

移动医疗市场也发展迅速，根据艾媒咨询预测，2012 年中国移动医疗市场规模达到 18.6 亿元，较上一年增长 17.7%，预计到 2017 年年底，将突破百亿元。从市场结构来看，2012 年移动医疗常规服务的市场规模达到 11.3 亿元，移动诊断服务（仅指在线辅助诊断）的市场规模达到 2.2 亿元，治疗服务（不含入院治疗）市场规模达到 1.7 亿元；到 2017 年，移动医疗常规服务的市场规模将达 73.4 亿元。由于移动互联网的技术背景，基本常规服务、诊断、治疗将会一直占据中国移动医疗市场绝大部分。我国移动医疗市场未来将保持高速发展，至 2017 年，市场规模有望达 200 亿元，未来三年年复合增长率超过 80%。

3.1.1 智慧医疗的内涵

智慧医疗首次亮相是在 2009 年 1 月 28 日美国工商业领袖举行的一次会议上。席间，IBM 首席执行官彭胜明向总统奥巴马抛出了"智慧地球"的概念。这一概念是指利用物联网技术建立相关物体之间的特殊联系，利用计算机将其信息予以整合，以实现现实世界与物理世界的融合。IBM 还针对智慧地球在中国的应用，提出了包括智慧电力、智慧医疗、智慧城市、智慧交通、智慧供应链和智慧银行在内的六大推广领域。

智慧医疗主要是通过新一代的物联网及云计算等新型的信息技术，通过感知化、智能化等方式将医疗卫生建设中有关的物理、信息及商业基础等相关事物进行自我完善、自行管理的过程。在学术研究中，智慧医疗并没有统一定义，而是随着新技术的不断发展，新兴医疗和保健手段纳入到智慧医疗的范围，主要包括以下 3 个组成部分。一是信息化的医疗提供方，即医生和专家利用互联网或多媒体进行远程监护和治疗的过程，以及这一过程中所涉及的各层级的医院系统；二是基于安卓和 iOS 等移动终端系统的医疗健康类 App 应用；三是为患者和医疗提供方相互联系，提供支持的信息技术。

智慧医疗的内涵是多方面的，对于不同的受众有着不同的含义。

（1）对于公众，智慧医疗意味着更便捷可及的医疗服务，使公众需要医疗服务时，可以随时随地通过信息技术的辅助，便捷地获取一个公平、安全的医疗服务环境；其次，智慧医疗还意味着更便宜的医疗服务，通过诊疗信息在各个医疗机构间实现互联互通，提高医院医疗设备的使用效率，降低病人的看病成本，同时提高就诊效率；最后，智慧医疗还将带来更全面的健康服务，为公众建立涵盖个人全面信息的健康档案，通过信息技术和传感技术，使公众随时掌控自己的健康情况，进行主动的疾病预防与及时有效的疾病干预，减少公众的患病率。

（2）对于医疗机构，智慧医疗将解决医疗资源配置不合理、缺乏医疗服务分级引导等问题，使不同医疗机构间的医疗资源得到合理分配；智慧医疗还将有助于提高医疗服务质量，保障医疗服务安全，通过建立患者健康数据库、用药知识库并结合移动终端和物联网技术，帮助医务人员确认患者既往病史及用药情况，大大增加用药准确度和安全性；除此之外，智慧医疗基于物联网技术高度灵活和信息采集自动化的特性，将帮助医疗机构更高效地进行管理工作。

（3）对于企业，智慧医疗催发了医疗服务平台化的盈利新模式，通过建立自诊问诊平台和医联信息平台，向患者提供便捷服务的同时，也为医疗机构和医药企业带来大量潜在客户；智慧医疗与可穿戴设备结合，将助力医疗垂直细化企业（如专注于血压、血糖）提高用户黏度，进一步扩大市场占有率；借助互联网的发达和医药电商政策红利的推动，企业可大力拓展互联网药品的销售渠道，减少流通成本，增加盈利空间。

（4）从卫生主管部门来看，信息技术和大数据的收集，可用来构建更为科学的分级诊疗模式。数据的运用可以帮助卫生部门进行疫情监测、疾病防控、临床研究、医疗资源调度、健康远程监控，乃至地方的医疗政策制定的依据。目前，国内部分城市也提出了智慧医疗的建设理念和方案，其中，上海市制定了覆盖医疗保障、公共卫生医疗服务和药品保障的智慧医疗蓝图；北京市以智慧医疗建设为契机，建立了覆盖急救指挥中心急救车辆、医护人员以及接诊医院的急救医疗信息协同平台；武汉市计划未来 5～10 年，建成智慧卫生信息系统；苏州推出了手机挂号系统，市民既可通过手机登录指定网站在市区部分大型医院付费挂号，又可实时监控医院的挂号情况；云南省与 IBM 共同打造医疗信息化资源整合平台。

可穿戴技术、物联网、移动互联网、大数据、云计算等新一代信息技术的快速发展，为智慧医疗提供了强大的技术支撑。当前智慧医疗引领着医疗服务行业的创新。

1. 可穿戴技术

可穿戴技术是 20 世纪 60 年代，美国麻省理工学院媒体实验室提出的创新技术，主要探索和创造能直接穿在身上，或整合进用户衣服或配件的设备的科学技术。其最核心的理念是让人们能够更便捷地使用智能化的设备，而感觉不到它的特殊存在。可穿戴健康设备是把可穿戴技术应用于健康领域，对用于身体情况的检测、运动数据的统计及健康状况的改善的设备的统称。

2. 物联网

利用物联网技术，对医院内各种对象的感知、定位和控制，通过对医院工作人员、病人、车辆、医疗器械、基础设施等资源进行智能化改造，对医院内需要感知的对象加以标识，进而通过各种信息识别设备进行识别，并反馈至信息处理中心，对信息进行综合分析，及时处理，提升医疗行业管理的精细化。

3. 云计算技术的发展

据相关数据显示，随着影像归档和通信系统（PACS）的不断普及，医院的影像数据呈几何级数增长，而在医疗行业，仅 PACS 的数据就占到医院数据总量的 70%～80%，这就对存储提出了更高的要求。目前 50%以上的医院集中存储容量在 5T 以上，其中近 30%在 5T～10T，对这些数据的存储、管理成为医疗信息化的一个重点。云计算技术可将存储资源、服务器、网络资源等虚拟化，按需提供资源，且具有安全、方便、提高效率、降低成本等优势，为存储不断增长的影像数据提供了新思路。

4. 大数据技术

随着我国医疗信息化建设的不断推进，以及人们对个人健康管理的关注，医疗数据量将会持续增长。麦肯锡预测，到 2020 年，医疗数据将急剧增长到 35ZB，相当于 2009 年数据量的 44 倍。如何充分挖掘这些医疗大数据，使其产生价值，为患者、医院、医生等服务是智慧医疗需要关注的重点，未来大数据分析可以在疾病监控、辅助决策、健康管理、医保监管等领域发挥重要作用。例如，通过大数据辅助决策可以实现医疗人员为患者提供个性化和区域化治疗，模仿干预措施，预防流行性疾病，改善和监督医护工作者的医疗护理等。

3.1.2 智慧医疗的目标

近几年来，云计算、大数据、物联网、移动互联等技术的发展，为卫生信息化水平全面提升提供了良好的发展机遇与技术保障，同时也引出了智慧医疗的概念——以人的全生命周期健康管理与医疗服务为核心，以信息技术为支撑，实现跨部门医疗信息共享、跨平台医疗业务协同，在准确、全面采集人群健康信息、公共卫生信息的基础上，充分利用卫生资源，实现高效安全的医疗卫生服务。这种健康理念及医疗体系具有广阔的前景。

我国智慧医疗的具体目标应该是如下几方面。

（1）以移动通信为支撑，以智能手机为载体，推动移动健康技术应用，普及手机挂号、检验检查结果查询、用药提醒、康复指导，为居民提供方便、快捷的医疗服务，实现扁平化诊疗模式。

（2）实现卫生资源的合理利用及服务对象的精确管理。健康人能利用智能手机获得移动健康服务，管理自己的健康，预防疾病；推进物联网及移动技术应用，实现与医疗设备的互联，使病人能将检测结果实时发给自己的医生，减轻医患双方的服务成本及负担；医生能将所管辖病人的病历存入移动电脑或手机，实时关注病人的治疗方案和结果。

（3）利用云计算和移动医疗减少庞大的慢性病医疗支出。让被管理的慢性病人（如糖尿病人、高血压患者等）通过智能终端进行自我管理，大幅度节约医疗成本。

（4）实现诊疗模式创新。应用物联网、无线网，实现通过便携式移动设备为边远地区病人检测，并提供医生远程诊断（如研制开发手机听诊器、可以连接在手机上的移动超声设备等）；对城市社区病人实施社区医疗中心给予指导、病人在家自我检测、医生远程诊断的就近就医模式，大幅度提升医疗服务效率，方便医生和病人，减少交叉感染，同时大幅度降低交通等出行成本，也有利于环境保护。

（5）围绕实现居民全生命周期的健康管理，发展健康服务业，提供健康指导、电子病历、医患交流等个性服务，疾病控制与预防、人群保健、环境监测等公共服务，医疗相关知识、技能、产品等关联服务。

（6）实现健康服务延伸。网上医生浏览与预约；网上缴费，透明消费，控制医疗费用增长；对药品功能及不良反应进行监测等。

（7）促进医疗服务的精准化。在医院信息化的基础上，实现专科医疗服务的精细化、智能化。包含内、外、妇、儿、老年健康等专科健康业发展，远程医疗、移动医疗、健康服务链等医院服务功能的优化与拓展。

（8）提供高度共享的区域健康服务，扩大医疗服务的可及性。以医院信息化辐射，全面提升高端优质卫生人力资源的利用率。

（9）以智慧医疗加强医疗服务的针对性，使医疗资源得到合理准确使用。急病患者得到及时治疗；慢病患者得到全面指导。

智慧医疗将为患者、为居民、为社会带来诸多好处，提升社会福利。首先，智慧医疗将推动医疗和养老领域的公共服务均等化，有利于平衡不同区域间医疗资源分布不均的现状，并提升城镇化医疗公共服务的供给质量。为了解决看病难的症结，智慧医疗可以确保农村和地方社区医院能与中心医院链接，从而实时地听取专家建议、转诊和培训，突破城市与乡镇、社区与大医院之间的观念限制，全面地为所有人提供更高质量和惠民的医疗服务。智慧医疗作为一项蓬勃发展的产业，也会引导人口向产业链所在城市圈聚集，引导人口科学合理分布。

其次，智慧医疗有利于防控慢性病，从而降低城镇化医疗支出水平。慢性病已经成为中国的头号健康威胁，在每年约 1030 万各种因素导致的死亡中，慢性病所占比例超过 80%。此外，慢性病在疾病负担中所占比重为 68.6%。经测算，2010—2040 年，如果每年能将心血管疾病死亡率降低 1%，其产生的经济价值相当于 2010 年国内经济生产总值的 68%或多达 10.7 万亿美金（按购买力平价计）。相反，如果不能有效应对慢性病，这些疾病势必将加剧可以预见的人口老龄化、劳动力人口降低所造成的社会影响。而且，健康劳动力人口相对于患病的被扶养人群的比例降低，将增加经济发展减速、社会不稳定的风险。

另外，智慧医疗系统能有效提升医疗机构的运营效率，对解决看病难、看病贵有促进作用，并且，其自身的市场潜力也是巨大的。目前医疗服务的现状、医院内外以及医患关系都将发生新的变化，医疗服务将会更加弹性与开放。例如，电子病历与疾病信息平台的建立，都将有助医院无纸化，并进一步打通患者信息的共享机制。医疗研究人员通过系统获得大量准确和珍贵的医疗信息，获得大量高质量的有效案例，不但可以及时对大规模的疾病爆发出准确的预测，更能够推进国家医疗行业的发展；医院管理系统在智慧化后，可以使管理变得更有效，药物供应商也能因为实现及时和准确的药品配送而节省大量成本，保险公司更可因为对病人情况的有效跟踪而提升服务质量。

智慧的医疗将社区服务中心、疾病防控专家、二三级医院、基本药物配送物流以及医保报销部门之间的协作成为可能，还可以及早预防重大疾病的发生，并实时的实施快速和有效响应。智慧医疗还具有普及性的特征。当整个系统都可以得到革命性的转型，高效、高质量和可负担的智慧医疗，将可以解决现在城乡医疗资源不平衡以及大医院的拥挤情况，政府也可以付出更少的成本去提高对医疗行业的监督，从而提高国民的生活质量和整个社会的和谐氛围。

另外，智慧医疗还可以激发创新，站在医疗最前线的研究人员或医疗专家，可以针对某些病例或者某种病症进行专题研究，智慧医疗的一体化信息平台可以为他们提供数据支持和分析技术，推进医疗技术和临床研究，激发更多医疗领域内的创新发展。

3.2　智慧医疗的特点

3.2.1　医疗理念转变

"互联网+"时代下的智慧医疗不是以技术为核心，而是以人为本，以对人的关怀为核心。业内还产生了以医生为中心还是以患者为中心的争论，因医疗服务的特殊性，不能简单地以某一方为中心。以人为本的智慧医疗主要服务三类人：一是就医者，包括患者及其亲友，能得到更高质量且更令人满意的医疗服务，能提供覆盖全流程且多终端的医患互动，能应用数据洞察改进医疗服务质量、临床成果与服务，能提供个性化的医疗服务；二是健康人群，通过健康数据采集主动进行防病和治病，也就是治未病，促进健康管理，通过平台协同整个医疗服务运作，提供集成、个性化的服务体验；三是医者，提供移动医疗系统，提供高效灵活的运营，既支持成本节约又能提高医疗收益，支持管理创新，实现业务绩效管理等。

　　智慧医疗能够提供全方位、智能化的医疗服务，让治疗更加有效，让患者更加舒适。比如，医院全方位覆盖智慧医疗系统，实现医疗护理、医疗影像、患者监护、医疗信息的互联互通。不论病人身在何处，当地被授权的医生都可以通过一体化的系统浏览病人的就诊历史、过去的诊疗记录以及保险细节等状况，使病人在任何地方都可以得到一致的护理服务。智慧医疗体系的实现可以铲除信息孤岛，从而记录、整合和共享医疗信息和资源，实现互操作和整合医疗服务，可以在医疗服务、社区卫生、医疗支付等机构之间交换信息和协同工作。在医生办公室，医生利用智慧医疗设备随时可以关注患者的健康状况和病情，以便做出及时的反馈，绝不耽误患者的黄金治疗时间。在患者病房，智慧医疗设备实现对患者的体征状况二十四小时不间断监测，及时将患者的状况反馈给值班医生和护士。同时，病房内也将配备整套医疗治疗设备，可以实现在病房对病人的全方位治疗。

　　建设智慧医疗，还需建立医养护一体化居民健康服务综合信息网，完善检查预约、住院预约、出院后社区康复护理、家庭病床管理等功能，实现签约医生和签约家庭的双向互动。探索实施跨省预约诊疗服务项目，探索开展智慧医疗网上服务试点，探索采集各种无线健康监测设备的数据进入居民健康档案，使智慧医疗逐步进入家庭，让智慧医疗不仅仅助力传统医院发展成为智能新型综合医院，也将助力智能医疗系统走入家庭，建成让患者不出门即可就医的便捷医疗服务系统。

　　借助互联网技术、通信技术、无线传输技术、信息采集技术等相关科技的迅速发展，健康管理事业也逐渐走向智能化。智能健康管理坚持预防为主、促进健康和防治疾病相结合的理念，以移动医疗数字信息化技术管理为手段，推进信息科技和医疗技术相结合，研制人体穿戴式多参量医学传感终端等医疗与健康管理设备，建设综合医疗服务平台，为居民提供实时的健康管理服务，为医护人员提供在线的医疗服务平台，为卫生管理者提供健康档案实时的动态数据，形成自我健康管理及健康监测、健康风险评估和远程医疗协助有机结合的循环系统，实现对个体健康的全程监控，显著提高重大疾病诊断和防治能力，提高医疗服务效率、质量、可及性，降低医疗成本与风险，为全民健康水平的提高提供强有力的科技支撑。

　　智慧医疗将带来更全面的健康服务，为公众建立涵盖个人全面信息的健康档案，通过信息技术和传感技术使公众随时掌控自己的健康情况，进行主动的疾病预防与及时有效的疾病干预，减少公众的患病率。

3.2.2　业务模式创新

　　智慧医疗推动了就医模式的创新，今后的应用范围将越来越宽广。通过在服务成本、服务质量和服务可及性这三方面的优势，智慧医疗将会更多地应用在今后的医疗服务机构当中。智慧医疗还可以让整个医疗生态圈的每一个群体受益。数字化对象，实现互联互通和智能的医疗信息化系统，使整个医疗体系联系在一起，病人、医生、研究人员、医院管理系统、药物供应商、保险公司等都可以从中受益。智慧医疗将可以解决现在城乡医疗资源不平衡以及大医院的拥挤情况，政府也可以付出更少的成本去提高对医疗行业的监督力度。因此，智慧医疗领域还会不断激发企业的创新特性，推动安防行业加大技术研发力度，带动安防行业发展。它将为优化医疗实践成果、创新医疗服务模式、扩大业务市场以及提供高质量的个人医疗服务体验作出贡献。

随着远程医疗的开闸，处方药流出、医药分家的趋势渐渐隐现。从前，远程医疗只是在医疗机构内部的（B2B 模式），自从 2014 年 8 月国家卫生计生委发布了远程医疗的意见后，就出现了 B2C 的模式，医疗机构可以直接面对患者。广东省第二人民医院是全国第一家获得网络医院批准的医院，他已经与金康药房、海王星辰、大参林等 20 多家连锁药店签订了合作协议，未来这些终端将是"网络医院"提供远程医疗。这个项目有三方合作，除了医院、药店终端外，还包括了提供技术支持的深圳友德医科技有限公司。在药店中，患者通过电脑视频和耳机与在线的医生进行对话，随时拍照，可以上传到系统，供医生查看；同时，体温、血压、血糖等数据也可通过仪器上传，供医生断症。若开具了处方，纸质处方会从隔壁的打印机打印出来，上面有医生签名、患者病情等信息，通过这张处方，患者可以直接在药房买到处方药。在目前的科技下，患者体验的难题仍有很大改进空间。同时，借助互联网实现有限医疗资源的跨时空配置，提高患者和医生之间的沟通能力，突破传统的现场服务模式，缓解医疗资源匮乏的现状。

随着互联网、移动互联网的快速发展，出现了医疗 O2O 等新模式。医疗 O2O 指将线下的医疗、医药服务体系与线上互联网、移动互联网平台相结合，以提升整体医疗、医药服务的高效性、便捷性和及时性。医疗 O2O 模式可以优化就诊流程，提升就医体验，同时满足各方需求。对于患者，以患者付费模式为主，提高患者就医体验。对于医生，打造医生个人品牌，提高个人收入。目前，医疗 O2O 中 C 端用户现阶段付费意识较弱，用户教育的逐步深入及用户数量的增多，将推动 C 端付费规模增长。针对 C 端用户，医疗服务 O2O 主要连接医生与患者两端，满足医患沟通等需求。B 端用户付费意识较强，付费项目较多，增长空间较大。针对 B 端用户，医疗服务 O2O 主要连接医院与患者两端，满足患者预约挂号等需求；解决就医流程烦琐等问题。针对药企，可以获得广告服务，数据对接服务；针对医药电商，可以获得广告服务，导流服务，线上咨询服务；针对保险公司，可以获得广告服务、线上咨询服务、健康管理服务、数据对接服务；针对企业用户，可以获得线上医疗咨询服务、员工健康管理服务、线下医疗机构对接服务。我国的医疗 O2O 用户中，男女比例将逐渐持平女性 51.0%，男性 49.0%。80 后是主力，占比 77%，40 岁以上人群增长潜力大，占比 15.6%，大专以上学历人群达到 50.3%。中低收入（<5000 元）群体占比

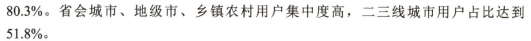

80.3%。省会城市、地级市、乡镇农村用户集中度高，二三线城市用户占比达到51.8%。

五大模式构筑我国的医疗 O2O 服务体系，目前我国的医疗 O2O 模式中，导诊模式下的医疗 O2O 用户活跃度较高。

1. 导诊模式

线上咨询、挂号、支付等辅助线下就医环节。指通过互联网和移动互联网，向用户提供智能分诊、预约挂号、就诊档案管理、在线咨询、查阅报告等一站式服务模式，通常以预约挂号、问诊咨询为主要服务内容。导诊模式有效满足了患者、医生、医院间的高效对接需求，提升患者就医体验，简化医生诊疗流程，提高医院接诊效率导诊模式中线上企业打通线下就诊环节，建立信任持久稳定的医患关系，利于病情的跟踪治疗。商业模式多以用户付费为主，针对性地满足患者就医需求；减少患者候诊时间。比如"春雨医生"，线上医生和用户积累打造核心竞争力，线下医疗布局完善就医体验。"春雨医生"成立于 2011 年 7 月，以轻问诊模式搭建医患沟通平台，并逐步与医药电商平台、线下医院（诊所）合作，探索商业变现路径。其线上服务通过移动 APP 向用户提供免费的医师咨询和解疑服务，搭建医患交流平台。线下服务则以合作模式与线下医疗机构结合，共同提供挂号服务和专家会诊服务。线上线下结合建立"线上用户积累+线下诊中服务+线上诊后服务"模式。

2. 送药模式

线上下单，线下即日送达。满足患者及时性购药需求，医生咨询服务提升用户体验。送药模式是指线下药店或专业医药配送团队通过互联网和移动互联网为用户提供的线上下单，线下送药上门的时效性强的医药 O2O 配送服务。厂商常常提供医生（药剂师）线上咨询服务等方式提高用户黏性和体验。消费者对医药的依赖性强、政策放开，带来医药 O2O 市场利好、有效满足消费者对药品的及时性需求，都有利于该模式发展。但同时，政策风险较大、上游资源限制过大、区域扩张较困难、用户体验要求较高、医保报销受限较大等因素，则对该模式发展有一定的阻碍作用。比如壹药网，平台优势结合上门送药服务，打造优质购药体验。壹药网于 2010 年上线，以经营 B2C 网上药店为主要业务，并进驻天猫等第三方平台；线上药店结合线下实体药房共同组成药品、医疗器械等医药健康品类的销售网络。其线上服务，通过官网等多渠道向用户提供医药产品的线上选购服务；通过移动 APP"易诊"提供的咨询服务为购药业务导流，提升用户体验。线下服务则与线下自营药店、康林仁和医疗护理用品店结合，为用户提供切实消费体验，消除消费者网购风险。通过线上医药产品选购将用户导流到线下实体店，结合送货上门等服务，推动线上线下服务有机融合。

3. 医护模式

线上预约医生、线下护士上门服务，医疗服务市场细分化发展，特殊用户需求催生医护上门模式。医护模式是指通过互联网和移动互联网，向就医不便人群提供医护人员上门护理、体征指标检测、药品注射、康复治疗等服务的 O2O 模式。医护上门模式有效连接用户和医护人员的服务需求和服务供给，既解决用户到院就医困难问题，也为医护人员提供额外收入和患者来源。比如"点点医"，瞄准特殊人群医疗服务市场，精准定位推动医患强关系建立。"点点医"自 2014 年 8 月上线，主要针对外出就医不便人群提供医护上门的 O2O 服务，主要服务项目为打针、输液、健康护理、催乳、医疗按摩及院内就医陪诊等服务。线上服务通过移动 APP 向用户展示医护人员信息及服务市场价格区间，供用户精准查找；病友圈社交功能为用户提供交流平台。线下服务则通过医护人员上门为用户提供注射、针灸等服务。搭建用户线上下单，医护人员上门服务平台，"服务前用户付费—服务后用户评价—平台转账"模式有效保障医患双方利益和服务质量。

4. 智慧医院

线下医院借助线上平台开展互联网+医疗服务，加快医疗机构信息化进程，多入口、多场景构建就医新体验。智慧医院模式是指线下医院通过移动互联网（医院移动APP/微信），方便用户预约挂号、缴费、报告查收等服务，以加快医院信息化进程、优化用户就医体验。智慧医院模式有利于提高医院诊疗效率、间接增加医疗资源供给；节约患者排队挂号和缴费的等待时间、提高患者依从性，间接减少就医需求。比如微信，依托庞大用户群体资源，构建"公众号+微信支付"智慧医疗体系。微信自2014 年与线下医院合作启动"智慧医院"项目，截至 2015 年 1 月，已覆盖北上广等多个省市；全流程合作医院近百家，其中接入微信挂号的约 1200 家，服务约 300 万名患者。线上服务通过微信公众号向用户提供线下医院预约挂号等服务，简化用户就医流程。线下服务与线下医院信息系统对接，有效解决就医流程烦琐、信息传输滞后性问题。简化就医流程和医保支付对接服务，打造优质用户体验，结合微信庞大用户群将推动用户黏性极大提高。

5. 医疗旅游

线上预订外地和海外就医+旅游服务，医疗、旅游资源结合催生医疗旅游服务市场，O2O 模式提供沟通通道。医疗旅游模式是指线下医疗/养生/保健机构通过互联网和移动互联网，为用户提供线上医疗资源和旅游资源的搜索、订购，并对接用户线下医疗护理、疾病与健康、康复与休养等主题的旅游服务。医疗旅游 O2O 模式主要以线下服务为主，线下医疗机构所具备的特色医疗资源、旅游资源是吸引用户的核心资源。比如虹桥医游网，医疗资源结合旅游需求，中介服务轻模式打造医疗旅游服务新通路。虹桥医游网是以提供医疗旅行、专家诊疗等信息服务并对接第三方服务机构为主营业务。线上服务通过官网、移动 APP、微信二维码向用户提供第三方医疗服务机构的信息搜索、咨询等服务。线下服务，向用户提供翻译陪同、接机、住院安排、就地旅游等增值服务。线上线下结合，通过线上咨询服务明确用户需求并对接相应服务机构，促使用户获得优质、满意的服务体验。

3.2.3　数字化医疗手段

智慧医疗通过无线传感器采集居民的健康信息，配合远程视频传输到医疗云端，为每个人建立完善的医疗档案，实现医疗信息和记录的共享与互联，用以平衡医疗资源，为患者提供更加周到完善的医疗方案。

用户数据采集主要通过移动终端（如手机和现今十分热门的可穿戴智能设备）和物联网技术实现对用户的健康信息（血压、血糖、心率等基础身体数据）、既往病历（治疗记录、用药历史等）和基因信息（基因测序技术高度发展将提供个性化的治疗信息）实时采集。

管理病患健康数据方面的应用可分为入院前健康数据收集和出院后康复信息追踪，尤其对于慢性病和重大疾病而言，患者的健康数据收集与监测显得尤为重要。如WellDoc，一家致力于利用新技术辅助慢性病管理的公司，他们打造了一个手机加云的糖尿病管理平台，患者可以通过手机方便的记录、存储和利用糖尿病数据，并将数据传到云端，由云端基于这些数据进行计算，为患者提供个性化反馈，更重要的是这些数据可以为医生的诊疗提供有效依据。目前，此类应用正积极与可穿戴智能设备相结合，为医疗器械行业带来一场革命，如国内九安医疗的 iHealth 智能云血压计、三诺生物的糖护士移动血糖仪、宝莱特的移动互联体温计，这些深耕于细分医疗方向的移动医疗服务平台，不仅可以随时随地记录用户的健康信息，并为用户设计保健方案，还能在患者入院时为医生提供及时准确的病理信息，提高医生的诊疗质量，更能在患者出院后随时获得患者的健康数据，高效跟踪患者的康复情况，进行跟踪治疗。医生可以突破时空限制，及时跟踪和掌握患者数据，可以定时、长期的为患者提供远程咨询与指导。

在疾病治疗、管理方面，更多新型的医疗设备也有广阔的应用前景。可穿戴医疗是将传统医疗技术与传感器技术相结合，并辅以大数据分析而形成的交叉领域，目前可穿戴设备的本质就是传感器，是进行医疗数据采集的工具。比如谷歌正在研发的一款内含测量眼泪中血糖水平传感器的隐形眼镜，苹果也试图将无感知血液检测技术应用到可穿戴智能设备上，以及传统的微创植入传感器公司 Cardio-MEMS 正在开发的一种能够植入人体控制心力衰竭、动脉瘤、高血压等严重慢性心血管疾病的无线器件。

可穿戴医疗的出现可以满足医疗机构、医生、大众群体的不同需求，如医院对远程监控、远程医疗的需求，医生对患者入院前健康信息收集、出院后健康信息追踪的需求，大众群体对自身健康管理的需求等。

物联网技术开启了万物互联的时代，并且随着智慧城市建设的加速推进及物联网技术对各行业的逐步渗透，"智慧+"概念应运而生，诸如智慧能源、智慧交通、智慧医疗等开始遍地开花，可以说，物联网技术给各行业带来产业模式上的新革命。智慧医疗作为智慧城市的重要部分，更是受到推波助澜的影响。那么，物联网技术给医疗产业带来哪些颠覆性的变化？群雄又是如何逐鹿智慧医疗领域的？

众所周知，医疗是关乎生老病死的，是最受关注的民生焦点之一，世界各国政府对智慧医疗的建设都相当重视，据调研机构预测，到 2018 年全球智慧医疗服务支出，如远端监测、诊断设备、生活辅助、生理数据监测等方面，将达到 300 亿美元，2016~2018 年全球智慧医疗服务支出复合成长率将达到 60%。可见物联网技术对智慧医疗的推动力是不容置疑的。

智慧医疗英文简称 WIT120，是物联网时代的一种新型医疗形态，是物联网在医疗健康行业应用的结果，具体来说，智慧医疗即 ICT 技术、物联网技术、大数据技术相结合的技术手段，打造健康档案区域医疗信息平台，实现患者与医务人员、医疗机构、医疗设备之间的互动，逐步达到信息化，共同为患者提供高效、便捷易使用、低成本、智能化的医疗健康服务。

利用各种物联网新技术的导入，智慧医疗将改变目前医疗服务的现状，医院内外以及医患关系都将发生新的变化，医疗服务将会更加弹性与开放，可以为不断持续提升医疗服务品质。例如，电子病历与疾病信息平台的建立，都将有助医院无纸化并进一步打通病患信息的共享机制，从而使患者用较短的治疗时间、支付基本的医疗费用，就可以享受安全、便利、优质的诊疗服务。具体来讲，智慧医疗相比传统医疗主要有以下 4 个优点：

（1）利用多种传感器设备和适合家庭使用的医疗仪器，能够更快速实时的采集各类人体生命体征数据，有利于医院更频繁获取更丰富的数据，同时也减轻了医护人员的负担。

（2）采集的数据通过无线网络自动传输至医院数据中心，医务人员利用数据提供远程医疗服务，能够提高服务效率，缓解医院排队问题，并减少交通成本。

（3）数据集中存放管理，实现数据广泛共享和深度利用，从而能够对大量医疗数据进行分析和挖掘，有助于解决关键病历和疑难杂症。

（4）能够以较低的成本对亚健康人群、老年人和慢性病患者提供长期、快速、稳定的健康监控和诊疗服务，降低发病风险，间接减少对稀缺医疗资源（床位等）的需求。

当前医疗健康产业呈现两个趋势，即医疗服务从中心医院向基层医院延伸，服务从面向医院临床的专业医疗向大众家庭的延伸。基于这种形势，华为推了出端到端的智慧医疗解决方案，基于 IOT 全联接平台的医疗数据采集/交换、音视频会议、webRTC、ICT 业务编排等多技术能力在远程医疗、慢病管理等场景中获得实际应用。帮助第三方医疗终端及应用软件厂商实现易开发、易集成，缩短 TTM。

虽然物联网技术在智慧领域的影响很大，但是物联网必须与 ICT 技术融合，并嵌入到医疗设备中，并结合业务特点和用户需求，才能发挥出它的作用。因此，在智慧医疗领域，医院健康设备终端提供商、网络解决方案提供商、医疗健康应用软件厂商和技术方案集成商等上下游企业，应该集各家之所长，以开放的姿态与业界伙伴一起打造健康的产业生态链，营造良好的行业生态，对于促进智慧医院的健康发展也至关重要。

在优化医疗资源配置方面，信息技术发挥了很大的作用。医疗系统信息化是我国推行智慧医疗的第一步，从早些年的"数字医疗"、"区域卫生信息化"，到今天的信息化管理系统、医院移动应用系统、电子病历等，互联网的发展在潜移默化中改变着医疗管理方式、医患沟通模式和医生从业生态。互联网必将成为一种重新配置医疗资源的强力工具，实现以患者为核心的模式，优化医疗资源配置和使用，提升医疗效率。

随着移动互联网的发展，医疗健康领域也插上了移动互联网的翅膀，加之可穿戴智能设备和大数据技术的进步，移动医疗进入了一个爆发式发展的阶段，智能化医疗的时代触手可及。目前出现了像"名医主刀"这样的 O2O 平台，为有不同需求的医院、医生、患者三方提供对接和服务，且不与三方发生利益联系，实现医疗资源的优化配置。

移动医疗服务主要包括移动医疗周边服务和核心医疗服务。周边医疗服务包括挂号、买药、在线支付等，目前的技术阶段都是可以实现的。而对于核心医疗服务，例如医生问诊、身体检查以及其他辅助类测试等，则需要患者与医生进行面对面的交互，目前的技术水平通过移动端设备还很难实现。也就是说，目前的移动医疗服务主要是针对于周边医疗服务所开展的，不具备硬实力，未来想要实现核心医疗服务的移动化，还需要包括智能设备和移动交互等技术的长久发展。

目前，利用移动技术在医院实施移动医疗的医院并不多，还有很大的发展空间，在医院里移动医疗投资的价值很大。一个完整的医疗档案局限在医院内的记录是远远不够的，如果能够把医院患者入院前的记录，比如行为习惯、饮食起居，包括出院之后的康复的情况等，通过个人授权的方式让医院获得这些信息，对医生的诊断和医疗将提供极大的帮助。

3.2.4 案例：互联网+时代把医疗服务挪到指尖上

科技改变生活。自从第一次工业革命以来，科技发展突飞猛进，人们的生活也因此发生着巨大改变。其中，互联网成为了一个主要抓手，用以更加迅猛地改变生活中的点点滴滴。移动互联网在改变着这个时代，移动互联网医院是创新落实国家两大"行动计划"的有效载体和手段，可以辅助医院优化服务流程，让人民群众切实体验到医疗服务的人文关怀，成为未来医院信息化发展的必然趋势。

作为生活中必不可少的一项，医院也被互联网科技所包围着。2015 年，济南市中心医院按照济南市卫计委打造"智慧卫计、专业卫计、贴心卫计"的目标，多措并举，群众看病就医满意率大幅提升，并喜获"2015 年全国改善医疗服务创新医院"奖项。2016 年 3 月，济南首家移动互联网医院在济南市中心医院诞生，正是中心医院进一步改善医疗服务的延续和再创新。

谈及互联网对于医院便民服务的增强，济南市中心医院相关负责人表示，医院信息化建设助推医疗管理，提高服务品质势在必行。扎实推进公立医院改革，全面实行电子病历管理，并使用电子病历系统进行医疗质量的监控，可以很大程度上将医疗服务提升一个档次。与此同时，该院的信息化体系成功转型升级，智慧医疗体系的建立对医疗服务模式和服务理念改变发挥着深远的影响。

医院一直秉承着"厚德载物、医者仁心"的院训，积极倡导人文关怀，坚持"特色办院、质量立院、人才兴院、科技强院、文化塑院"的办院方针，互联网便民服务的推出，是积极推动工作的表现，是为了百姓利益而积极努力、开拓发展的一个缩影。

在互联网系统出现之前，传统的就医流程是病人无论距离医院有多远，也要赶到医院进行现场的排队预约，在人工窗口挂号以后，再到诊疗区候诊，排队等医生叫到自己才能就诊，在向医生反映病情后，医生根据病人病情确定进一步的药物治疗或检疗工作后，病人再去药房窗口去排队取药，或者到检查检验科室去排队做相应检疗项目，检查检验的结果还要在现场进行等待，在取到结果后还要手持检疗结果去找医生进行复诊或者进行下一步诊疗流程。有些路途较远的病人，大清早就要进行准备，乘车或骑车争取提早到达医院，并经历数次漫长的排队、缴费的等待，反复往返于医院各科室，既耽误了时间又浪费了精力，还无益于患者的病情，于是造成了看病难的社会问题。有些网友，通过网络上的调查发出了"医院取药 5 小时：路上 2 小时、排队 3 小时、看病只有 5 分钟"的调侃，这深深地刺痛了医疗工作者的心。基于确实存在这些现实情况，本着切实为病人着想的工作理念，经过认真研究，该院决定寻找并开拓一种为病人省时、省力的就医新途径。

在这种背景下，一种既切合当今社会发展，又适合医院实际应用，还能为病人节约时间、体力，有助于病人实现"绿色出行"的新途径——患者移动服务平台就此诞生了。该院相关负责人表示，患者移动服务平台上线以后，患者只需要使用自己的一部智能手机，在微信公众号中关注医院的服务号（山东大学附属济南市中心医院），就能获取"智能导诊、预约挂号、当天挂号、我的挂号、就诊指引、我的账单、检验检查、住院押金缴纳、查看住院总费用和每日清单、就医反馈、健康资讯"等服务。患者只需要在自己的手机上轻轻一点，就可以免去原本在医院频繁排队等候的麻烦，实现以上所介绍的功能，更可以让患者提早预约 7 天之内上班的医生号源，给那些工作忙碌或者行动不便的患者提供就诊方便。此外，这种新途径还可以给患者提供从门诊到住院、从资金流到信息流、从院前到院后的全方位医疗服务，最大限度地方便患者，从根本上改善了患者的就医体验，提升了患者对医院的满意度，缓解了医患之间的矛盾和纠纷，并有助于减轻各大医院目前都面临的人流、车流的压力，省时便捷又安全。

移动互联网医院的启用，是以实际行动贯彻习近平总书记关于"强化互联网思维，大力发展互联网+，建设网络强国"的战略部署，是创新落实国家卫计委关于"进一步改善医疗服务行动计划，切实改善人民群众看病就医体验"通知的行动，是为人民群众提供更加"便捷就医、安全就医、有效就医、明白就医"的医疗环境的新举措，结合该院总体实际情况所推出的便民利民的医疗措施，它切合了医院力求"使病人就医流程更加顺畅"的理念，将提升医院的医疗服务质量与社会满意度。

3.2.5　案例：精准医疗与基因测序

中国在早在本世纪初就开始关注精准医疗，2006 年首先提出了精准外科的概念，得到了国内、国际的医学界认可后被引用到肿瘤放疗、妇科等医学领域。其目标是通过合理资源调配、全流程的成本调控，获得效益与耗费之比的最大化。精准医疗相比传统经验医学有了长足进步，可以通过将精密仪器、生命科学等先进的现代技术与我国优秀的传统经验整合在一起，大大减小临床实践的不确定性，从而在手术中实现"该切的片甲不留，该留的毫厘无损"，在保证精准的同时尽可能将损伤控制到最低。

精准医疗（Precision Medicine）是以个体化医疗为基础，随着基因组测序技术快速进步，以及生物信息与大数据科学的交叉应用而发展起来的新型医学概念与医疗模式。其本质是通过基因组、蛋白质组等组学技术和医学前沿技术，对大样本人群与特定疾病类型进行生物标记物的分析与鉴定、验证与应用，从而精确寻找到疾病的原因和治疗的靶点，并对一种疾病不同状态和过程进行精确分类，最终实现对疾病和特定患者进行个性化精准治疗的目的，提高疾病诊治与预防的效益。

精准医疗的重点不在医疗，而在精准。从基因科学的历史使命——人类基因组计划筹备开始，基因组学的概念就被生物系统学家做了很多的研究工作。从整个生命领域的数据流来看，从最早的中心法则（信息流从 DNA 到蛋白质的整个流动过程），到目前的系统生物学（信息网络的形成），这些都是迈向精准的过程。

新一代基因测序（Next Generation Sequencing，NGS）又叫"二代测序"或"高通量测序"，其作为一种划时代的测序技术革命，使基因测序商业化进入临床应用成为可能，并有效解决了传统医学的痛点（由"同病同治"到"同病异治"），奠定了未来精准医疗的基石；同时二代测序在近年已发展较为成熟的 IVD 领域呈现出突出的比较优势，逐步成为未来行业发展的新方向和增长驱动力。

传统医学主要依赖临床医生个人从业实践经验，结合客观的临床资料和知识，给予症状相同的患者标准化的治疗意见，但实际疗效因个体化差异而不尽相同。

基因测序对 DNA 序列进行分析，构建大样本量的基因组数据库，结合个体生活信息、临床数据，以此来了解疾病的发病机制和用药机理，并帮助临床为不同个体提供精确合理的疾病预防干预、诊断治疗、用药指导和健康管理，这种个性化的医疗正是奥巴马倡导的精准医疗的精髓所在。简单来说，与传统医学相比，精准医疗有望成为治疗效果最大化和副作用最小化的一门定制、量化的医疗模式。

根据 BCC Research 预测，2015 年全球精准医疗市场规模近 600 亿美元，今后 5 年年增速预计为 15%，是医药行业整体增速的 3～4 倍。精准医疗是医疗健康时代的产物，是未来生物医药产业发展的确定性趋势，基因测序作为精准医疗的基石，有望引领行业持续向上和繁荣。

据统计，目前在全球 IVD 市场中，分子诊断的份额占比为 11%，复合增长率也达到 11%，居行业首位。而我国的分子诊断占 IVD 市场的份额仅为 5%，但增速高于 25%，排名前列。未来随着技术革新推动和应用端的需求倒逼，我国分子诊断细分市场实现高速放量是可预期的。

我国 IVD 行业总体呈现低端市场增长停滞，中端市场迅速放量，高端市场逐步开拓的橄榄型市场结构。未来随着 IVD 行业的结构升级和技术高端延展化，作为高端技术领域代表的 NGS 技术行业必将迎来高速成长期。

近年随着 NGS 技术的成熟和普及，其普及率持续提升。根据 Markets&Markets 的研究报告显示，2014 年 NGS 的全球市场规模为 25 亿美元，预计 2020 年将达到 87 亿美元，复合增长率为 23%。NGS 成为分子诊断领域中增长最快的子行业，超过传统的 PCR、FISH 和基因芯片技术，未来有望成为行业主流，引领行业发展。

从技术的演变升级来看，基因测序技术主要历经以下三代。

第一代测序技术，主要基于 Sanger 双脱氧终止法的测序原理，结合荧光标记和毛细管阵列电泳技术来实现测序的自动化，1975 年由 Sanger 和 Coulson 发明，基本方法是链终止或降解法。人类基因组计划就是基于一代测序技术。

第二代测序技术，早期代表平台包括 Illumina 的 Solexa、Life Technologies 的 Solid、罗氏的 454 平台等，目前市场的主流机型包括 Illumina 的 HiSeq/MiSeq/NextSeq、Life Technologies 的 Solid/Ion PGM/Ion Proton 等。它们的测序原理不完全相同，但共同的特点是都以"舍弃读长"为代价实现了高通量。

第三代测序技术，又称为单分子 DNA 测序，即通过现代光学、高分子、纳米技术等手段来区分碱基信号差异的原理，以达到直接读取序列信息的目的，而不需要使用生物或化学试剂，这对于进一步降低测序成本是非常可取的。

从三代基因测序技术综合比较来看，第一代和第二代测序技术目前在科研和临床应用领域较为广泛，第二代测序相对优势突出，市场空间最大。

第一代测序的突出优势是高读长及高准确性，一次读取 DNA 片段长度可达 1000bp，准确性可达到 99.99%。然而技术原理的限制下高读长的特点反而增加了测序成本，并且测序的通量大打折扣，这就限制了一代测序的应用范围。

与之相比，第二代基因测序的核心提升在于牺牲了读长的前提下极大优化了成本和通量。采用大规模平行测序原理，不仅极大地降低了测序成本，同时在保证了准确性的前提下实现了高通量测序。

第三代基因测序读长较长，如 Pacific Biosciences 公司的 PACBIO RS II 的平均读长达到 10Kb，可以减少生物信息学中的拼接成本，且从作用原理上避免了 PCR 扩增带来的出错，但是，总体上单读长的错误率依然偏高，成为限制其商业应用开展的重要原因，同时，其分析软件也不够丰富，在成本和通量上也没有比较优势，短期内很难对第二代测序形成替代。

2014 年 2 月，国家卫计委、CFDA 联合叫停基因检测，相关部门出台文件明确了基因测序行业的双重监管属性，所用的仪器设备归口 CFDA 报批管理，临床领域的使用归口卫计委或属地管理。同年 3 月，卫计委随即出台了《关于开展高通量基因测序技术临床应用试点单位申报工作的通知》，拉开了基因测序行业临床应用规范化的大幕。

随后，从 2014 年 6 月至 2015 年 3 月不到一年时间，CFDA 先后批准华大基因、达安基因等公司的测序仪和测序产品，卫计委先后正式授牌个体化医学检测试点单位（3 家），确定首批高通量测序技术临床应用试点单位（7 家），其中包括 5 家第三方医学检验所华大、达安、博奥、安诺优达和爱普益，同时陆续公布了临床应用首批四大领域，即遗传病诊断、产前筛查与诊断、植入前胚胎遗传学诊断、肿瘤诊断与治疗。

2015 年 7 月，国家发改委发布《关于实施新兴产业重大工程包的通知》，将在 2015—2017 年建设 30 个基因检测技术应用示范中心，以开展遗传病和出生缺陷基因筛查为重点，推动基因检测技术普及和产业化。

同时，卫计委医政医管局出台的《药物代谢酶和药物作用靶点基因检测技术指南（试行）》和《肿瘤个体化治疗检测技术指南（试行）》文件，则有效解决了药物基因组学和肿瘤个性化治疗的行业标准缺失的问题。

总体而言，监管的明确、试点单位的公布、肿瘤个体化用药等应用端标准的出台，预示着行业的政策严冬已过，行业准入标准提高，以生育健康检测、肿瘤个性化治疗为代表的基因产业下游行业标准框定之后，整个基因测序产业有望重回高速发展的轨道上。

总体来看，技术突破和政策推动，是促使基因测序从实验室走进临床和公众视野，并被产业和资本追逐热捧的两大决定性因素。

其中技术的突破和革新，使得基因测序可以实现快速、低成本和高通量，从而符合了应用端的普及推广和消费端的价格承受能力；同时，行业政策的松绑和推动，使得监管责任逐步明确和应用端逐步标准化规范化，从而使阻碍基因测序技术实现商业应用领域渗透的两大瓶颈得以成功突破。

从商业化角度来看，测序是一种工具，所对接的临床应用领域市场空间巨大，未来基因测序行业的快速增长和持续繁荣将是大势所趋。

同时，测序产业空间巨大，中国与发达国家处于同一起跑线。根据 BCC Research 数据统计，随着测序成本呈现几何级别下降和商业化的逐步推进，全球基因测序市场规模从 2007 年的 7.94 亿美元增长至 2013 年约 45 亿美元，年复合增长率达到 33.5%，预计未来几年将保持 21.1%的复合增速，在 2018 年达到近 117 亿美元的规模，未来 5 年将有 1 至 2 倍的发展空间。

从全球市场来看，北美地区测序市场份额最大，这主要得益于 Illumina 和 Life Technologies 两大测序仪供应商的销售，以及该区域 NGS 技术与个性化医疗和伴随诊断同时发展，同属资本密集及高研发投资领域。美国临床测序技术在肿瘤以及传染病领域应用居多，预计未来，美国仍将是 NGS 市场的引领者。

亚太地区（不包括日本）占比仅为 15%，随着技术成熟普及率不断提高，未来发展潜力巨大。现有数据表明亚太地区 NGS 市场增长最快，增长率为 41.6%。中国和日本将新技术与发展医疗保健、研发和临床开发融合，形成新兴经济体，对亚太地区整个市场的发展具有重大意义。

中国测序市场在全球范围内增速突出，根据 Markets&Markets 预测，中国的基因测序产业在 2012—2017 年的 CAGR 有望达 20%～25%，位居全球前列。国内测序服务商近些年不断进发活力，其中最具代表性的是华大基因，其初期承接了人类全基因组计划 1%的工作，经过多年发展华大基因已经成为全球最大的测序中心之一。

更可喜的是，一大批如"华小系"的贝瑞和康、诺和致源、安诺优达，以及上市公司如达安基因、迪安诊断等优秀企业深入参与到市场竞争中来，并逐步成长为核心主力军，行业呈现出不同于上游的充分竞争的态势。

行业上游为测序仪器和试剂生产供应商。目前测序上游是全产业链中规模最大的一环，几乎被 Illumina、Life Technologies 两大国外巨头垄断，高技术壁垒和封闭性的特点使得中国企业在短时间内很难打破垄断格局。

行业中游为基因测序服务提供商，包括测序服务及生物信息学的数据分析。包括面向基础研究的测序服务和面向终端用户的临床、医疗类的测序服务，该领域增长速度最快，是国内企业的主攻方向，呈现出短期加速分散化的竞争态势。随着政策准入标准的提高，集中度提升是必然趋势，未来行业龙头、产业模式成熟且具备持续布局能力，以及具有强大生物信息学分析和数据处理能力的企业有望从中突围。

行业下游是终端用户，主要包括医院、第三方医学检验所（独立实验室，ICL）的临床应用端，以及大学、医院、研究所、药企的科研机构端。从应用领域来看，目前相对成熟的是无创产前诊断（NIPT）的生育健康领域，未来最具价值的是肿瘤筛查和个性化治疗领域，其他还包括遗传缺陷基因检测、致病基因检测、病原微生物检测、疾病风险评估等。

上游供应商牢牢把握话语权。目前基因测序行业内的公司主要集中在测序服务商，上游只有 Illumina 和 Life Technologies 等为数不多的几家能够选择，同时，其测序仪器平台的封闭性极强，必须向供应商购买配套所需的试剂和耗材才能完美使用，因此上游几乎垄断性的产品对下游服务类企业的成本制约和限制较大。

下游医院终端短期内相对强势。由于医院把握着终端客户资源，在整个医疗产业链中属于双向强势地位。基因测序服务商无论是采用第三方独立实验室模式还是采用向医院投放与协作模式，相对于医院的话语权相对偏弱。当然也有少数公司在探索引导个人基因组数据的另类消费，如 23andMe 直接面向客户的高端基因体检等。

在目前有高通量测序试点资质的医院尚且较少的情况下（不考虑钻政策空子的灰色地带），面对同一家医院入口，市场中同类的基因测序服务商的数量，远远高于有实力的渠道商数量。因此，有较好渠道资源和政府背景的企业，能够获得更好的医院应用端口，未来也更容易完成下游渗透。

市场准入逐步放开，新竞争者会陆续涌入。基因测序的临床应用终端以医院和独立实验室为主，由于拥有资质的试点单位和临床应用尚且不多，因此，商业渠道的通道成本较高，短期来看市场资源比较有限。但另一方面，行业进入壁垒相对不高，而产业和资本关注度较高，除了从科研转型的国内外创业者以外，传统医疗企业、非医疗企业都有意通过并购等方式快速切入该领域，因此，短中期内处于产业链中游的新进入者将层出不穷，呈现高度分散化的趋势。

同业竞争激烈，完成"规模优势+产品优质+渠道黏性"者胜出。前文已经提到，预计随着政策准入标准的提高和竞争格局的加剧，测序市场集中度的提升将是必然趋势，未来产业模式成熟且具备持续布局能力、生物信息学分析和数据处理能力一流、大数据价值和渠道价值突出的行业龙头企业有望从中突围。

新老技术目前不构成替代威胁。从技术层次来看，基因测序是分子诊断的金标准，而二代测序的优势是可以将若干个基因检测一次性完成，并精确检测突变和变异类型，适合短时间内完成多种鉴定诊断的临床应用需求，拥有相对广阔的市场空间。前文已经提及，传统的基因检测技术在中短期凭借各自优势，且根据不同临床需求而仍具备一定的应用价值，但在通量、单位成本方面，无法与二代测序相比拟；而新型的三代测序技术仍然不够成熟，在错误率偏高、成本优势不足的情况下，对二代测序的替代为时尚早。

在未来，上游测序仪的垄断格局中，短期难以改变，同时，不排除上游优势企业通过并购等方式进行产业链延伸；中游测序服务商的先行者有望通过市场准入抢占先机，尤其在渠道和终端的先发及卡位优势将日益突出，未来在规模效应下对于成本的控制，在应用端的不断开拓和创新，以及在样本积累下基因组数据库的建立和完善，其渠道价值和大数据价值将逐步显现，成熟后的商业模式将引领新一波行业增长，从而吸引更多的企业通过并购方式进入行业；下游应用端在大数据积累和循证医学的驱动下，有望在疾病预防、临床诊断和个性化用药等多个领域实现横向拓展，同时，既有的 NIPT 市场逐步走向成熟，肿瘤领域临床应用端将催生出难以想象的产业空间。

中游未来发展趋势主要包括云服务、专业外包、产业链整合、数据挖掘。

首先，云平台是未来数据存储和分析的趋势。多方面诉求促进云平台对接，一方面，NGS 使单个实验室能在合理的成本范围内就可以产生 TB、PB 级的数据量，但许多测序公司或实验室并不具备储存和处理这些大规模数据的服务器设备；另一方面，计算大规模数据集最重要的是分析算法的并行化，有效解决大数据运算的方法是将任务分配给若干计算机处理器同时计算，针对不同算法可以进行不同类型的并行化运算，通过不同的计算平台来获得最佳性能。

从以上可以看出，NGS 数据分析解读面临着数据量大、数据处理过程复杂、对计算资源要求高的潜在需求，而云计算提供了一种有效的解决方案，云架构下的平台搭建、存储、计算软件开发和工作流框架正在不断完善和发展。从国内来看，华大基因在这方面布局较早，处于行业领先地位。

专业化外包（测序服务或数据分析）将会是另一大主流趋势。一方面，大部分医疗机构缺乏购置测序仪自行开展测序服务的需求和能力，更多会将测序服务外包给第三方独立实验室。目前国内测序服务商较为主流的方式是通过 ICL 模式打开市场，未来随着企业测序服务和其他临检产品线的齐备，专业化的第三方检测平台将会是发展的重点模式。

另一方面，未来随着 NGS 数据产出量越来越庞大，外包给专业化的生物信息学公司可能会成为一种趋势。国内，华大基因将数据存储等部分外包给荣之联等专业数据分析解决方案提供商，是一个很好的范例，这不仅仅是一个双赢的模式，更可以看成未来行业专业化分工的一个标志。

目前，海外提供相关产品和服务的主要公司有 CLC bio（丹麦）、Biomatters（新西兰）、Partek（美国）、Genomatix（德国）、Knome（美国）、DNASTAR（美国），国内方面包括诺和致源、荣之联等。目前这一市场份额基数较小，空间也无法跟测序服务市场相比，但增长潜力巨大。

实现全产业链平台整合是龙头企业的发展方向。除了上游外资龙头的全产业链布局野心，类似中游具有显著优势的华大基因等龙头公司为了摆脱上游的依赖和对成本的控制，也通过并购国外测序仪厂商或自产测序仪来完成对上游的突破。总体来看，产业链的双向整合，有利于现有领域龙头突破增长瓶颈，并且打造"仪器+服务+渠道"的有机整体，形成整个产业的规模协同效应。

数据积累和挖掘将是永恒的行业主题。目前，对于基因组的认知并不充分，人体基因组共有 23 对染色体，包含 30 亿个碱基，而目前仅有 3%能从临床给予解释。对于基因组数据的积累和解读，将会直接影响到未来应用领域的拓展、商业化应用的成熟，以及相关标准的制定。不同基因型与表型的联系，从基因水平对人类疾病的致病机理、用药的个性化差异、健康的管理机制的研究将会促使基因组的数据挖掘不断进行下去。

中游测序服务平台化是大方向和主线。中短期来看，获批 NGS 临床试点的测序公司具有先发和卡位优势，其通过自身的政府和医院资源，进行积极的渠道拓展和产品投放，在抢占稀缺试点医院端口方面也具有技术和品牌优势，在样本量和基因组数据的积累之后形成较强的规模化效应，并借助强大的生物学技术平台和生物信息分析能力也有望实现下游应用领域的突破，进一步巩固细分领域的龙头地位，同时完成一体化测序平台的搭建。

产业和资本通过并购进入，专注于细分领域的长尾。目前，已经有不少上市公司通过并购的方式直接切入测序领域，虽然短期内难以与行业龙头抗衡，但是依托自身的优势（比如相关企业在传统 IVD 领域的技术和渠道积淀，或跨界上市公司较强的融资能力）与原有业务进行协同整合和多元化发展也不失为一种提升自身竞争力的方式，也可以间接推动行业的快速发展。

3.3　智慧医疗的内容

智慧医疗的应用形式丰富与发展的背后，离不开医疗技术的不断革新。传统医学中存在的一个明显局限是诊断与治疗脱节且相对独立。伴随着近年来治疗技术的快速发展以及个性化、人性化医疗需求的加速增长，诊断治疗一体化技术也不断地获得了突破性进展。

智慧医疗被成功运用于服务医疗领域和社会民众的诸多形式中，其中一种就是远程会诊。这项技术可以极大地促进偏远地区以及较为落后的地区医疗水准的提升，这方面的实践早在过去的二三十年就已经开始行动了；另一种是时下比较热门的云诊断，比如手机医疗 App 的推出等，这可以极大地丰富民众对疾病的认识，同时也节省了医生的部分工作，更加高效地加速医患间的良性互动；还有一种是旨在提高医院效率的一些应用，比如病例电子化、自动投药提醒、电子标签、智能监控等。此外，社区医疗、健康福祉、可穿戴设备等方面的发展，也可以大大促进智慧医疗快速走进普通人生活，改变传统医学的诊疗模式与运作。接下来，就从健康监测与智能诊断、到智能治疗与康复、再到医疗设备与药物的智能化管控来大致看看智慧医疗的几大模块。

3.3.1　健康监测与智能诊断

随着人民生活水平的不断提高，人们对自身健康越来越关注，从发现疾病、治疗疾病向积极检查身体、预防疾病转变，并产生了对健康管理干预生活方式的需求、我国近年来将健康服务业的关注提高到历史高点，将其作为深化医疗改革发展、改善民生、提升全民健康素质的重要举措。

通过智慧医疗，从健康智能监测到检测数据分析、专家健康评估建议、助医导医等服务均可提供。智慧医疗的焦点还应放在有效的临床数据分析模型和最重要的影像数据分析算法的精准和效率上。从卫生主管部门来看，物联网、云计算等信息技术和大数据的收集，可用来构建更为科学的分级诊疗模式，促进医疗流程的改进以及医疗数据的共享。而作为居民，除了便捷的就诊体验外，接触更多的则是可穿戴设备实现监测和个人的健康管理。

可穿戴设备、健康管理软件等为"互联网+医疗"提供了全新的技术手段，改变健康管理的方式。从国外发展情况看，医疗可穿戴设备往往专注于医疗技术细分领域的产品创新和应用。①记录更精细化体征数据的可穿戴设备。除了记录常规体征数据外，还可记录皮肤温度、眼球活动等数据。②具备血糖、甲状腺、眼部疾病等检测功能。例如 Scripps Health 公司的纳米传感器，可通过注射进入人体来检测患者的血糖水平。③具备生物识别、提醒功能。比如，Bionym 公司研发的 Nymi 腕带，可以通过心跳数据来生成唯一的 ID 并解锁设备；LirScientific 公司研发的 Brightly 设备，通过生物传感器提醒慢性病尿失禁患者应该小便的时间。④针对特定人群的可穿戴设备。比如适合老年人使用的健康腕带，能帮助父母监测宝宝睡眠、心率等信息的婴儿脚环等。医疗可穿戴设备可以帮助消费者持续了解自身的健康状况，从而调整生活习惯、加强身体锻炼、做好疾病预防。这又能够提高全民健康水平，减少医院看病次数，帮助降低医疗机构压力。

在医院中，物联网、云计算、医院信息系统等技术，在未来可以用来优化医院的诊疗流程，促进医疗信息的共享，降低信息系统建设成本。比如，利用物联网技术将多种测量数据通过无线方式传送到专用的监护仪器或者各种通信终端上，对各类（婴儿、老人、慢性病患者等）需要经常监测健康水平的人群进行数据收集。医疗信息系统可分类建立居民电子健康档案、育龄妇女健康档案、儿童健康档案、老年人健康档案，还可按疾病类别分类建立档案（如高血压患者档案、糖尿病患者档案等）。通过云计算技术，可以将这些电子病历、电子处方以及医疗影像文档等信息整合起来，建立电子健康档案系统，并存储在云端。通过建立的居民电子健康档案，可以对居民定期做健康全面检查。在此基础上，还可以对检测出疾病的病人进行规范化管理。比如高血压病人每次量血压、服药的情况都可以进行动态管理。从健康管理来看，血压计、体重秤等，已经是很多家庭的标配，可以将这些仪器连成一体，对其产生的数据进行分析。

通过各种新的技术、设备，个人的健康数据被各种设备记录下来，形成医疗大数据。大数据技术正在推进人工智能的进程，在医疗健康领域也是如此。存储在系统中的数据基本上是死数据，而机器学习和人工智能可以把有用的信息从海量数据中分离出来。通过分析患者的行为，可以为他们制定个性化治疗方案。

由于生活方式、生活环境和其他相关健康因素的独特性，使得每个人都是一个不同的独立个体。而人工智能，不单单是从一位医生那里提取信息，而是来自大量有经验的医生，这样，它就能从不同患者那里梳理出有共性的信息。举例来说，一名 50 岁的糖尿病患者，生活方式很积极，某一种治疗方法可能对他很有效果。那么医生就可以用同一种治疗方法，来医治其他患有相同特性的糖尿病患者。

对于科学家和医生来说，难度在于掌握特定患者的个人信息。重要的关键信息常常淹没于大量的数据当中，医生没有时间在茫茫信息中筛选出他们想要的。于是许多研究者想方设法利用人工智能的方式来跨越这个难度。比如，卡耐基梅隆大学和匹兹堡大学的科学家，正在用人工智能从电子病历、诊断影像、处方、基因组资料、保险记录，甚至是可穿戴设备的数据中挑选出有用信息，为特殊疾病和特殊人群设立医疗保健方案。研究者们利用大数据来创建特定的医疗方案、控制传染病，并寻找致命性疾病的治疗方法。

3.3.2　智能治疗与康复

　　智慧医疗将促进医院诊治管理和运营模式的创新，市民看病的过程将有很大的转变。在智慧医院中，病人可以在办公室打开手机中的支付应用，搜索相应的医院并关注，进入"预约挂号"页面选择就诊科室，病人了解显示医生介绍，以及剩余号源数量，然后选择一名医生，确定就诊的具体时间，再按要求输入相应的信息后，节省掉排队挂号和等号的时间。之后，在确定的就诊时间医生诊断、开药后，手机收到一笔待支付费用提醒。病人通过手机支付成功后，收到取药信息并到相应地点取药，就诊的全过程就完成了。挂号时间全部省去，候诊时间、缴费时间和取药时间都有所节省。

　　在传统的医院，给患者开检查单后，因为患者缴费、取检查结果都要排很长的队，取回检查结果往往要很长时间，医生也不得不经常跟着拖班。在智慧医院，可能患者还没走出诊室就已经支付费用了。做完相关检查后，检查结果可以通过手机等设备发送给患者，大大加快了诊疗速度。这样诊室不再像集市，而是恢复了秩序。过去很多时候，医生和患者之间沟通不够。现在看病人少了很多"逼迫感"，医生也能有更多时间与病人充分沟通，也有利于缓解医患关系。

　　在传统医疗方式下，病人离开医院后，就难以得到有效跟踪和治疗了。而移动医疗的出现，能帮助医生有效采集健康数据，监测治疗效果。将家用医疗器械与移动互联网有机结合在一起，通过手机或平板电脑建立个人健康管理平台。

　　在互联网、移动互联网以及各种新型医疗技术的支持下，未来医院的愿景应该是这样的：患者来到医院，没有排队，不需现金，有充足的时间得到充分的诊疗，即使在回家后，还能持续得到医生的指导，获得健康咨询。

　　智慧医疗在慢性病管理领域大有作为。目前有些医院在推行"智慧医院"时实现了远程诊治，比如远程血压监护、远程血糖监护、远程血氧饱和度监护，患者在家即可得到医生的帮助，即便看病，依靠大医院专家的指导，在就近社区即可解决。

　　远程医疗在慢性病诊治中大有作为。众所周知，高血压、糖尿病以及慢支炎、肺气肿等慢性病，如今都是高发疾病，这些患者群体需要得到长期有效的管理。虽然说现在慢性病患者纳入了社区管理，但现实问题是病人多而社区医生人手有限，不可能做到全面、全方位的管理，一个社区医生如果一天的上门访问量达到 4～5 个患者，已经算非常高效了，但与庞大的患者群体比起来，简直是杯水车薪。

　　由于疾病防控知识的欠缺，难免导致慢性病患者反复发病跑医院就诊，很多患者开药都要到大医院，因而导致三甲医院人满为患，医疗资源严重吃紧。在去医院就诊的慢性病患者中，有相当比例的患者完全可以通过管理，不必到医院就诊。正是因为慢性病控制率太低，大量的慢性病患者小病成大病，比如高血压发展成心梗、中风等。通过智慧医疗，可实现用现代化信息技术，对慢性病患者进行远程监控管理，患者不必在家庭和医院之间来回跑。

以远程心电监护、远程血压监护、远程血糖监护和远程血样饱和监护为例，说明远程医疗在慢性病诊治中的作用。

远程心电监护。这是专门为心脏病患者或有心脏病风险的患者配备的监护设备，患者只需要购买或者租用一部比手机还小的仪器带回家即可。当感觉心脏不舒服或者患者需要了解一下心脏状况时，只要稍稍用力将仪器夹在手掌之间 32 秒时间，它就会"滴滴滴滴"地记录下心电数据。记录声音数据后，患者用手机或座机拨通市三医院远程心电监护中心的电话，将仪器对准话筒，把声音通过电话传输过去，系统立即能将声音数据转化成心电图，让医生判断心脏有何问题。如果需要马上服用某种药物或者需要到医院，医生会立即通过电话指导患者怎么做。

远程血压监护。这其实就是一件实用比较普遍的家庭用血压计，只不过里面安装了一部蓝牙，患者在家测量血压后，经蓝牙将测出的血压数据传送到智能手机，然后，通过专门的 APP 将数据传输到市三医院的管理平台，一有异常，医生马上指导患者去怎么做。

远程血糖监护。与远程血压监控一样，患者使用的家庭用血糖仪上面也配备了蓝牙，通过蓝牙将血糖数据经智能手机传输到市三医院的管理平台。

远程血样饱和监护。这是为呼吸道疾病患者开设的项目，较为严重的慢支炎、肺心病、肺气肿患者，在家需要经常做氧疗，血氧饱和度是否够，他们也需要经常通过便携式仪器来测量，同理，患者在家也可以通过仪器上的蓝牙将数据传输回医院的管理平台。

就高血压患者而言，医生关注的晨间血压、下午 4 点左右的血压、夜间睡前的血压等几个时段，这些数据都可以通过现代化技术迅速传回医院；对糖尿病患者来说，空腹血糖、餐后两小时血糖、睡前血糖等也可以及时传送，同理，血氧饱和度也一样实现适时传送。平时，患者传回管理平台的数据将被完整地保存下来，相当于疾控档案，一旦数据出现异常，电脑马上会发出警报，专家立即会对数据进行分析，然后通知患者，该马上去社区就诊，严重的就立即赶到大医院。通过这样的智慧管理，慢性病的控制率将被大幅度提升，避免患者反复入院。智慧化的远程医疗将改变大家的就医模式，大医院也将摆脱花大量力气应付小病患者的禁锢，将更多精力用来治疗大病患者，从而让医疗资源更加合理。

智慧医疗将促进社区医院的发展，有助于缓解看病难的问题。社区医院并非新鲜之物，我国大多数社区医院都是附属于大医院的小门诊，社区医院是为了方便社区的人看病，还可减轻大医院的压力，小病可以在家门口解决。比如在社区医院应用远程会诊系统，社区医院的医生可以得到大医院医生的帮助，患者也更加放心，愿意在社区医院治疗。大医院优质服务覆盖半径得到了扩大，而且提升了基层医疗服务水平。这样的医疗模式对于社区的住户，尤其对广大老人、小孩和部分残障人士而言，是非常便捷的。对于大医院的医生来讲也是分散医疗资源，缓解就医压力的好事。偏远的基层地区从这种模式中受益更多。对于乡镇卫生院来说，不需要专门配备读片、审片、消毒供应等人员，不需要购买和配置高端的检验设备，同时又能享受到县医院的会诊及检验技术，这不仅缓解了基层医疗卫生机构尤其是偏远山区招不到高素质人才的困难，更节约了资金。

3.3.3 医疗设备与药物智能化管控

1. 医疗设备检测与维护

医疗设备管理中主要存在四个问题，即计划管理、设备技术管理、信息资料管理和维修管理，作为现代医疗机构，更需要运用现代计算机技术来实现设备管理的精细化与高效化。

1）医疗设备计划管理

医疗设备管理的职能部门是设备科，是一台设备从论证、购置、应用到维修全过程的轴心。因此，医疗设备计划管理首先是要健全设备科的建设，应用合理的人员配置和精干的人才队伍，实行优化组合，定人定岗。作为技术管理科室，设备科负责制定全院的设备配置计划。医疗设备的计划管理，作为医疗设备管理的第一个环节，是关系到管理质量核心内容，因而是一个关键性步骤。

2）医疗设备技术管理

提高现有设备的完好率和使用率，必须建立一套严格的规章制度，建立起设备科、各科护士长、各保管小组或个人三级完整的管理网。设备科管理人员负责协调组织，各科护士长或财产保管人员负责本科设备仪器的保管和使用，做到层层负责，包干到人。

除了合理使用外，细致的日常维护保养，对保障仪器设备的正常运行非常重要。要在设备管理系统中建立并严格执行三级保养制度，特别是大型的高精尖设备，通常需与厂商签订维修协议，对设备进行定期检修。建立保养检查记录卡，详细记录每次保养的项目如保养周期、保养者姓名和检查人员的检查结果等。

3）医疗设备档案管理

使档案管理规范化，首先，不但要保存好已有的设备资料，还应广泛收集有关医疗设备发展现状、产品动态，设立并拓展自己的信息渠道，这样才能使我们在跟踪现代医疗技术的飞速发展中不会因信息落伍而在工作中处于被动的地位。对所收集到的资料，及时进行整理、分类、并建立检索目录，存入固定档案，以便日后查阅，为计划引进设备提供依据。

其次，为每一项设备建立完整的档案，要从设备论证到开箱验收的整个过程中收集齐全技术资料。设备到院后，档案管理及维修人员应现场严格填写开箱验收报告、设备使用记录本及所有卡片。然后将这些资料，连同订货卡片、合同书、使用说明书、维修说明卡、技术图纸、产品合格证、保修单、配件表及其他有关资料，一并登记建档，并根据设备分类情况，建立相应的编码检索。

4）医疗设备维修管理

医疗设备的正常运行是医院能正常工作的重要保证。设备的长期使用其性能将逐渐降低、故障频繁出现甚至功能丧失，这将造成医疗工作停顿，影响平均住院日、医疗质量和医疗安全，因而医用仪器设备的维修就成为设备管理的中心环节。

在医用仪器设备的维修工程中，要注意预防为主，保修并重，做好经常性的维护保养工作和有计划的检修工作。维修人员要指导操作人员正确使用和精心维护仪器设备，操作人员要及时向维修人员反馈仪器状态信息。

另外，现在许多大医院都在建立计算机网络系统，但大多用于处方药品及日常临床工作的管理，应将设备管理纳入这个网络，使分散在各科的设备能通过这个网络联系起来，可更准确及时地掌握每个设备的使用情况，从而进一步提高设备管理这个系统的智能化水平，更趋于科学化。

在医疗设备智能化管理中，可以利用 RFID 技术、GPS/GPRS 技术，可以实现快速、准确地追踪医院每个角落的医疗设备，查询设备。通过 RFID 发送无线定位信号，可以对医疗设备进行实时定位。由于医疗设备具有其特殊性，一般在医疗设备上都配备相应的报警指示系统。在设备报警指示系统的基础上，加装采集和发送报警信号的传感器装置，利用无线局域网技术将报警信号发送到终端服务器，并显示在终端电脑屏幕上，帮助管理人员第一时间发现设备问题。每次故障的时间、地点、维修人员等信息均会有相应的设备维修记录，这样维修人员在每次维修时，可以随时通过终端查看设备的维修情况，及时做出故障判断，提高工作效率。同时，可以对医疗设备进行维修的统计，主动查找问题，及时进行维护，避免在使用的过程中出现故障，延误诊断时间、所在的准确位置及所处的状态。

通过监测数据对医疗设备进行使用情况的分析、使用率的统计，可以为设备的购买提供客观的参考依据，及时调整购买计划。对于部分医疗设备，可以通过监测设备的电压、电流信号的变化来记录设备的使用时间段。有些设备，本身具有记录病人信息的功能，如就诊病人的数量、急救设备的开机使用次数等信息，这些信息，可以通过传感器装置将信号转换后发送到终端电脑，这样就可以对设备的使用情况进行分析。

2. 药物研发、采购与供应链管理

医疗数据爆发式增长，并呈现复杂多元特征。传统意义上，医疗数据包括病人基本数据、出入转院数据、电子病历、诊疗数据、护理数据、医学影像数据、医学管理、经济数据等产生于医院的临床数据。随着智能设备和电子病历普及引发医疗数据呈现几何级数增长，医疗数据更包含了可穿戴设备收集的自我量化数据、网络数据、医学研究或疾病监测的数据等所有与医疗健康相关的数据。各种无线传感仪可以把测量数据，通过无线传感器网络传送到专用的监护仪器或者各种通信终端上，如 PC、手机、PDA（个人数字助理）等，医生可以随时了解被监护病人或者跟踪研究人群的病情和生理状况，进行及时处理统计，还可以应用无线传感网络长时间地收集人的生理数据，这些数据在研制新药品的过程中是非常有用的。

这些数据与个人生命息息相关，不仅重要、敏感，而且更具复杂性和多样性。据统计，到 2020 年，全球医疗数据将急剧增长到 35ZB，相当于 2009 年数据量的 44 倍增长。基于如此庞大的数据进行分析、应用对临床操作、付款/定价、药物研发、公众健康等都有着巨大的作用。

生物科技公司正在把人工智能和大数据结合到一起，来识别新的药物化合物。比如，强生和赛诺菲，正在用"沃森"超级系统（一个可迅速在海量数据中识别相关模式的计算机系统）来支持药物研发。强生用"沃森"来快速分析详细的临床试验结果的科技论文，加快对不同治疗方法的对比效果研究，以求获得药物在更广泛领域的应用，而这些用普通的方法，需要 3 个人花费 10 个月的时间来完成这些工作。赛诺菲则利用 Watson 来鉴别现有药物的其他用途，沃森会组织筛选毒理学信息，来帮助研究者判断哪种药物比较适合应用在新的领域。

人工智能系统 Watson 在"阅读"全部 7 万份相关数据资料基础上，短时间内发现了 8 个新的标靶药物。而靠人工研究，全世界所有肿瘤研究人员每年可能仅能发现一个新的潜在标靶药物。"沃森"现在能识别化学、生物学、法律和知识产权语言，让科学家拥有别人无法拥有的与数据"交流"的能力，这将加快实现科学和医疗研究领域的突破。

除了新药研发，药品的使用和管理也可以实现智能化，提升效率和安全性。药品的使用与患者安全息息相关，一直以来都是医院管理的重点。同时，国家对药品管理的重视程度也与日俱增。由于医院具有药品使用量大、使用时间分散、地点分散、用药人员水平不同等特点，导致药品的使用和管理流程复杂，监督困难，临床药物管理仅靠制度和人工干预是不够的，无法实现对药物进行"事前、事中、事后"实时有效地监控管理。

医院可通过智能药物管理改变药物管理过程，形成管理闭环，并把时间还给医务人员。药品在入库过程中，自动生成药品入库单，自动跟踪药库发放的药品批号、有效期。通过智能药柜的药品发放规则，保证发放的药品都可确定其批号和有效期，用电子化记录替代手工登记的过程。同时智能药柜可自动生成补药单，发放药品，在药品未及时发放的情况下自动报警。同时对智能药柜所发出的药品批号和有效期可自动跟踪到手术室药柜的填充和使用环节，实时、准确的确认每个批号的药品存放位置、应用到哪个病人、由谁发放填充、使用，形成药品的入库、发放、传输、使用闭环管理。

在医药电商方面，在当前政策利好、资本关注的大环境下，除了医药电商 B2B 及医药电商 B2C 模式外，医药 O2O 服务、链合问诊平台对接医药环节等新商业模式已开始初期探索，待成熟模式探索成功。B2B 解决了药企与医疗机构之间信息化对接；B2C 帮助购买者在线比价购买，扩大选择种类；O2O 区域内专业化即时配送药品，解决了购买者的急需，确保了药品的质量。目前医药企业大力推动，线上零售渠道进一步拓展，O2O 服务也加快发展进程，用户可以有更快捷的购药体验。随着处方药放开等政策的落地，特别是医药分开和电子病历等的推进，医药电商将会真正爆发，传统医药批发采购也将实现大变革。

从医药供应链的角度来讲，中国的医药商业无论是从药厂，还是批发商，采购到了产品，然后流向终端，包括面向经销商或医院而后收款，这是最简单的医药流通商业模式。其实药品供应链远远不只传统的供应链服务，而是向上下游延伸，一方面为生产厂商提供服务，一方面提供医院、药店的服务，而且所有的服务都会延伸到末端。良好的医药供应链需要两大基础，其一，需要物流技术的支撑。医药流通产业运用了很多物流相关的技术，如条码技术等，而由于物流技术的发展使得效率提升，从而更能够承载整个药品供应链的延伸服务。其二，信息技术的应用。所有供应链的延伸服务，都是基于信息技术这个载体，把所有的产业链串起来才能实现整个供应链的快捷服务。另外，还包括一些智能的设备的采用，这会使得供应链更加的安全、准确。目前，在我国医改的大环境下，药品供应链正在向"成熟化"发展，医院药品供应链管理涌现新模式，比如药房的托管模式等。我国的医药供应链发展还需要做更多深入的思考。

3.3.4 案例：安泰创新以精准病历为核心重构远程医疗

移动互联技术和移动终端的普及，催生了炙手可热的互联网医疗，但在国内，后者始终未能与核心医疗服务始建立有效的连接，构建相互融通的商业模式，至今也未对寄予厚望的远程医疗带来实质性的改变。打通移动医疗与核心医疗服务的关键在于在患者授权的前提下，医生能否便捷地获得全面、精准的病历数据，并能够据之提供高品质的服务。

安泰创新创建于 2006 年，创始之初专注于 PACS 系统（影像归档和通信系统）的开发，占据华南市场份额第一。然而安泰的脚步并不止于此，随着整个医疗信息化的多元发展，单一的 HIT 产业技术已经远远跟不上互联网时代的需求，打造以患者为中心、方便医生随时随地诊断诊疗的精准病历云平台是安泰更高的目标。

安泰创新认为现代医学的发展，术业专攻，医疗的专业领域也越分越细，越是高水平的专家越需要讨论和交流。在今天，基于互联网的医疗交流，已经是融入医生每天的工作，甚至是业余时间的常态化的行为。医生微信群中的病例讨论，下班后时常接到的患者病情的电话咨询，这样的场景每天可见。可以说，这种形式的"远程医疗"需求很大，市场很大，每天都在用，但是用一个非专业的工具——微信，达不到想要效果，期望被服务的人得不到理想的服务。这里就存在着痛点，微信里边发的影像图片，太多就没法保存，CT 片基本都是对着阳光、灯光拍的，片子信息损耗太大。医生只看微信里的几句话，根本给不了真正有价值的精确的诊疗意见，所以，还是让患者去医院面诊。

现在，常见的远程医疗服务，首先要有一个固定地点——远程医疗中心，通常装备很多大屏幕和视音频设备。再看远程医疗的运行常态，由于大多不具备医疗数据集成，需要配备专门人员负责复制整理病人病历数据，据统计，平均复制一个病人的数据要 40 分钟，之后还要上传，对方还需要下载。远程医疗也受到时间限制。最有价值的是大医生、专家，他们在自己医院要做手术、门诊都忙不过来。很难排出固定的上班时间来做远程医疗。

所以说，虽然远程医疗已经无所不在，但目前，不管是医院里的现有的远程医疗服务，还是市面上的大多数互联网问诊，都显然不是医生、不是患者想要的那种"远程医疗"。

如何提供高质量的互联网医疗服务，这一思路主导了安泰创新的产品开发路径的转变。安泰创新从影像开始做，到了 2012 年，公司迎来一个相当重要的节点，这一年，安泰创新决定产品要从影像科室扩展到临床科室，而临床医生，不仅仅需要看影像信息，还要看患者的全部诊疗信息，因此，安泰创新开始着手整合临床数据。

安泰创新在搭建临床数据中心的基础上，相继推出了包括全景医疗同屏会诊/会议系统、全景移动查房、数字一体化手术室、全景 BI 等一系列产品。在安泰创新从单一 PACS 产品线向全景医疗信息系统的转变过程中，其主打的服务场景就是远程医疗、远程会诊。关于现有远程医疗模式的弊端，安泰创新认为解决问题的关键点，在于在患者授权的前提下，医生能否便捷地获得全面、精准的病历数据，并能够据之提供高品质的服务。

所谓精准病历，主要涵盖两个层面。一是数据要全，要有患者的历史诊疗和当次诊疗的所有数据，包括电子病历、检验结果、各类影像等；二是数据要准，例如，影像必须是具有诊断效力的完整的 DICOM 影像（DICOM 是数字医学影像的国际通用标准）。

一个场景是远程会诊大屏，两块 65 吋大屏幕并排排列，在实际应用时，这两个大屏是分别放置在参与会诊的两家医院。相比传统的远程医院会诊中心，特点之一是设备的集成化，所有设备集中到一个屏幕，而且这个屏幕可大可小，可以放在大会诊室，也可以灵活部署在科室的小办公室；其二是，大屏幕背后的软件系统，已经汇聚患者 HIS、EMR、PACS、LIS、手麻、体检等各类异构信息诊疗数据——患者全景病历，省却远程医疗繁琐的资料收集过程。最后，还有一个特别要提的，就是安泰创新拥有的"同屏"技术专利，它让会诊双方所有交流的内容实现无损的实时交互。举个例子，比如会诊医生在大屏幕所显示的一张 CT 片子做下标记，另一端可以同步、精准的看到标记位置，反之亦然。有了远程会诊大屏系统，远程医疗无需烦琐准备，可以及时发起，成倍地提升了工作效率。

安泰创新已在全国 100 多家大型医院安装了会诊大屏系统，该系统把相隔几十到几千公里的医院紧密联系在一起，除了会诊，在很多应用场景下，医生可以方便快捷的进行学术交流、会议讨论、教学示范等。

另一个场景是手机端的"安泰汇诊"应用。这是一个在产品形态上类似于微信的基于患者全病历的专业医疗交流软件。通过安泰汇诊，医生可以实时查看所负责患者的全部病历资料，包括影像图片，这些以 GB 计的影像图片都存在云端，既不占手机内存，4G 流量消耗也很小。此外，就像微信聊天一样，医生也能及时向应用内的好友留言，发起患者病情、治疗方案的讨论，并可以授权其他医生查看患者的部分或经过数据安全脱敏后的全部病历。如同专业会诊中心一样，提供高质量的视、音频交流，精准的同步查看全部病历和影像资料。

可以说，一部手机就是一个会诊中心，有移动网络信号的地方就能随时进行类似远程会诊的交流。

这两个使用场景都印证了安泰创新的技术与产品，能让真正基于患者全病历的所有数据，以云平台的形式，让医生随时随地可及，并以极简便的方式在医生间分享交流，为医生患者提供了一个安全可靠、有助于准确诊断治疗的互联网医疗平台。

安泰创新获得弘晖资本和著名的互联网投资人吴炯数千万融资，投资方表示安泰创新兼具差异化和连续性的产品开发路径，其以病人为中心的数据整合，正逐渐从院内整合走到院外互联网医疗数据的整合，这就使得整个医疗服务链条上的医院、医生，甚至卫生管理机构，都被赋予一种全面的视角和势能，从而以人为中心来观察一个人的全部医疗数据。

安泰创新在医学影像领域多年沉淀的技术优势，就是其差异化的一个重要方面。安泰创新目前的诸多实施全院医疗信息系统整合的医院客户，有一大部分在项目实施过程，已用安泰的全景医学影像系统升级了原有的 PACS。安泰创新也已经和中山大学、武汉大学等研究机构深度合作，尝试对海量临床数据进行挖掘，大数据分析，结合人工智能的算法，开发下一代的新产品。

3.3.5 案例：健康大数据将如何改变你我的生活

老百姓对健康的需求越来越高，大数据在健康医疗领域的运用也在突飞猛进。如何将健康医疗大数据转化为老百姓触手可及的红利，大数据又将如何带动和促进产业发展，《关于促进和规范健康医疗大数据应用发展的指导意见》将带来健康医疗领域的突破性变革。

1. 应用：从"走钢丝"到"精准治疗"

作为一名资深心脏重症学科医生，阜外心血管病医院外科 ICU 主任张海涛将重症病人的治疗比喻为"走钢丝"，特别讲求"稳"和"准"。"如果说轻病人这根'钢丝'离地 50 厘米，那么重病人距离地面可能要达到 5 米，摔下来之后后果很严重，不允许医生失误。如果能够运用大数据，那么效果就完全不一样了。"

张海涛说，一直以来，医生对于重症病人的诊疗和病情变化的预判，依靠的是个人经验以及文献资料，如果有了大数据，运用人工智能技术，就可以依据病人的胃肠营养情况、白细胞数量及其他生命体征监测结果进行疾病预判。"打个比方，如果提前知道发生感染的机会很大，那么就可以及时使用抗生素治疗，达到事半功倍的效果。健康医疗大数据的应用将对医疗模式产生突破性变革。"

中国工程院院士李兰娟也表示，《意见》的出台将对国家医疗卫生的改革与发展，尤其是对每个人的健康管理将起到巨大的推动作用。"我国 13 亿人口电子健康档案的建立，将是世界上独一无二、最大规模的健康大数据，对国际医疗卫生健康研究有重要意义"，李兰娟说，记录老百姓从出生到临终全生命周期的大数据不仅可以进行自我管理，还可以更好地找到疾病的相关性及规律，并进行精准治疗。

"未来，如果能够把老百姓就医的数字医学足迹完整准确的记录下来，有利于构建一个预防、治疗、康复和自我保健管理一体化的电子云服务。老百姓以后去看病或者有不舒服的时候，小病在社区就能解决问题，一些疑难重症可以通过远程医疗的方式，进行分级诊疗"。国家卫生计生委委规划信息司副司长张锋描述了大数据在健康领域的应用模式。

2. 发展：既要"踩油门"，又要"踩刹车"

随着大数据时代的来临，如何加强医疗大数据背景下的隐私保护，成为公众关注的重点。此次《意见》提出，促进和规范大数据应用，一方面要推进网络可信体系建设。包括强化健康医疗数字身份管理，建设全国统一标识的医疗卫生人员和医疗卫生机构可信医学数字身份、电子实名认证、数据访问控制信息系统，积极推进电子签名应用，逐步建立服务管理留痕可溯、诊疗数据安全运行、多方协作参与的健康医疗管理新模式。另一方面是加强健康医疗数据安全保障，开展大数据平台及服务商的可靠性、可控性和安全性评测，以及应用的安全性评测和风险评估，建立安全防护、系统互联共享和公民隐私保护等软件评价和安全审查制度。

国家卫生计生委统计信息中心副主任王才有解释，大数据的应用既要"踩油门"也要"踩刹车"。我国患者信息隐私安全保护分散在多部规章制度和条例中，应在不侵犯利益所有者根本利益的条件下，尽量做到开放。国家信息中心专家委员会副主任宁家骏补充说，大数据安全是国家《促进大数据行动发展纲要》的安全保障重要组成环节，无论是国家最高法律层面还是个人技术管理层面，大数据安全都至关重要。我国近年来非常重视信息安全，加强了对数据资源的保护，尤其是对患者健康隐私的保护。"今后除了做好相应保障之外，大数据的开发应用要实现每一个个体数据的'脱敏'，在应用和研究时，只能看到群体差异化特征，组织对个体化信息的开发使用"。

《意见》也提出，要制定分类、分级、分域健康医疗大数据开放应用政策规范，稳步推动健康医疗大数据开放。

3. 互联互通：躺着的信息要活起来

当前，各级医疗机构都拥有着自己的信息系统，但是面临着统筹规划不够、数据融合共享渠道不畅、产业自主创新实力不强等瓶颈问题，亟待集聚各方合力、顺应新常态、探索新模式、创造新业态、建设新机制。

如何让躺在医院信息活起来。《意见》提出，建设统一权威、互联互通的国家、省、市、县四级人口健康信息平台，实现部门、区域、行业间数据开放融合、共建共享。通过平台开发促进信息共享，这是一个很好的技术手段和发展策略，但要做到统一、权威，压力还是很大的，因为诊疗数据、社保信息等都在不同系统管理，正是由于这种特点，导致需要通过平台来实现这种不同系统之间的信息共享和业务协同。信息平台的作用就好比一个多功能插座，无论什么样的插头，都可以通电。

国家卫生计生委医药卫生科技发展研究中心副主任代涛表示，国家要大力加强基础设施的建设、资源目录、标准规范，才能实现共建共享、互联互通。"另外光靠政府推动是不够的，必须有利益机制。健康信息生产者、信息使用者，信息当事人的责权利应划分清楚，利益分配非常重要。"代涛表示，健康医疗大数据要通过重要领域推广应用，形成示范带动，"要让大家看到大数据是如何提高医疗服务效率和降低成本，是如何为临床决策支持系统的，如何为政府决策提供事实产生的支持数据，然后才是组织实施。"

第4章 智能检测

随着传感器技术、物联网技术和移动互联网技术的发展，智能检测在智慧医疗中扮演着重要的角色。通过传感器技术开发的可穿戴设备，在一定程度上实现了健康数据的采集与监测。基于物联网的医疗服务则是通过物联网的集成技术，将技术和医疗对象、医疗流程相整合，以实现医疗对象的智能化感知和过程管理。无论是可穿戴设备还是物联网技术，都需要依靠移动互联网完成数据的传输，进而完成健康数据的存储、管理与分析。本章首先从概念、核心技术、应用现状三个方面来介绍可穿戴设备、物联网技术，然后通过国内外的案例说明其在智慧医疗中的应用过程和重要价值。

4.1 可穿戴设备

4.1.1 概述

传统的医疗健康感知设备主要应用范围，包括医院病房、急症监护中心（ICU）、体检中心，以及部分社区医疗服务中心等专业医疗机构，虽说在疾病的检查、治疗和诊断上发挥着极为重要的作用，但是并不能满足大众对日常健康的监测方面的需要。随着亚健康、老龄化等问题的凸显，高血压、心脏病等慢性疾病正在成为老年人健康的头号杀手，社会对于这些疾病的日常监控需求正逐渐增加，人们开始对自己的健康状况也是越来越关心，如表4-1所示。这一切直接或间接推动了医疗模式从以症状治疗为中心转向以预防为主、早诊断、早治疗的模式转变。医疗设备的发展也从复杂的、应用于医疗机构的大型设备，转向既能适用于医院又符合家庭和个人需求的小型穿戴式，甚至是片状植入式。除此之外，某些特殊行业和领域，如深水作业、运动员训练和航空航天等对可穿戴医疗设备也有着迫切和广泛的使用需求。为了满足大众群体和相关行业的此种需求，国内外的很多研究机构和企业都在加大对可穿戴医疗设备的研发力度和投资，已经积累了一定的经验与研究成果。随着Googleglass、Jawboneup、Fitbitflex 及 Galaxygear 等"明星效应"的扩散，可穿戴医疗于2013年一举成名，并成为2015年最值得关注的行业之一。

表4-1 中国人健康数据概况

疾 病 类 型	人口（万人）
高血压	>16000
高血脂	>10000

续表

疾 病 类 型	人口（万人）
糖尿病	>9240
超重/肥胖症	>7000/20000
血脂异常	>160000
脂肪肝	>120000

可见，可穿戴设备在这种情况下也逐渐成为了个人健康市场的新宠。在国际科技巨头苹果、谷歌等带领下，一大批科技企业正在疯狂地切入这个新兴市场，有一些企业在致力于开发可穿戴产品时，还在努力地拓展通信网络服务、医疗服务等相关领域，积极探索可穿戴产品市场的商业模式。国内市场也在迅速发展，除了大热的智能手环、智能手表，还有智能血压计、智能血氧仪等，华为、小米等国内科技行业的领军企业已经成为可穿戴产品开辟了专门的事业部，可见其对这块市场的看重。

可穿戴医疗设备将为医疗器械行业带来一场颠覆式革命（微型化—便携化—可穿戴化），不仅可以随时随地监测血压、血糖、心率、体温、血氧含量、呼吸频率等人体的健康指标，还可以用于多种疾病的治疗，如电离子透入贴片可以治疗头痛，智能眼镜有助于老年痴呆症患者唤起容易忘记的人和事，Googleglass 可对外科手术进行全程直播等。可穿戴医疗设备现阶段主要应用于生理参数的连续监测，对掌握许多慢性病患者，如糖尿病、心血管疾病、呼吸系统疾病、高血压患者全面的身体情况尤为关键，其血糖、血压、血氧、心率的示值准确与否对改善病情，维护生命安全至关重要。

目前，可穿戴设备已经具有健康监测、医疗、运动、娱乐、办公、学习、定位等多种功能。以运动居首，占到了 32.9% 的市场份额，随后是睡眠、体温监测，出现了产品分布不均，多的太多、少的太少的情况。从侧面也反应出目前医疗可穿戴产品还处在初级应用阶段，还没有被大众所熟知和使用，智能可穿戴产品还没有深入地服务于医疗。可穿戴设备如果以健康为主要目的的话，大体可分为运动健康类和病患监测类。

第一，运动健康类，主要功能是用来监测运动量、消耗热量、心率、睡眠，主要有手环、手表、智能鞋、贴片等一些可穿戴小设备，如小米手环、乐心手环、咕咚手环、华为的 TalkBand 系列手环、Applewatch、华为手表等。

第二，病患监测类，主要功能是用来帮助慢性病患者监测血压、血糖、脑电，主要有 iHealth 血压计、倍泰多参数生理监测仪等产品。

4.1.2 技术原理

可穿戴技术是 20 世纪 60 年代，美国麻省理工学院媒体实验室提出的创新技术，利用该技术可以把多媒体、传感器和无线通信等技术嵌入人们的衣着中，可支持手势和眼动操作等多种交互方式。可穿戴医疗设备可将生命体征信号检测技术融合在日常穿戴的饰品、衣物当中，具有操作便捷、连续不间断工作、智能显示监测结果、异常生理信号报警及无线数据传输等特点，广泛应用于慢性疾病监护、特殊人群监护、应急救治救护、家庭综合诊断、睡眠质量分析等方面。核心技术研究方向，主要包括机体适应性研究、生物医学传感器设计、多种传感器数据融合、系统优化、躯域传感网络开发、电池寿命延长、无线实时传输，以及系统安全和可靠性提高等。目前可穿戴医疗设备的载体大致可分为两类，一类是人体随身物品，如指环、腕表和手套等；另一类是电子织物，前者的优势在于移动操作、易于便携，后者则在于可以同时监测多种类型的生命体征信号。将这两者结合，就组成了一套完整的可穿戴医疗设备，如图4-1 所示。

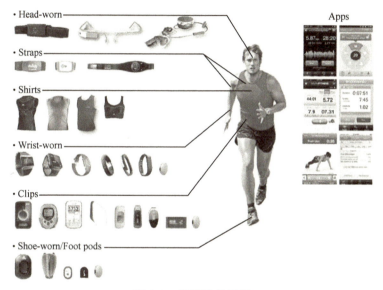

图 4-1　穿戴设备示例

可穿戴设备主要是通过各种生物医学传感器来进行监测的，分为运动传感器、生物传感器和环境传感器。生物医学传感器是指可将各种生命体征信号转换为医疗仪器可用的电生理信号（电信号比较适合传输、转换、处理和定量运算）的元件或模块装置，主要由敏感器件、电子线路和转换扩展器件组成，敏感器件中广泛应用压电传感器。压电传感器为一种有源器件，可在外加机械激励下输出与激励成正的电信号，能用来设计测量心音的压电听诊器、血压传感器、胎儿心音、微音器和测微震颤的加速度计等。

可穿戴医疗设备可以通过医学传感器采集人体的电生理数据（如血糖、血压、心率、血氧含量、体温、呼吸频率等），并将监测数据无线传输至中央处理器（如小型手持式无线装置，可在生理信号异常时发出警告），中央处理器再将数据发送至各医疗中心，为医生进行专业、及时、全面的分析和治疗提供帮助。现在常用的传感器类型包括以下几种。

1）加速度传感器

加速度传感器是运动监测设备普遍具备的基本传感器，通常被用来记录行进步数。通过测量方向和加速度力量，加速度计能够判断设备处于水平或是垂直位置，来判断设备是否移动，从而达到计步操作。

当然，并不是所有的加速度计都是准确的。基本的款式仅有两轴，相对来说不够准确；而三轴传感器则可更好地检测设备在三维空间中的位置，实现更精准的记录。

2）光学心率传感器

光学心率传感器是目前运动监测设备逐渐流行的配置，使用 LED 发光照射皮肤、血液吸收光线产生的波动来判断心率水平，实现更精准的运动水平分析。

3）测压传感器

测压传感器是将力或重力转化为电信号的换能器。测压传感器应用在医学中被称为医用测压传感器，它们都必须高度精确并紧凑包装，以方便携带，特别是器械要与病人直接连接时。如果传感器用于某医疗器械集成的监测仪器内，要使用不锈钢和阳极化铝等标准包装材料。如果设备与人体或液体直接接触，则可使用可高压蒸汽灭菌的特种不锈钢或一次性传感器。

医用测压传感器目前用于各种精细的液体监测领域中，如输血、肾透析和献血。在这些应用中，测压传感器可确保进入体内、排出体外或者置换的液体量正确，并且按照正确的时间、剂量或比例，开始和停止输送，或者进行再循环。与以往的手动监测相比，现在医生和护士能够监测的病人数量都大大增加。也可用于康复治疗，监测肌肉恢复情况。这些传感器一般集成在手持式设备中，监测外伤、关节炎或中风患者的康复进程。

4）非接触式温度传感器

一般来说，非接触式温度计可以测量从一个遥远的红外辐射热源排放的热。在没有明确的光纤温度传感器或一个红外光纤和红外线传感器组合许可的情况下，非接触式表面视线清楚。这可能有助于确定快速运动物体的表面温度，甚至在狭窄的地方和电磁场测量温度。卤化银红外光学纤维（AgClxBr1-X）被认为是为低温度下测量的最佳选择。这些纤维的特点是灵活，不溶于水，且无毒。出于这个原因，卤化银红外光学纤维应用在红外光谱中，以及辐射测量和工业及医疗应用的热成像。

5）生物传感器

生物传感器对生物物质敏感并将其浓度转换为电信号进行检测，它是由固定化的生物敏感材料做识别元件（包括酶、抗体、抗原、微生物、细胞、组织、核酸等生物活性物质）与适当的理化换能器（如氧电极、光敏管、场效应管、压电晶体等）及信号放大装置构成的分析工具。在临床医学中，酶电极是最早研制且应用最多的一种传

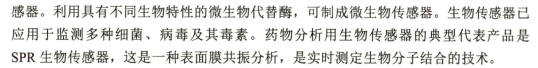

感器。利用具有不同生物特性的微生物代替酶，可制成微生物传感器。生物传感器已应用于监测多种细菌、病毒及其毒素。药物分析用生物传感器的典型代表产品是 SPR 生物传感器，这是一种表面膜共振分析，是实时测定生物分子结合的技术。

6）植入式传感器

植入式传感器体积小、重量轻、并且和身体兼容，同时还要求其功率非常小。更重要的是，它们不能随着时间的推移而衰变。对功率的要求是植入式传感器正常工作所面临的主要挑战之一。不需要功率就能发挥作用的传感器是最完美的，可是市场尚没有这种传感器出售。压电聚合传感器体积小，可靠性高，不需要外部动力而且能长时间持续工作。这类传感器可应用于监视病人活动的心脏起搏器，通过植入式传感器可以实时监测心率变化。举个例子，由于腹部长了一个大动脉瘤，要求切除一部分脆弱的动脉，用人工合成的管状器官来替代。这时，可以在手术的过程中植入一个传感器，用来监视手术部位的压力泄漏。

4.1.3　应用现状

如今，在传统医疗环境当中，传感器已普遍应用在各种监护仪器中。监护仪用于诊疗环境（如手术室、急救室、加护病房、重症病房以及日益普遍的病人家庭），以监测和显示病人身体的各种主要情况，包括心电图、脉搏血氧饱和度、血压、呼吸和温度等。监护仪可以是独立仪器，也可以是多参数仪器。例如，在制氧机系统中，通过压力传感器来检测病人开始吸气的时刻，以便有效和高效率地输送氧气，这不仅能缩短系统的反应时间，而且还可避免在病人不吸气时供氧所造成的浪费。因此，不需要体积庞大的制氧机也能提高制氧机的运作效率。体积小的制氧机，耗电少，便于携带，这种不锈钢介质隔离式的压力传感器还能检测缓冲罐的压力，同时可向压缩机反馈信号，使压缩机保持适度的压力。

另外，在日常生活中，随着民众对于自己的健康状况越来越关心，可穿戴设备在日常生活中的应用也得到了快速的发展。2014 年，苹果发布了一款移动端健康应用 HealthKit，它可以自动收集和分析用户的健康数据，也可以从其他移动应用中自动提取相关数据，整合到自己的系统中。目前，斯坦福大学医院和杜克大学医院已经开始将医疗设备和 HealthKit 平台结合，来追踪病人的健康状况。斯坦福大学医院主要用 HealthKit 为糖尿病儿童患者记录血糖含量，而杜克大学则运用 HealthKit 记录病人血压和体重以及其他一些生命体征，来其辅助治疗一些更为严重的病症，诸如心脏病和癌症。HealthKit 会收集医疗监控设备的数据，并作出相应反馈，用户数据还能与医生分享。此外，HealthKit 能自动判断患者血压及其他生命体征是否在正常范围内，并通知医院患者是否需要做进一步的检查。值得一提的是，要想运用 HealthKit 平台，医院首先要请求苹果授权，而且其数据也必须加密保存，禁止销售给广告商。在设备方面，苹果已经发布了 applewatch，可以通过手机内置的一系列传感器，计算我们在一天中的活动所消耗的热能（卡路里），还可为我们在跑步时提供很多有用的信息，比如平均配速、心率、时间和距离等。可见苹果正在将可穿戴设备的产品范围扩大到健康、健身和锻炼传感器及医学设备等。

另一家国际巨头，谷歌公司也推出了自己的健康追踪应用开发平台 GoogleFit，包括传感器 API、纪录 API 和历史 API 三套程序接口，为第三方健康追踪应用提供统一的数据管理服务，以帮助用户管理自己的健康和运动情况。其中传感器 API 接口，可以与智能设备中的传感器 API 通信；记录 API 接口，可以调用用户云端的健康数据；历史 API 接口允许在云端增减、修改用户健康数据。谷歌之前推出的谷歌眼镜也进入了医疗服务当中，能够帮助医生在望诊时看到更深层的信息，比如触诊到的分子视图，还可以直接记录手术过程。

除了我们日常生活中常见的智能手表或手环之外，还有许多可穿戴设备能够为我们的日常健康状况进行监测。

1）Embrace 智能腕带

Embrace Watch 是由美国初创公司 Empatica 推出的一款专门为患有癫痫的病人设计的智能腕带，可以帮助预测癫痫发作，如图 4-2 所示。

腕带上布置有一些小型的电极，可透过皮肤传导微弱电流，然后测量汗腺受刺激情况，再与其他手段结合起来检测癫痫发作。

Embrace 腕带可以检测患者的心理压力、睡眠、身体活动，在患者身体癫痫发病时，可以发出警报。通过 EmbraceAPP（支持 Android 和 IOS），警报会发送给家庭成员或者身边的护理人员。

另外，Embrace 智能腕带还可以用来阻止潜在的发作可能，它在检测到患者身体压力水平过高的时候会发出震动，以便采取紧急措施，防止癫痫发作。

Embrace 配置有可充电电池，续航能力可超过一周。

图 4-2　Embrace 智能腕带

2）Scanadu Urine 尿液检测工具

Scanadu Urine 是由生产医疗健康设备的美国初创公司 Scanadu 研制的一款尿液检测工具，一开始是专门为检测孕妇的身体健康状况而研发的，如图 4-3 所示。之后，Scanadu 公司准备把它应用到更广泛的女性健康检测中，包括肾脏疾病和糖尿病。

该款智能设备主要是检测尿样中的化学成分，检测尿液样色变化，因此 Scanadu Urine 需要配合 Scanadu 专用 APP 和智能手机的相机使用。

整个检测过程只需要不到一分钟就可以完成，用户拍下尿液照片，APP 会自动检测尿液颜色，接着就能获取检测数据。然后，用户可以把数据发送给医生查看，以便给出指导性建议。

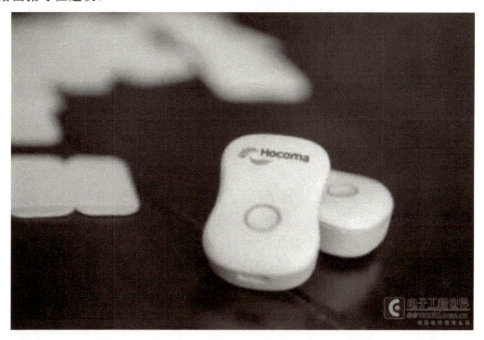

图 4-3　Scanadu Urine 尿液检测工具

3）iTbra 女性智能内衣

iTbra 是由初创公司 Cyrcadia Health 为女性研究开发的专门检测乳腺癌的智能内衣，该产品形状与运动胸罩类似，内置一系列温度传感器，检测方便且速度快于平常用的 X 光检测，如图 4-4 所示。

iTbra 的工作原理是，通过检测乳房的温度和血流量来判断用户是否有患乳腺癌的风险，由于乳房当中肿瘤组织温度高于正常组织，iTbra 通过温度传感器就可以在日常生活中进行检测。检测数据可以通过 iTbra 智能胸罩移动终端的 APP 看到。除此之外，APP 中还会向用户提供一些保护乳房健康的小窍门。

官网显示，iTbra 智能内衣已经进行了 500 多次临床穿戴试验，检测成功率达到87%。

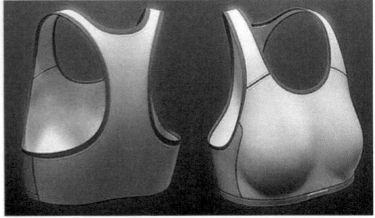

图 4-4 iTbra 智能内衣

4）Helius 智能药丸

Helius 智能药丸是由初创公司 Proteus 数字医疗公司研发的一种可吞服性智能药丸，如图 4-5 所示。

Helius 智能药丸实际上是可消化性微芯片，该芯片随着药物被吞食，可以被人的肠胃吸收，配合外部贴在皮肤上的贴片，Helius 就可以在人的体内实时监测各种人体体征，比如心率、呼吸、是否服药等。

收集到的数据会被传送到用户的手机上，医生可以随时观察患者的身体状态和用药的依附性，方便观察病情，制定更个性化的医疗方案，建立高效的目标疗法。

一开始，该智能药丸被用于心力衰竭和高血压患者。目前，Proteus 打算进一步把 Helius 应用于更复杂的病情中，比如精神分裂症和老年痴呆症。

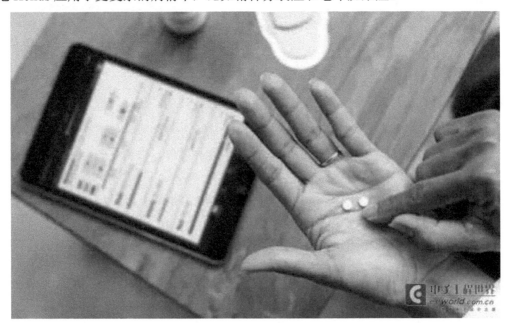

图 4-5 Helius 智能药丸

5）Valedo 背部治疗设备

Valedo 是由瑞士医疗科技公司 Hocoma 研发的一款背部可穿戴医疗设备，主要用于患有背部或者下背部疼痛以及相关疾病的人群，如图 4-6 所示。这款智能设备工作运行需要两个传感器搭配一个游戏平台、一直智能连接模块和一个云平台来进行。

用户需要把两个小传感器贴在背部和胸部，通过 Android 或者 IOS 平台的应用，进入游戏平台，根据游戏中给出的示范，完成相应的动作，从而进行背部锻炼来缓解患者的疼痛并预防疾病。

游戏中的运动数据会被手机反馈到云端平台，然后，医生可以通过分析数据来了解患者信息。到目前为止，Valedo 已经被用来医治管理慢性肾病和脊髓损伤。

图 4-6　Valedo 背部治疗设备

6）WRISTOX2 腕式脉冲血氧仪

WristOx2 腕式脉冲血氧仪是一款应用非常广泛的血氧仪，是专门为哮喘、充血性心力衰竭和慢性阻塞性肺疾病患者设计的，在医院应用非常广泛，这款产品是由美国 Nonin 燕牌公司生产研发的，如图 4-7 所示。

当然，除了在医院，该款设备也同样可以应用于家庭当中，可以检测你的心率和氧化作用效果。该款设备如果在连通性和内存方面加以优化，将是个不错的"救生设备"。

7）QUELL 疼痛缓解仪

Quell 是由美国波士顿的 Neuro Matrix 公司研究开发的一款疼痛缓解设备，主要是为患有慢性疼痛疾病的人群减少疼痛，如关节炎、肩周炎等，如图 4-8 所示。该设备佩戴在小腿上，它的工作原理是 Quell 释放电流刺激感觉神经，接着感觉神经发出脉冲信号示意大脑，使其产生天然的镇痛剂，来缓解疼痛。

图 4-7 WRISTOX2 腕式脉冲血氧仪

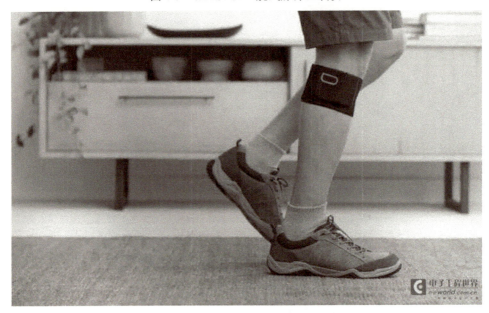

图 4-8 QUELL 疼痛缓解仪

临床试验证明，Quell 疼痛缓解仪对于痛性糖尿病神经病、纤维组织肌痛、坐骨神经痛、骨关节炎引发的疼痛非常有效，最快一刻钟见效。

Quell 疼痛缓解设备目前已经通过美国食品药品监督管理局的认证，可以长时间佩戴，电池续航时间可以达到 40 小时，还可以通过 iOS 应用程序进行睡眠监测，并且能够在夜晚减少电流强度，在睡眠的时候佩戴，可以 80% 的缓解疼痛。但是并不适用于所有的用户，安装心脏起搏器、除颤器等植入金属、电子治疗仪器的患者禁止使用 Quell 疼痛缓解仪。

8）TMG-BMCMC 肌肉传感器

TMG-BMC 是一家新兴的生物机械学和人体运动学的科技公司，主要是通过医疗机械设备来帮助人们更好的实现运动或者医疗康复训练，优化训练、康复过程，如

图 4-9 所示。该公司最好的产品就是 MC 肌肉传感器，专门为专业运动员设计，来检测他们的肌肉力学在不同力度的压力和锻炼中的运动变化，来优化训练过程。

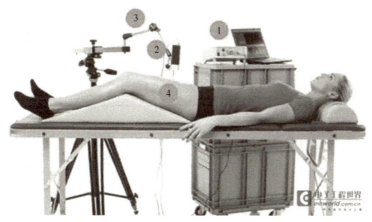

图 4-9　TMG-BMCMC 肌肉传感器

该肌肉传感器也可以为个人提供肌肉收缩和放松速度的检测反馈，甚至每次收缩所产生的力量都能检测到。

4.1.4　发展过程中存在的问题

在苹果、谷歌的带领下，大大小小的科技公司带着一大批的可穿戴设备涌入医疗市场。进入之初，每个企业都对这个市场充满了希望，认为可穿戴设备将震撼整个医疗领域。然而，经历了早期的疯狂的增长之后，可穿戴设备市场并没有出现预期中的火爆，反而暴露出了越来越多的问题，比如，功能设计固定、单一，无法满足个性化需求；需要不断操作，进行功能模式的切换（运动、睡眠模式等）；数据同步性差；续航能力低；佩戴舒适度普遍较低；成本偏高，适应中青年人群流行，不适应老年人群等，整个市场距离真正的发展与繁荣还有一定距离。

可穿戴设备在技术层次上要求较高，需要具备长期可穿戴性和智能性，也就是说，这类产品必须能够让用户长期穿戴，并且增强用户体验。但是市场上的可穿戴设备却没有达到这样的水平，比如各种各样的手环类产品，只能支持运动量、血压、心率监测等对技术水平要求不高的功能，在更加精密的传感器设计和电池续航功能方面都存在着不足，也是困扰整个行业发展的关键障碍。除了技术水平较低，国内可穿戴设备市场还存在价格混乱的问题，整个市场没有统一的定价标准，消费者也缺乏对产品质量的准确认知和判断，产品价格从几十元到几千元都有，并且都宣称具备健康保健功能。

尽管可穿戴医疗的概念十分火爆，但是先有的技术水平还不能支撑一款优秀的可穿戴医疗产品。市场上的产品大都以娱乐性为产品的主要定位，医疗功能不足，无法做到精确无误的检测。在医疗传感器方面，国内还没有针对性的监督机制，在这种情况下，互联网公司开发的可穿戴设备大都采用运动传感器，检测的数据准确性远远不能够满足医学要求，因此，无法用于临床诊疗。

可穿戴医疗设备必须具备实用的医疗功能，传统的医疗器械公司具有技术上的优势，而科技公司生产的产品更加倾向于科技元素的叠加，在一定程度上忽略了实用的医疗功能。虽然市面上的可穿戴医疗产品还没有达到这样的水平，但是很多公司已经开始往这个方向努力。一些互联网公司也开始寻求与医疗器械公司之间的合作，联合互联网应用技术与专业的医疗技术，共同开发医疗级可穿戴设备产品。

4.1.5　可穿戴医疗领域的商业模式

智能可穿戴医疗设备市场主要由两类公司组成，一类是传统企业，另一类是互联网初创公司。前者出于对专业化和方向性的考虑，研发方向定于专业的医疗产品。这类产品技术门槛高，往往需要经历漫长的研发过程和严格的资质认证，生产周期长，生产出来的产品精准度高，医疗效果好。而联网初创公司则更注重概念的炒作，借此吸引资本可市场的投资，在产品方面通常会选择外表时尚、技术门槛较低的产品，产品更新速度快，与专业医疗产品相比更倾向于快消品，往往技术含量低、产品同质化严重。

此外，可穿戴医疗设备领域还活跃着另一支力量——健康保险商。他们通常会与可穿戴产品公司合作，鼓励保险客户应用这类设备，并与他们的保险方案关联。保险公司给予客户一定的激励，换取设备采集的健康数据。通过对这些数据进行深入挖掘，保险公司可以随时了解客户的生活习惯变化，据此调整不同客户的保险方案。这种商业模式最早起源于欧美国家，他们的保险公司会大批量购买设备，然后赠送给保险客户，用来帮助客户监控自己的健康状况，进而降低医疗赔付成本。国内市场也有一些公司开始借鉴这种方式，比如纪录用户运动情况的健康类应用乐动力与人寿保险公司展开了合作，用户凭借乐动力平台积累的积分，可以换取保险公司的"出行险"或者"运动意外险"两种保险产品。

由此可见，通过可穿戴医疗设备来收集用户的健康数据，进而利用采集的数据开展特定的商业模式。很多企业已经意识到后台数据的价值，通过设备采集和整理的用户数据，将之提供给专业的医疗机构，由专业的医生进行数据的解读，通过可穿戴设备与大数据医疗相结合的方式来帮助用户管理自己的健康状况，但这个的前提是要求可穿戴设备必须达到专业的医疗技术水平。

总的来说，结合可穿戴医疗设备的发展现状，值得摸索的商业模式包括有以下8种。

1. 设备销售——向用户收费

让用户产生依赖感，产生不同于智能手机的全新用户体验；在可穿戴设备的设计

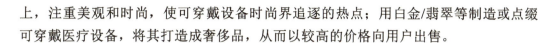

上，注重美观和时尚，使可穿戴设备时尚界追逐的热点；用白金/翡翠等制造或点缀可穿戴医疗设备，将其打造成奢侈品，从而以较高的价格向用户出售。

2．软件销售——向用户收费

可穿戴和医疗设备厂商可以建立类似 iTunes 的健康软件平台，销售基于监测数据的健康指导/游戏软件，获得销售提成。

3．个性化服务——向用户收费

可以为用户提供个性化的远程服务，根据可穿戴医疗设备收集的数据，由三甲医院的医生通过视频为农村的脑瘫儿童提供康复指导；由健身教练通过视频向减肥者传授量身打造的健身操。

4．精准广告投放——向企业收费

通过对用户监测的云端大数据的分析，向用户提出有针对性的改善建议，为相关厂商进行精准的广告投放。

5．研发服务——向科研机构收费

可穿戴设备厂商可充分利用云端大数据，为药企、医疗器械公司、研发外包公司、高校研究机构等提供研发服务。

6．帮助医院建立数据中心——向医院收费

可穿戴医疗设备厂商可以帮助医院建立数据监测中心，为医院提供患者远程监控服务、预约服务及自动分诊服务，按照联网会员的数量向医院收取服务费。

7．医生再教育——向医生收费

中投顾问在《2016—2020 年中国可穿戴医疗设备市场深度调研及投资前景预测报告》中指出，个体化监测积累的大数据可以通过分析和归纳成为医生再教育的一部分，医生未来的知识不仅来源于书本，更来自大数据分析后得到的应用性极强知识。医生可以自主从大数据库中发现问题并寻找对策，这将成为医生获取知识的重要途径。

8．与保险公司合作——利润分成

可穿戴医疗设备厂商可以通过和保险公司合作获得广大的客户群（利润分成）。保险公司一方面可减少长期保费开支，另一方面可采集医疗大数据开发个性化的产品。

4.1.6　案例：便携式可穿戴设备的心率和血氧水平测量技术

医疗和健身领域，以及这些领域的相关电子设备，真可谓是在发生日新月异的变化。当今医疗保健设备市场的需求不仅巨大而多样，且极具挑战性。以往主要在医院使用的设备，现在也用于家庭医疗和健康监测。

例如，在如今的消费类产品中，常常可以见到用于测量心率和血氧水平的设备。脉搏血氧计就可以完成这两项测量，目前这款设备在市面上以两种形式销售，分别是家用医疗设备和腕带式健身活动追踪器的集成部件。

本案例介绍医疗和健身应用中脉搏血氧计的基础知识。同时给出一个脉搏血氧计的基本工作原理，讲述测量心率和血氧水平的方法。

1．什么是血氧定量法

血氧定量法测量血氧饱和度，通常以百分比表示。脉搏血氧计是一种非侵入性设备，用于测量人的血氧饱和度和心率。通过设备的夹状探测头（通常夹到患者手指上），很容易对脉搏血氧计进行识别。

脉搏血氧计既可以是独立设备或患者监测系统的组成部分，也可以集成到可穿戴健身追踪器中。相应地，脉搏血氧计的使用者可以是医院的护士、回到家中的门诊病人、健身中心的健身爱好者，甚至低压环境中作业的飞行员。

2．什么是血氧饱和度

血氧饱和度通过测量血红蛋白得出，血红蛋白是红细胞中携带氧气的色素，这也是其呈现红色的原因所在。血红蛋白将氧气输送到人体各个组织，具有两种存在形式，一种叫做氧合血红蛋白，表示为 HbO2（有氧），另一种叫做去氧血红蛋白，表示为 Hb（即无氧）。

因此，血氧饱和度（SpO2）为氧合血红蛋白与去氧血红蛋白之比。也可以表示为

$$SpO2=HbO2/（Hb+HbO2）$$

血氧饱和度的值以百分比表示，正常读数通常为97%或更高。

3．脉搏血氧计如何测量血氧饱和度（SpO2）

血红蛋白有个有趣之处，是它反射和吸收光的方式。例如，Hb 可吸收较多（反射较少）的可见红光。而 HbO2 可吸收较多（反射较少）的红外光。由于可通过比较 Hb 和 HbO2 的值来确定血氧饱和度，因此，有一种测量方法，就是让红色 LED 和红外 LED 光穿过身体的某个部位（如手指或手腕），然后，比较这两种光的相对强度。有两种常用方法可以实现这一目的：①测量透过组织的光强度的方法叫做透射式血氧定量法；②测量组织反射的光强度的方法叫做反射式血氧定量法（见图 4-10）。

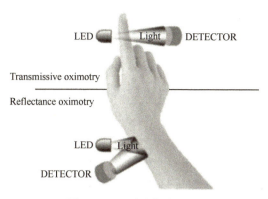

图 4-10 两种血氧定量法

医院一般采用透射式血氧定量法。通常，大多数医院使用的患者监测系统都集成了透射式脉搏血氧计。不过，许多新研发的高端可穿戴健身设备则采用反射式脉搏血氧定量法。

4．脉搏血氧计如何测量心率

心脏搏动时，会将血液泵向全身。每次心脏收缩时，都会将血液挤入毛细血管，使其容积略微增加。心脏舒张时，毛细血管容积会减小。这种容积上的改变会影响透射过组织的光量，如红光和红外光量。尽管这一波动很小，却可以通过脉搏血氧计进行测量，并且只需采用测量血氧饱和度时所用的同类装置即可。

5．详细工作原理

典型的脉搏血氧计可根据氧合血红蛋白（HbO2）和去氧血红蛋白（Hb）对红光（采用 600～750nm 波长）和红外光（采用 850～1000nm 波长）的吸收特性来监测人血的血氧饱和度（SpO2）。此类脉搏血氧计会交替发射红光和红外光穿过身体部位（如手指）到达一个光电二极管传感器。

光电二极管通常用于接收来自每个 LED 的未吸收光线。随后，此信号会通过反向运算放大器（或运放）进行反相。所得到的信号代表被手指吸收的光。红光和红外光信号的脉冲幅度（Vpp）经测量后转换为 Vrms，以通过以下公式计算比率。

$$比率＝（Red\_AC\_Vrms/Red\_DC）／（IR\_AC\_Vrms/IR\_DC）$$

SpO2 可通过该比值和依据经验设定的查找表来确定。可根据脉搏血氧计的模数转换器（ADC）采样数和采样率计算心率。查找表是脉搏血氧计的重要组成部分。查找表与具体的血氧计设计相对应，它通常基于大量检测不同 SpO2 水平的对象所绘制的校准曲线。

4.1.7 国外案例：CardioNet

CardioNet 为心脏监测服务提供商，为患者提供持续性的远程心电监护。

CardioNet 不仅仅是一个移动心脏监测设备制造商，更重要的是心脏检测服务提供商，其主要产品 MCOT（Mobile Cardiac Outpatient Telemetry，移动心脏门诊遥测）可以通过传感器为患者提供一天 24 小时的心脏数据检测服务，并将数据传输至便携式监控器（借助泰利特 Telit 公司开发的 CC864-DUAL 蜂窝模块进行数据的实时传输），监控器监测到心律异常时（患者自身此时往往尚未意识到），自动将心电图发送至位于加州或宾州的 CardioNet 监测中心，监测中心每周 7 天、每天 24 小时都有心脏监测专家进行数据分析，一旦发现异常可及时诊治，流程如图 4-11 所示。与普通心脏监测仪器相比，CardioNet 的优势在于：①设备便携；②实现了监测数据的实时传输，可以介入移动医疗产业链；③拥有后端专业的医疗服务平台，可以对监测数据及时反馈，可以实现心脏监测的真正意义。到目前为止，MCOT 方案已成功诊断了20 万以上的患者，并帮助 41%的患者发现了以前并未诊断出的严重心脏问题。

图 4-11　CardioNet 业务流程

CardioNet 已通过 FDA 审批，监测效果获得了临床数据的支持。《Journalof Cardiovascular Electrophysiology》发表的临床试验结果表明，在一个为期 30 天、涉及 300 名患者的多中心临床试验中，CardioNet 用于心律失常的诊断优于传统方法 3倍，CardioNet 对发作性房颤诊断率为 41%，而传统心律不齐检测方法 LOOP 诊断率为 15%；在晕厥或晕厥前状态患者中，CardioNet 对发作性心律失常的诊断率为52%，而传统心律不齐检测方法 LOOP 诊断率为 16%。此外在实际应用中，CardioNet 的临床优势包括：①诊断率高，在其他方法没有诊断出来的患者中，53%的患者通过 CardioNet 成功诊断了心律不齐；②紧急报警效果好，20%～30%的患者触发了紧急报警系统；③辅助诊断效果好，医生根据 CardioNet 系统的建议，为 67%

的患者改变了治疗方案。

CardioNet 的盈利主要来源于向保险公司和研发机构收费。公司 2012 年收入就已经达到 1.1 亿美元，其中 9360 万美元来自患者服务（大部分由 Medicare 及商业保险公司支付），830 万美元来自研发服务。

1. 与保险公司合作锁定客户

由于 CardioNet 心脏监测系统可以帮助医疗保险公司减少长期开支，得到了保险公司的青睐。2013 年 6 月 10 日，CardioNet 宣布与美国 United Healthcare Insurance（联合健康保险公司）签订为期 3 年的合作协议，将为 United Healthcare Insurance 的所有医保客户提供服务，以此锁定超过 7000 万的客户。协议涵盖 CardioNet 的所有监测产品以及后端的技术服务，且报销比例高于联邦医疗保险，为医保客户使用 CardioNet 的服务提供了激励。这一合作让投资者清晰地看到可穿戴医疗设备的巨大潜力。

2. 监测数据可以提供给科研机构用于研发

CardioNet 的监控中心可以积累大量监测数据，可以提供给科研机构用于药品和医疗器械研发，主要客户包括药企、医疗器械公司、研发外包公司、高校研究机构，主要服务包括临床实验管理、设备租赁、数据监测、数据处理等。公司 2010 年 12 月通过收购 Agility（为医疗器械研发提供心脏监测数据的公司）进入研发服务领域，2012 年 8 月收购 Cardiocore Lab（为药品研发提供心脏检测数据的公司）进一步拓展研发服务的范围。

4.2　物联网技术

4.2.1　概述

1990 年美国麻省理工学院（MIT）的 Auto-ID 实验室首先提出了 Internetof Things 的概念，该术语的中文翻译就是物联网。2005 年，国际电信联盟（ITU）首次对物联网的应用、技术、市场机会和面临的挑战等方面进行了系统阐述，明确提出了物联网为信息世界加入了新的维度，即从过去的任何人在任何时间任何地点的互联，加入了任何物体之间的互联。虽然对物联网的认识和理解还不统一，但通常都认为物联网应该包含信息感知、传递和处理三个基本要素，相应地物联网架构也包含感知层、网络层和应用层三个基本层次。感知层使用感知器和 RFID 等手段来实现信息采集和标识；网络层利用现有的移动网、互联网或者其他专用网，对采集来的信息进行传输和基础处理，并提供公共管理服务；应用层对所感知的信息进行智能处理和决策后，实现各类应用服务。

4.2.2　物联网的三层体系架构

物联网是融合计算机、通信、网络、智能、传感器、嵌入式系统、微电子等多个领域技术而产生的交叉性新型学科，并不是对现有技术的颠覆性革命，而是通过对现有技术的综合运用和提升，实现信息服务模式的转变，同时，通过这样的融合也必定会对现有技术提出改进和创新要求，特别是对于电信运营网络提出了新的挑战，同时也会催生出一系列新技术和新设备。

物联网的典型体系架构分为 3 层，自上而下分别为应用层、网络层和感知层，如图 4-12 所示。应用层通过业务开放接口与网络层进行交互，感知层通过泛在接入接口与网络层交互。

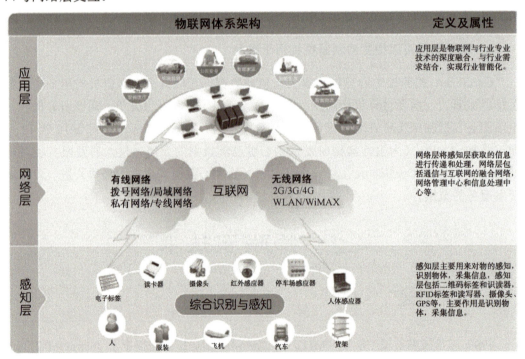

图 4-12　物联网体系架构

感知层聚焦于开发更精确、更全面的感知能力，并将感知信息延伸到网络中，需要解决低功耗、小型化和低成本问题。该层由各种具有感知能力的设备组成，包括二维码标签和识读器、RFID 标签和读写器、摄像头、GPS、传感器和物联网终端、传感器网络和传感器网关等，这一层主要实现感知和识别物体，采集和捕获原始信息。在感知层中，无线传感网（WSN）是技术关键和发展方向。WSN 由检测区域内大量的低成本、低功耗的微型传感器节点组成，通过无线通信方式形成一个多跳的自组织网络系统，目的是感知、采集和处理网络覆盖区域中感知对象信息，并发送给观察者。构成 WSN 的三要素是传感器、感知对象和观察者。

网络层一方面通过泛在接入接口,将各类感知延伸网络中的局域信息快递、安全地接入网络承载服务层中,如电信运营商的移动网和互联网中,形成网络化的连接,达到感知信息的广域传输;另一方面通过开放创新接口将众多的业务系统接入业务服务层,如电信运营商的各类基础业务和增值服务平台,实现共性支撑能力调用,达到业务服务能力的相互协调管理。在网络层中,将融合使用 2G/3G、有线宽带、PSTN、WLAN 和互联网等通信技术,实现无线有线融合、宽带窄带融合、传感网与通信网融合、无缝网络覆盖、异构网络融合和网络业务控制是网络支撑层中的技术关键,通信网、互联网和运营支撑系统等现有的网络技术必须根据物联网的业务需要进行相应的优化改造和升级发展。如在许多应用场合,物联网对安全和服务质量等的要求比人人通信要严格得多;对着物联网应用中大量物体的接入,需要捕捉、收集和处理的数据量越来越多,对通信网络以及计算与存储能力的需求量也将呈爆炸式增长;大量的感知终端或机器计入移动网与互联网,还将引发对 IP 地址的巨大需求,推动IPV6 的发展。总之,构建宽带、泛在、融合、安全的信息网络基础设施是物联网发展的必然要求,安全可靠的宽带接入与承载网络也是运营商的核心价值所在。

应用层聚焦于行业融合、信息资源的开发利用、数据的智能协同处理、低成本高质量的解决方案、信息安全的保障及有效商业模式的开发。应用层的技术关键是智能信息处理和协同,当海量的物联网终端和传感器阶段部署实施后,各单元采集的数据需要进行集中管理和处理,而云计算为海量智能信息处理提供了重要的技术手段。云计算通过网络以按需、易扩展的方式获得所需的硬件、平台、软件等资源,这些资源池(包含计算资源、存储资源和网络资源等)被称为"云","云"中的资源在使用者看来是可以随时获取,按需使用,随时扩展,按使用付费。云计算以虚拟化技术为基础,以互联网为依托,通过开放的服务,提供了安全、快速、便捷的数据存储和网络计算服务。云计算的价值一方面体现在通过资源共享和规模经济来降低成本,另一方面就是通过各合作伙伴在"云"中的协同创新来提升商业价值,云计算与物联网的发展相辅相成。

4.2.3 传感器网络关键技术

物联网由传感器网络、射频标签阅读装置、条码与二维码等设备以及互联网等组成。当前各项技术发展并不均衡,射频标签、条码与二维码等技术已经非常成熟,传感器网络相关技术尚有很大发展空间,本节以传感器网络为例,分析其中涉及的关键技术,其结构如图 4-13 所示。传感器网络中所包含的关键内容和关键技术主要有数据采集、信号处理、协议、管理、安全、网络接入、设计验证、智能信息处理和信息融合以及支撑和应用等方面。

图 4-13　物联网传感器网络关键技术结构图

1. 智能感知技术

数据采集是物联网实现"物物相联,人物互动"的基础。

采集设备一般拥有 MCU 控制器,由于低成本限制,因此一般采用嵌入式系统。物联网的规范要求整个终端设备必须是智能的,因此,信息采集设备一般都有操作系统。为了获得各种客观世界的物理量,如温度、湿度、光照度等,传感器技术也是数据采集技术中的一个重要分支。因此,物联网的数据采集技术包括传感器技术、嵌入式系统技术、采集设备以及核心芯片。

一些典型的物联网硬件如图 4-14 所示。

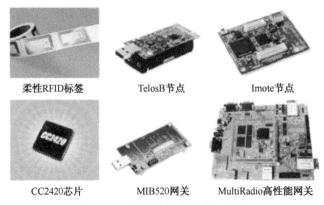

| 柔性RFID标签 | TelosB节点 | Imote节点 |
| CC2420芯片 | MIB520网关 | MultiRadio高性能网关 |

图 4-14　物联网相关设备和器件

2. 智能信号处理技术

智能信号处理将对采集设备获得的各种原始数据进行必要的处理,以获得与目标事物相关的信息。首先获得各种物理量的量测值,即原始信号。之后通过信号提取技

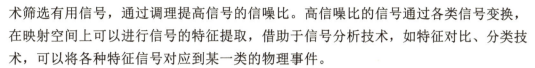

术筛选有用信号，通过调理提高信号的信噪比。高信噪比的信号通过各类信号变换，在映射空间上可以进行信号的特征提取，借助于信号分析技术，如特征对比、分类技术，可以将各种特征信号对应到某一类的物理事件。

这里的信号处理含义，包括信号抗干扰、信号分离以及信号滤波等技术。这些技术有两种实现方式，节点上实现和基站上实现。前者是值得推荐的，其优点是具有实时性，减少了不必要的数据流量和传输过程中能量的消耗。但是由于节点资源有限，在节点上实现将面临要求低算法复杂度的挑战，而在资源丰富的基站（如服务器）上实现则能进行较复杂的信号处理，还可以进行分类学习或模式识别，信号处理效果会更好，而面临的困难则是如何减少网内数据流量以及传输过程中的能量消耗，并尽可能降低由服务器而增加的网络成本。

因此，在物联网的信号处理技术中，以多物理量检测、信号提取、信号调理、信号变换、信号分析为核心关键技术。

3．优化高效的协议栈

为了实现物联网的普适性，终端感知网络需要具有多样性，而这种多样性是通过MAC 协议来保证的。由于终端感知节点并不是固定组网，为了完成不同的感知任务，实现各种目标，节点组网技术必不可少。终端感知设备之间的通信不能采用传统的资源充分设备的通信协议，因此，需要自适应优化网络协议。同时终端设备的低处理能力、低功耗等特性，决定了必须采用轻量级和高能效的协议。最后，为了实现一个统一的目标，必须在上述各种协议技术之间进行取舍，因此，网络跨层优化技术也是必需的。

对于物联网而言，无线通信方式是多级的，其系统复杂性和成本开销就会很大，这就需要对协议进行优化以保证其低功耗和高能效。由此，自适应的优化通信协议设计就变得很重要，其挑战在于需要考虑数据融合、分簇和路由选择等优化问题，并尽可能减少数据通信量和重复传送。

所以，物联网的协议栈中，以 MAC 协议、组网技术、网络跨层能量优化、自适应优化通信协议、轻量级和高能效协议为重点。

4．管理

由于终端感知网络的节点众多，因此，必须引入节点管理对多个节点进行操作。其中包括以使终端感知网络寿命最大化为目标的能量管理，以确保覆盖性及连通性为目标的拓扑管理，以保证网络服务质量为目标的 QoS 管理及移动控制，以实现异地管理为目标的远程管理技术，同时包括存储配置参数的数据库管理等。

作为物联网应用不可或缺的组成部分，数据库负责存储由 WSN 或 RFID 收集到的感知数据，所用到的数据库管理系统（DBMS）可选择大型分布式数据库管理系统（如 DB2，Ora2cle，Sybase 和 SQLServer）。管理系统能够将已存储的数据进行可视化显示、数据管理（包括数据的添加、修改、删除和查询操作），以及进一步分析和处理（生成决策和数据挖掘等）。

综上所述，物联网的节点管理包括能量管理、拓扑管理、QoS 管理、移动控制、网络远程管理以及数据库管理等方面。

5．安全

由于物联网终端感知网络的私有特性，因此，安全也是一个必须面对的问题。物联网中的传感节点通常需要部署在无人值守、不可控制的环境中，除了受到一般无线网络所面临的信息泄露、信息篡改、重放攻击、拒绝服务等多种威胁外，还面临传感节点容易被攻击者获取，通过物理手段获取存储在节点中的所有信息，从而侵入网络、控制网络的威胁。涉及安全的主要有程序内容、运行使用、信息传输等方面。

从安全技术角度来看，相关技术包括以确保使用者身份安全为核心的认证技术，确保安全传输的密钥建立及分发机制，以及确保数据自身安全的数据加密、数据安全协议等数据安全技术。因此，在物联网安全领域，数据安全协议、密钥建立及分发机制、数据加密算法设计，以及认证技术是关键部分。

6．网络接入

物联网以终端感知网络为触角，以运行在大型服务器上的程序为大脑，实现对客观世界的有效感知以及有利控制。其中连接终端感知网络与服务器的桥梁便是各类网络接入技术，包括 GSM、TD2SCDMA 等蜂窝网络，WLAN、WPAN 等专用无线网络，Internet 等各种网络。物联网的网络接入是通过网关来完成的。

设计验证在物联网系统的设计验证中，包括设计、仿真、试验床验证与检验检测等关键内容。可以对物联网的硬件设备、软件、协议等进行分析验证，以及进行实际系统部署前的检验，这对物联网研究和应用具有重要的意义。

作为物联网重要组成部分的传感器网络不仅节点规模大，网络所应用的地域规模也很大。传感器网络与 Internet 网络的融合构成物联网。因此，如何能够反映出大规模异构网络环境（有线网络、无线网络，以及各种无线传感器网络等），并对各种网络应用具有扩展性，成为设计验证平台需要考虑的问题。国内外对于测试平台搭建技术的研究还处于初始阶段，现有的一些如 MoteWorks、EmStar、Kansei 和 MoteLab 等传感器网络试验床验证平台，均支持网络测试的功能，具有不同的侧重点。MoteLab 是哈佛大学开发的一种无线传感器网络测试平台，由传感器节点网络和中心服务器两部分组成，采用 Web 方式，MoteLab 对于测试评估的方法考虑较少，如对能量的测试目前只是通过在一个节点上连接万用表测电压的方法实现。俄亥俄州立大学开发的 Kansei 平台是面向多种应用的针对无线传感器网络的测试平台。Kansei 平台在设计上充分考虑了对大规模应用环境的支持以及对各种应用背景的通用化和可扩展性的要求。从结构上划分，Kansei 平台由静止网络、移动网络和便携网络三部分组成。静止网络和移动网络共同构成了 Kansei 系统中的测试通用平台部分，部署在实验室环境中。便携网络则根据测试应用类型选择相应的传感器，部署到实际的测试环境中进行数据采集。目前 Kansei 平台还处于开发过程中，如系统访问控制等功能并没有完全实现，混合模拟仿真方法的效果也有待进一步验证。

中科院计算所也正在部署物联网综合验证系统，包括 EasiSim 用于仿真分析，EasiTest 作为物联网试验床，EasiDe2sign 用于物联网设计，EasiView 作为物联网实时监控系统，这些子系统都支持面向 Web 的访问方式。

7. 信息处理及信息融合

由于物联网具有明显的智能性的要求和特征，而智能信息处理是保障这一特性的共性关键技术，因此，智能信息处理的相关关键技术和研究基础对于物联网的发展具有重要的作用。

信息融合是智能信息处理的重要阶段和方式，信息融合是一个多级的、多方面的、将来自传感网中多个数据源（或多个传感器）的数据进行处理的过程。它能够获得比单一传感器更高的准确率，更有效和更易理解的推论。同时，它又是一个包含将来自不同节点数据进行联合处理的方法和工具的架构。因此，在感知、接入、互联网和应用层均需要采用此技术手段。

8. 智能交互及协同感知

物联网中的智能交互主要体现在情景感知关键技术上，能够解释感知的物理信号和生物化学信号，对外界不同事件做出决策以及调整自身的监控行为，因此已成为物联网应用系统中不可或缺的一部分。同时，情景感知能让物联网中的一些数据以低能耗方式在本地资源受限的传感器节点上处理，从而让整个网络的能耗和通信带宽最小化。

协同感知技术也是物联网的研究热点。一种物理现象一般是由多种因素引起的，同时位于不同时空位置的感知设备观测到的信息具有互补性，因此，必须将多个感知节点的数据综合起来，所以，协同感知机制非常重要。

9. 支撑与应用

物联网以终端感知网络为触角，深入物理世界的每一个角落，获得客观世界的各种测量数据。同时，物联网战略最终是为人服务的，它将获得的各种物理量进行综合、分析，并根据自身智能合理优化人类的生产生活活动。

物联网的支撑设备包括高性能计算平台、海量存储以及管理系统及数据库等。通过这些设施，能够支撑物联网海量信息的处理、存储、管理等工作。

物联网的应用需要智能化信息处理技术的支撑，主要需要针对大量的数据通过深层次的数据挖掘，并结合特定行业的知识和前期科学成果，建立针对各种应用的专家

智慧医疗在养老产业中的创新应用

系统、预测模型、内容和人机交互服务。专家系统利用业已成熟的某领域专家知识库，从终端获得数据，比对专家知识，从而解决某类特定的专业问题。预测模型和内容服务等基于物联网提供的对物理世界精确、全面的信息，可以对物理世界的规律（如洪水、地震、蓝藻）进行更加深入的认识和掌握，以做出准确的预测预警，以及应急联动管理。人机交互与服务也体现了物联网"为人类服务"的宗旨，人机交互提供了人与物理世界的互动接口，物联网能够为人类提供的各种便利（包括智慧医疗）也体现在服务之中。

4.2.4　基于物联网的医疗服务

基于物联网的医疗服务是通过物联网的集成技术将技术和医疗对象、医疗流程相整合，以实现医疗对象的智能化感知和过程管理。

在当前的医疗服务模式中，医生和患者的关系长期处于不对称、不平衡的状况，医生在医患关系中也一直处于主导地位。随着人们对自身健康重视程度的提高，患者参与自身的医疗和保健活动中的需求也越来越迫切，他们同时也希望能够和医生有更多的交流沟通，而采用物联网技术为这种需求的实现提供了可能。物联网通过将各种信息资源的共享和运用，实现信息的公开化和透明化，使得医疗信息系统形成一个整体，提高各系统中的数据公开程度和共享程度。

目前，物联网技术在医疗领域的应用较多，本节列举了医疗物联网的一些常见的应用点。

1．患者身份确认

患者身份的准确确认是保证医疗护理安全的前提。在急诊抢救患者处理的过程中，需要对患者进行快速身份确认并完成入院登记，以便快速进行抢救。同时，医务部门需要及时确定伤者的姓名、年龄、性别、亲属姓名、既往病史等详细资料。通过RFID技术的应用，可以把患者的信息储存在就诊卡上。当患者入院诊治时，医院只需扫描医疗卡上的标签信息，就可以完成患者的入院登记和病历获取。

2．人员定位及监控

通过RFID标签的使用，可以实现医院内部医护人员和患者的定位和追踪；同时，也可以结合门禁控制功能，实现对医院关键区域的出入控制。在国内，目前已经有少数信息化水平较高的医院应用了人员定位跟踪系统。随着信息化建设水平的不断提高，无线定位系统在医疗机构的应用将具备更加广泛的应用前景。

3．智能输液

在智能输液方面，目前有些医院已经应用了无线移动门诊输液系统。这类系统通

90

过患者身上的二维条码来识别患者的身份、输液座位号等信息，保证了输液的有序和正确。

在智能护理方面，目前也有很多基于 RFID 的无线护理信息系统，有效地实现了医嘱执行全过程信息的闭环控制。

这些系统的使用可以提高医疗服务质量，并且可以预防和避免医疗差错的发生。

4. 血液管理

在血液管理业务的过程中，常常设计大量的数据信息，这给血液的管理带来一定的困难，并且血液因其存在一定的保鲜期，所以对存储和运输的要求也很高。

通过 RFID 与传感技术的利用，可以有效解决血液管理过程中的问题。RFID 技术可以对每袋血液进行标识，方便其出入库识别和管理。同时，RFID 的非接触识别特性可以减少血液受污染的可能性。而通过使用传感技术，可以对血液的环境温度、密封盒震荡等情况进行实时监测、采集和处理，能够有效保障血液的质量。

5. 药品供应链管理

物联网技术在药品供应链管理方面也可以有很好的应用。利用物联网技术，可以对流通过程中的每个药品进行标识及追踪，实现药品信息的采集，从而有效解决医药流通中的管理难题。上海某制药厂探索只要过程中电子标签的应用，该公司在生产过程中采用 RFID 对所有药品的原材料、中间品、半成品和成品进行标识、状态采集和汇总，实现全过程的自动监控，解决了和使用条形码时遇到的易受潮、易磨损等问题。

6. 医疗废物处理

医疗废物管理不仅涉及医院管理问题，也涉及公共卫生。为了对医疗废物进行有效安全的管理，原国家卫生部于 2003 年 6 月 16 日颁布了《医疗废物管理条例》，将医疗废物管理纳入法制轨道。通过在医疗废物管理中应用 RFID 技术、GPS 技术和GPRS 技术，可以实现基于定时定位的医疗废物管理和监控系统，为实现医疗废物处理过程的全程监控提供信息支持和保障。

7. 高价器械的追溯

在医院内部，经常会发生医疗设备丢失的情况，特别是一些昂贵的医用器材，导致医院资产的流失。此外，一些危险的医疗器械如具有放射性会存在高度的医疗安全隐患，需要通过对其位置的实时跟踪实现对其的有效管理。物联网技术中的 RFID 技术能够很好地满足该类需求。通过 RFID 技术的使用，可以实现对无线网络区域内的医疗资产继续实时定位跟踪。

8. 远程监护和健康管理

目前，我国疾病人群不断增加，给现有的医疗资源带来沉重的压力。要改变这一局面，就要把重点转移到对生命全过程的健康监测、疾病控制上来，建立同时能够为全人群服务的健康监控、维护和管理系统。

物联网技术和在远程监护和健康管理方面的应用，可以对住家的有监测需求的特殊人群、慢性病人群、需要进行个人运动等生活习惯管理的健康人群提供各类服务。针对这些人群，可以运用各种设备把多种测量数据通过无线方式传送到专用的监护仪器或者各种通信终端上，如 PC、手机等。例如，在需要护理的中老年人或者慢性病患者上，安装特殊用途的传感器节点，如心率和血压监测设备，通过无线传感器网络，医生可以随时了解被监护患者的病情，及时进行处理，还可以应用无线传感器网络长时间地收集患者的胜利数据。目前基于物联网技术的远程监护和健康管理有许多替代性产品，如婴儿监控、多动症儿童监护、老人生命体征家庭监护、老年痴呆患者家庭保健、术后患者家庭康复监控等。

4.2.5 发展过程中存在的问题及相应对策

1. 存在的问题

虽然物联网技术给医疗服务带来了新的机会，但在应用实施过程中也存在很多不可忽视的缺点，物联网存在很多不可忽视的缺点，这些缺点潜在的负面影响巨大，不仅涉及安全、隐私，还涉及人性尊严、社会不平等多个方面。那么对于医疗物联网来说，这些问题主要体现在以下几个方面。

1）管理部门是否能够打破条块分隔、实现资源共享

经过十几年的努力，国内医院信息化建设已经取得了长足发展。一方面，医院信息系统的应用迅速普及，全国绝大部分三级医院已建立医院管理信息系统。在这些医院，医院信息系统已经成为医院管理业务运行中必不可少的基础设施，一些基层小医院的信息系统建设也在快速发展。另一方面，医院信息系统的开发和应用正在向深度发展，从早先的侧重于经济运行管理，逐步向临床应用、管理决策延伸。

但是，也有专家指出，我国医疗信息化在高速发展中，条块分隔现象十分严重。在医院信息化建设方面，国家没有出台统一的标准，每个医院各搞一套，互不共享，又不兼容，形成若干信息孤岛。根据调查，每家医院建设的信息化系统，缺乏国家标准、没有顶层设计，条块分割是造成信息孤岛的症结所在。

目前，我国医疗卫生服务领域的信息化建设中既存在横向断裂，又存在纵向隔阂，数据、信息在系统内、单位间难以共享，甚至在单位内部"网络通而数据不通"的现象也相当普遍。

我国大部分医院自己的 HIS 建设已到达一定的高度，但是这些信息却是一个个

信息孤岛，缺乏统一的医疗信息标准和规范，各医院内部的信息系统之间、不同医疗的 HIS 之间的信息交流存在瓶颈。同时，EMR 和远程医疗才处于起步并发展阶段，EMR 是 RHIS 的最重要数据来源，可以说只有医院建好 EMR，RHIS 的建设才有意义。因此，国内医院迫切需要一种医疗信息标准和技术将不同的信息系统有效地集成起来，从而实现医疗系统之间的信息共享。

2）编码标准的统一问题

医疗物联网统一标识是其发展的基础。医疗物联网编码标识存在的突出问题是编码标识不统一，方案不兼容，无法实现跨医院、跨区域、规模化的物联网应用。据了解，目前，物联网各编码体系针对特定的应用领域和行业，造成了标志方法之间存在很大的差异，当前多种编码标志方案（EPC、UID、CPC、MCode 等）并存。其中 EPC 标准侧重于物流管理和库存管理；uCode 没有固定的编码规则，可用于库存管理、信息发送、接收以及产品和零部件的跟踪管理等；CPC 商务产品编码体系针对贸易界、零售业、物流业，为每一个企业及产品赋予唯一的编码；MCode 是韩国提出的，在移动商务领域使用 RFID 的编码，目前主要应用在韩国移动商务领域。

目前所知的医疗物联网应用案例，大都是在闭环系统下的局部应用，编码唯一性的问题还没有凸现出来。但是在不久的将来，随着医疗物联网的发展，不可能将其局限于一城一池，甚至局限于一家医院。未来如果需要实现医疗物联网应用的深入，跨系统、跨平台、跨地域之间的信息交互、异构系统之间的协同和信息共享会逐步增多，建立统一物联网编码标识体系已成为共识。

3）行业监管规则的制定

虽然在传感网的技术层面，我国可与国外齐头并进，但是在传感网的产业化能力和产业发展的配套环境上，我们与国外存在着差距。例如，Zigbee 联盟是一个全球性的组织，也是一个行业联盟，它的主要工作是开发应用、推动标准、制定整套协议，这样从最底层的协议到上层的行业应用推广都可以做起来，我国欠缺的就是这样的组织。

传感器网络国家标准工作组的成立就是要做这些事情，从技术支撑的角度推进接口、服务、架构、协议、安全、标识等领域的标准化工作，并建立一套比较完整的测试、认证和开发体系。目前，国内从事传感网工作的人非常多，但是整个产业的整合能力差，大家各自为政，没有统一完整的规划，我们希望首先从技术标准上进行规划，对产业起到引导的作用。

4）安全和个人隐私保护问题

物联网在其早期发展中已暴露出隐私和数据泄露上的隐患。例如，一个用于监测长期病患者生命体征的医疗设备，监测仪将收集心跳频率和血糖水平等数据点，这些数据不是直接传送到医生办公室，而是先按传输路线被传送至本地中心暂时存储并处理，传输路径上的转载点越多，数据被窃取或受攻击的几率就越大。

在医疗行业，涉及病人的病情，大多数情况下是不愿意透露的，他们宁愿使用纸质资料（不易被查阅），而一旦接入网络，必然会有数据上传到网络上，用户就会由于这个问题而小心翼翼，在一定程度上会限制物联网产业的发展。

随着设备和数据的关系变得更错综复杂，出现问题的可能性在增加，而且人们已经清晰地看到这些问题。近 46%的受访者认为隐私问题是普及联网设备面临的最大挑战，紧随其后，40%的受访者对数据安全的问题表示担忧。

医疗物联网信息的存储和共享的范围将进一步扩大，医院诊疗信息、社区服务信息、家庭健康档案、生物病理研究、疾病的药物研究等各种医疗信息将紧密结合，形成全民健康保障系统，医疗管理机构也可以对卫生总体情况加强管理。但是，电子病历在给医生、病人带来便利的同时，也给隐私保护带来了巨大的挑战。

5）建设成本问题

要完成医疗物联网的普及，需要大量的设备和技术。而这些设备和技术的运用的成本自然不菲。要将医疗物联网推广到更多的城市和医院，低成本是很重要的推动力。否则，高昂的建设成本可能转接到医疗费用上，在一定程度上限制病人的接受程度。

目前，医疗物联网的建设成本还比较高。其中的主要费用主要分摊到目前的硬件购买和维护、软件开发，以及后期的数据分析、存储和维护上。其中硬件购买和维护约占初期物联网建设的 3/5 左右，软件开发占据 1/5，其他属于数据分析、存储和维护方面。目前虽然低频无源电子标签的最低价格已经降低到 1.2～2 元人民币之间，但是电子标签的成本依然不容忽视。除了电子标签，一些重要场所的传感器芯片80%都依靠进口。但是目前我国在终端的成本、传感器的供能、材料等方面的问题还需要解决。我国传感器进口的主要来源国家是日本和美国，其中日本村田制作所、罗姆半导体、美国的泰科电子等大型元器件制造商占据着产业链的制高点。如果中国能在 IC 设计工艺方面提高工艺水准，物联网的初期建设成本才可能降低。

此外，医疗物联网的隐性成本之一的数据存储和维护，有可能变成一个不可预知的资金黑洞。在医疗领域，医疗数据会面临数据存储的时效性问题。由于药品、试剂或者医用材料的有效性一般只有一年到三年之间，那么，过了保质期，这些药品或者材料的编码数据还是否需要保存，就成为一个难解的问题。对于一个大型医院来说，每天都在快速增长的数据将占据数据库中大量的空间，虽然从技术上说，这些数据的存储和维护都不成问题；但海量数据的快速积累，数据维护的费用将变得十分高昂。

不仅如此，数据后期的处理和分析也会成为资金花费的焦点之一。物联网数据的累积，为医疗系统大数据商业价值的开发提供了宝贵的基础资源，同时也为医院综合掌控人、财、物的动向提供了数据支撑。不过，要分析这些数据，也需要强大的计算平台提供技术和人才保障。虽然从长远来看，物联网带给医院的经济效益、医疗成本节省，以及病人本身减少的重复检查开支，都会抵消物联网建设和数据维护和分析的

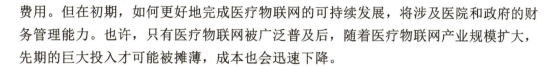

费用。但在初期，如何更好地完成医疗物联网的可持续发展，将涉及医院和政府的财务管理能力。也许，只有医疗物联网被广泛普及后，随着医疗物联网产业规模扩大，先期的巨大投入才可能被摊薄，成本也会迅速下降。

2．相应的对策

针对上述问题，医疗物联网的发展需要相应的对策。

1）统筹公共信息系统和医疗服务网络的建设

为了实现信息共享，国内各大医院应将医疗信息标准和各信息系统有效集成起来，在全国建设一体化公共卫生和国民健康信息管理体系，优化各个地区包括社区与村镇医疗服务的医疗保健网络在内的医疗服务网络建设，克服各医疗服务机构之间的信息交流的瓶颈问题。通过政府部门的统筹规划，鼓励各大医院加强合作，统一医疗卫生系统，促进医疗资源的融合，实现优质医疗资源的共享；各医疗机构应积极响应号召，积极配合，协助完成各卫生行政部门、各医疗业务机构、各级医院和社区卫生服务中心之间的互联互通和信息共享。

2）加强技术和标准的研发

医疗物联网的技术标准，一方面要依靠物联网大环境下的技术标准制定，加强物联网国际国内标准，做好顶层设计，满足产业需要，建设标准验证、测试和仿真等标准服务平台，加快关键标准的制定、实施和应用，加强物联网行业标准申请，积极参与国际和国家相关标准制定，另一方面根据医疗物联网特点，鼓励医疗健康领域标识、数据、测试和安全等共性技术标准，以及感知、网络传输、信息处理领域关键技术标准的研制工作。加强医疗应用与物联网技术融合的研究，实现医疗系统内行业标准与物联网的技术标准的融合，确保两大产业之间业务的合作开展。

未来，中国物品编码中心必将针对医疗物联网领域制定出统一的编码体系，统一注册管理，为标准制定和产业发展提供基础依据。

3）降低医疗建设成本

国家以及省市有关部门要积极做出规划，加大对物联网关键性传感器技术的研发力度。摆脱对外依赖，对传感器的科研、制造、使用和普及过程做出合理规划，给予政策上的支持和引导；引导成熟的医疗物联网业务支撑平台的建设，推动医疗网络建设。加大对物联网技术创新和基础设施建设的投资力度，对于医疗基础装备以及对新设备的使用提供财政支持和补贴，为提供医疗服务的企业制定优厚的贷款或拨款政策，降低医疗相关企业的应用成本。还可以采用不同的融资方式和商业模式实现规模效益，降低医疗物联网的建设成本。

物联网给医院带来的经济效益、医疗成本节省，以及减少病人本身的重复检查开支，在长期作用中都会抵消物联网建设和数据维护和分析的费用。而医疗物联网被广泛普及后，前期的巨大投入也会被摊薄，成本也会迅速下降。

4）提高病人隐私安全

更广泛点来说，物联网的发展带动着社会的信息化，各种信息暴露或隐性暴露在公众面前，其中不乏一些个人、企业、公司和国家的敏感信息，不法分子利用信息化的便利对个人或者集体带来危害，都将破坏社会的和谐。为了保障医疗中病人的隐私权利，相关部门应该完善宪法，针对电子病历、RFID 技术制定专门的隐私保护法规；完善物联网中感知层和传输层中各节点的信息隐私安全技术，所以国家《宪法》中更应该在物联网背景下构建出隐私保护综合体系，使得人们隐私有所保障。

5）抓紧制定行业监管规则

医疗信息化行业规范的制定，需要与物联网技术的标准制定统一步伐，在物联网技术有了一定标准之后，通过类似 Zigbee 联盟组织，将开发应用、推动标准和制定整套协议形成完善的体系，将最底层的协议向上层的行业进行应用推广，我国欠缺的就是这样的组织，国家应抓紧这种组织的建立，将物联网技术标准推行到医疗行业规范中，加快医疗事业信息化标准制定，完善电子病历的规范性、有效性和法律作用，从而有效地对医疗信息进行统一管理。

4.2.6 医疗物联网——RFID 五大应用案例

通过使用 RFID 技术，医院会变得更有效率，减少那些寻找医疗用品使用的时间，而将精力集中在病人身上。据 REID 期刊创始人马克罗伯特评估，目前仅有不到百分之十的医院采用 RFID 技术，因此，RFID 在医疗领域的应用上亟待开发。

罗伯特在一个 RFID 医疗应用的会议上表示"医疗费用之所以过高，医院总在买已经有的东西是一个重要的原因"。医院一直在救死扶伤，却很少关心如何采用新科技来省钱。

一些医院以及医疗界的代表采用了物联网技术来降低成本，提高供应链的效率，以下是一些例子。

1. 减少库存浪费

新罕布什尔州协和医院一直以来都有一个库存积压严重的烦恼。医院想在供应链管理上做得更好。因此，它们采用了供应链管理还是 Logi-D 的 2Bin-ID 系统。获得临床医生的支持是改革成功的关键。这个系统将物品分成优先级和次优先级两个批次。每个批次都有一个无源 RFID 标签。一旦有人拿走了优先级批次的物品，次优先级批次的物品就会变成优先级批次物品，内置的 RFID 存储单元自动改变。这样，系统就会触发一个补货请求，医院采购通过这个系统就可以进行补货。通过这个系统，医院手术部门、ICU、急救单元减少了多达 13%的库存。也增加了导管室的空间。

2．注射安全

东京的日光医院是一家有 270 个病房的医院。它使用 BayNexus 系统来管理医疗设备。注射时，病人腕带上的 RFID 标签和电子病历记录进行比对，确认无误。同时，这些信息还会和医院的注射可追溯系统进行同步。这样，就可以确保注射的安全。

3．放射线学

一些医院还采用了创新的方法使用 RFID。维克森林医疗中心将 RFID 标签缝入 x 射线保护背心，这样就能大大减少寻找到背心的时间。刚开始这个系统有一些缺陷，采用了摩托罗拉的手持阅读器软件 ScanOnline 后变得更有效起来。这样，医院就摆脱了以前的纸质办公系统，设备也变得更容易被找到。

4．传染病控制

特克萨斯哈里斯教会医院将 RFID 标签放置在结核病这种传染病人身上，这样，就能追踪到与病人接触的人群。它使用一组 RFID 标签扫描器产生的数据，来提醒人们需要追踪谁。

5．处方药追踪

美国总统奥巴马将强制电子标签追踪处方药写入了药品质量和安全法案。以往，制药公司仅仅通过药物上印着保质期，药物流通点等简单信息的号码来管理处方药。这条法案发布以后，大型制药公司跟踪出方药的方法将发生很大程度的改变。

4.2.7　案例：物联网框架下的武汉智慧医疗体系架构

智慧医疗是智慧城市的重要组成部分。2010 年武汉市选择市中心医院糖尿病区开展示范试点，通过半年时间的建设，已实现了基于三网融合的病房内多媒体信息自动服务、移动查房、医疗物联网示范应用、"先诊疗后结算"的院内一卡通等预期建设目标。2013 年，武汉市全面启动智慧医疗建设，目前，以电子病历为基础的智慧医疗覆盖 30 家医院。武汉的智慧医疗体系架构主要包括智慧传感层、数据传输层、数据整合层、云计算层和安全保障体系等部分。

1．与物联网感知层相对应的智慧传感层

武汉智慧医疗采用局域和广域融合的无线网络（Wi-Fi 室分系统和 CDMA 双网络）覆盖，在电子病历基础上实现了医护人员移动查房，选用了目前最先进的基于802.11n 的 Wi-Fi 室分系统，协议速率最高可达 300M，用于移动查房需要的大数据量医学图像传输，彻底解决了传输瓶颈问题；同时，该网络还可为患者及其家属提供病区内无线高速互联网访问。武汉智慧医疗还采用物联网的先进理念和技术，通过对患

者腕带的识别实现了诊疗服务的全程严格监管。医护人员用手持的医疗移动终端对每位患者已植入 RFID 条码的腕带进行扫描和识别，可以核对患者身份、确认医嘱、核对用药及各种治疗，基本杜绝了人为失误，可最大限度地保障患者用药和治疗安全。

2. 与物联网网络层相对应的数据传输层

武汉智慧医疗主要以电视为多媒体信息自动服务终端，实现了电视、电话、数据"三网融合"。患者及其家属可以从病房电视上收看电信 ITV 双向点播电视节目；可以直接登录互联网访问网站；也可以直接访问医院内网，查询自己的医疗费用每日清单、进行点餐等，并可收看科室专门制作的健康宣传节目；患者及其家属还可以使用蓝牙电视遥控器，采取 SIP 网络电话的方式拨打电话。这一项目充分全面展示了三网融合的应用成果，切实提高了医疗服务质量。

3. 与物联网网络层相对应的数据整合层

武汉智慧医疗成功打通了医院、银行、医保信息系统，首创了"先诊疗后结算"的收费模式。将医院信息系统与银行系统、医保结算系统对接，通过设置大量自动设备，持医保卡或银行卡的患者不用再为不同的收费项目反复排队缴费，可等看病过程结束后统一结算。此外，武汉智慧医疗还在医院开发完成了基于 CDMA 智能手机的综合 OA 办公、医嘱管理、药品管理等移动互联网应用，并实现了网上挂号和远程诊疗。同时，武汉市医院将继续推动在市中心医院开展各项新技术应用示范；并以市中心医院为辐射中心和基地，着手建设面向全市的、服务于医院集团式构架和各级各类医疗机构的医疗云计算中心和区域卫生信息平台。

4. 与物联网应用层相对应的云计算层

医疗云计算中心是市民与医院、医院之间、医院与卫生行政管理部门之间共享电子病历和健康档案，开展各种协作和监管的信息平台，可以为各级各类医疗机构提供计算和存储服务。医疗云计算中心采用最先进的信息资源共享理念和技术，可以避免各医院在硬件上的重复投资和建设，用最少的投入解决医疗信息的海量计算、存储和交换难题，是智慧医疗建设的关键点。以医疗云计算中心为技术支撑，逐步整合各类卫生信息资源，实现公共卫生、医疗服务、行政管理、社区卫生等业务领域的综合应用、信息互通和协同办公，建立六位一体的社区卫生服务网络体系，建成以区域为中心的统一指挥系统，形成卫生信息资源共享库，支持数据分析和领导决策，提高卫生业务的服务水平。

5. 与物联网应用层相对应的应用层

武汉市在市中心医院继续推广物联网示范应用。除糖尿病区外，还选择母婴病房、手术室、供应室等重点区域，应用红外和射频双重信号发射及接收处理等技术，实现对环境、物体（静止/移动）、人体（静止/移动）的整体实时定位、报警定位和智能管理功能，并作出相应的反应处理；实现患者无线呼叫定位、呼叫自动处理及记录、患者运动/静止状态自动监测、患者活动范围警示、医护和患者人员定位查找管理、重要医疗设备定位查找管理、事件信息自动处理、逐级上报、事件语音、声光提示等；并可实现与公共区域对讲、监控、照明控制等弱电系统的集成。

6. 智慧医疗的安全保障体系

武汉智慧医疗本着对患者负责的态度，在后台实施预防性核实，全程对患者的姓名、电话、身体状况、药品使用情况等敏感数据的操作访问进行监控，使患者资料在授权许可范围内访问。医院的信息系统是一个数据量巨大、数据类型复杂的实时系统，由于医院业务的特殊性，任何人为或自然因素所导致的应用或系统中断都会造成医院巨大的经济和名誉损失，并带来严重的法律后果。因此，医院的业务运转和发展对 IT 系统的持续稳定运行提出了非常苛刻的要求，同时，智慧的医疗系统根据数据的类型，自动将不同生命周期阶段的数据存放在最合适的存储设备上，按照集中、整合的方式统一构建医院信息系统需要的存储资源，保证患者数据在多个站点之间的可访问性、可靠性和安全性；智慧的医疗系统还具有自动纠错功能，当风险发生时能够自我修复、自动重建，保证患者数据在多个站点之间的可访问性、可靠性和安全性。

武汉智慧医疗的体系架构，从患者角度而言，可以通过智慧医疗的整合信息平台进行网上预约诊疗，查询自己的健康档案，实施个人健康管理，同时，也可以在不同的医院和社区卫生服务中心之间实现无缝转诊、转检；从医护人员角度而言，智慧医疗有助于了解患者既往病史和诊疗记录，一方面减轻了医护人员的工作强度，另一方面提升了诊疗速度和精准度，快捷完善的数字化信息系统也有助于医护工作的“无纸化、智能化、高效化”办公；从医疗机构的角度而言，整合的智慧医疗体系排除了医疗服务中的重复环节，降低了医院运营成本，提高了运营效率和监管效率；从政府及相关部门角度而言，武汉智慧医疗可以准确实时了解医疗资源的分布和使用情况，掌握武汉地区人群健康状况，快速调集卫生资源，应对突发公共卫生事件。武汉智慧医疗通过医疗信息和记录的共享互联，整合并形成一个高度发达的综合医疗网络。各级医疗机构之间和业务机构之间能够开展统一规划，实现医疗资源的优势互补，达成监管、评价和决策的和谐统一，切实提高了医疗服务质量和效率，有效地降低了公众医疗成本，有利于医疗信息充分共享。

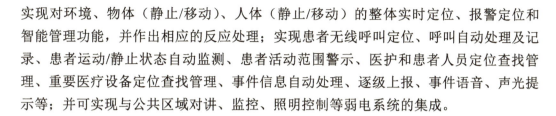

第5章 智能诊断

移动互联网为医患之间的连接和互动提供了可能,但是如果不对智能检测所采集的个人健康数据进行分析,就无法在深层次上实现智慧医疗。智能诊断是借助云计算技术,通过公有云和私有云相结合的方式,对所有的医疗信息系统、医疗信息、患者健康数据进行整合和共享,加快了医疗信息资源的建设,实现了信息资源共享,提高了整个医疗机构服务水平。同时,借助大数据分析技术,对多渠道整合的海量数据进行分析,为医疗服务和个人健康管理提供帮助。本章主要介绍云计算技术和大数据分析的概念、应用现状,以及在医疗行业中的实践模式,结合相关案例进一步说明相关技术在智慧医疗领域的实施过程和应用价值。

5.1 云计算技术

5.1.1 概述

到目前为止,云计算仍没有统一的定义,因为它是一个抽象的概念,并不是特指某种技术或者标注。所以,不同的人因其视角不同而对其理解也不同。以下是几种关于云计算的定义:

(1)维基百科。云计算是一种基于互联网的计算方式,通过这种方式,共享的软硬件资源和信息可以按需求提供给计算机和其他设备。

(2)中国网格计算、云计算专家刘鹏。云计算是将计算任务发布在大量计算机构成的资源池上,使各种应用系统能够根据需要获取计算力、存储空间和各种软件服务。

(3)美国国家实验室的资深科学家、Globus 项目领导人 TanFoster。云计算是由规模经济拖动,为互联网上的外部用户提供一组抽象的、虚拟化的、动态可扩展的、可管理的计算资源能力、存储能力、平台和服务的一种大规模分布式计算的聚合体。

(4)百度百科。云计算是基于互联网的相关服务的增加、使用和交付模式,通常涉及通过互联网来提供动态易扩展且经常是虚拟化的资源。

(5)玫瑰果国家标准与技术研究院。目前广为接受的是美国国家标准与技术研究院(National Instituteof Standardsand Technology,NIST)的定义,即云计算是一种按使用量付费的模式,这种模式提供可用的、便捷的、按需的网络访问,进入可配置的计算资源共享池(资源包括网络、服务器、存储、应用软件、服务),这些资源能够被快速提供，只需投入很少的管理工作，或与服务供应商进行很少的交互。

其实，任何一种定义都离不开云计算的以下几大要素：

（1）硬件、平台、软件和服务都是资源，并通过网络以服务的形式提供给用户。

（2）可以根据需要动态扩展和配置这些资源。

（3）在物理上这些资源是以分散的方式分布在网络上的不同位置，但在逻辑上已经通过技术方式以整体单一的方式对外呈现。

（4）用户就像使用水、电一样，按需申请和使用云中的资源，如果享用了公有云提供的资源，则按照使用量进行付费。

云计算是将计算能力分布在大量的分布式计算机上，用户能够按照各种应用实际运转的情况，把计算机和存储资源切换到需要的应用上，其中云是网络、互联网的一种比喻说法。就像用电模式一样，以前的模式是通过单台发电机使用电，后来发展到通过电厂集中供电的方式。云计算的理念就是用户能够通过网络像用水、用电一样，方便地取用计算、存储资源，不必关心资源来自哪里、是如何组织的。因此，云计算甚至可以让用户体验每秒 10 万亿次的运算能力，拥有这么强大的计算能力可以模拟核爆炸、预测气候变化和市场发展趋势。用户通过电脑、笔记本、手机等方式接入数据中心，按自己的需求进行运算。

目前，被普遍接受的云计算特点如下：

（1）超大规模。云平台需要达到一定的规模，截至 2010 年，Google 云计算已经拥有 100 多万台服务器，经过几年，这个数字目前应该发生了极大的变化。虽然 Google 未公布相关数据，据估算，目前它的服务器数量已经达到千万数量级。通过云的模式，用户能够获得前所未有的计算能力。

（2）虚拟化。云计算的计算、存储、网络等资源是以虚拟抽象的方式提供给用户的，而不是提供实体服务器，一台服务器可以同时给很多用户提供服务，用户在网络可及的任意位置使用各种终端都可以获取服务。

（3）高可靠性。因为使用了多副本容错技术，云平台为每一份数据保留了副本，使得出故障的计算节点可以在不影响对用户提供服务的情况下进行更换，所以云计算服务具有高可靠性。

（4）通用性。云计算提供的是存储、计算、网络等基础设施资源，它不针对特定的应用，所以具有通用性。

（5）高可扩展性。云计算集群的规模可以根据应用和用户的需求进行自有扩展。

（6）按需服务。用户能够通过网络像用水、用电一样，方便地取用计算、存储资源。

（7）价格低廉。云计算是使用廉价的普通服务器组成的集群。而用户可以按照需要获取相应的资源并为此付费，一旦资源使用完毕就可以不必再产生费用，所以比自己购置服务器设备更加灵活与经济。

5.1.2　医疗云计算系统层次设计

由于医疗信息系统不同于一般的企业信息系统，因为医疗数据不仅仅涉及患者的个人隐私，还会影响疾病控制和医保体系的信息统计以及决策等医疗卫生的方方面面，关乎国家卫生事业发展。相较于传统云计算系统，云计算医疗系统对系统信息安全、容灾备份、系统的稳定性等方面都有更高的要求。因此，本设计在传统的云计算层次结构中增加管理服务层，这样就可以满足系统的可靠性、安全性等发面的需求。医疗云计算层次结构如图 5-1 所示，由医疗基础设施服务层、医疗平台服务层、管理服务层以及医疗软件服务层 4 个层次组成。

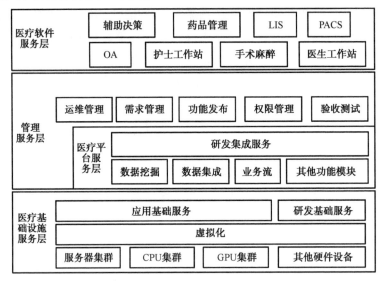

图 5-1　医疗云计算的层次结构

1. 医疗基础设施服务层

医疗基础设施服务层为医疗云计算提供较为完善的网络基础设施以及硬件平台，约定将服务器集群和海量数据存储等设备"集中"构建数据中心、应用服务器集群以及容灾系统。数据中心用于存储个人卫生数据、卫生统计数据、科研数据及文献、文件资料等信息。对于医疗云计算的顶层用户层来讲，这个层次的工作模式以及子系统构造过程产生的异构现象是"不可见"的。

2. 医疗平台服务层

开发者可以通过该层的定义，快速开发和发布易于在云计算医疗信息系统中部署的功能软件、已有软件的功能扩展插件、应用系统框架以及算法功能模块。与传统的云计算不同，医疗平台及服务层不仅为技术开发人员提供良好的开发和发布平台，还在此层将定义医疗业务需求发布功能.。用户可以通过普通文档，本层图形化需求描述软件构建的需求信息平台同研发人员沟通提高开发效率。

3．管理服务层

医疗管理服务层用于将平台及服务层的软件汇聚，对其进行筛选，最后在软件服务层发布。同时，该层充当开发人员的角色，完成和用户的沟通作用，形成用户需求文档提供给平台即服务层，由其负责开发。该层还负责对整个云计算医疗信息系统的运行维护、云计算资源管理、用户权限管理、软件开发企业授权认证等管理功能。

4．医疗软件服务层

医疗管理服务层通过该层将开发的功能软件提供给用户，医院信息系统（Hospital Information System，HIS）的功能也通过该层实现和用户层的接口。该层的功能软件直接向管理服务层发布需求，经过沟通协商之后形成更加完备准确的需求供给平台服务层进行开发。

5.1.3　应用现状与存在问题

随着信息技术的快速发展，国内越来越多的医院正加速实施基于信息化平台、医院信息系统的整体建设，以提高医院的服务水平与核心竞争力。信息化不仅提升了医生的工作效率，使医生有更多的时间为患者服务，更提高了患者满意度和信任度，无形之中树立起了医院的科技形象。因此，医疗业务应用与基础网络平台的逐步融合正成为国内医院，尤其是大中型医院信息化发展的新方向。

医院信息化发展一般经历三个阶段，即医院管理信息化（HIS）阶段、临床管理信息化（CIS）阶段和区域医疗卫生服务（GMIS）阶段。除上述三个信息化阶段之外，医院和公共卫生管理中的基本管理信息系统，随着医疗改革的深入也逐渐建立起来。但目前，我国的区域医疗信息系统还处于摸索和试验阶段，政府在区域医疗的管理流程和管理政策方面还没有成熟，例如，如何转诊、病历的所有权归属等问题有待于进一步明确。医院信息系统的开发和应用正在向深度发展，开始从早先的侧重于经济运行管理，逐步向临床应用、管理决策应用延伸，已逐步实现"以收费为中心"向"以病人为中心"的数字化医院转变，从 2007 年开始的数字化医院集成平台稳步发展，但是整合难度较大，目前发展较慢。

在医疗卫生信息化建设与快速发展过程中，硬件、软件、人力、物力、财力都存在不同的问题。

（1）缺乏系统整体规划。医院信息应用不断增长，各类系统越来越多，结构越来越复杂。目前国内部分医院特别是中小医院，盲目建设与投资，与医院长足发展不匹配、不协调，造成资源的严重浪费，影响了信息化工作的深入开展，也影响了信息化建设的信心。

（2）项目庞大，部署复杂。医疗卫生信息化系统涉及具体的几十个应用系统，不仅要面向各级医疗机构及其管理部门，同时，还要与医保、公安局、银行等相关系统对接，用户非常复杂，实行和推行难度较大。

（3）建设和维护费用。在一个系统建设之初，需要投入较多的费用。同时，在科技日新月异的今天，电子化设备、软件系统每年都有更新，使得硬件维护成本和软件升级更新成本高居不下。

（4）信息化人才。医疗卫生信息化建设需要大量的综合性专业人才，他们需要既懂信息技术又要了解医院业务，不仅能为医院信息化工作提供技术支持，而且还能对收集到的信息进行信息处理，帮助领导决策。从当前情况来看，这类专业技术人才无论是从数量上还是从质量上，都不能满足医疗卫生信息化进一步发展的需要。

国内医学信息化专家曾指出，区域医疗卫生信息化的核心是实现电子健康档案和电子病历的共享，而健康档案和电子病历在特定的两个医院间建立传输其实并不困难，通过系统间的接口就完全可以实现，但是要实现区域中几十家医院和上百个社区之间的互联互通，通过点对点的接口方式基本是不可能的。因此，一个合理的方法就是把点对点的问题变成多点对一点的问题，即建立一个集成平台，把所有的文档都传送到平台上，而所有的人在需要时再从平台上获取文档。这样一来，云计算技术的出现，将给医疗信息化建设带来一个全新的认识。医疗卫生信息化发展的关键在于以病人为中心实现信息的共享、流动与智能运用，唯有通过信息化手段，建立共享服务，并在医疗卫生服务整个环节中实现协同和整合，才能推动各医疗机构一环资源的灵活流动和结构优化。基于这种状况，建立新的医疗体系平台就迫在眉睫。这就需要一种全新的平台为它服务，基于 Internet 的云计算平台就将会在其中发挥重要作用。

那么，云计算的发展给医疗信息化带来了机遇，它不仅提高了资源利用率，还让医疗信息成为很重要的信息资源。有了云计算的帮助，未来可以实现随时随地获取医疗信息。云计算的应用，实现了医疗数据的自动统计，精确分析病人的疗效数据，帮助医生确定最有效的治疗方法。此外，依托云计算将医疗信息数据标准化，不仅可以减少过度治疗，提高医疗质量，解决治疗当中的问题，还可对一些隐含的问题进行预测。根据云计算的服务模式，它能够为医疗卫生信息化建设提供的服务以及带来的益处如下：

（1）在线软件服务。在线软件服务是软件即服务（SaaS）的一种典型的应用，在此应用中，医疗卫生信息建设过程中软件不需要一次性购置，大大减少了建设成本。IBM 以业界领先的云计算平台为支撑，通过软件即服务（SaaS）的创新模式向医疗机构和个人提供一整套在线服务，包括电子健康档案、注册预约等，大大的缩减了医疗机构的投资，并为病人提供便利。

（2）硬件租借服务。云计算服务商所提供的硬件租借服务，可实现统一的服务器管理维护，减少医院建设和维护成本。

（3）计算分析服务。云计算服务商所提供的计算分析服务，能够运用其本身超大规模的计算来提高对海量的医疗相关数据的分析能力与深度发掘利用水平，在海量的

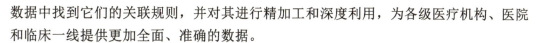

数据中找到它们的关联规则，并对其进行精加工和深度利用，为各级医疗机构、医院和临床一线提供更加全面、准确的数据。

（4）云存储服务。云存储是指通过集群应用、网格技术或分布式文件系统等功能，将网络中大量各种不同类型的存储设备通过应用软件集合起来协同工作，共同对外提供数据存储和业务访问功能的一个系统。

将云计算平台模式与传统模式比较，可以看出云计算带来的益处，如表 5-1 所示。

表 5-1　云计算平台模式和传统模式相比较

类　　型	传统建设模式	云计算模式
初期投资	较大，需自建机房和自购服务器	小，无需自建机房和自购服务器
技术人员	要求高	要求低
系统维护	难度大	难度小
系统可靠性	较差	强
适应性	较差，各单位都需调整	好，只需在服务器端调整
数据共享	"信息孤岛"，共享较难	数据集中，共享方便
数据安全	较差	高，高标准建设
数据汇总	费时费力，容易出错	强
政策数据调整	层级多，政策落实缓慢	只需修改软件功能模块
经济性	差，总体成本高	好，总体成本低
计算资源利用率	低，很多计算资源闲置	高
发展趋势	落后模式，渐渐被淘汰	未来发展趋势

对于医疗行业而言，云计算具有以下作用。

第一，云计算技术可以降低医疗行业信息系统建设成本。云计算加快了医疗信息资源的建设，实现了信息资源共享，提高了整个医疗机构服务水平。通过推动医疗卫生服务和管理机构之间的标准建设、数据共享、信息整合，有效规划信息系统建设和整合，提高医疗卫生机构的医疗质量和服务能力，提高运营管理效率，实现以患者为中心的医疗信息化系统建设。推动医疗卫生行业在战略与发展、运营和流程、信息技术应用不同层面的发展。

目前，我国各级医疗机构、公共卫生机构已经建设了大量的医疗信息资源，并且还在建设更多的医疗信息资源。逐步将医疗信息资源存储在云上，医疗信息资源的共享将更为方便与快捷，各个医疗机构和信息资源建设人员也可以利用云计算所提供的强大协同工作能力，实现医疗卫生信息资源的共建。

第二，云计算技术可以提高医疗卫生机构服务水平。在医院数字化建设中，医院以医疗业务为核心，整个诊疗过程都是以病人为中心，病人医疗信息能够在各科室实现共享，深层次利用病人信息，进行数据挖掘、分析和利用。全面整合医院内的管理信息、患者的诊断及治疗、费用信息及经营管理，实现医院各项业务数字化运作和智能化管理。并与医院外部的信息系统进行数据交换和信息共享，全方位提升医院的服务水平。云计算还可以将电子病历、预约挂号、电子处方、电子医嘱以及医疗影像文档、临床检验信息文档等整合起来，建立一个完整的数字化电子健康档案系统，并将健康档案通过云端存储，便于作为今后医疗的诊断依据，以及其他远程医疗、医疗教育信息的来源等。

第三，云计算技术可以合理使用医疗资源。大型医院运用数字化医疗设备、计算机网络平台和各类应用软件系统，对医疗服务和管理信息进行收集、整理、统计、分析和反馈。基层卫生机构运用云计算，通过数据、文字、语音和图像资料的远距离传送，实现专家与病人、专家与医务人员之间异地"面对面"的会诊。针对边远地区和社区门诊，通过云计算技术远程诊断及会诊系统，在医学专家和病人之间建立起全新的联系，使病人在原地、原医院即可接受远地专家的会诊，并在其指导下进行治疗和护理，可以节约医生和病人大量时间和金钱。

第四，云计算技术可以运用在医疗教育系统。在以云计算技术为基础的医疗健康信息平台基础上，以现实统计数据为依据，结合各地疑难急重症患者进行远程、异地、实时、动态电视直播会诊，以及进行大型国际会议全程转播，并组织国内外专题讲座、学术交流和手术观摩数等手段，极大地促进了我国医疗事业的发展。

随着医疗机构数字化建设的日臻成熟，云计算技术的研究将会有广泛的应用前景，但是，必须考虑到云计算在医疗信息系统发展中面临的困难以及存在的问题。

第一是技术问题。云计算系统不仅仅针对于医疗，还要针对各个领域的需求。所有这一切都需要大量资源。云计算平台必须有效地处理各种软硬件维护需求，从而有效地降低各种软件硬件维护对云计算服务的可用性造成影响，云服务不能担保用户获得高品质的体验。

第二是经济问题。面对云计算的采购，企业需要支付的费用不是一次性支付，往往会按年或月的服务来计算需要支持的费用。而当购买的服务到期后，则仍需续签服务，仍需付费，所以，虽然第一次支持费用相对较少，但是在购买云计算服务的时候，要从长期支持的费用考虑。

第三是安全问题。这个问题其实是一切新兴技术所面临的问题，尤其是网络技术方面。由于云中的数据是客户所共享的，那么每个用户的授权问题都是要考虑的。在医院中，病例是属于患者的隐私，而且是具有法律效力的。提供云服务的公司面对如此庞大的数据时，怎么能把到每个客户的隐私保密以及客户授权问题处理好，是将来所要面临的又一难题。

5.1.4　云计算在区域医疗信息化中的应用

针对医疗信息化建设的现状，结合云计算的优势特性，对区域医疗信息化进行探索性研究，提出一种区域医疗云的解决方案。相对于以往的"驻地模式"，云计算为医疗机构提供了一种新的商业模式-服务模式（On-Demond），用户只需按照所需的服务付费。区域医疗云的框架如图 5-2 所示。

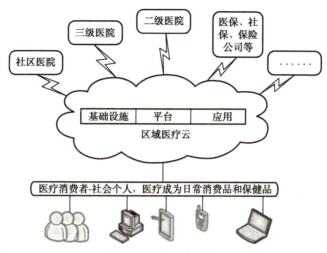

图 5-2　医疗云的框架

　　该框架的设计思想是，把各大医院、保险公司、社会个人等各类用户中易于标准化的共性部分加以封装，用云计算的模式进行建设，考虑一个开放共享的架构，由可信的第三方进行高质量高标准的建设，对用户进行开放，提供统一的逻辑接口，用户根据自己的需要获得信息化服务并付费，而各用户只对自己特有的部分进行补充建设。其中共性的部分主要包括硬件基础设施、基础应用软件、软硬件维护、医疗数据，以及其他业务数据、配置管理、消息传输等。

　　将云计算技术应用到区域医疗信息化建设中，具有以下几大优点：

　　（1）提供可靠、安全的数据存储中心，可实现存储空间的动态扩展。因为在云的另一端，有专业的团队来管理信息，有先进的数据中心来保存数据。同时，有严格的权限管理策略可以放心地共享数据。用户不用再担心数据丢失、病毒入侵、存储空间不足等麻烦。

　　（2）实现异地处理文件、不同设备间的数据与应用共享。病人的电子医疗记录或检验信息都存储在医疗云平台中的服务器中，可以按需索取，资源可以由一个区域内的医院群分享，而不在某个医院单独的 IT 系统中，另外，平台提供电子病历共享、远程医疗等手段，使医生与病人间联系更加密切。

　　（3）引发急救医疗系统变革，提高医疗体系工作效率。医疗云系统可实时利用传感器显示出各大医院手术室和病房的空闲情况，并且可随即联系医生，通报应诊信息，引导急救车在最短时间内到达最适当的医院。

　　（4）对用户端设备的要求低，各类用户使用方便。医生通过桌面的 PC 机、iPad 等了解患者情况，快速、准确地为病人诊断病情；患者通过其手机终端来进行云平台上的挂号预约，并可随时获得健康指导信息，个人医生、自动化健康建议等将使医疗成为日常消费品。

云计算体系结构由 4 个主要部分构成，分别为物理层、资源层、管理层和应用层。其中，物理层是支撑云计算上层服务的各种物理设备，即硬件资源；资源层是基础架构层面的云计算服务，主要是软件资源；管理层是提供对所有层次云计算服务的管理功能；应用层为用户提供软件服务。将云计算中各层次分别对应到医疗云信息系统中，得到医疗云的体系结构，如图 5-3 所示。

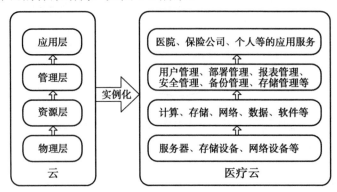

图 5-3　医疗云的体系结构

该体系结构中用到的关键技术包括以下几个方面：

（1）虚拟化技术。物理层和资源层中包括大量不同的软硬件设备和技术特性，采用虚拟化技术屏蔽设备多样性带来的差异，并将具体的技术特性加以封装，对外提供统一的逻辑接口。

（2）数据分布存储技术。平台由大量服务器、存储设备等组成，同时为大量用户服务，因此，采用分布式存储的方式存储数据，用冗余存储的方式保证数据的可靠性。云计算系统中广泛使用的数据存储系统是 Google 的 GFS 和 Hadoop 团队开发的 GFS 开源实现 HDFS。

（3）数据管理技术。平台汇集了大量的医疗数据，需要对分布的、海量的医疗数据进行处理、分析。目前，可采用的较成熟的数据管理技术主要包括 Google 的 BT（BigTable）数据管理技术和 Hadoop 团队开发的开源数据管理模块 Hbase。

（4）平台管理技术。平台管理技术必须确保大量服务器协同工作，方便进行业务部署和开通、用户权限管理和安全管理等；快速发现和恢复系统故障；通过自动化、智能化的手段实现大规模系统的可靠运营。

云计算提供的是一种共享基础架构方法，将云计算理念和技术应用到区域医疗信息化中，建立区域医疗云平台，能实现医疗服务资源的最优整合和最大协同效应，医院的运行成本也可以因此而减少，而效率会大幅度提高。因此，及时跟踪云计算相关技术的发展，解决区域医疗云建设过程中遇到的难题，对早日实现区域医疗卫生改革，实现以病人为中心的目标具有重大意义。

5.1.5　案例：深圳"健康云"服务

2011 年，深圳市开始建设云计算公共服务平台，名为"鹏云"。该平台包含了政务云、教育云、健康云、工业云等众多云服务，其中健康云就是鹏云平台中的重要惠民云服务之一。健康云的数据整合平台包括居民电子健康档案管理、健康信息服务、医院信息化系统、远程健康管理、自助健康体检等功能模块。目前，深圳市健康云平台已经覆盖全市 58 家公立医院及 634 家社区医疗机构，纳入 1600 多万居民的健康档案信息，超过 10 亿条诊疗数据，全年门诊量达 7900 多万人次，标志着深圳市医疗健康领域的信息化已走在了全国前列。

健康云是由深圳市卫计委和深圳市科创委组织，深圳市医学信息中心联合深圳市超算中心具体落实，以市民健康档案为基础，建立覆盖医疗卫生体系的信息共享平台，围绕居民医疗健康需求提供快捷的健康信息服务。市人民医院建设的"网络医院"是云健康管理服务的一个试点。健康云改变了市民传统的管理健康方式，血糖、血脂等常规体检检测可以在家完成。通过远程健康监测、分析和主动干预，结合云计算和大数据的技术，医疗团队在疾病初期提供主动健康干预，把疾病的防线前移。

随着健康云建设的推进，市民未来可以足不出户就享受预约挂号，随时查询医保账户、访问个人就诊病历、健康档案、医保记录等越来越多的医疗健康服务。医疗管理部门可以节省信息化软硬件建设成本，提高工作效率；从而优化深圳有限的医疗资源、提高深圳市医疗效率，有效缓解看病难、看病贵等问题。

目前，深圳市健康云平台上已经实现预约挂号、健康档案管理、电子病历共享的互联互通互认等服务。深圳市民通过健康云预约挂号服务，可以一览全市各医疗机构的医生排班动态，足不出户在健康云平台上随时随地挑选自己满意的专家医生进行网上预约挂号，减少就医排队等候时间。

手持一张健康卡，市民就诊时也不必每次看病都带着那么多病史资料，更不必担心向医生陈述不清就诊史，只要自己一个简单的授权，接诊医生就可以看到其血型、药物过敏史、重大疾病史、近期在深圳各医院就诊所有门诊和住院记录等电子病历信息。

根据深圳市的医改计划，深圳市将启动网络医院平台建设，为市民提供在线预约、检验检查报告查询等服务，为医疗机构和医务人员提供检验检查结果互认、在线医疗协作等服务，为医患之间提供出院后随访、医疗健康咨询等服务，同时，推动远程医学系统建设，建立与国内外名院互联互通的远程会诊中心。

深圳市也将发布深圳市电子病历数据标准，建设电子病历库，完成三级公立医院的信息标准化建设，实现医疗信息平台对接，并实现三级医院之间的检验检查结果互联互通互认。

随着移动智能终端和无线网络技术的发展，各种 APP 应用程序开始进入并且深刻影响着我们的工作和生活，作为健康云的重要内容，今年深圳市卫生监督服务也通过 APP 进入了掌上触手可及的时代。

"深圳卫生监督"手机 APP 系统是一款具有地图导航、公共场所卫生状况查询、医疗机构和医护人员资质查询、卫生行政许可便民查询、卫生监督公告、卫生监督常见问题查询、法制宣传视频、资料查阅、投诉举报等功能模块的移动终端 APP 应用软件，包含苹果 IOS 版本和安卓 Android 版本，可以为深圳市民提供全面、及时、准确、权威的卫生信息。

市民可随时随地了解深圳市公共卫生和医疗服务领域的最新执法动态；查询医疗机构和各类公共场所违法违规状况，一键查询全市医疗机构诊疗科目、重点专科与特殊资质、服务质量评估、行政处罚情况和不良执业行为计分，一键查询全市医护人员资质情况等；了解危害群众健康权益的典型案例，学习各类健康维权知识；还可以借助内嵌的百度智能地图技术，筛选查询符合相关条件的医疗机构以及宾馆酒店、美容美发场所、游泳场所等公共场所卫生等级和地理位置；实现公共卫生健康权益掌上问答，在线查询卫生行政许可办事须知，公共场所样板店便民查询等多种功能。

5.2　大数据分析

5.2.1　概述

大数据是一种数据巨大（Volume）、增长率高（Velocity）、类型多样（Variety）、价值密度低（Value）的信息资产，这种资产必须经过新的处理模式，才能表现出强大的洞察力、决策力和流程优化能力。

作为大数据重要应用领域的医疗行业，也开始面临大数据的挑战。医疗行业每天都产生大量的数据，其中不仅有诊疗病历信息，还有多种类型的影响、病理检查等生物学信息，甚至还有将来越平民化的基因组测序数据。有些信息的单个文件就很大，例如，一个 CT 图片的大小约 150MB，一个标准的病理图将近 5GB，一个基因组测序文件大小约 755MB。而这些信息数据的集合，更是呈现出几何倍数的增长，其数量之大、种类之繁杂令人难以置信，这给医疗卫生部门的信息储存以及整个医疗产业带来了前所未有的巨大压力。随着大数据技术的额发展及应用，这些海量的医疗信息资源将发挥巨大的价值。

国内外当前先进的信息技术，信息化程度得到很大提高。我国卫生统计建起了覆盖国家、省、市、县、乡、村六级的从业人员达 10 万人的工作网络，90 余万家医疗卫生机构通过统计直报系统上报年报及月报，建立动态的医疗卫生机构、卫生人力等信息库，卫生资源与卫生服务利用、疾病报告与健康监测等大型数据资源库。自1993 年开始，每 5 年在全国范围内开展的国家卫生服务调查，现已建立连续性的，覆盖全国 31 个省 20 万人口的家庭基本信息、人口基本信息、患病、就医、基本医疗卫生服务利用等 200 余项指标的数据库，形成了可进行时间序列分析的系列海量数据。

目前，县及县以上医院基本建立了医院信息系统，20%的县及县以上医院建立起以病人为中心、以电子病历为基础的挂号、收费、处方、治疗一体化管理信息系统。全国县级新农合管理信息系统基本建成，省、市级监管平台正在逐步完善，各级新农合管理部门、经办机构、定点医疗机构以及其他相关部门间，建立计算机网络联接和数据资源共享。深化医改以来，各地基本建立了基本药物监测评价管理系统，实现对各地基本药物和增补药物品种数量、采购情况、缺失的基本药物品种数量、销售价格、配备使用、补偿及报销情况的监管时，产生了大量数据资源。

国家卫生综合管理信息平台是我国卫生信息资源管理的重要组成部分，实现了医疗卫生机构统计数据和各级卫生行政部门在线汇总数据，仅在当前开始运行阶段，就已采集传染病信息 5000 多万条、突发公共卫生事件信息 20 多万条、近 500 万人电子健康档案数据、300 多万人新农合数据近 4000 万条、1000 多万人的诊疗数据。北京、上海、安徽等 12 个省份已建立电子健康档案资源库。另外，国家传染病与突发公共卫生事件网络直报系统的建立，实现了全国所有疾病预防控制机构、96.98%的县和县级以上医疗机构、82.21%的乡镇卫生院网络直报。国家级卫生监督信息系统建设也已启动。妇幼保健业务信息系统围绕新生儿出生登记、死亡和就诊等业务，也在逐步建立完善。这些重要的卫生信息系统运行产生的数据，就占据了我国医疗卫生领域数据总量的大部分。

大数据的数据来源主要分为运营式系统阶段、用户原创内容阶段和感知式系统阶段。我国医疗卫生服务、卫生统计调查和各种医疗卫生行业信息系统产生了巨量数据，以每个 CT 图像含有大约 150MB 的数据、每个基因组序列文件大小约为 750MB、每个标准病理图则接近 5GB 计算，乘以我国人口数量和平均寿命，那么每个社区医院或中等规模制药企业均可以生成和累积达数个 TB 甚至数个 PB 级的结构化和非结构化数据。

医疗卫生大数据的数据资源包括医疗服务的 EHRs 数据，医院与医保的结算与费用数据，医学研究的学术、社会、政府数据，医疗厂商的医药、医械、临床实验数据，居民的行为与健康管理数据，以及政府的人口与公共卫生数据，连同我国公共社会经济生活中网络产生的数据，构成了医疗卫生领域大数据的初期数据资源。而随着医改的不断深入，卫生统计和信息化建设得到了进一步加强，统计方法不断改进、多种信息系统广泛使用，医疗和健康数据急剧扩容并几何级增长，利用包括影像数据、病历数据、检验检查结果、诊疗费用等在内的各种数据，搭建合理先进的数据服务平台，将为广大患者、医务人员、科研人员及政府决策者提供服务和协助方面发挥主要作用。

具体而言，医疗数据是医疗人员对病人诊疗过程中产生的数据，包括病人的基本情况、行为数据、诊疗数据、管理数据、检查数据、电子病历等。现代医院中将上述数据存储于医院的各个信息系统之中，是医疗大数据分析的基础。除了大数据基本的 4V 特征之外，医疗大数据具有多态性、不完整性、时效性、冗余性、隐私性等特点。

（1）多态性。医疗数据的表达格式包括文本型、数字型和图像型。文本型数据包括人口特征、医嘱、药物使用、临床症状描述等数据；数字型数据包括检验科的生理数据、生化数据、生命体征数据等；图像型数据包括医院中的各种影像学检查，如 B 超、CT、MRI、X 光灯图像资料。在文本型数据中，数据的表达很难标准化，对病例状态的描述具有主观性，没有统一的标准和要求，甚至对临床数据的解释都是使用非结构化的语言。多态性是医学数据区别于其他领域数据的最根本和最显著的特性。这种特性也在一定程度上加大了医疗数据的分析难度和速度。

（2）不完整性。医疗数据的搜集和处理过程存在脱节，医疗数据库对疾病信息的反应有限。同时，人工记录的数据会存在数据的偏差与残缺，数据的表达、记录有主观上的不确定性。同一种疾病并不可能全面由医学数据反映出来，因此，疾病的临床治疗方案并不能通过对数据的分析和挖掘而得出。另外，从长期来看，随着治疗手段和技术手段的发展，新型的医疗数据被创造出来，数据挖掘的对象维度也在不停的增长。

（3）时效性。病人的就诊、疾病的发病过程在时间上有一个进度，医学检测的波形信号（比如心电、脑电）和图像信号（比如 MRI、CT）属于时间函数，具有时效性。例如心电信号监测中，短时的心电无法检出某些阵发性信号，而只能通过长期监测的方式实现心脏状态的监测。

（4）冗余性。医疗数据中存在大量的相同或类似信息被记录下来。比如常见疾病的描述，与病理特征无关的检查信息。

（5）隐私性。在对医疗数据的数据挖掘中，不可避免地会涉及患者的隐私信息，这些隐私信息的泄漏会对患者的生活造成一定影响，特别是在移动健康和医疗服务的体系中，将医疗数据和移动健康监测甚至一些网络行为、社交信息整合到一起的时候，医疗数据的隐私泄露带来的危害将更加严重。大数据分析中隐私保护要注意两个方面：其一，用户身份、姓名、地址和疾病等敏感信息的保密；其二，经分析后所得到的私人信息的保密。

开展医疗大数据研究与应用的主要工作就是在对医疗领域各环节产生海量的、异构的数据进行组织和管理的基础上，对这些数据蕴含的价值进行挖掘和利用，为个性化医疗、临床决策系统通过建立医疗文献及专家数据库，已经可以依据与疗效相关的临床、病理及基因等特征，为医生提出规范化临床路径及个体化治疗建议，不仅可以提高工作效率和诊疗质量，也可以减少不良反应和治疗差错。在美国 Metropolitan 儿科重症病房的研究中，临床决策支持系统就避免了 40% 的药品不良反应事件。同时，世界各地的很多医疗机构（如英国的 NICE，德国 IQWIG 等）也开展比较效果研究（CER）项目，并取得了初步成功。

在医疗大数据的应用实践方面，我国一些省市已经进行了一些探索。以下列举两个我国医疗大数据实践案例：

（1）为了应对巨大的数据量和服务量的压力，原上海市卫生局信息中心联合英特尔及万达信息股份有限公司，启动了"上海健康信息网"项目，主要研究利用大数据技术实现三级医院、区级医院、社区卫生服务中心信息的互联互通、数据共享和卫生资源整合，从而真正建立以患者为中心的信息化系统。截至 2014 年初，"上海健康信息网"项目已经完成第二阶段"基于健康档案的卫生信息化工程"的建设，促进了上海市各大医院诊疗流程的规范化和标准化，同时也对全市十多万台医生工作站提供实时的智能提示服务。下一阶段，还将利用分布式存储、分布式计算，进一步挖掘大数据在综合管理、辅助决策、数据挖掘、数据探索等重点领域的价值，并将同样的机制与民营医院进行互联互通、协同服务。

（2）浙江、广东、紫川、上海等地，已经开展了以信息化为手段、全方位、实时健康参保者医疗保险使用情况的"智能监管平台"的应用实践。该应用主要是通过制定和实现医保不合理费用的判定规则，通过智能审核系统实现对不符合限定条件的费用进行自动发现与标识，并提示审核人员做重点审核，最终达到遏制"过度治疗"行为、控制医疗费用不合理上涨、规范诊疗行为的目的，并为将来医保谈判购买性价比高的医疗服务奠定技术基础和提供数据支撑。

5.2.2　基于 Hadoop 生态系统构建医疗云分析平台

1. Hadoop 生态系统

2004 年，Google 公司最先提出 MapReduce 技术作为面向大数据分析和处理的并行计算模型，主要包括 3 个层面的内容：①分布式文件系统；②并行编程模型；③并行执行引擎。它首先为用户提供分布式的文件系统，使用户能够方便地处理大规模数据；然后将所有的程序运算抽象为 Map 和 Reduce 两个基本操作，在 Map 阶段将问题分解为更小规模的问题，并在集群的不同节点上执行，在 Reduce 阶段将结果进行归并汇总。MapReduce 在设计之初，致力于通过大规模廉价服务器集群，实现大数据的并行处理，优先考虑扩展性和系统可用性。2008 年，Hadoop 成为 Apache 的顶级项目，并逐渐成为 1 个进行分布式计算和海量数据处理的基础平台，在这个平台之上一系列项目和技术（如 HDFS、MapReduce、Pig、Hive、HBase、ZooKeeper、Mahout、Sqoop 等）构建了 1 个 Hadoop 生态系统，如图 5-4 所示。

（1）MapReduce。分布式数据处理模型和执行环境，运行于大型商用机集群。

（2）HDFS。分布式文件系统，运行于大型商用机集群。

（3）Zookeeper。一个分布式、可用性高的协调服务，提供分布式锁之类的基本服务，用于构建分布式应用。

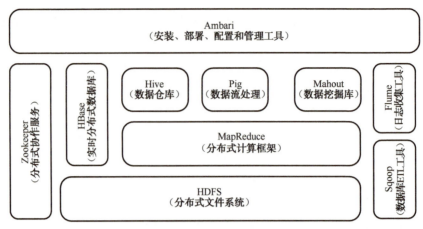

图 5-4　Hadoop 生态系统

（4）HBase。一个分布式、按列存储数据库，使用 HDFS 作为底层存储，同时支持 MapReduce 的批量式计算和点查询（随机读取）。

（5）Pig。一种数据流语言和运行环境，用于检索非常大的数据集，运行在 MapReduce 和 HDFS 的集群上。

（6）Hive。一个分布式、按列存储的数据仓库，管理 HDFS 中存储的数据，并提供基于 SQL 的查询语言（由运行时引起翻译成 MapReduce 作业）用于查询数据。

（7）Mahout。一个在 Hadoop 上运行的可扩展的机器学习和数据挖掘类库（例如分类和聚类算法）。

（8）Sqoop。在数据库和 HDFS 之间高效传输数据的工具。

2. 基于 Hadoop 的医疗云分析平台

基于 Hadoop 生态环境的医疗云分析平台架构如图 5-5 所示，该平台分为如下 4 个层级。

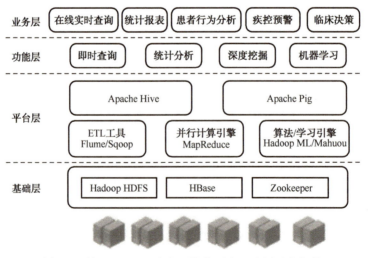

图 5-5　基于 Hadoop 生态环境的医疗云分析平台架构

1）基础层

基于 Hadoop 集群实现医疗海量数据存储。针对医学影像资料中常见的 CT、MRI 的图像大小多为 512KB 及快速获取图像资料，并撰写诊断报告的 PACS 实时应用需求，构建传统的集中存储和 HDFS 分布式文件系统相结合的文件存储架构。对应电子病历的数据，存储时需要采用基于语义网的临床文档框架（ClinicalDocumentArchitecture，CDA）格式的 XML 文档来保存语义数据，可利用 HBase 中行键、列键、列族设计的灵活性，将多维医疗数据有效地组织在一起，实现传统数据仓库中的多维数据模型；通过对开源 HBase 的改进，增加索引技术，进一步提高 HBase 的查询性能。

2）平台层

以 MapReduce 并行计算引擎为核心，采用 Flume / Sqoop 实现从多个数据源（主要是医疗机构的各个业务系统）抽取数据、清洗、转换格式并载入给予 HBase 的数据存储模型；机遇 HadoopML / Mahout 的搭建并行机器学习 / 数据挖掘引擎，提供 Bayes 判别分析、聚类、决策树、支持向量机、关联算法、推荐算法等多种算法库，为辅助临床疾病诊断、行为分析等提供算法支撑。

3）功能层

基于基础层强大的数据存储能力和平台层以 MapReduce 并行计算引擎为核心的强大数据处理能力，提供海量数据的即时查询、统计分析、深度挖掘、机器学习等功能，为业务层功能提供支持。

4）业务层

在功能层的支撑下，提供在线实时统计、统计报表、患者行为分析、疾控预警、临床决策等应用。即时查询除传统的基于关键词的查询及基于分类目录的检索外，还提供基于本体的医疗搜索引擎，通过使用本体对用户的查询请求进行语义分析，能够提高搜索医疗信息的准确性；鉴于电子病例的推广、生物医疗的大力发展尤其是对基因数据建模分析的需求日益增强，机器学习和数据挖掘对医疗的作用会越来越大，在并行机器学习 / 数据挖掘引擎和并行计算引擎的支持下，海量医疗数据将在疾病的早期诊断和预防、疾控和最优治疗等方面得到更好的应用。

5.2.3　应用现状与存在问题

1. 大数据在医疗行业的应用现状

大数据应用类型主要处理模式可以分为直接处理的流处理（Stream Processing）和先存储后处理的批处理（Batch Processing）。流处理即实时处理，数据流的理论及技术研究目前是研究领域热点，很多实际系统也已开发和得到广泛应用，如 Storm、

Yahoo 和 Kafka 等。批处理模式较有代表性的是 MapReduce 编程模型。大数据的应用类型很多，特别是在医疗卫生领域实际的数据处理过程中，常常是将多种应用类型相互结合起来。

目前，大数据在医疗卫生领域有广为所知的应用。公共卫生部门可以通过覆盖全国的患者电子病历数据库进行全面疫情监测。5 千万条美国人最频繁检索的词条被用来对冬季流感进行更及时准确的预测。学术界整合出 2003 年 H5N1 禽流感感染风险地图，研究发行此次 H7N9 人类病例区域。社交网络为许多慢性病患者提供了临床症状交流和诊治经验分享平台，医生借此可获得院外临床效果统计数据。基于对人体基因的大数据分析，可以实现对症下药的个性化治疗。

我国卫生统计信息发展为大数据技术在医疗卫生领域中的发展和应用提供了广阔空间。在技术层面，传统基于数据仓库的 BI 和数据挖掘应用可以迁移到大数据环境，结合非结构化数据的分析、挖掘，结合传感器技术产生的大量实时监测数据的分析；在业务层面，涵盖面向医生的临床辅助决策和科研，面向管理者的管理辅助决策、行业监管、绩效考核，面向居民的健康监测，面向药品研发的统计学分析、就诊行为分析等方面都大有可为。同时，国内外正趋成熟的大数据技术研究会，推动卫生统计信息步入更高的发展阶段，实现"数据+环境（产生数据的环境及其条件因素）→信息+规律（信息变化的规律性、学习效应及其总结）→知识+思想（利用知识的逻辑框架及其知识库建立）→智慧"这样一个螺旋式学习提升和价值发现过程。

随着大数据技术的不断发展、大数据相关保障条件的不断完善，以及医疗行业大数据应用需求的不断增长，大数据的分析和应用在医疗行业的很多方面都将发挥巨大的作用。

1）患者档案分析

将来，通过大数据技术分析电子病历库中海量的患者档案，可以分析总结出各类疾病和人群特征之间的联系，这样就可以为那些属于某类疾病的易感人群提供预警。例如，通过分析总结出哪些人易患糖尿病，就可以在患病前针对他们提供预防性保健方案。当然，要建立预测模型，首先需要海量的数据支持，所以需要对区域内各大医疗机构的电子健康记录进行汇总，这其中包括电子病历中以文本形式存储的患者主诉和病史信息等。然后，利用文本挖掘技术对患者病历信息中的关键信息，进行标识和结构化记录。最后，基于结构化的病历记录进行大数据分析处理发现并掌握数据中隐含的规律。

2）个人健康管理

利用大数据技术，可以对个人健康进行全生命周期管理。利用相关设备，可以获取个人饮食、睡眠、运动、烟酒、体征情况（如身高、体重、腰围、提问、血压、血糖等）和睡眠质量等数据，通过对这些数据的联系观测和分析，可以及时发现身体的健康异常和重大疾病风险，进而给出健康干预方案。另外，通过整合个人自我健康信息和医疗机构产生的诊疗信息、体检信息，就可以形成个人的全健康档案，使医疗机构在为患病个人诊治时，可以制订更有针对性的个性化治疗方案。

3）疾病预防控制

疾病预防控制室公共卫生部门，基于对疾病的实时监测进行有效的响应控制。在公共卫生部门，可以通过大数据分析进行全面的疫情监测，提前确定传染病或一定规模的未知疾病，为后续疫情控制争取时间。未来，在疾病预防控制过程中，通过对人员流动情况及趋势的了解，可以提高疫情控制的效率；通过分析药物的使用数据以及用户的病情数据，可以指导相关治疗药物和疫苗的迅速研发；通过对历史疫情数据的分析研究，可以建立传染病动力学模型，为疫情的控制提供指导；通过结合个人LBS（基于位置服务），可以为全民提供疾病预警，为个人出行安排提供参考。目前，中国疾病预防控制中心和百度合作，进行疾病预测和传染病传播模型的研究，已经展示出大数据将大有可为。

4）基因组测序

个人基因组中包含了健康信息，所以，通过了解个人基因组序列，可以预测在不同情况下可能的健康状况。利用基因组信息进行健康评估和疾病诊疗，首先要弄清楚个人的基因组全序列，同时要知道特定的基因组 DNA 序列与健康状况的关系。已故苹果公司 CEO 乔布斯为了治疗自己的癌症，就在患病期间花了 10 万美元进行自己的癌症和全基因谱的测序，并针对测序结果定制了个性化的治疗药物，虽然最终没有为他的治疗带来重要帮助，但做出了有效的尝试。随着基因测序技术、基因与疾病关系的研究深入及大数据技术的发展，一方面将使得基因测序的时间更短、测试价格更接近普通消费者；另一方面在未来根据个人不同基因疾病，量身定制的个性化治疗方案的治疗效果将越来越明显。

5）个性化医疗

随着相关技术的成熟，利用大数据分析与对个人健康相关的大型数据集（例如基因组数据、个人健康管理数据），考察遗传变异因素、对特定疾病的易感性和特殊药物的反应等，然后可以根据这些因素进行药物研发和制定用药方案。因为个性化医疗可以在患者发生疾病症状前就提供早期的检测和诊断，所以可以有效改善医疗保健的效果。另外，有时同一病种的不同患者采用同样诊疗方案得到的疗效却不一样，这可能与基因等许多个人因素有关。所以，如果能够针对不同的患者采取不同的诊疗方案，或者根据患者的实际情况，调整药物剂量，可以提高疗效，减少副作用。目前，个性化医疗还处在初期阶段。

6）临床决策支持

临床决策支持系统可以提高工作效率和诊疗质量。主要通过分析医生输入的内容，把它与知识库中的内容进行对比，从而对医生提供错误提醒，如药物不良反应。

利用临床决策支持系统可以降低医疗事故率，还可以使护理人员和助理医生得到更多的临床支持，从而可以避免医生耗费过多时间用于对他们进行很简单的业务指导，进而提高医生的治疗效果。因为临床决策支持系统在工作过程中需要处理大量非结构化的信息，而大数据处理技术的优势就在于其对非结构化数据的分析能力。比如，通过图像分析和识别技术可以识别医疗影像数据，通过文本挖掘技术可以建立医疗专业数据库等。所以，大数据技术的发展将使临床决策支持系统更加智能化。

7）远程患者监控

从对慢性病患者的远程监控系统收集数据，并将分析结果反馈给监控设备（查看患者是否正在遵从医嘱），从而确定今后的用药和治疗方案。2010 年，美国 1.5 亿慢性病患者，如糖尿病、充血性心力衰竭及高血压患者，他们的医疗费用占全部医疗卫生系统医疗成本的 80%。远程患者监护系统对治疗慢性病患者是非常有用的。远程患者监护系统包括家庭用心脏监测设备、血糖仪，甚至还包括芯片药物。芯片药片被患者摄入后，可以实时传送数据到电子病历数据库。例如，远程监控可以提醒医生对慢性充血性心力衰竭患者采取及时治疗措施，防止紧急状况发生。因为慢性充血性心力衰竭的标志之一，是由于保水产生的体重增加现象，这可以通过远程监控实现预防。通过对远程监控系统产生的数据分析，可以减少患者住院时间，减少急诊量，实现提高家庭护理比例和门诊医生预约就诊的目标。

2. 大数据在医疗领域应用中存在的问题

大数据技术在医疗领域的应用具有非常广阔的前景，但由于网络安全性不高、技术不足、观念落后等原因，大数据技术在医疗领域的应用还存在以下挑战。

1）数据量大，数据类型复杂

医疗领域的数据量巨大，数据类型复杂。到 2020 年，医疗数据将增至 35ZB，相当于 2009 年数据量的 44 倍。另外，在医院，每个患者不但要经过辨证论治的个体化诊疗，还会经过各种理化检测进行疾病及其预后的诊断，所以不光有病历资料中包含的信息，还会有生化检查、多种影像或病理切片检查的生物学信息，数据类型十分复杂。这给数据的存储、分析、处理、传输等带来很大挑战。

2）信息采集不足，收集渠道不畅

要想在医疗领域使用大数据技术，首先要有足够的病人、药物等相关信息，这是数据分析的基础，然而，许多病人可能出于隐私考虑，不愿提供这些信息，制药企业也有可能因为商业利益，不愿共享药物成分等敏感信息。另外，各个医院及机构的医疗信息、软件及硬件服务都各自独立，缺乏合理接口，大数据收集的渠道不畅，导致采集与应用存在一定程度上的脱离。

3）大数据高效分析能力欠缺

采集到足够信息后，需要由相关领域的专业人士与信息技术专家一起，对数据进行有针对性地归纳和分析，得出由大量新兴技术（如 Hadoop MapReduce、内存数据库等）组成的高性能的专业的分析技术架构解决方案，而这种跨学科、跨领域合作能否顺利实现，是大数据技术实际应用中的重要问题。

4）大数据的安全

随着数据量的不断增加，数据存储的物理安全性越来越重要，对数据的多副本与容灾机制提出更高的要求。但是网络和数字化生活，使得犯罪分子更容易获得关于人的信息，也有了更多不易被追踪和防范的犯罪手段，大数据的保护越来越重要。

5.2.4 医疗大数据面临的隐私保护挑战

随着数据采集、加工和应用，不可避免地会发生泄漏的情况，也将会造成隐私的泄漏。医疗信息的隐私数据泄露的主要途径包含以下两个方面：

（1）非交互式泄露。从医院内部信息系统中的隐私泄露，在医院的内部业务流程中有多个节点可以对数据进行访问。

（2）交互式泄露。主要针对在信息使用传递过程中，发生的泄露，可能包括科学研究的过程，区域性平台数据交互等可使用基于角色访问控制技术，但是对于权限分级、设定、信息分级等方面有较大的难度。

因为数据内容的特殊性，数据未能妥善处理，会对个人隐私带来极大的伤害。如孕妇个人信息的泄漏，可能带来的一系列推销、诈骗等问题，而在大数据环境下隐私泄漏的危险，不仅仅限于其泄漏本身，而还在于基于数据对下一步行为的预测与判断。如得到患者的某个检验指标，便可以对其的健康状况进行判断并对其下一步的行为进行预判。在很多情况下，人们认为只要对数据进行匿名处理或者对重要字段进行保护，个人隐私就是安全的，但是大量的事实已经证明，可以通过收集其他信息，还是很容易可以定位到具体的个人。如患者的诊断信息作为重要隐私进行保护，但是还是可以通过用药信息或者实验室报告的某个相关指标轻松的推断出患者的诊断。所以，医疗数据的隐私保护需要根据保护内容的不同，进行进一步的细分。

针对以上提出的问题，以下将从制度与技术两个方面，对目前针对医疗数据的隐私保护进行展开。

从技术角度而言，大数据的隐私保护主要还是依赖于传统数据隐私保护的一些密码学技术，而医疗数据因为其特殊性对隐私保护技术的要求也有别于其他的系统。针对这些主要将需要保护的内容聚焦于以下几点，并结合目前已有的技术手段进行讨论。

1. 标识隐私匿名保护

在患者诊疗档案中，往往会以患者的姓名、身份证号码等作为患者的唯一标识，但是这些信息本身就应该是隐私保护的内容，所以，需要在不影响信息准确性的前提下，对这些信息进行匿名保护。

学者提出了一种隐私保护数据发布中身份保护的匿名方法，在数据发布中先删除身份标识准备，然后对准标识数据进行处理，在保护隐私的同时，进一步提高了信息有效性，并采用概化和有损连接两种实现方式。

可以看出，标识匿名隐私保护，主要都是采取在保证数据有效性的前提下损失一些数据属性，来保证数据的安全性，目前大部分的技术均采用了这种方式。但是，在目前患者电子诊疗信息交互的过程中，信息的损失可能会影响正常流程的运行。在很难同时兼顾可用性与安全性的前提下，需要一种针对医院及区域性平台运作特点的算法，来找到可用与安全的折中点。

2. 医疗数据的分级保护制度

以一份完整的诊疗档案为例，其构成应当包含各种信息，如患者基本信息、诊断信息、医嘱信息、检验检查信息、药品信息、收费信息、主治医生信息等。这些信息在隐私保护中都有着不同的权重，如果一概而论，对所有信息都采用高级别的保护手段，会影响实际运作的效率，同时也是对资源的浪费。但如果只对核心信息进行保护，也会造成隐形泄露的问题。如只对检验报告进行保护，那么检验数据的泄露，也容易推导出检验报告的结果。所以，需要建立一套数据的分级制度，对不同级别的信息采用不同的保护措施，但由于涉及不同的系统和运作方式，制定一套完善分级制度有相当的难度，同时还涉及以下的访问权限的控制。

3. 基于访问控制的隐私保护

医疗系统中隐私保护的难点还在于参与的人员节点多，导致潜在的泄露点也多。访问控制技术可以对不同的人员设置不同的权限来限制其访问的内容，这其实就包括数据分级的问题。如财务部门的人员应该只能访问相关的收费信息而不能访问医生的诊断信息。

而目前大部分的访问控制技术均是基于角色的访问控制，能很好地控制角色能够访问的内容及其相应的操作。但是规则的设置与权限的分级的实现手段比较复杂，无法通过统一的规则设置来进行统一的授权，许多情况下需要对角色的特殊情况进行单独设置，也不便于进行整体的管理和调整。需要对规则引擎进行进一步的研究在适应医疗领域实际应用的需要。

通过以上对不同问题不同技术手段的分析可以看出，在医疗大数据领域技术手段还不能很好地满足实际应用的需求。同时，需要建立一套适用于医疗大数据领域的完整隐私保护体系，在医疗数据的存储环节、访问环节、应用环节等形成系统性的保护。而在构建隐私保护体系时，除了相关技术，更要应用完善制度做保障。

技术作为隐私保护的必要条件，在有了技术的基础上，还需要有相应切实可行的制度来规范人们的行为以及技术手段顺利执行。如密码学中的社会工程攻击法，它并没有直接针对任何加密系统，只是利用人们在执行过程中的一些弱点与漏洞来达到攻击的目的，所有隐私保护同样离不开法律、政策等的支撑。

美国在这方面起步最早，1974 年美国就正式制定了《隐私权法》，1996 年美国国会就颁布了《健康保险携带和责任法案》（Health Insurance Portability and Accountability Act，HIPAA），2000 年美国卫生和福利部（HHS）依据该法授权制定《个人可识别健康信息的隐私标准》。由此可以看出，美国已经建立了一个完整的医疗隐私保护体系。相比较我国对于这方面的法律政策还比较欠缺，目前还有专门关于患者隐私保护方面的内容，只是有少数条文零星的涉及。2013 年底，国家卫计委下发了关于《人口健康信息管理办法（试行）》（征求意见稿），针对患者的电子信息对信息采集方的义务和行为进行了规范说明，并明确"谁采集、谁负责"的原则。除此之外，还需要明确的是患者电子诊疗档案归属权的问题，患者的电子诊疗信息虽然产生在医院并由医院采集保管，但其所属权是否应当属于患者。即电子诊疗信息的用途应当仅限于为患者提供医疗服务，若为了其他目的使用时，如科研、教学等，使用者应当告知患者。

在享用医疗大数据带来便利的同时，不得不去考虑其带来的一系统隐私保护问题。相对而言，国内目前相关技术和制度的研究，均处于刚起步阶段，还缺乏系统性的整体架构来对患者隐私进行保护。通过对目前一些隐私保护技术的梳理可以看到，每项技术虽然都有不同的特点，但是其真正在医疗领域的使用范围及性能都受到了一定的限制，而且在一定程度上还缺乏对应的制度保障。只有通过对技术手段和法规制度相结合的方式，针对医疗领域和医疗大数据的特性，才能构建出一套完善的隐私保护体系。

5.2.5 案例：Flatiron Health

大数据攻克癌症已经变得越来越现实可行，这其中有 Flatiron Health 的一份努力。作为获得 Google 巨额投资的数据分析公司，Flatiron Health 明白仅依靠一己之力很难得到突破性增长，要最终应验 IPO 的预期必须整合资源，拓宽边界，增大价值。

现在，如何更好地利用数据，成为许多医疗机构越来越需要重视的事情，大数据已经把整个医疗行业带到了一个更快更智能的新时代。然而，在肿瘤医学领域，这项革命还迟迟没有到来。

简单地说，主要的问题有两个层面：数据采集和数据分析。

　　首先，是数据的采集。目前大多数关于癌症的临床数据都被记录在医疗人员的笔记和报告中，并没有得到有效的利用。传统人口健康数据分析是建立在保险理赔数据的基础上，这样虽然可以在短时间内积累大量的数据，但却缺乏对癌症这样的疑难杂症必要的深度数据。因此，如果仅仅使用保险理赔数据来分析癌症，无异于在仅仅只依据浮在水面上的一角来分析整座冰山。

　　在临床试验中获得的数据是对癌症研究最有价值的，但在美国，超过 1300 万的癌症患者中，只有 4%的癌症病人有参与到临床试验当中，因此，医疗人员没有办法从其他 96%患者的情况中了解更多有用的信息。

　　虽然电子病历的存在能够在一定程度上简化数据的采集和整合工作，但电子病历缺乏统一的标准，数据记录也显得极为的杂乱而难以利用，并且记录了很多无用的信息。

　　说到数据分析，对肿瘤的数据分析并不能用一般的大数据分析方法进行套用，需要花大量的时间来建立专门针对肿瘤的数据分析模型，这几乎是一片空白。

　　他们针对癌症的大数据分析的可能性和商业模式，进行了大量的分析和调查，走访了许多的癌症专家，参观了 60 多个肿瘤治疗中心，并与他们进行了大量讨论。终于在 2012 年，他们决定成立 Flatiron Health，希望整合世界上的肿瘤数据，并利用大数据分析的手段把这些数据整理成为有用的信息，以便更好的帮助医生、患者以及相关的研究人员。

　　Flatiron Health 建立了专门针对肿瘤的云数据存储和分析平台 Oncology Cloud™，不仅可以从电子病历（EMR）中抓取癌症患者的信息，还能对杂乱的信息进行分类整合，找出有价值的数据。并且还整合了专家和医生手中的非结构性数据，大大增加了肿瘤数据的种类和准确性。

　　针对癌症对大数据分析的特殊要求，Flatiron Health 花费了两年时间搭建专门用于肿瘤数据分析的云平台模型，通过这个数据分析模型，可以对不同类型的癌症数据针对性地进行大数据分析，并形成了六大平台优势，如图 5-6 所示。

即时性	**有价值的观点**	**广泛并且完整的数据**
进入云平台的肿瘤数据每天都会进行更新和不断的再加工，能共让使用者实时掌握最新的肿瘤患者数据和分析。	不管是医院还是癌症科研机构，都可以在这个数据平台中得到有价值的分析和观点。	大量增加完整的关键性数据类型，并且可以让多个团队的研究者都进入这个云数据分析平台中。
新的质量标准	**完整的记录**	**符合HIPAA标准**
Flatiron的数据处理引擎利用内置的QA/QC控制和新的路径，以确保数据的准确性，同时能让所有类型的数据都以统一的格式呈现。	Flatiron并不局限于从电子病历（EMR）中抓取数据。这个数据平台还将记录和整合更多一手患者数据，包括"非结构化"的医生笔记和报告等。	所有的数据通过了进一步的技术统计进行了筛选。并且Flatiron已经完全符合了BAA的安全和隐私政策。

图 5-6　Flatiron Health 数据处理平台的优势

Flatiron Health 明白仅依靠一己之力很难得到突破性增长，要最终应验 IPO 的预期必须整合资源，拓宽边界，增大价值。

Flatiron Health 很快收购了肿瘤电子病历服务提供商 Altos Solution。该公司的电子病历系统 OncoEMR 可以为癌症患者提供专门的电子病历服务。Flatiron Health 将 OncoEMR 和 OncologyCloud™两个平台进行整合，方便对肿瘤数据进行专业化、标准化的采集。

为吸收癌症领域专业人士，弥补创始人团队缺乏医学背景的短板，2014 年 7 月，Flatiron Health 说服了 Amy Abernethy 来担当首席医学官。Amy 是著名的肿瘤专家，并在杜克大学担任医学教授，此前，Amy 一直负责杜克癌症治疗研究项目。此外，又接着招募了社区肿瘤学专家 Dr.RobertJ.Green 和 Tesh Khullar。

2014 年 12 月，Flatiron Health 和 Google 投资的另一家个性化医疗公司 Foundation Medicine 宣布将进行战略合作，共同开发信息数据云平台，该平台将包含更多的基因组和临床治疗结果数据，以推动对癌症患者的进行靶向疗法的发展。

这次的合作将把 Flatiron Health 的 Oncology Cloud™肿瘤数据云平台与 Foundation Medicine 全面的基因组分析能力进行整合，让癌症特效药的研发有更强大的数据支持，并促进针对癌症患者的新的靶向疗法的开发。

同样，在当月，Flatiron Health 宣布将与 Vector Oncology 进行合作，让肿瘤医学工作者可以在 Vector Oncology 的 Patient Care Monitor 以及肿瘤数据云平台的帮助下，在治疗的时候就可以搜集和调取癌症患者的数据。

而 Flatiron Health 与 NCCN（National Comprehensive Cancer Network）合作，共同推出新的肿瘤医学成果数据库，将为肿瘤科学家的研究以及医生对癌症的治疗提供更加强大的数据和技术支持。

现在，Flatiron Health 的 Oncology Cloud™在超过 200 家肿瘤治疗中，已经有近 2000 位临床医生客户。目前在市场上，Flatiron Health 几乎没有同类型的竞争对手，尤其是专门的肿瘤数据分析。

5.2.6　案例：IBM 的智能医学影像分析

IT 巨头 IBM 将以 10 亿美元收购医学成像设备提供商 Merge Healthcare，后者主要帮助医生和医院存储和分析 CAT 断层扫描、X 射线以及其他医学影像。IBM 计划将 Merge 的技术整合到自身的 Watson 人工智能技术中。IBM 认为，Watson 的认知计算能力在医学造影方面完全可以辨别患者应该接受 X 射线、CAT 还是核磁共振，现在独缺的是客户以及医学影像资料，而这恰好也是 Merge 可以提供的资源。

目前，医疗数据中有超过 90%来自于医学影像，但是这些数据大多要进行人工分析。如果能够运用人工智能技术分析医学影像，并将影像与医学文本记录进行交叉对比，就能够极大地降低医学诊断上的失误，帮助医生精准诊断，挽救患者生命。

IBM 的 Watson 计划想法很好，但是依然存在着诸多挑战。最大的问题在于如何证明这个计划的效果，如何向健康保险公司证明 Watson 的投资物有所值。具体地说，Watson 计划能否真正地让患者得到准确的诊断，传统的放射科医师忽略的诊断方面的问题能否让 IBM 的智能技术发现。

1. 中国人"数字肺"项目

我们再回过头来看看国内。进入数字化时代，数字化、标准化、网络化、海量存储和大数据的应用，已成为医学发展的主流方向和重要标志。大数据的发展要求医院要改变传统的医疗模式，把疾病的早预防、早诊断、早治疗等服务放在第一位考虑。随着人们期待更好的医疗卫生保健服务，从出生到死亡的全程医疗服务也已经成为了医疗管理新模式的发展方向。通过互联网络把预防、诊断和临床作业过程纳入到数字化网络中，实现这些重要任务的核心环节就是医学影像信息化，充分体现大数据、实时在线、多点传输与共享给现代医疗带来的好处。

据报道，由北京医院等国内知名大医院联合与合作，开展了中国人"数字肺"项目——基于医学影像大数据的呼吸系统疾病辅助诊断平台。项目以构建具有统计学意义的中国人"数字肺"，揭示支气管、肺血管和肺实质结构与不同主要肺部疾病之间的关系，通过采用数据挖掘与量化分析技术，分析、处理和量化 COPD、支气管哮喘、支气管扩张、肺间质性疾病、肺栓塞和孤立性肺结节的评价体系和诊断标准。目前，该项目已经在健康成人支气管树不对称分叉特性的研究、低剂量 CT 扫描的对支气管定量测量的评价研究、吸烟对肺组织损伤的纵向研究、肺血管改变与肺气肿定量的动态评估等方面取得了进展，获得了一系列卓有成效的研究成果。

2. 影像大数据——早期肺癌筛查平台

在大数据盛行的今天，大型影像诊断设备结合大数据分析提供更准确的诊断报告显然是越来越可行和越来越可靠的事情。据报道，由上海多家大型医疗机构合作开展了"上海地区早期肺癌的影像学筛查及诊断研究"项目。该项目通过多家医院多中心采集、共享并研究早期肺癌病例数据样本，制定早期肺癌高危人群预警指标，进而建立一套肺癌筛查及早期诊断的最佳方案和标准流程。同时，在多中心研究基础上，建立可拓展、可挖掘的上海市早期肺癌患者数据库。该平台涵盖调查问卷、患者信息管理、影像阅览、肺结节 CAD 检测、结构化诊断报告、远程会诊、病人随访、统计分析等筛查全过程，为研究项目提供坚实技术基础。目前，该早期肺癌筛查平台已实现上海多家三甲医院数据互联，支持多家医院在线实时会诊、资源共享；此外，通过人工智能技术自动精准识别小肺结节，可帮助医生减少漏诊。

针对早期肺癌难以发现、容易漏诊的问题，该早期肺癌筛查平台融入了肺癌计算机辅助检测（CAD）引擎，可自动精准识别影像中直径更小的肺结节，计算并提供结节大小、密度等量化参数供医生参考。同时，参考世界先进成熟的肺癌筛查平台，采用结构化报告，实行"双盲模式"——第一份报告不参考 CAD 检测，作为初诊，第二份报告参考 CAD，完成终审报告，人机相互对照参考，改变以往早期肺癌筛查中医生仅靠主观诊断的筛查模式，以减少漏诊几率。

3．影像大数据挖掘

数据挖掘从数据形式和相关技术上说，大致可以划分为结构数据挖掘和非结构数据挖掘。所谓结构数据挖掘是基于结构化数据基础上的知识发现，例如，我们常见的关系型数据，包括数值型数据、字符型数据、日期型数据等，应用相关的数据挖掘技术对这些关系型数据开展分析。而所谓非结构数据挖掘是基于非结构化的数据基础上的知识发现，例如，我们常见的自然语言文本数据、各种图像数据、各种音频数据等，基于这些类型的数据开展数据挖掘分析。

医学影像数据挖掘就是非结构数据挖掘的一种，它有如下几个主要特点：

（1）影像数据一般具有相对的含义，而结构化数据一般具有绝对的含义。

（2）影像内容的理解具有主观性的特点，对影像信息可以有多种不同理解，并依赖于影像表示方法和应用领域专业知识。

（3）影像信息中包含影像数据对象的空间关系信息。

从目前的影像数据挖掘技术的现状来说，原始影像一般还不能直接用于影像数据挖掘分析，必须进行预处理，以生成可用于高层次挖掘的影像特征库。影像数据挖掘的一般流程通常包括影像的存储、影像的预处理、影像的搜索、影像的挖掘和展示等步骤。

4．影像数据挖掘方案

目前，影像数据挖掘方案主要有功能驱动型模型和信息驱动型模型。

1）功能驱动型模型

所谓功能驱动型模型是以不同的功能模块来组织，功能驱动的影像数据挖掘是针对具体应用的特定要求来设计数据挖掘方案的，通常包括：

（1）影像采集模块——从影像数据库中抽取影像数据。

（2）预处理模块——提取影像特征，并把特征信息存放在特征数据库中。

（3）搜索引擎——利用影像特征信息进行匹配查询。

（4）知识发现模块——对影像数据进行算法分析，以发现数据的主题、特征、关系等规律。

2）信息驱动型模型

所谓信息驱动型模型，是针对影像的原始信息开展基于内容的影像数据挖掘的方案。该方案基于原始特征的对象或区域信息，利用挖掘算法和专业知识将整幅影像进行有意义地分割，然后开展高层次地计算与挖掘分析，从而推导出具有高层次语义的、易用的、易于理解的模式。

信息驱动模型方案将影像信息划分为以下 4 个层次：

（1）像素层——由原始影像信息和原始影像特征组成，如像素点、纹理、形状和色彩等。

（2）对象层——处理基于像素层原始特征的对象和区域信息。

（3）语义层——结合专业知识从识别出的对象和区域中生成高层次的语义概念。

（4）知识层——可结合与某一专业相关的文字和数字信息发现潜在的领域知识和模式。

在信息驱动方案中，像素层和对象层主要进行影像处理、对象识别和特征提取，而语义层和知识层主要进行影像数据挖掘和知识整合。该方案可以在每个层次上以及不同层次间开展数据挖掘分析。

5. 影像数据挖掘算法

与结构化数据挖掘的步骤和算法相类似，影像数据挖掘的技术主要包括两种，一种是影像数据预处理技术，如去噪、对比度增强、影像分割等；另一种是特征提取和模式技术；如分类、规则提取、预测和聚类等，既包括有监督学习也包含无监督学习。下面，我们就简单介绍一下有监督学习的分类技术和无监督学习的聚类技术。

基于影像数据的分类技术流程主要分为以下 3 步：

（1）建立影像表示模型，对已进行类标记的影像样本数据进行特征提取，并建立每一影像的属性描述。

（2）对样本数据集进行训练和学习，得到具有相当分类精度的分类模型。

（3）根据分类模型对未标记的影像数据集进行自动分类判别。

影像数据分类的挑战性，在于如何建立低层可视特征和高层语义分类间的映射关系。

基于影像数据的聚类技术，是根据没有先验知识的影像数据分布，将无类别标记的影像数据划分为有含义的不同簇，通常包括以下 4 步：

（1）影像特征提取和选择。

（2）建立影像相似性模型。

（3）尝试不同的聚类算法。

（4）评估最佳的分组方案。

影像数据聚类的挑战性，在于如何在分簇未知的情况下，如何科学地找到一个最佳的分类方案。

6. 影像数据挖掘应用

人脑是高度复杂的时空动力系统。基于神经影像大数据，群组独立成分分析（ICA）作为一种信息驱动型算法，被广泛应用于探索人脑系统的时空特性。据文献报道，中国科学院心理研究所研发出一种在多被试神经影像数据中挖掘被试分组（亚组）的群组 ICA 方法-gRAICAR。模拟数据显示，gRAICAR 可以精确地揭示脑功能网络的个体间差异。进而，基于实际静息态功能磁共振成像数据，gRAICAR 不仅能够估计每个脑功能网络的被试间的一致性，揭示被试间在脑功能上的相似关系，而且可以据此探测具有较高一致性的亚组。gRAICAR 成为完全的信息驱动方法，为科研人员基于数据产生进一步的科学假设提供参考，将为深入挖掘多被试神经影像数据，为建立与心理精神相关脑功能疾病的神经影像标志提供有力工具，为"开放式神经科学"提供方法学支撑。

gRAICAR 可以说是影像数据挖掘在神经学领域中的一个应用。当然，影像数据挖掘肯定会在更广泛的医学领域中发挥着重要的作用，必将成为现代医学走向智能医疗的一个利器。

第 6 章　智能医院与治疗

通过应用智能检测和智能诊断的相关技术，医疗领域已经在业务应用层面进行新的尝试。网上医院的开展完善了就诊流程，方便了医患之间的交流沟通，电子病历的应用实现了病患数据的整合与共享，远程医疗和移动医疗借助互联网实现了远距离诊断、治疗和咨询，智能康复则借助智能设备帮助病人完成康复训练。本章主要对网上医院、电子病历、远程医疗、移动医疗和智能康复的概念及应用场景进行介绍，分析其在实践过程中的优势与不足，结合相关案例进一步说明智能医院与治疗的应用过程。

6.1　网上医院

6.1.1　概述

网上医院是指医患双方以互联网为载体，以专业医疗卫生数据为支撑，开展在线医疗活动的新型医疗模式。

世界上许多国家十分重视对网上医院的研究开发工作。尤其是一些发达国家，凭借其富有的财力，投入巨额资金建设网上医院。特别是在美国、欧洲已经得到了较大范围的应用。美国凭借其雄厚的科技和财力资源，在网上医院上进行了大量的探索和尝试，例如俄克拉荷马大学健康科学中心心脏病心律不齐资讯系统 MPHONE、佐治亚医学院的儿科网上医院、国家 JEWISH 免疫学和呼吸医疗中心与 LOSALAMOS 国家实验室联合网上医院项目等。网上医院因其能充分利用医疗资源，延伸实体医院服务，为患者提供一个便捷、高效的就医通道，使居民能够享受足不出户的高品质医疗服务，在全世界迅速推广。

在国外，网上医院发展较早，大多提供实时的资讯服务。我国网上医院虽然起步较晚，但发展迅速。解放军 264 医院、北京协和医院等众多医院都在医院门户网站中提供网上健康资讯；居民通过"好医生在线"、"好大夫在线"等网站很方便地进行咨询；深圳、宁波、青岛等地区已积极开展利用云平台搭建"网上医院"的探索。

网上医院目前比较常见的应用主要有以下 3 种。

1. 以"轻问诊"为主的网上医院

该形式的网上医院是以"自诊+问诊"的模式为患者提供就医指南或病情咨询。该形式的典型代表有"春雨医生"、"好医生在线"、"好大夫在线"等。目前我国医疗资源相对不足且分布失衡，大量患者涌向三级医院造成医疗资源紧张，但是疾病可分为轻症和重症，在疾病并不严重时，患者并不需要去医院就诊。这种网上医院很好地满足了这一需求，医师在线解答患者提出的问题并给予相关建议。患者提出的问题趋同性非常强，据此进一步推出"症状自查"业务，运用结构化数据，为用户提供诊疗建议。

2. 以"健康风险管理"为主的网上医院

该模式主要是在用户、医疗服务提供商和健康保险服务机构之间搭建起一座可靠的桥梁，同时与合作伙伴共享价值链的利益。例如"好人生"是中国市场上为健康险业提供中立第三方健康风险管理支持的服务机构，与众多健康险保险公司合作，在提供高端保险增值服务、风险和成本控制等方面做出了卓越的成绩。它通过优化算法将美国梅奥 150 年间积累的庞大的临床统计与实践经验的大数据，细化到更符合国内医改控费要求的分诊分科应用。系统会根据用户的症状，进行触发式连续问诊，推测出多种病症的可能性，以最便捷的方式减少漏诊或误诊的现象，通过这种方式精简医疗行为，控制医疗费用。

3. O2O 模式的网上医院

该形式的网上医院是以"线上虚拟医院+线下实体医院"的模式，通过"云医院"平台，实现医生线上开出检查单，患者到线下就近指定地点采血，物流取样或享受配送服务，实现线上线下融合医疗服务。

常见的网上医院功能包括：医院信息、医疗服务、健康评估、信息自查、在线支付、在线购药、病患社区、看病经历交流等。

医院信息：介绍医院概况、科室特色、医师（专家）情况、医疗特色、政策法规等。

医疗服务：提供在线就医咨询、网上门诊预约挂号、网上检验检查预约等。

信息自查：对注册已就医患者，提供就诊记录查询，如检验检查结果查询、个人就诊费用明细查询、处方查询、药物查询等。同时提供根据疾病选择医生、根据症状判断疾病、根据药品名称查询药品说明书等自查工具。

健康评估：提供各种健康生活文字、影像指导，提供各种健康状况评价工具。

在线支付：提供网银或第三方支付功能，实现预约付款，保证预约号源。

在线购药：将线上药商、物流相结合，提供在线购药，送药上门的服务。

病患社区：针对某具体病症，提供患者之间交流信息、寻求诊断、获取医疗服务支持。

看病经历交流：类似满意度反馈，提供患者间交流自己的就诊经历。

此外通过此平台还能够搭建医务人员学习、讨论、交流的专业平台，建立医院内部 OA 管理系统等。

6.1.2 网上医院整体框架

网上医院涵盖的范围很广，有医院概况、信息动态、视频新闻、健康专题、就医指南等栏目，主要介绍医院不同科室的概况、特色医疗项目的情况，提供在线健康咨询、医疗信息服务、医药营销与传播等。通过网上医院，不仅可以咨询了解具体科室情况与坐诊专科医生，还可获得各种保健知识，了解医院最新动态，实现预约挂号、远程诊疗、网上购药、查看检查检验结果。患者只需以在线问答的形式发出疑问，便能与网上医生互动、交流，得到针对性解答，听取指导性解决方案。网上医院可以充分利用医疗资源，使患者足不出户就可享受同样的诊疗服务，有效解决老百姓看病难、看病贵的问题。因此，拓展新的就医通道，开发一套基于网上医院概念的服务系统势在必行。

网上医院系统平台建设分以下4个部分：

（1）网络平台。计算机网络是网上医院的运行平台，所有网上医院的信息传递都需要在网络中进行。网络平台包括网络硬件设备、系统软件和网络通道的申请和建立。网络通道指的是系统平台服务器端和互联网相连的网络宽带；网络硬件设备有服务器、网络存储设备、交换机、路由器、负载均衡设备等；系统软件有数据库管理软件、应用中间件、数据交换中间件、门户系统软件等。

（2）安全结构。网上医院安全基础结构建立在网络基础层之上，包括安全认证体系（CA）和基本的安全技术。安全认证体系（CA）为所有的用户接入提供统一的安全认证平台，通过系统管理员统一角色定义和访问用户授权，保证系统访问的安全性。为了既能实现自动同步，又能保证数据传输的安全性，采用网闸技术及消息中间件实现。在医院内网和外网系统之间设置交换网，交换网通过安全隔离网闸与医院内网或外网进行数据交换。基本的安全技术还有防火墙、网页防篡改系统等。

（3）支付体系。建立在安全基础之上，为网上医院支付型业务提供各种支付手段。通过与银行、手机运营商等合作，建立网上银行、手机付费等多渠道的收费管理系统；系统给用户提供可选择的支付方式，由用户自行选择，通过该支付方式对预约挂号、检查检验、体检及药品耗材购买、视频诊疗等服务进行收费。

（4）业务系统。业务系统包括支付型业务和非支付型业务，网上医院支付型业务建立在支付体系基础之上。网上医院业务系统有网上医院信息服务系统、网上医院视频诊疗系统、网上医疗商城系统、网上医院后台管理系统等。

网上医院系统平台的主要模块包括如下6个：

（1）就医指南系统。主要展示医院概况、医院新闻、图片新闻、视频新闻、科室导航、名医专家、医疗设备、健康讲堂等信息。为患者提供门诊指南，包括门诊挂号须知、挂号流程、就诊流程；住院指南，包括住院须知、住院流程；检查指南，包括超声、内镜、CT、MRI 等；体检指南，包括体检须知、体检流程；专家门诊指南，

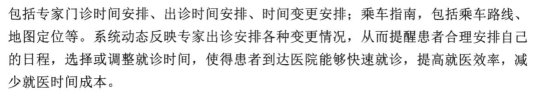

包括专家门诊时间安排、出诊时间安排、时间变更安排；乘车指南，包括乘车路线、地图定位等。系统动态反映专家出诊安排各种变更情况，从而提醒患者合理安排自己的日程，选择或调整就诊时间，使得患者到达医院能够快速就诊，提高就医效率，减少就医时间成本。

（2）预约服务系统。实现门诊专家号、门诊普通号、检查检验、门诊体检、网上视频诊疗等预约服务功能。注册用户登录预约服务系统即可进行预约服务。患者根据从医院得到的预约服务反馈信息，适时来院就诊，为患者提供便捷服务。预约网上在线视频诊疗等服务项目的患者，同样可以根据从医院得到的预约服务反馈信息，在指定时间节点与网上在线专家进行视频诊疗，使得患者足不出户就能得到优质的诊疗服务。预约服务要求医生调整观念、增强服务意识，必须准时出诊，确保预约服务模式的顺利实施。目前预约挂号系统面临难以解决的问题是专家门诊时间安排的变更。

（3）信息发布系统。通过医院门户网站发布和手机短信推送就诊信息，提供门诊安排、停诊安排、重大事项等信息，订制检验、检查结果查询，减少患者往返医院的次数。患者可以通过网上医院查看自己的诊断与病史、治疗记录、检查检验结果、费用记录、体检报告等信息。并且实现对网上预约门诊专家号的患者的就医提醒；对要求复诊病人的复诊提醒；对预约检查的患者的检查提醒；对出院或长期门诊的患者可以设定用药、随访、自助监测等，自动生成患者的诊疗安排，进行复诊、复查的提醒；患者通过信息发布、就医提醒系统获得的就诊信息，可以合理安排好就医、复诊、检查的时间节点。

（4）视频诊疗系统。建立网上医院视频诊疗室，视频诊疗与患者服务系统相结合，提供 24 小时视频诊疗或会诊服务；通过视频诊疗，为初诊咨询、复诊开药以及无法来院的患者提供更便捷的服务。专家在对患者进行视频诊疗的同时，可以调阅患者的健康管理档案中的相关信息资料，从而辅助专家为患者提供准确的诊疗服务。

（5）药品销售系统。对长期随访的患者或来院不方便的患者，根据患者的实际情况和医生建议，实现药品代购配送功能。患者通过登录网上代购药系统，填报相关个人信息资料，选择所需购买药品并纳入网上虚拟购物车，如需购买通过网上支付系统收取药品费用。

（6）满意度调查系统。目前多数医院患者满意度调查存在的问题有渠道单调、方法简单、方式不当等，影响了调查结果的科学性和准确性，因而不能客观、公正、真实地反映医院的真实面貌。网上满意度调查方式有网上问卷调查、留言服务、意见箱等，通过它进行关于医疗安全、医疗质量、服务质量等方面的监督，对服务项目、服务流程征求建议与意见，定期进行满意度调查统计，及时整改反馈。网上满意度调查系统具有开放、透明、互动、准确的特点，是从患者的利益出发，规范医院的医疗服务行为。

除了基本的系统平台和模块建设之外，还包括网上诊疗服务流程：

（1）网上挂号。注册用户通过查看门诊医生就诊时间安排，填写相关挂号信息，选择就诊方式是预约网上医院视频诊疗还是医院常规诊疗模式。如果是医院常规诊疗模式，则在约定的就诊日期去医院就诊；如果是预约网上医院视频诊疗模式，则在约定的时间进行远程诊疗，通过语音、视频方式和远程坐诊专家进行交流。挂号信息确定提交后，提示挂号费用，外网信息同时交换到医院内网。

（2）就诊付费。如果确认就诊，则通过三种方式进行付费：第一种方式是与绑定的手机进行扣费；第二种方式是需要病人去医院办理一卡通就诊账户，并预缴一定的费用；第三种方式是进行第三方支付，通过银行卡进行支付。在就诊日期前给患者进行短信、邮件提醒。用户通过互联网，下载客户端安装到本机，登录视频诊疗系统，进入诊疗室，网上支付相应费用后就可以在预约时间和预约专家进行网上视频就诊。

（3）视频诊疗。系统自动提前提醒网上医院专家诊疗时间和预约人数。排队时间结束，则通过语音或短信自动提醒病人进行视频就诊。专家在规定的排班时间内坐诊，打开自己的网上医院诊室，可以看到进行排队的就诊病人序列，点击预约病人显示其在线视频，和该病人相关联的健康档案、检查、治疗信息包括影像图片在需要时可调入一并显示在该界面，辅助专家就诊，确定下一步的诊疗方案。在线视频及语音对话时，如果有远程医疗设备采集，则同时传输体征采集信息。如果开立处方，则通过网上药店生成订单，付费后进行药品配送。如果需要进一步诊疗，则自动转入预约服务系统进行预约服务。

网上医院不仅为咨询者提供了大量的专业信息，而且保证了在线服务的及时性与准确性。以互联网为载体，施行网上预约和在线咨询诊疗服务工作，不仅有利于患者进行就医咨询，提前安排就医计划，减少候诊时间，也有利于医院提升管理水平，提高工作效率和医疗质量，降低医疗安全风险。通过依托医院整体实力，整合专科医疗资源，创新服务模式，构建实体与虚体相结合的网上医院，建立展示医院形象和优势医疗服务的门户网站，以此建成集信息发布、网上预约、在线咨询、视频诊疗、健康管理、病患社交等内容的网络服务体系，可以实现医患、医务同行之间的沟通互动和信息共享，实现就医流程便捷化、信息交流实时化、院前院后一体化，提高医院整体的服务效率，提升医院服务品质，塑造高端医院的高科技形象。

6.1.3　上海徐汇中心"云医院"

近年来，在"互联网+"浪潮下，传统医疗服务也开始迈向互联网化。其中，上海市徐汇中心医院（简称：徐汇中心）推出国内首家"云医院"，注重线上技术的应用与开发，同时充分利用线下现有医疗资源，跨越空间地域限制，打通就医"绿色通道"，解决现实生活中看病就医的难题。据上海市徐汇中心医院院长朱福透露，目前为止，徐汇中心"云医院"已拥有 6 万名注册患者，总共为 16 万人次提供医疗服务。

1. "医疗+互联网"模式, "线上+线下"服务

伴随着一系列网上医院不断出现, 给医疗服务带来许多改变, 多数是集中在"互联网+医疗"领域, 但上海市徐汇中心医院院长朱福表示, "云医院"是采取"医疗+互联网"的模式, "医院资源是一个基础和基石, 互联网是一个桥梁和纽带。我们主动对接互联网, 让互联网作为医院资源传播共享的一个手段和工具。"

作为一家二级公立医院, 徐汇中心拥有丰富的医疗资源和相当高的医疗水平, 形成强大支撑, 同时依靠着互联网工具投资研发"云医院"平台, 意在打造一个 O2O 模式, 即线下和线上形成无缝对接的医疗服务。

在线上, 患者可以咨询、预约、挂号以及药物配送等一系列医院线下具备的医疗功能; 在线上, 专家医生等人通过互联网平台给有需求的老百姓提供服务, 医院内部各个科室有专门的医生进行排班, 对网上有需求的病人提供咨询、解答、开药等服务, 同时, 线下医疗大厅设有服务台, 所有线下要通过服务台来预约检查、住院等。

另外, 徐汇中心还安排护士去做诊后随访及健康咨询。同时, 还辐射到大部分需求量极大的科室, 包括营养科、检验科和影像科等的主任医师及主治医生。另外, 徐汇中心专门修了徐汇云医院集中中心, 内科医院基本覆盖; 还有分散医疗点, 覆盖妇科、皮肤科等需求相对不是很大的科室。

2. 借助互联网将医疗服务延伸到紧缺地

自 2015 年起, 徐汇中心建造"云医院", 通过互联网手段, 改变传统面对面的模式, 把线下的优质服务搬到线上, 让徐汇中心医院的医疗服务外延到紧缺的地方, 辐射面更广, 让更多老百姓能够享受到便捷的医疗服务, 为他们节省时间和经费。

同时, 面对着医疗资源分布不均的情况, 上海作为一个医疗资源相对丰富、医疗水平相对高的城市, 朱福院长说: "我们渴望将自身具备的这点医疗优势延伸到全国各地, 这样一下子扩大, 延伸到上海以外。"据悉, 目前为止, 徐汇区中心医院已经与甘肃、江西、江苏、浙江等地区 8 家县医院以及上海 24 家卫生服务中心站点建立"云医院"合作。图 6-1 所示是正在进行在线问诊。

图 6-1　在线问诊示例

3. 智慧医疗打通看病就医"绿色通道"

据悉, "云医院"的下一步设想就是"云医院"体系结合徐汇中心内部数字化体系, 形成智慧医疗体系。智慧医疗体系就是完全把徐汇中心医疗服务融入到老百姓日

常生活中，可以实现在家中看病，相当于打通一个绿色通道，医疗服务效率更高、更便捷、更人性化。

同时，对于药物资源，上海徐汇中心医院已与汇丰药店签约，完成 90 处药物配送在汇丰药店布点，布点的地方，都是老百姓最多的地方，老百姓通过网上订制，直接可以到附近的汇丰药店去拿药，或者选择配送上门。

6.1.4 温医大附一院实现"零排队"

温医大附一院自 2010 年开始，借助信息化手段改善医疗服务流程，取消挂号、收费环节，实现就诊流程的"零排队"，探索出预约、预存等就医新模式。

作为肩负浙南闽东北地区近 2000 多万人口医疗急救任务的医院，温医大附一院单日门诊量过万。该院院长陈肖鸣介绍，患者到医院就诊时，早期曾经也受到挂号、反复排队交费等问题的困扰。"在流程优化前，经过测算，我们发现一名患者到我们医院就诊要排 7 次队。"

为了改变这一局面，温医大附一院组建了"零排队"门诊流程改造小组，对患者就诊流程进行大刀阔斧的改革。其中，预约成为该院改善医疗流程走的第一步。

1. 多渠道预约细化到分钟

为照顾不同层次人群的就医需求，温医大附一院推出了多种预约途径。统计数据显示，到该院就诊的人群中 50%～70%是老年患者和农村患者，为了他们预约方便，温医大附一院于 2010 年与电信、移动运营商合作，推出了"114"、"12580"等电话预约。

温医大附一院对话务员进行了专业化的培训，由信息中心开发了智能挂号辅助分诊系统。"话务员只需在系统内输入患者症状，系统会根据权重向患者推荐相对应的科室，话务员会将权重最高的科室推荐给患者。"

随着移动互联技术的发展，温医大附一院又相继推出了自助机、网络、手机APP、支付宝、微信等多种预约形式。此外，对于慢性病患者和产妇等有多次检查需求的患者，医生在诊疗期间可直接为他们预约下次就诊。

短信成为患者在温医大附一院就诊时的连接器。当患者预约成功后，会收到由该院发出的免费短信，提醒他们就诊时间，可精确到几点几分，以及他们到几号诊室找哪位医生就诊。如果患者预约了胃镜或 CT 检查，该院还会发短信告知他们注意事项以及预约到几号机器做检查。

统计数据显示，2014 年温医大附一院门诊量达 372 万人次，门诊预约率达到84%。

2. 患者预存避免反复排队缴费

从住院收费得到启发，温医大附一院在门诊中推行让患者先在就诊卡中预存资

金，等他们做检查、化验时从卡内结账，使患者不必像以前反复排队缴费。

该院把收费程序外延，让患者通过银行柜台、手机银行、网银、支付宝、微信钱包等多种方式将钱存入卡内。2014 年，该院的预存率达到 77%。

自助机是温医大附一院向患者开放现金服务的重要工具。截至目前，该院共摆放了 290 台自助机。它们具有挂号、银行卡转账、现金充值、打印化验单等 20 多种功能。患者在自助机上刷一下身份证或就诊卡，所有非医流程都可办理。

自助机旁边由银行的引导员向患者介绍如何使用。当自助机出现单点故障时，引导员会快速响应，并反馈给相关银行的设备维修人员。

2014 年，患者通过自助机现金缴费达 16 亿元，超过人工收费金额。

3. 患者一个身份证码走遍全院

患者在就医时，如果遗失检查片子或丢了就诊卡，就可能导致自己的医疗信息丢失。对此，温医大附一院自 2010 年开始推行患者身份证实名挂号。

目前，温医大附一院的身份证实名就医率达到 80%。患者到温医大附一院就诊时，只有一个码，就是身份证码。它可永久保留患者的信息，即使就诊卡丢失也不会遗失检查资料。同时，实名制就医为患者的现金预存提供了保障，患者可凭身份证退还现金预存款。

为了方便老人、儿童及行动不便患者就医，温医大附一院开发了监护人身份证绑定模式。这些患者的家人能够以监护人身份实名绑定就诊卡，从而解决他们在就诊环节、信息确认环节等不方便自理的问题。

4. 首创诊间、护士站结算

在温医大附一院，有一项改革属全国首创，即取消门诊收费站和住院收费站，将两者合并为一个收费站。

患者住院时，由各病区的护士站护士刷卡办理进出院手续及费用计算。

医生在诊间除了看诊外，还可帮助患者在诊间结算费用。当患者通过预约到该院急诊室就诊时，只要就诊卡预存了足够金额，期间所发生的检查、治疗、药品等的一切费用，都可在与医生沟通后通过就诊卡自动结算，然后患者再去做检查或到药房取药。

这种方式帮助温医大附一院减少了大量财物人员。2012 年，该院位于瓯海区南白象街道的新院启用，面积比老院区增加近 5 倍，日门诊量过万，就诊人数增加近六成。借助诊间收费模式和自助服务机，温医大附一院新院区在业务量增加的情况下，收费人员除急诊外并未增加，仅有 11 人。

挂号、收费环节被取消后，温医大附一院的就医流程得到优化，患者大概 30 分钟左右就能完成一次就诊过程。

通过信息化条件下的流程再造，温医大附一院新院区 2000 平方米的门诊大厅早晨就诊高峰时人员寥落。为了使门诊大厅得到充分利用，该院进行了商业化开发，开设了茶吧等供患者就医后休息的地方。

为患者服务需落实到细节，比如考虑到部分老年患者对网络和手机使用较生疏，温医大附一院在自助机和医生诊室配了微型打印机，让他们可凭小纸条去找下一个检查的科室或者取药等。

该医院流程再造的出发点是以人为本，以结果为导向，重在改变观念，面对问题并解决问题。院外关怀将是温医大附一院下一步提升患者就医体验的又一个重点。目前，该院已启动"家庭医生"概念的手机门诊系统，实现复诊患者"足不出户、在家看病"的就医模式。

6.1.5　新元素医疗

网络医院是由新元素公司探索创新的全程医疗健康服务模式，依托新元素公司的远程信息化健康管理平台，在实体医院基础上运营的基于云计算的网络化虚拟医院，通过信息化手段优化院内实体临床科室的诊疗服务流程，整合院内优质医疗资源，将院内医疗资源延伸覆盖至院外。新元素医疗经过多年摸索，坚持只有医生指导下的院外健康管理才有未来。利用自身研发的远程无线健康监护平台和可穿戴健康设备等技术优势，新元素医疗与大型医院合作建立了"网络保健中心+健康小屋"模式，将三甲医院的优质医疗服务延伸到院外。新元素医疗建立的网络医院与大型医院专科医生深度合作，通过"健康小屋"为用户提供线下服务，通过新元素网络医院 APP、互联网用户端为用户提供线上健康管理服务，形成了 O2O 互动医疗健康服务，如图 6-2 所示。

图 6-2　新元素医疗=大型医院+健康小屋

该模式实现了大型医院和健康小屋的联动，使健康小屋承担了健康监测、健康指导、诊前指导、门诊及体检预约等功能，并且能按照大医院的医生医嘱来执行诊后康复，将健康管理做到了居民的身边。

健康小屋分布在院外基层医疗卫生机构（社康中心或社区服务中心）、健康保健机构（体检中心、康复中心等），以及大型企业，通过信息化手段与网络医院进行衔接，作为网络医院在院外健康医疗服务的延伸。

"网络医院+健康小屋"模式是以远程信息化平台为依托，以疾病分类管理为目标，以全科医生为基础，以临床专家为核心，以健康小屋为延伸，以指导患者合理就医，提供特异性全程医疗保健服务和管理为主要服务内容的创新式全程医疗服务模式。形成"大医院、基层机构、居民"的三级医疗健康服务体系，实现全程化健康管理服务、覆盖更多患者群体、深化健康服务价值和内涵。

面向慢性病、老年人、亚健康人群，强化院外跟踪随访、保健康复指导和健康指标检测等多样化健康管理服务，使医疗服务不再拘泥于医院内，从而免除患者的就医奔波，实现患者的询医需求，搭建医患有效互动的渠道，促进患者与医生的交流，充分发挥临床医生和专家的价值，真正实现对患者健康的全程无缝化管理，从而帮助患者更好地控制和管理疾病，有效提升居民的疾病预防和康复水平。其模式的组成包括如下 3 部分。

1. 远程信息化健康管理平台

新元素远程信息化健康管理平台，是"网络医院+健康小屋"模式的技术核心，分为医生端和患者端两个管理入口。医生端后台按照临床科室组织架构进行群众、管理账号设置，医生可以通过管理平台对患者进行全程的医疗干预和追踪管理。对于患者而言，它是远程生命体征采集、存储、分析、传输及监护的医疗服务网络，提供心电、血压、血糖、血氧、呼吸、睡眠、体脂、压力、母胎、排尿等多种健康指标远程检测，以及健康档案管理、疾病和生活方式评估、健康干预、健康随访、健康资讯等系统功能。该平台可以与医院现有的 HIS 系统、体检系统互联互通，整合信息系统，减少信息孤岛；可以帮助医院对门诊、住院、体检人群进行智能分类、远程监测、实时互动、全程管理，扩大医院的物理空间。

2. 基于远程信息化平台的"阶梯式"医疗团队

利用新元素远程信息化健康管理平台，大医院发挥优质医疗资源的优势，组建"临床专科医生、全科医生、健康管理师"阶梯式医疗服务团队，通过制定各种疾病的分级管理标准，对患者有序分流、病情分级处理，并确保医患的有效互动。急性疾病由对口的专科医生及时处理；慢性病由专科医生制订方案、全科医生长期监护、健康管理师负责院外个性化管理；亚健康人群健康管理、疾病预防由健康管理师、全科医生在专家团队指导下共同完成。

3.健康小屋——医疗健康服务的院外衔接和延伸

健康小屋是基于新元素远程信息化技术实现的集自助健康监测与专业医院健康管理服务为一体的健康管理服务系统，是网络医院在院外的健康服务终端，通过标准化建设、配套服务，与网络医院实现信息化数据与服务功能的互联互通。其组成模式是，一家网络医院对应多个"健康小屋"，即"1+N"的模式。通过"N个"健康小屋，实现网络医院对患者的院外疾病追踪和管理，将医生的医嘱落实到位；同时将大量需要预防保健管理的院外慢性病、老年人、亚健康人群纳入到大医院的医疗健康服务体系中，提供健康监测、健康教育、慢性病筛查、就医指导、就医预约等服务，有效扩展大医院的医疗健康服务能力和范围；并可以通过与多种健康保健机构的融合，延展出更多多样、实用、便捷的健康管理服务功能。

6.1.6　网上医院的优势

1.改进就医流程，提升医院服务水平

通过网上医院的应用推广，能够培养患者建立起预约就诊的习惯；通过预约就诊时间分流，减少人员在开诊前聚集的情况。通过提供排队候诊信息推动，使得患者候诊时间能够避免在医院聚集，当候诊时间过长时，可以到院外等候。当医生开具检验检查单或开具处方时，通过诊间支付服务，避免了患者为付费排队。通过线上服务，多方位、多途径地改善医院就医秩序，从而提升医院服务综合水平。

2.记录患者信息，支持医院服务持续改进

医院服务的原则是"以患者为本"。患者在医院就医的体验、流程、反馈，都是医院服务持续改进的重要依据。通过线上医院应用，能够有效记录患者需求，提供患者反馈意见的可靠平台，通过对系统信息汇总，能够有效支持 HCRM 管理。

3.医药整合，居家就医

通过线上服务和标准物联网检查设备接口，为居民居家就医提供了可能。在未来，居民可能在家里，使用通用医药箱，自助标本采集，物流将标本配送到检验中心后，检查结果自动推送到居民家中。这就是未来的线上医院，颠覆传统就医问诊的模式。

6.1.7　网上医院实施中存在的问题

1.网上诊断如何纳入合法医疗行为范围

针对互联网医疗，《互联网医疗保健信息服务管理办法》、《关于审理非法行医刑

事案件具体应用法律若干问题的解释》均明确规定"不得从事网上诊断和治疗活动"。我国《医疗机构管理条例》、《中华人民共和国执业医师法》等相关法律也明确规定"严格要求有资质的医生必须在有资质的医疗场所才能给患者做诊疗"。"网上医院"如何申请成为"有资质的医疗场所"？"网上医院"的医生如何取得"执业资格"？发生"医疗纠纷"如何认定？这些法律问题尚未明确。

随着基于现代信息技术的互联网问诊模式的发展，原有的法律法规已经不能适应，特别是在李克强总理于第十二届全国人民代表大会第三次会议提出了制定"互联网+"行动计划的大背景下，医疗行业需要重点研究"互联网+医疗健康"的发展模式。为了给"互联网+医疗健康"的发展模式提供有力的政策保障，急需针对未来发展模式完善相应的法律法规和政策。

2．网上医院的市场秩序亟待规范

我国现阶段网上医院的市场秩序仍处于相对较为混乱的阶段，具体表现在以下几个方面。

1）"网上医院"和"网上医生"的真实性难以求证

由于网络的虚拟性，患者无法对网上医生的资质进行确认，部分"网上医院"又缺乏权限管理机制，一旦诊断有误或患者自行服药后产生严重后果，无法找到相应的责任人，自身的合法权益很难维护。"网上医院"及"网上医生"准入机制的不健全，也给"医托"、"药托"可乘之机，诱导患者到自己所在的医院看病或者买药，最终导致患者既花了钱又耽误病情。

2）网络医疗服务质量及医疗安全性仍难以保障

这是由于医疗问题错综复杂，患者的个体差异大，医生诊断需要全面、系统的问诊和检查，只根据网络咨询情况就简单下结论，很容易发生误诊。

3）网络问诊的回复率较低

激励机制和责任制度的缺乏使得医生对于网上接诊的积极性不高，患者的提问无法及时得到医生的回复，直接导致患者的满意度较低，网上医院的访问量减少，使网上医院无法达到服务于患者的目的。

4）医疗资源的不合理配置

对于医生而言，尤其是好的医生，由于其本身线下诊疗的工作量很大，线上问诊则会加大医生的工作压力，导致传统医院对网上问诊抱以排斥的态度，特别是好医院里的好医生，没有那么多的时间和精力来开展线上问诊。

3．第三方金融支付平台与医保无法对接

借助第三方金融支付平台开展在线支付诊疗费用服务将是未来移动医疗主要的服

务项目之一。阿里巴巴、腾讯等互联网企业在积极探索试点在移动医疗服务中实现诊疗费用在线支付。然而，为了保证公平、公正、公开地使用医保费用，国家对于医保管理有一套严格的支付规则。受医保监管政策的限制，目前医保费用支付系统与第三方金融支付平台无法对接，网上医疗服务及网上购药费用支付很多只能自费。"医保支付的限制"使得网上医院的便捷性优势无法发挥。

6.2　电子病历

6.2.1　概述

与纸质病历相比，电子病历在科学性、规范性、快捷性、完整性及科研性方面有着明显的优势，具有信息更加完整、质量更加优良、共享更加快捷、研究更有价值、存储更加方便等特点。

电子病历的发展时间较短，其内涵和外延都在不断探索和发展中，尚未形成统一的定义。尽管不同的机构对电子病历的定义有所不同，但基本上都从电子病历应当包括的信息内容和电子病历系统应当具备的功能两个方面进行描述。

目前，不同机构对于电子病历有着不同的定义，比较典型的有以下几种：

（1）国家卫生部《电子病历基本规范》——电子病历是指医务人员在医疗活动过程中，使用医疗机构信息系统生成的文字、符号、图标、图形、数据、影像等数字化信息，并能够实现存储、管理、传输和重现的医疗记录，是病历的一种记录形式。

（2）国家卫生部《电子病历基本架构与数据标准》——电子病历是由医疗机构以电子化方式创建、保存和使用的，重点针对门诊、住院患者、临床诊断和指导干预信息的数据集成系统。是居民个人在医疗机构历次就诊过程中产生和被记录的完整、详细的临床信息资源。

（3）美国国立医院研究所——电子病历是以电子化方式管理个人医疗保健信息，涉及保健和临床信息的采集、存储、传输、处理和利用。它可在医疗卫生服务中作为主要的信息源，取代纸张病历，并提供超越纸张病历的服务，满足所有的医疗、管理和法律的需求。

综合以上几种定义，我们把电子病历定义为：电子病历是医疗机构、医务人员对门诊、住院患者（或保健对象）临床诊治和指导干预的、使用信息系统生成的文字、符号、图表、图形、数据、影像等数字化的医疗服务工作记录，是居民个人在医疗机构历次就诊过程中产生和被记录的完整、详细的临床信息资源，它可在医疗服务中作为主要的信息源，取代纸张病历，并提供超越纸张病历的服务，满足所有的医疗、管理和法律需求。

电子病历的实施虽然不能帮助提高治疗方案的效果，但是却可以帮助改善医疗状况。传统纸质病历具有许多不足，例如医生潦草的字迹、不便于保存等。从理论上讲，电子病历可以在世界上任何一个地方获取、存储、交换、使用和分析重要的医学病历，虽然过程中需要增加投入时间精力，但在应用过程中就会体现出它巨大的优势。患者就诊时就可以马上提供病历，上面还给出了建议和药物名称，从而降低医疗支出，改善医疗水平和质量，减少医疗过失。同时，使用电子病历也可以避免不必要的重复进行的抽血检验、X 射线检查，以及其他诊断检查。实际上，至少 10%的这类检查是多余的，而每年为此浪费了数十亿美元。

电子病历系统是基于计算机和信息网络的电子病历采集、存储、展现、检索和处理系统。电子病历系统强调发挥信息技术的优势，提供超越纸张病历的服务功能，电子病历系统从三个方面展现了其主要功能：医疗信息的记录、存储盒访问功能；利用医学知识库辅助医生进行临床决策的功能；为公共卫生和科研服务的信息再利用功能。尽管从概念上可以严格区分电子病历与电子病历系统，但由于两者关系非常紧密，有时并不严格进行区分。

近年来，随着医嘱、检验、PACS、心电、手术麻醉等各类临床信息系统的应用，完整的临床数据集成、展现及智能化应用成为电子病历发展的方向，其核心价值是满足临床诊断现场的信息需求及能够有效地改善医生的临床决策，主要表现在具有医疗过程管理能力、电子化临床路径、闭环医嘱、临床知识库和临床辅助决策支持系统的实施应用等。图 6-3 描述了一个系统、完整的个人电子病历模型。

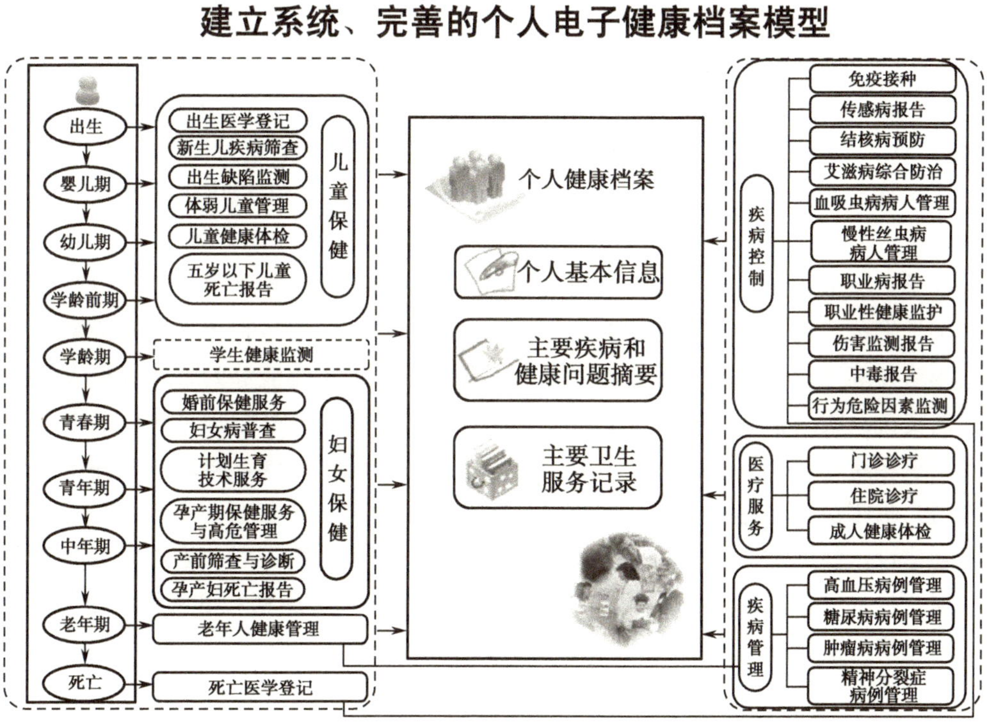

建立系统、完善的个人电子健康档案模型

图 6-3　电子病历模型示意图

6.2.2　电子病历系统的构成

电子病历系统是以患者为中心的全医疗过程的数据记录，是建立在医嘱、检验、医学影像、心电、手术麻醉、护理等各类临床信息系统基础上，满足临床诊疗现场的信息需求，改善医生临床决策的综合信息平台，其发展应用最大程度地代表了数字化医院的建设水平。

在电子病历建设过程中，应转变过去那种把病程记录编辑器作为核心内容的建设思路，而把"无纸化存储、一体化展现、智能化应用"作为电子病历建设发展的目标。

无纸化存储是实现电子病历的必要条件，如果一家医院还达不到无纸化存储的要求，就不能称为真正意义上的电子病历，但实现无纸化电子病历需要具备全面性、可读性、真实性、隐私性和安全性等基本条件。

一体化展现是指电子病历的内容主要通过集成展现系统进行展现，它以图形化界面全面展示病人的诊疗信息。减少医务人员多次启动不同子系统的重复操作，直观有效地调阅、查询、检索、对比不同的诊疗信息，实现快速浏览、书写等各种功能，极大地提高了工作效率，为医生提供了利用患者信息的最有效途径。

智能化应用能够有效地改善医生的临床决策水平，是电子病历系统的另一核心价值，主要表现在具有医疗过程管理能力、电子化临床路径、闭环医嘱、临床知识库和临床辅助决策支持系统的实施和应用。

为了实现电子病历的主要功能和核心价值，其必须由一系列的系统构成。美国HIMSS认为，电子病历应该包括临床数据中心、临床决策支持系统、受控医学术语、计算机支持医嘱录入系统、药品管理系统和临床文档应用程序组成的复杂多变的应用环境。

电子病历是建立在一个临床数据中心基础之上的。临床数据中心处于中心位置，受控医学术语可以帮助提高临床数据中心的数据质量，以满足临床决策支持系统和实现临床路径等工作流组件的要求，计算机支持医嘱录入系统能够为临床医护人员提供强大的支持。临床数据中心、计算机支持医嘱录入系统、药品管理系统以及电子药物管理记录相结合能有效地提高患者安全和减少或排除医疗错误，将这些软件与受控医学术语、临床决策支持系统和工作流组件等结合在一起，并在电子病历系统统一架构下规划建设，能够形成完整的电子病历系统。电子病历系统还应该为跨区域的电子病历数据交换提供接口，支持数据/信息转换功能，为个人健康档案的实现打下基础。

电子病历系统分为狭义的和广义的两种电子病历系统。

1. 狭义的电子病历系统

（1）包含了企业级病人主索引（EMPI），因为电子病历是围绕个体患者组织所有的数据的，即"以患者为中心"，而EMPI是医疗机构内部全局唯一的患者标识，所

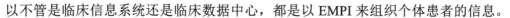

以不管是临床信息系统还是临床数据中心，都是以 EMPI 来组织个体患者的信息。

（2）包含了受控医学术语，使电子病历信息结构化和标准化，以满足信息交换和二次利用。

（3）还要有数字签名、时间戳、隐私保护等关于电子病历管理与安全的相关系统。

（4）包含了在 EMPI、受控医学术语、数字签名、时间戳、隐私保护等基础上构建的临床数据中心，以满足电子病历的综合浏览和跨机构共享。

2. 广义的电子病历系统

广义的电子病历系统包括所有与电子病历有关的系统。除了狭义电子病历系统所包含的内容外，还包括以下主要内容：

（1）包含了完善的临床信息系统和其产生的临床数据，完善的临床信息系统是电子病历的主要信息来源。

（2）包含了临床医护工作站，临床医护工作站作为临床信息系统的重要组成部分和电子病历系统的核心部件，既是电子病历的信息源，也是电子病历最重要的展现载体，同时，医嘱作为临床活动的源头，是贯穿整个临床信息系统的一条主线。

（3）包含了集成平台，使各个临床信息系统间的信息数据实现共享和具有互操作性，并实现电子病历的标准化采集，以满足科研和区域医疗的需求。

（4）包含了临床决策支持系统、知识库和闭环医嘱管理等系统，很大程度上避免了由于医护人知识的局限性带来的医疗差错，提高了临床诊疗治疗。

6.2.3　电子病历实施中存在的问题和发展展望

1. 存在的问题

电子病历系统即便已是专业的示范系统，与其优势和成功相对应的，仍然存在许多不足和有待改进的地方。

其中，无法互联互通是医疗流程中一个至关重要的问题，医生之间和医院之间在系统设计初期往往就缺乏沟通或存在争议，以致难以协作改进电子病历系统和医疗信息技术系统。

另一个重要的问题是如何规划个性化的医患交流。医生盯着电脑屏幕，输入相关资料，而不是和患者面对面，大多数医生觉得输入电子病历的过程十分麻烦，既慢又容易出错。在没有电子病历系统之前，医生可以直接讲述他们对患者的症状、状况或治疗的看法，而现在只能通过点击鼠标完成。在医生看来，他们缺少与患者面对面的交流，也无法直接表达个人的想法，导致难以直接了解病情。对应地，患者也会感觉缺少直接的接触，并常常对医生敲击键盘、看看电脑屏幕就算是看病而感到疑惑，他们面对让人心烦的电子化束缚，往往会感觉自己不被倾听或理解。

除了对电子病历系统互联互通的顾虑和医患关系的不利，对电子病历的私密性和安全性的争议也是众所瞩目的。患者会担心自己的健康资料会被窃取、骗走，或被滥用于商业目的。纸质病历与之对比起来，丢失的可能性小得多，而电子病历会被大规模泄露，或遭遇"电子化网络欺诈"等问题。获取个人的医疗病历相当简单，相关病历被读取或复制也难以被察觉。

2. 发展展望

对于电子病历的进一步发展，可以在以下 4 个方面进行展望。

1）建立国家级统一的标准化电子病历，达到信息共享

我国在现有阶段发展电子病历的过程中，由于各城市、地区医院都是相对独立地发展适合各自医院特点的电子病历，这就造成在全国各医院出现不同版本的电子病历。据了解，目前北京地区应用的电子病历系统就不下数十种之多，其各自标准存在着不同的差异。如果我们能开发一套在全国各医院都能适用的电子病历，病历的相关信息可以在医院内部、医院和医院之间、甚至全国范围内进行交流，患者在不同医疗机构就医，只需手持个人医疗信息卡，医务人员就可以通过卡载信息迅速、准确地了解患者的资料，即信息的异地共享，这样就可以大大缩短确诊时间，减轻患者的经济负担。

2）实现真正意义上的无纸化办公

目前的电子病历系统还无法达到真正意义上的无纸化办公，特别是一些知情同意书、会诊记录、辅助检查报告等均需要纸质保存。主要原因是上述医疗文件需手写签名确认法律效力。从本质上讲，这样的电子病历还不能称作真正意义上的电子病历，尚无法达到完全替代纸质病历的作用。我们可以设想一下涉及病人或家属的相关签字内容是否可以应用数字化手签模块，直接记录病人或其家属的签字笔迹，连同扫描的身份证件和相关有效身份证件一起保存在电子病历中。这样既能保障患者的知情权利又能实现真正意义上的无纸化办公。

3）建立第三方存储及监督管理机构

当病历完成后交由第三方存储并进行管理，建立第三方认证监管服务机构有利于防止电子病历被篡改、删除或歪曲，充分保证患者知情权利及切身利益。由该机构出具的电子病历资料将比由本医院提供的电子病历具有更高的公信力。同时，建立第三方存储监管机构有利于病历的保存，避免电子病历的信息因各种意外事故造成的丢失、泄密等安全问题。作为第三方监管服务机构集中管理，更有利于专业化的安全防范设施配备和管理技术的开发和应用。

4）以电子病历为基础建立临床科研数据库

科研辅助工具落后是我国科研难以获得突破性成果的重要原因。建立中国人自己

的临床科研数据库已是当务之急。制作临床科研数据库的目的是为了对有价值的临床数据研究与分析，规范的电子病历系统可以有效满足建立临床科研数据库的需求，医务人员通过电子病历系统对科研数据进行检索和收集后，可以方便、迅速、准确地开展各种科学研究和统计分析工作，大大减少人工收集和录入数据的工作量，极大提高临床科研水平。

6.2.4　案例：浙江省绍兴市人民医院电子病历

浙江省绍兴市人民医院是绍兴地区最大的一所集医疗、教学、科研、急救、预防、保健于一体的综合性医院。其就诊人数多年来一直高居该地区医院的首位，这也使得该医院承受着巨大的压力。

随着医院就诊人数的不断增加，浙江省绍兴市人民医院决定上线电子病历系统，彻底改善医院面临的问题。系统覆盖住院和门诊，主要目的是提高临床工作效率，改善临床工作质量，并为临床信息化的长远发展打下基础。

将各部门原来独立信息的整合、集成，是绍兴市人民医院电子病历建设过程中遇到的最大难道。经过实施公司与该院计算机中心的共同研究，集成的系统信息分为以下几种。

（1）门诊系统的信息集成：该院门诊采用门诊医生工作站（电子处方与电子病历），记录门诊病人就诊的所有门诊病历、处方、检查、检验信息。通过入院注册时住院号与门诊号的唯一对应，实现在住院电子病历界面上，查询该住院病人在本院历次门诊按时间序列的所有门诊就诊信息。

（2）PACS 及医技系统的信息集成：绍兴市人民医院于 2004 年建成全院性医疗影像系统（PACS）。医院所有医生工作站均可查询放射报告与高清晰度的放射图像，并对神经内、外科等对图像要求高的 8 个临床科室配置了高分辨率、高灰阶的放射专业显示器。

（3）实验室信息系统（LIS）集成：是专为医院检验科设计的一套实验室信息管理系统，医生在系统中输入检验项目医嘱，护士打印检验标签并粘贴于样品容器上，根据标签采样送检验科。检验科根据住院号进行样品核收并检验，检验结果由仪器自动传至 LIS 服务器，经技师确认后，电子病历系统该病人界面上就能查询按时间序列的所有检验报告。

（4）传染病与医院感染报告系统：电子病历界面上集成了传染病例的报告，医生只需在报告界面上作少量选择。报告内容反馈到医院感染科，由医院感染科对报告内容审核后通过中国疾控中心的网络直报系统直接上报，有效缩短信息从医生端到医院管理部门的时间。

（5）抗生素控制审批系统：医院在对药品比例与医生经济收益进行政策性宏观控制的基础上，对抗生素类药品进行分类管理。

（6）护理信息集成：医院采用电子护理病历，入院评估单、一般护理记录、危重病人护理记录由计算机处理。医生在电子病历界面上能查询到所有病人相关的护理信息。

（7）医嘱信息集成：医生可以在电子病历界面上的医嘱处理功能上录入医嘱，也可在医嘱系统上录入医嘱。在电子病历界面上可以查询相关病人全部医嘱、临时医嘱、已停止的医嘱、正在执行的医嘱等信息。

（8）药物知识库系统集成：通过药物知识库系统的药物名称与本院药库在用药物的对应，医生在医嘱录入界面上可以查询药物剂量、相互作用、配伍禁忌等，并可查询相关药物的详细使用说明书，达到指导医生用药，防止不合理用药现象的发生。

经过数月实施，电子病历系统取得了不错的应用效果。

绍兴市人民医院电子病历是以病人为中心、病人诊疗信息为主线，集成门诊、住院等与病人诊疗相关的各个环节，包含了门诊病历与处方、医技检查、检验、医嘱、医生与护理病历记录等信息的电子病历系统，有利于医生对病人的准确诊断与有效治疗。

该电子病历系统的实施将明显提高医生的工作效率，且质量胜于效率。绍兴市人民医院在严格执行卫生部病历书写规范的基础上，出台了电子病历使用规范，通过质量管理部门的质量控制工作站进行事前提醒、事中监督、事后考核，通过管理控制病历书写质量，以达到提高医疗质量的目的。

在质量管理工作中，事中监督和事后考核由质量管理部门负责。其中医务科对医生临床工作质量进行监督，护理部对护理工作质量进行监督管理。事前提醒由电子病历系统自动完成，直接提供在医生和护士的工作平台上。

针对临床质量管理，医院信息中心主任钟初雷认为：电子病历系统强化了病历质量与医疗质量控制，有利于各项医疗规章制度的落实。电子病历的应用，使传统的病历质量事后监督转变为事前提醒与事中监督；在有效的规章制度基础上，实时监控的事中监督更有利于保证病历质量。医生电子病历通过主诊医生、科主任，护士电子病历通过护理组长、护士长的带痕迹修改，医院病历质量控制部门的动态监督，实现了电子病历的三级监控。病历质量的考评从病人入院就纳入动态管理，比原来病历质量在终结期考评提高了一个层次，为医疗护理质量和医疗文书书写的动态管理找到了有效的办法，促使病历书写规范与各项医疗规章制度真正落实，达到了规范管理、提高医疗质量的目的。

6.3　远程医疗

6.3.1　概述

远程医疗是指通过计算机技术、遥感、遥测、遥控技术为依托，充分发挥大医院或专科医疗中心的医疗技术和医疗设备优势，对医疗条件较差的边远地区、海岛或舰船上的伤病员进行远距离诊断、治疗和咨询。

远程医疗是一项旨在提高诊断与医疗水平、降低医疗开支、满足广大人民群众保健需求的全新的医疗服务。目前，远程医疗技术已经从最初的电视监护、电话远程诊断发展到利用高速网络进行数字、图像、语音的综合传输，并且实现了实时的语音和高清晰图像的交流，为现代医学的应用提供了更广阔的发展空间。国外在这一领域的发展已有 40 多年的历史，而我国只在最近几年才得到重视和发展。

在我国，应用远程医疗有着十分重要的意义。

首先是在一定程度上缓解了我国专家资源、人口分布极不平衡的现状。我国人口的 80%分布在县以下医疗卫生资源欠发达地区，而我国医疗卫生资源 80%分布在大、中城市，医疗水平发展不平衡，三级医院和高、精、尖的医疗设备也以分布在大城市为多。即使在大城市，病人也希望能到三级医院接受专家的治疗，造成基层医院病人纷纷流入市级医院，加重了市级医院的负担，造成床位紧张，而基层床位闲置，最终导致医疗资源分布不均和浪费。利用远程会诊系统可以让欠发达地区的患者也能够接受大医院专家的治疗。另外，通过远程教育等措施也能在一定程度上提高中小医院医师的水平。

其次是缓解了偏远地区的患者转诊比例高、费用昂贵的问题。中国幅员辽阔，人口众多，边远地区的病人，由于当地的医疗条件比较落后，危重、疑难病人往往要被送到上级医院进行专家会诊。这样，到外地就诊的交通费、家属陪同费用、住院医疗费等给病人增加了经济上的负担；同时，路途的颠簸也给病人的身体造成了更多的不适。而许多没有条件到大医院就诊的病人则耽误了诊疗，给病人和家属造成了身心上的痛苦。据调查，偏远地区患者转到上一级医院的比例相当高；平均花费非常昂贵，除去治疗费用外的其他花费（诊断费用、各种检查费用、路费、陪护费、住宿费、餐费等）需要数千元，让病人几乎无力承担。而远程会诊系统可以让病人在本地就能得到相应的治疗，大大减少了就诊费用。

远程医疗主要具备以下特点：

（1）在恰当的场所和家庭医疗保健中使用远程医疗可以极大地降低运送病人的时间和成本。

（2）可以良好地管理和分配偏远地区的紧急医疗服务，这可以通过将照片传送到关键的医务中心来实现。

（3）可以使医生突破地理范围的限制，共享病人的病历和诊断照片，从而有利于临床研究的发展。

（4）可以为偏远地区的医务人员提供更好的医学教育。

远程医疗通过使用远程通信技术、全息影像技术、新电子技术和计算机多媒体技术，发挥大型医学中心医疗技术和设备优势对医疗卫生条件较差及特殊环境提供远距离医学信息和服务。具体而言，远程医疗主要包括在线问诊和远程手术两种模式。

6.3.2　远程医疗之在线问诊

在线问诊是远程医疗服务的新兴模式，它是基于互联网来为病患提供在线的诊疗服务。与网上医院相比，在线问诊是一种新型的服务模式，而网上医院可能具备在线问诊的服务内容，也可以不具备在线问诊的功能而只是提供预约、挂号、缴费、报告自查等服务内容。在线问诊可以是通过医院这个主体来提供服务，而现在更多是医生在第三方服务平台上为患者提供服务。凭借实时、便捷、廉价的服务，在线问诊很快就得到了众多用户的接纳。在我国医疗健康服务市场，由于传统门诊体系本身存在着多项严重问题，所以在线问诊的优势更加明显。

传统问诊体系中，不同地区、不同医疗机构之间医疗资源分配严重不均。一、二线城市的大医院聚集了全国最好的医疗资源，而广大的乡镇、农村地区则资源严重匮乏。病人在选择医疗机构时努力向大医院集中，有条件的病患即使小病症也要占用优质的医疗资源，而农村地区的病患无处问诊。于是就造成了一方面大医院存在着严重的问诊拥挤，一方面非核心医疗机构面临着病患不足的尴尬，医生资源利用率非常低。而且，门诊受到固定上班时间的限制，病人就诊需要从家中赶到医院，还受到交通与距离的限制。

由于以上种种原因，人们对于去医院就诊这件事情比较排斥，他们觉得为一点小毛病不值得跑去医院排队，费时费力最后只得到五分钟的问诊。这类人群不愿意去医院就诊，不代表他们不想要解决身体的不适，所以他们都将成为在线问诊的潜在用户。在去医院就诊的人群中，不需要现场治疗的比例高达七成，这七成病患也可以通过在线问诊服务解决自己的问题。

随着互联网的发展，提供各种健康资讯的渠道越来越多，大量的健康理论充斥于人们的生活当中，然而哪些可信、哪些虚假人们难以分辨，有些健康资讯甚至只是健康产品的广告。一方面大量虚假信息泛滥，一方面人们对可靠的网络健康信息需求强烈。在这种情况下，可信赖的、便捷的医疗健康信息渠道建设势在必行，它们可以只是提供健康建议，而不需要进行专业的医学治疗。在线问诊模式就是在这样的背景下应运而生。在这种模式下，用户得到的医疗健康建议全部来源于专业的医学人员，具有很高的可信度，再加上平台自身的公信力，更能成功满足大部分用户对健康信息的需求。

作为一种新兴的医疗健康服务模式，在线问诊平台没有成功的经验可以借鉴，大部分初创公司都还在摸索可能的盈利模式。有些平台主要通过向用户或者雇主收费来实现盈利，也可以通过数据价值的进一步挖掘，以及将线上用户引流到线下合作的医院或者药店来获取利润。

1．面向病患收费

面向病患收费是在线问诊最常用也是最直接的盈利方式，无论哪种类型的在线问诊平台，都有采用这种方式成功盈利的先例，具体包括单次服务收费和包月收费两种收费模式。不同的平台收费标准不同，一般来说视频问诊收费稍贵，通过文字信息咨询的轻问诊收费稍低。有的平台也会根据不同的服务主体设置了不同等级的收费级别。

在美国医疗行业，问诊费用普遍较高，问诊收入是医生收入的重要来源，因而在线问诊收费具有很大的成本优势；而我国医疗机构问诊收费并不高，所以网上平台并不会显得收费低廉。国内在线问诊的优势在于能够为用户提供更好的就诊体验，用户不再受限于时间、地点，也不需要排队挂号，提出的问题很快就会得到回应。

很多在线问诊平台在开始的时候对用户完全免费，等到用户数量积累到一定的规模，再通过更专业的服务开通付费模式。届时，基础的问答服务仍然保持免费，以此吸引更多的用户加入平台，而更为专业和复杂的问题则需要转向付费服务或者导流到线下医疗机构才能解决。如果用户对时效性要求较高，需要针对性的互动服务，往往就会选择付费的在线服务。

2．向企业雇主收费

向用户收费是最常见的收费模式，除此之外，有些平台的收费模式是向雇主收费。企业雇主是购买医疗保险的主体，尤其是在欧美地区，医疗保险和其他相关的健康服务已经成为基本的员工福利。基于此，很多在线问诊平台将自己的客户定位于雇主群体，向这类群体售卖在线问诊服务。

雇主付费模式的成功，其前提之一就是这项服务能够纳入国家医保体系。而在国内市场，医保机构并没有参与远程医疗服务体系，因而雇主付费模式暂时还很难得到推广，只有很少的雇主愿意为员工的远程医疗服务买单。在这种背景下，在线问诊平台若要发展雇主付费模式，只能选择与保险公司合作，将服务内容整合到保险产品之中。这样，雇主在购买健康保险的时候就自动购买了远程医疗服务。

3．挖掘数据价值

随着大数据技术的发展，数据已经成为越来越重要的商业资源。通过与医疗服务相结合，进一步挖掘数据的价值，成为在线医疗服务发展的新方向。比如与药厂合作，可以提高新药研发效率；与医疗机构合作，能够改善临床疗效，筛选出更有效的治疗手段等。在线问诊平台拥有大量的用户，长期下来积累的用户健康数据规模巨大，如果方法得当，很可能会从这些大数据之中挖掘出巨大的经济价值。

4．O2O 模式下的导药导医

通过与线下实体医疗机构和药店合作，将线上平台的用户引流到线下的合作机构，以促进线下销售来实现平台自身的盈利，是国内在线问诊初创公司经常会采取的盈利模式。用户在线上平台完成问诊之后，通常会去药店购买对应的药品或者去医院进行深入的诊治，这就是生成导医导药模式的基础。

导医是将需要去医院进行深入诊疗的用户导流到合作的医疗机构，在线问诊平台根据导入的流量向医院收取一定比例的佣金。然而这种模式实施起来存在着一定的问题，资质高的医院已经人满为患，并不缺少病人，所以没有导流需求，而需要网站导流的医院往往资质较差，用户不愿意去。

导药就是将具有购药需求的在线用户就近倒流到合作药店，甚至直接导流到药店的在线销售平台，然后由药店送药上门，在线问诊平台则根据导流流量或者用户在药店的消费情况抽取佣金。这种模式成功的关键在于平台对药店资源的整合情况，如果平台整合了足够多的药店，就很容易实现盈利。

目前，广东省第二人民医院和金康药房已经推出了在线问诊与线下购药相结合的模式，患者可以在金康药房门店使用广东省第二人民医院的网络医院视频问诊，避免去医院排队挂号，购买医院的高价药品，可持金康药房网络医院开的处方，在金康药房进行医保卡门诊统筹和报销结算。原来医保病人必须去医院看病才能享受医保统筹，网络医院先行先试，医保病人在家里或者在社区可直接享受医保统筹，实现了医疗、医保、医药的三医融合。

6.3.3 远程医疗案例：东软远程医疗网

东软集团作为国内最大的 IT 解决方案与服务供应商，同时也是在医药卫生信息化领域布局最早的国产品牌厂商之一，在医疗卫生信息化的布局始于我国医疗卫生信息化建设之初，发展至今，东软已经在医院信息化、公共卫生信息化和个人健康管理等各行业构建完整生态圈。东软应急指挥系统和远程会诊系统曾在北京奥运会、"5·12"汶川大地震等事件中都发挥了重要的作用。同时，东软远程会诊系统是目前国内用户最多、会诊量最大的远程会诊系统之一，也是国内唯一获得 SFDA 认证的远程医疗软件产品。习近平总书记在辽宁考察调研时评价其为"用信息化系统提高医疗水平，叫如虎添翼。要利用好这套系统，更好地为群众服务。"

东软远程医疗以远程会诊咨询服务组织和远程医疗解决方案提供为主要业务方向，致力于为全国各级医疗机构、医学专业人员和广大患者提供远程医疗服务和技术支持。自 2001 年正式开通，年会诊量已达万余例，成为国内有着广泛影响的远程医疗业务运营平台。

依托"东软远程医疗网"数据平台面向各级医院提供远程医疗会诊系统建设方

案，帮助各级医院组建自己的远程会诊中心，同时帮助有实力的医院组建辐射周边合作医院的区域性远程会诊中心，更方便地争取外部医学专家资源的支持、充分发挥本院医学专家的作用。简单来说，东软远程医疗网一边接入大型综合医院，另一边接入小型区域性医院。大型中心医院可以获得其他大医院远程医疗的协助，形成相互协助的合作层，同时可以成为"会诊中心"。其他小医院以会员的方式加入到这个远程医疗网当中，小型区域性医院则可以通过网络接入获得远程大型中心医院的医疗协助，形成如图 6-4 所示的远程医疗网络。在保证功能完备的前提下，尽量地减少医院人力资源占用。

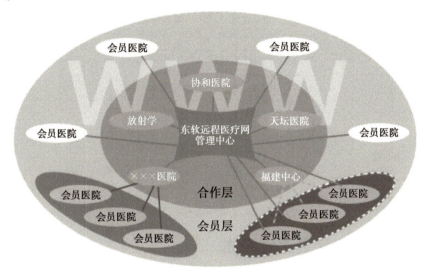

图 6-4　东软远程医疗网结构图

东软远程医疗解决方案以优化区域医疗资源配置、提升基层医疗服务可及性、提高基层医疗卫生机构的诊疗能力为目标，构建涵盖远程诊断、远程会诊、远程教育、远程医疗运营的全面解决方案，如图 6-5 所示。

东软远程医疗具备以下几个主要系统特点：

（1）远程影像会诊，由医学影像专家主要基于患者 CT、MR、CR、DR 等疑难影像资料进行远程诊断并出具诊断咨询报告的会诊。通常从提交影像会诊到收到专家报告只需要 2～4 个工作小时，一年 365 天影像会诊业务天天开展。

（2）临床交互式会诊，利用视频会议系统医学专家可以与异地患者进行面对面的交流，医学专家现场实时解答医生、患者的各种问题。

（3）远程培训，医学专家通过远程培训系统进行专题讲座，将最新的医疗信息和诊疗经验传授给下级医院医生，并展开互动交流，现场解答各种疑难问题，帮助听课医生拓展诊疗思路，提高下级医院整体从业水平。

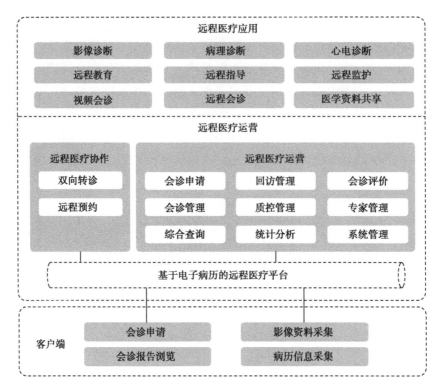

图 6-5　东软远程医疗各大模块

6.3.4　远程医疗之远程手术

远程手术是指医生运用远程医疗手段，异地、实时地对远端患者进行手术，包括远程机器人手术、远程手术指导等。远程手术实际上是网络技术、计算机辅助技术、虚拟现实技术的必然发展，可以使外地医生像在本地手术一样对远程的患者进行一定的操作。其实质是医生根据现场传来的影像来进行手术，其动作可转化为数字信息传递至远程患者处，控制当地的医疗器械的动作。图 6-6 显示了远程手术的现场。

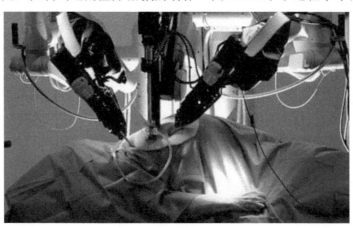

图 6-6　远程手术示例

由于我国人口众多，经济发展和医疗资源极不平衡，中心城市和沿海发达地区经济水平高，医疗资源丰富，而边远地区经济相对落后，医疗资源匮乏。同时，我国80%的大医院集中在中心城市和经济发达地区，需要进行大手术的患者一般要到中心城区才能进行，由于地域造成的就医困难，患者经常会错过最佳手术时机。通过远程手术可以把边远地区患者与大医院知名专家连在一起，最大限度地将大城市大医院的优势资源向外辐射。远程手术在战场救护、抗震救灾等特殊环境下都具有极其重大的意义。

常规手术中，对于一些特殊手术（如神经手术、心脑血管手术等），由于病灶位置确认、手术创口、手术时间等具有一定的限制，人工手术的误差会加大手术风险。通过内镜技术、3DCT 成像，通过局部手术部位高清放大或提供 3D 影像，并使用特殊的手术机器人，能够有效缩短病灶查找时间、减少创口、缩短术后愈合时间、提高手术成功率。

通过影像设备，将手术场景直接传送到远端的专家电脑商，通过专家的现场手术指导，合理选择下刀方式、角度、部位，实现远端专家与手术医生的合作，也能够提高手术质量，而手术影像的记录和播出也是医学示教的典型用途。

远程手术包括远程机器人手术、远程手术指导等。

远程机器人手术是指手术医生在手术室无菌区之外或异地虚拟手术中心，在控制台前，通过内窥成像技术了解手术部位，摇动控制器，操作手术室内的机器人设备开展手术，甚至通过相关设备，实现异地/远程手术。

远程手术指导是指通过影像设备，直接将手术场景直观地传输到远端的专家电脑上，远端的专家通过语音通信设备，与手术医生沟通，协助其完成手术。

接下来我们以远程机器人手术为例，介绍在手术准备阶段和手术阶段的远程机器人手术流程。

在手术准备阶段，根据实际手术需求，远程手术发起方提出远程手术申请；在接收方确认同意后，发起方将患者标准电子病案与接受方共享；在双方对患者病情资料作出详细分析和研究，了解患者病案后，召开远程会诊，共同讨论患者病情；通过 3D 技术，对患者身体部位进行 3D 建模，通过信息系统进行模拟手术的规划与预演；经过远程会诊专家讨论，确定具体的手术方案和应急备用方案。

在手术阶段，远程手术发起方在常规手术准备外，还需要确定远程网络连接情况、实时影像系统、实时通信系统和手术控制台的准备情况。在确认所有环节无误后，完成远程手术准备；主刀医生采取坐姿进行手术操作，通过技术手段遥控位于异地远端机器人来进行手术，通过实时影像系统与协助医生共享手术场景，通过实时通信系统获取协助医生帮助。3D 高清影像技术为主刀医生提供高清晰、全方位立体式手术视野，进行准确的组织定位。仿真手腕手术器械通过消除颤动而减低手术风险，使用机器手可以进行人手不能触及的狭小空间的精细操作，提高手术精度。在完成术后处置中，进入观察与康复阶段。

通过实施远程手术，可以实现如下价值：

（1）提高边远地区医疗水平。远程手术可以使本地医务工作者同国内外医学专家联系在一起。一方面将大城市高端专业的医疗资源向边缘地区辐射，提高其诊疗水平；另一方面通过交流、沟通和指导，使其在专业技术水平上得到极大提高，有利于医务人员的培训，特别有利于提高边远地区医疗服务质量。

（2）提高手术精确性。远程手术使用三维影像技术，向手术医师提供高清晰的三维影像，突破了人眼的极限，并且能够将手术部位高倍放大，使手术观察效果更加精准。同时优质的影像也是远程手术指导的基础。

（3）增加灵活性和便捷性。远程医疗使身处偏远地区或合适的手术专家无法及时抵达的情况下，患者得到良好诊断和治疗，如农村、山区、海上、战场甚至天空。利用远程医疗技术，手术医生可以通过远端控制机器人来完成诊断和手术。因此，在未来出现突发意外时，处在不同地域的专家仅需一套远程手术设备，便可及时进行会诊、开展手术、挽救患者生命。因此远程手术设备小型化、便携化，将会是未来发展的方向之一。

但在实施远程手术的过程中也存在一些问题：

（1）知识产权与成本问题。远程手术的成本比较高，每台医用机器人的最高成本可达130万美元，目前我国没有完全知识产权的类似技术产品，因此在设备费用、维护上都存在很大限制。全世界仅有不足300家医院可实施机器人手术，因此机器人手术的成本无法迅速降低。即使不适用医用机器人的远程手术成本也远比本地手术高，且难以降低，这也是造成远程手术推广困难的重要原因之一。

（2）标准、规范和法律问题。当前在美国使用机器人手术无论是使用什么系统，用来进行手术计划的每一道程序都必须得到政府部门的批准，具有严格的安全、社会、医学、伦理等审核，严格规范了机器人手术的重要手段。我国在此领域缺乏相关标准的制定和管理要求，对此类服务业缺乏价格核定的规范，此外执业许可、相关医疗安全、医疗事故核查与法律裁定都存在明显空白。这些标准、规范和法律问题也影响了远程手术的推广。

（3）远程手术的技术限制。远程手术的优势是显而易见的，但与任何依赖于电信技术的工具一样，它的身上同时也存在着安全隐患。外科医生和机器人之间的通信一般都是在公共网络上进行的，如果所在区域网络状况较差，通信将会受到影响。就以医生通过屏幕上的图像来抓取血管为例，如果他们并没有习惯这种时间延迟，他们可能会认为他们移动到了正确的距离，但是事实上医生的操作太快了，有可能会穿刺动脉或器官。另外，在手术过程中有太多不可预测的因素，例如病人突然脉搏降低、呼吸困难、药物过敏等，这些问题都会导致手术过程中出现风险。

6.3.5　远程手术案例："达芬奇"机器人

"达芬奇"机器人手术系统以麻省理工学院研发的机器人外科手术技术为基础。Intuitive Surgical 公司随后与 IBM、麻省理工学院和 Heartport 公司联手对该系统进行了进一步开发。FDA 已经批准将"达芬奇"机器人手术系统用于成人和儿童的普通外科、胸外科、泌尿外科、妇产科、头颈外科及心脏手术。

"达芬奇"机器人由三部分组成：外科医生控制台、床旁机械臂系统、成像系统。

1）外科医生控制台

主刀医生坐在控制台中，位于手术室无菌区之外，使用双手（通过操作两个主控制器）及脚（通过脚踏板）来控制器械和一个三维高清内窥镜。正如在立体目镜中看到的那样，手术器械尖端与外科医生的双手同步运动。

2）床旁机械臂系统

床旁机械臂系统（Patient Cart）是外科手术机器人的操作部件，其主要功能是为器械臂和摄像臂提供支撑。助手医生在无菌区内的床旁机械臂系统边工作，负责更换器械和内窥镜，协助主刀医生完成手术。为了确保患者安全，助手医生比主刀医生对于床旁机械臂系统的运动具有更高优先控制权。

3）成像系统

成像系统（Video Cart）内装有外科手术机器人的核心处理器及图像处理设备，在手术过程中位于无菌区外，可由巡回护士操作，并可放置各类辅助手术设备。外科手术机器人的内窥镜为高分辨率三维（3D）镜头，对手术视野具有 10 倍以上的放大倍数，能为主刀医生带来患者体腔内三维立体高清影像，使主刀医生较普通腹腔镜手术更能把握操作距离，更能辨认解剖结构，提升了手术精确度。

"达芬奇"机器人的出现，也使得远程手术成为可能。只要实现机器人机械手和操控台的联网，医生无论在世界的任何一个角落，都可以为患者实施手术。据 Computer World 报道，美国佛罗里达州的一家医院已经成功测试了远程互联网手术操作，通过遥控机器人，实现了近 2000 公里的人为控制，而接下来的重点，则是如何缩短滞后时间。这意味着，未来患者可以在任何一家医院，接受知名专家的手术。

远程手术的关键设备是一款常见的"达芬奇"手术机器人，但添加了互联网系统，测试内容则是模拟腹腔缝合，整个过程非常顺利。测试中发现的问题是滞后性，其范围从 200 毫秒至 600 毫秒不等，但专家称 600 毫秒以内的滞后，在现实中对手术的影响是微乎其微的。相比之下，互联网的稳定性则是更关键的问题，如何保证互联网故障不会发生、服务器如何抵抗黑客恶意攻击，是目前尚待解决的问题。

不过，相关专家认为，远程手术对于提升医疗服务是具有积极意义的，美国尼克尔森中心已经投入 490 万美元研发远程医疗系统。除了在军事方面发挥重大作用，在民间医疗、无国界医疗援助等领域，也具有广泛前景。

事实上，目前用于腹腔镜手术的机器人，已经拥有极高的可靠性和安全性，在发达国家医疗机构的手术室中，机器人系统的应用非常广泛，如美国已经拥有 2000 部以上的手术机器人，执行 80%的前列腺癌手术及 41%的子宫切除手术。它们能够精确到毫米，不会因为劳累而不稳定，同时可实现一些极难的操作手法，可以说是外科医生的得力助手。

6.4　移动医疗

6.4.1　概述

1. 移动医疗的特点

移动医疗主要借助了移动互联网的出现。移动互联网通常理解为移动通信网作为接入网络，以移动终端作为媒介，来获取和处理信息及服务。简单来说：移动互联网就是通过手机、平板电脑等便携智能设备来实现网络联通，随时随地获取信息和服务。移动互联网是未来互联网的发展趋势。移动互联网具有无处不在的网络接入能力、个性化服务特征和开放式创新性。它还同时具备传统的计算机功能、互联网联通功能和无线通信的移动功能。主要具有以下特点。

1）移动性

移动互联网中的智能终端最大的特点是具有移动性。用户可以随时随地地进行网络接入和信息获取；另外，移动终端还具有天然的定位功能，可以精确定位用户的移动性信息。

2）融合性

移动终端已经成为一个功能越来越强的集计算、多媒体录放、金融、健康管理等为一体的平台。随着终端相关技术的进一步发展，移动终端的功能会越来越强大。

3）个性化

个性化特征主要体现在终端和网络两个方面。对于终端方面，用户将个人与移动终端绑定，个体可以自主选择自己喜好的应用和服务。至于网络，移动网络可以实时跟踪并分析用户需求和行为变化，并据此进行动态调整以满足用户的个性服务。

4）碎片化

移动互联网碎片化的特点主要表现在时间上的间断性，用户通过移动终端上网经常会由许多很短的时间片段组成。

移动互联网业务的实现需要多种技术的支撑。从网络的角度来看，需要移动通信技术特别是宽带移动技术的支持。从终端角度来看，移动互联网发展离不开功能强大的智能终端的支持，这其中包括智能终端设备和智能终端操作系统。从移动 APP 设计角度来看，在移动互联网业务实现过程中还需要运用移动 Web2.0 艺术。除此之外，移动互联网业务的实现还会涉及很多辅助技术，如移动视频技术、移动定位技术、移动搜索技术等。

2．移动医疗的作用

在移动医疗领域涌现的各种手机 APP，在医疗行业确实发挥了重要的作用。手机 APP 可以根据患者的问题进行分诊和疏导，同时 APP 中还有比较严格的多级导诊程序，可以在患者和医生进行沟通之前就对患者的问题进行筛选，为医生的网络问诊减轻负担。具体而言，移动医疗在医疗领域发挥的主要作用如下。

1）为医生的诊疗工作提供帮助

当前医生迫切地需要摆脱携带大量纸质病历材料到病房查房的医疗模式，通过无线技术和随身携带的平板电脑等移动设备可以随时随地访问电子病历，快速、准确地获取相关诊断和处置信息，以及下达新医嘱。我国部分大型三甲医院已经开始这方面的实践。

2）为医生的科研工作提供支持

医生在得到病源后可以让患者在手机上安装一个科研随访 APP。对医生来说，不仅可以通过手机 APP 与患者进行在线交流，还可以向患者发送一些相关的研究事项及科普文章。对患者而言，使用手机 APP 可以在接受访视的时候收到相应的提醒信息，从而做好被访视的准备，有一些访视内容也可以直接利用手机 APP 来完成，更加方便快捷。对于护士而言，以前大部分医院都没有对护士的工作进行记录和跟踪，以至于事情发生后无法查究究竟是哪个环节出现问题。通用移动护理工作站的应用，可以实现护士床边的"三查一对"，包括医嘱执行、护理评估等，不仅提高了护士的工作效率，也能防止失误的发生。

医生在进行访视的过程中还可以积累一些潜在的患者资源，并通过手机 APP 对这些潜在患者进行跟踪和维护。当有临床试验需要的时候，这些维护的患者群体就可能转化为一种可以利用的资源，为临床试验提供更多支持。

3）帮助患者寻医问药

许多以移动 APP 开发作为入口进入移动医疗领域的初创公司，以患者为导向设计开发可以进行寻医问药的咨询工具，注重即时性和高效性。

在移动 APP 上，患者可以通过悬赏的方式提出医疗问题，而医生会根据自己的时间和擅长情况进行抢答，这种方式得到了众多医生的认可。在平台上患者可以提出自己的疑问，医生可以根据情况做出回答，患者根据医生给出的答案进行评价，医生可以从中获取一定的报酬。评分比较高的医生拥有被优先推荐的权利，也就是说医生的评分越高，其可能获取收益分成的比例也越高。

这些帮助患者寻医问药的移动医疗 APP 主要分为 5 种：

（1）医药产品电商 APP，如掌上药店。

（2）为医疗工作者提供专业信息和查询医学资料的应用，如杏树林。

（3）满足寻医问诊需求的应用，如春雨掌上医生。

（4）预约挂号及导医服务平台，如挂号网。

（5）细分类产品，如用于女性经期管理的"大姨妈"。

移动医疗 APP 已经成为解决消费者看病难问题的一种辅助手段。

从中国移动医疗领域的发展现状来看，移动医疗的发展重点仍然放在前端，并致力于依靠技术的提升来改变服务模式和数据收集。中国的移动医疗领域，弱点就在于数据、技术和服务的打通，将业务向产业链的后端延伸，注重在诊断以及个人健康等方面的发展。

6.4.2　移动医疗之智慧医疗 APP

苹果公司将 Apple Watch 与 HealthKit 结合在一起，提前将未来人们的健康管理方式变成了今天的现实。

HealthKit 是一个能够收集和分析第三方健康应用数据的个人健康数据管理平台。该平台还可以与医疗机构展开合作，允许医疗机构使用、分享用户的健康数据。用户也可以在 HealthKit 中看到自己每天跑了几公里、睡眠时间是多少、消耗了多少卡路里等健康数据。HealthKit 同时能够整合 Apple Watch，对佩戴者的健康状况进行实时监测，让用户在 iPhone 上就能看到自己身体的相关信息。这种创新性的整合模式消除了医疗机构、健康应用和可穿戴医疗设备之间的层层壁垒。苹果公司推动了智慧医疗的普及，必将会给我们的健康生活带来重大的变革。

自 HealthKit 平台公布以来，苹果公司一直较为低调，人们对于它的健康跟踪功能知之甚少。而现在斯坦福大学医院和杜克大学医院已经开始将医疗设备和 HealthKit 平台结合，来追踪病人的健康状况。

斯坦福大学医院主要用 HealthKit 为糖尿病儿童患者记录血糖含量，而杜克大学则运用 HealthKit 记录病人血压和体重以及其他一些生命体征，来辅助治疗一些更为严重的病症，诸如心脏病和癌症。HealthKit 会收集医疗监控设备的数据，并作出相应反馈，用户数据还能与医生分享。此外，HealthKit 能自动判断患者血压及其他生命体征是否在正常范围内，并通知医院患者是否需要做进一步的检查。

值得一提的是，要想运用 HealthKit 平台，医院首先要请求苹果公司授权，而且其数据也必须加密保存，禁止销售给广告商。

下面我们进一步了解 HealthKit 的工作方式。

苹果公司正在与美国许多健康应用供应商合作，来为医疗机构和搭载 iOS8 系统的手机或平板设备建立联系和服务，其中包括 HealthKit。尿病患者能够在家利用诸如 iPodtouch 这样的相对便宜的 iOS8 设备，来监控血糖。苹果的硬件伙伴，诸如 EpicSystems 和 DexCom 已经打造了能够搭载 HealthKit 平台的设备。此外，美国医疗器械监管机构及美国食品和药物管理局正在考虑将 HealthKit 与其他产品整合，能够"即插即用"。HealthKit 上的数据能够通过 iPhone、iPad 和 iPodtouch 进行共享，并且可以远程且加密传送给医生。HealthKit 上的健康记录和数据能够上传到电子隐私信息中心（EPIC）的电子健康数据库中，医生能够在 EPIC 上即时查看病人情况。

圣地亚哥的 DexCom 公司开发出动态血糖仪，将小型传感器嵌入皮肤，来实时监测病人血糖含量。每五分钟，数据会传输给一个手持接收器，而该手持接收器能够直接放在病人口袋中。目前，DexCom 公司已开发出移动应用代替手持接收器，而该应用可以装载在 iPhone 上。

可以预见，未来人们的健康出现状况时，在任何地方都能第一时间得到医生的诊治和救护，今后的可穿戴和健康 APP 不再局限于监测体温、呼吸频率、血压、血糖、心率、血氧含量等人体的健康指标，而是一个综合性的健康管理平台，通过把佩戴者的健康数据同步传送到医疗机构的数据库，实现病人与医院、医护人员、可穿戴医疗设备之间的高效互动。人们的生活将逐渐告别"跑医院挂号、排队、诊断、取药"等复杂的就诊程序，这就是移动医疗所能给我们带来的更加高效便捷的医疗方式。

对于国内而言，移动医疗也正在蓬勃发展。自 2012 年开始，国内互联网三大巨头之一的腾讯公司依托微信等众多产品，先后在全国数千家医院推出了微信预约挂号、缴费、候诊等服务，并在 2014 年与国内最大的连锁药店海王星辰合作推进药品 O2O。2014 年上线的微信智慧医院，以"公众号+微信支付"为基础，结合微信的移动电商入口，用于优化医生、医院、患者及医疗设备之间的连接能力。整个流程包括微信预约挂号，候诊提醒；微信导航，诊疗室和化验室之间的有效指引；微信支付诊间费用，电子报告微信实时送达、离开医院后的医嘱提醒等。

正像人们如今使用手机看新闻、购物、打车、玩游戏、聊天一样，移动互联网也正在推动全民医疗向移动化、个性化的方向前进。未来智能手环、智能手表、智能健康监测等产品将会得到更广泛的应用，人们将会使用各种智能便携终端和传感器，进行更加有效的健康数据测量和管理。表 6-1 对国外智慧医疗 APP 进行了一些举例说明。

表 6-1　国外智慧医疗 APP 举例

APP 名称	价　格	主　要　功　能
FitPort	12 美元	用户运动健康数据管理平台，监控记录包括骑车里程、步行距离、步行数目、爬升高度、卡路里消耗量、摄食量、体重以及体脂率等数据指标
SleepTracker	0.99 美元	睡眠监测 APP，同时具备心率监测和运动监测功能

续表

APP 名称	价　　格	主　要　功　能
CarrotFit	2.99 美元	运动监测和减肥 APP，根据用户输入的年龄、性别、身高和体重信息来判断用户的身体健康状况，根据判断结果来督促用户科学地饮食和运动
Humant	免费	追踪记录用户的运动情况，并在主屏上直观地显示用户的运动进度
UP	免费	进行摄食量、运动和睡眠监测，同时具备强大的社交功能

未来人们将在以下几个方面利用移动医疗 APP 进行健康管理。

1．采集个人数据

当前智能终端能够更加方便、实时地测量体温、心率、血压、卡路里消耗等指标。2015 年初，腾讯推出一款智能硬件产品"糖大夫"血糖仪，这是一款主要用来做糖尿病管理的智能硬件产品，配备了彩色显示屏，操作方式与智能手机类似。糖大夫实现了与微信的联动，在开机时，糖大夫会提醒用户扫描二维码并绑定微信账号，此后会有微信公众账号推送定期测试提醒和测试结果给用户。未来，将会出现更多基于移动网络的便携式智能测量仪器，还会增加白细胞、血糖值、B 超、心电图等监测功能，很多目前只能在医院进行的检查会逐渐转移到智能终端上，配合云计算和医疗专家系统，用户就能随时随地地接受专家的诊断。

2．提供移动化的医疗咨询服务

2015 年底，腾讯糖大夫与目前国内最大的医学医药专业社区丁香园、众安保险联合推出了糖大夫 2.0。糖大夫智能血糖仪作为智能终端链接了丁香园的在线即时诊疗和健康管理服务。同时，糖大夫基于患者的大数据管理，与众安保险共同推出针对患者的康复激励保险服务。糖大夫平台和丁香园对接后，在用户得知并允许的情况下，糖尿病医生团队可以在后台看到用户每次测量的结果，时间精确到小时，血糖异常时医生能及时将建议反馈给到用户。此外，糖大夫还有微信实时分享，"糖友"们的专属社交圈。通过糖大夫，已经使得慢性病医疗服务的诸多环节与糖尿病人建立起良好的连接，同时依托于移动互联网和大数据技术所打造的新型慢性病管理平台也逐渐成型。

目前大多数智能终端只是具备简单的提醒功能，大都缺少专业医疗技术的支持。在可以预见的未来，智能终端能够为用户提供专业的医疗咨询服务，康复、推拿等医疗服务也有望实现移动智能化。如果分子水平的 3D 终端打印设备研发成功，甚至可以直接为用户打印药品或者运用纳米机器人进行治疗。

3．搜集更大规模的健康数据

随着大数据发展，移动医疗领域将会对生活方式、环境要素、个人基因组，甚至实时的血压、心跳、激素等健康数据进行搜集，通过对更大规模的健康数据进行分析，对更多疾病形成更深刻的认识，促进医疗技术和研究的长足进步。

对于腾讯推出的糖大夫平台，现在该平台可以收集不同年龄层、地域、季节的用户检测血糖的特点，以及检测血糖的时间。这些数据可以帮助糖大夫改善产品的设计，提供给病人更好的建议，还会定制化服务。

早在 2005 年就已创立的 WellDoc 可谓移动医疗（mHealth）的开先河者。要知道那时候还没有苹果 iPhone，诺基亚仍旧雄霸手机市场。而 WellDoc 的第一代产品正是基于诺基亚 6682 和 6680 来开发的糖尿病患者管理系统。

十年来，WellDoc 一直是一家专注于糖尿病管理的移动医疗公司。WellDoc 提供手机和云端的糖尿病管理平台，并与保险公司合作为患者提供糖尿病管理项目。患者可以通过手机健康应用方便地存储收集饮食、血糖水平和药物治疗方案信息（可以手动输入或将设备与血糖监测仪无线连接），通过云端获得个性化的反馈和警示（例如，收集到患者午后血糖偏低的信息后，"糖尿病管家系统"可提出建议病患食用的最佳食品，或建议对药物剂量进行调整）。"糖尿病管家系统"在对现有药物剂量、血糖波动情况、每餐碳水化合物摄入情况等数据进行分析后，可以将诊断建议发送给医护人员，医护人员可以根据情况调整患者的用药选择。

WellDoc 糖尿病管家系统已通过 FDA 审批，而且在临床实验中证实了其效用和经济学价值：

（1）发表在美国糖尿病协会官方杂志《ADADiabetesCare》中对 163 名患者的随机对照试验表明，WellDoc 糖尿病管家系统可以使糖尿病控制的主要指标——糖化血红蛋白平均下降 1.9%，而使用传统治疗方法的对照组患者糖化血红蛋白平均仅下降 0.7%。

（2）美国乔治华盛顿大学医学院的 DCHealthConnect 研究表明，糖尿病患者使用 WellDoc 糖尿病管家系统的 12 个月内可以使急诊和住院概率降低 58%（与使用此系统之前的 12 个月相比），且患者对 WellDoc 糖尿病管家系统反馈非常好，100%的患者认为获得及时的个性化的反馈很有帮助，100%的患者认为此系统帮助他们更好地监测血糖，而只有 6%的患者认为输入他们的糖尿病信息非常麻烦。

WellDoc 通过向保险公司收费盈利。由于 WellDoc 糖尿病管家系统可以帮助医疗保险公司减少长期开支，在报销上获得了和药品相同的地位，已有两家医疗保险公司表示愿意为用户支付超过 100 美金/月的"糖尿病管家系统"费用——只要医生建议患者使用这一系统，保险公司都会买单。2013 年 6 月 WellDoc 的新手机健康应用 BlueStar 正式上市，WellDoc 所设计的用户购买流程是：医生给患者开具 BlueStar 之后，处方的副本会传递到 WellDoc，WellDoc 根据患者具体病历档案将 BlueStar 个性化，与此同时，药店中的药剂师需要对处方进行核准。在这里可以看出为何需要 RitaAid 连锁药店作为合作伙伴了，这个流程确保了操作合规。药剂师审核之后 WellDoc 则派专人上门帮助患者下载与熟悉应用。上门服务的客服人员虽然意味着高成本，但也确保 WellDoc 能近距离接触用户，在第一时间获得用户体验反馈。福特、来爱德等世界 500 强公司宣布愿意将 BlueStar 纳入他们的员工处方药福利计划，福特和来爱德公司相信 BlueStar 可以帮助他们维护员工的健康，并降低企业长期的整体医疗支出。

6.4.3　移动医疗之医疗 O2O

除了智慧医疗 APP，医疗 O2O 也是移动医疗发展的一个新的机遇。互联网巨头陆续在移动医疗领域的布局以及资本的支持使得移动医疗 O2O 呈现出强劲的增长势头。2014 年，以京东、阿里巴巴为代表的互联网巨头凭借自身优势跨进了医疗 O2O 领域，最终构筑了一个比较稳定的医药平台电商格局。同样在这一年里也涌现了众多的移动医疗初创企业，引来了众多资本家的关注和青睐。

医药健康产业作为互联网电商和在线零售业还未广泛开发的领域，拥有巨大的发展潜力，各个巨头都在紧紧盯着这一块"肥肉"，并开始将各自的业务触角伸向这个领域，紧锣密鼓地划分起势力范围。但是，由于医药行业的专业性和政策的敏感性，在医药领域做零售对互联网零售企业来说将是最大的挑战，但同样也会带来巨大的机遇和发展空间。如果能够成功，互联网零售将会实现更大的发展，在人们生活中的渗透也将更加深入。

随着经济发展，国家也在逐渐放松对医疗领域的监管，再加上互联网巨头为迎合医疗 O2O 的发展，对信息流、现金流、物流及客流进行了重新组合，开创新的盈利模式，将使医药零售产业进一步加快发展的步伐。

未来医疗 O2O 会逐渐朝着大健康的方向发展，大健康不仅是指药品制造这个环节，还囊括了医疗健康领域的整个产业链。物流、药品应用、金融支付、教育培训开发等都属于大健康产业。移动互联网时代的到来推动了大健康产业的发展，国内的医疗健康市场上出现了 2000 多款医疗健康类 APP，主要的功能是收集血糖、血氧、血压和心电等数据。市场上的这些移动医疗 APP 普遍存在的一个弱点就是大数据分析，因此还不能为临床的诊断和治疗提供有价值的参考，尚处于起步发展阶段。

医疗 O2O 还需要能够为患者提供比较便捷的医疗保健服务，而社区医疗就是病人在到医院进行治疗之前所进行的一些医疗活动，医生的责任并不是专门应对某一领域的疾病，而是负责为大部分的居民提供医疗服务，并与患者建立一种长期的关系。社区医院可以说是医疗 O2O 中处于"最后一公里"的位置，因此社区医院的发展对于推动移动医疗 O2O 有着非常重要的意义。美国的沃尔格林之所以能够在医药零售领域稳坐巨头地位，就是因为它以社区药店作为突破口，将公司旗下的诊所、专科药店和公司的各种分支机构进行了整合，为居民推出了一系列的服务内容。这种社区医疗是建立在人群的基础之上，它可以为患者提供连续的医疗服务，包括老年病人及慢性病患者，需要家庭护理的患者也在它们的服务范围之内。

而在我国，医疗资源的分布遵循了二八定律，80%的医疗资源主要集中在 20%的城市，这种医疗资源分布严重不平衡导致很多地区的患者不能享受周到的医疗服务，而社区医疗的基础设施发展还不足以支撑居民的医疗需求。以社区医疗为中心的各种垂直化配套服务的发展也不够完善，例如专科服务、慢性病管理以及医学教育等。

医疗 O2O 虽然被炒得火热，但是其并没有形成一种统一的发展模式。总的看来，国内互联网医疗领域的创业大致围绕两种发展方向：一种是以互联网作为突破口，将互联网渗透进医院，这种发展方向以患者为中心；另一种发展方向就是以医院作为突破口，从医院出发逐渐向外延伸，这种发展以医生为中心。然而美国沃尔格林却为互联网医疗的发展提供了一种新思路：推动药师转型，让他们在医疗服务中扮演角色。这一发展思路与沃尔格林实现健康服务供应商和社区医疗 O2O 战略的目标基本契合。沃尔格林旗下的药师大部分都驻扎在各个社区药店，为居民提供社区医疗服务。

此外，药师还起着中间桥梁的作用，一头连着医药电商，另一头则连着消费者，药师发挥的功能和作用对医疗 O2O 线下用户的体验和用户的黏性有着直接的影响。而且药师在一定程度上还可以充当医护人员，有效缓解医护人员不足的问题，为社区提供基础性医疗保健服务、缓解医疗健康资源分布不均的问题，以及对社区疾病进行管理和控制等。

6.4.4　案例：春雨医生

家住黑龙江哈尔滨的任女士，刚做完剖腹产手术生下女儿，有一天下床突然发觉双腿发麻，她便抱着尝试的心态将自己的病情输入到春雨医生这款移动医疗 APP里，5 分钟后，北京积水潭医院的驻院医师安岩大夫给出了神经炎的诊断和详细的治疗方案。任女士使用的春雨医生是一款以"问诊"为主要功能的移动医疗应用，用户可免费提问，由相关医生进行解答。如果想指定名医或有个性化需求，则要缴纳医生开出的问诊费用。

2011 年成立的春雨天下软件有限公司是一家专注于移动健康业务的互联网公司，其手机 APP 春雨医生向用户提供免费的自诊和问诊服务，上线 5 个月就吸引了180 万用户。截止到 2015 年 7 月份春雨医生已拥有 6500 万用户、20 万注册医生和7000 万条健康数据，每天有 11 万个健康问题在春雨医生上得到解答，是世界上最大的移动医患交流平台。

春雨医生支持 IOS 及 Android 系统，适用于 iPhone、iPad 以及搭载 Android 系统的智能设备。春雨医生免费为用户提供了图文、语音、电话等多种方式进行健康咨询，并由二甲、三甲公立医院主治医师以上资格的医生在 3 分钟内为用户进行专业解答。

1．春雨医生的主要功能

1）个人健康数据管理

春雨医生还采用了流数据健康管理技术，对多来源数据进行采集并以可视化的表现形式，将用户的运动、饮食、体重、血压、血糖等多种人体数据进行全方位汇总，让用户随时随地了解自身的健康状况。

2）自我诊断

实用、全面、精准的自我诊断功能可以让用户在没有医生协助的情况下向用户普及医学知识，学习医学常识，其 APP 界面如图 6-7 所示。春雨医生的自我诊断功能支持多种查询方式，用户可自行查询疾病、药品和不适症状。而在自我诊断的背后，囊括了最全面的药品库和化验检查库、美国 CDC 40 万样本库、医院药店地理数据库和春雨医生多年以来积累的超千万的交互数据库。为了保证自我诊断的精准度，春雨医生还采用了智能革新算法，该算法支持多症状查询和查询疾病发生概率。

图 6-7　春雨医生自我诊断模块

3）医生个人网络诊所

医生可以在春雨医生平台上开设自己的个人网络诊所，对所提供的服务项目和服务价格进行自定义。

对于医生而言：春雨医生可以帮助医生将碎片时间利用起来，让医生以便捷的互联网沟通方式增加收入，树立个人品牌，积累患者，为个人执业做准备。并且可以在医患多向互动之外加大数据系统辅助，降低误诊率。也可以打破医院界限，进行学术互动，提高医生整体的诊疗水平。

对于患者而言：患者可以随时随地进行快捷问诊，降低时间、空间及金钱成本。并且可以预防过度医疗，让小病不大治，大病不耽误。而远程会诊和多方意见使得患者对病患知情权得到大幅度提升。

春雨个人网络诊所服务是"线上+线下"的全流程就医服务。通过"线上咨询+线下就医"的方式为会员提供持续的健康管理，包括专属家庭医生、三甲专家预约、完善电子健康档案等。

线下诊所的坐诊医生均为三甲医院副主任、主任级别的医生。用户与线上私人医生沟通，线上医生建议用户线下就诊时，用户可通过线上预约的方式与诊所医生约定时间前往诊所就诊。2015 年 6 月，春雨私人医生已经在北京、上海、广州、杭州、武汉 5 个城市开设了 25 家线下诊所。到 2015 年底，春雨陆续在全国 50 个大中型城市开设 300 家诊所。春雨医生线下诊所的坐诊医生全部来自三甲医院，基本为副主任医师及以上级别，其主要功能是为患者提供检查、开药、手术以及出院护理服务。春雨线下诊所与私人医生服务共同构建了春雨医生的"线下诊所+私人医生"O+O 战略体系。在这一体系当中，作为线上一端的私人医生服务可以实现用户身体健康数据的积累、对线下诊断的指导，以及帮助患者或者用户调整自己的身体状态，避免潜在健康威胁，共同建立"线上健康档案—线上咨询分诊—线下就医"的更为合理的就诊流程。图 6-8 显示了私人医生的问诊过程。

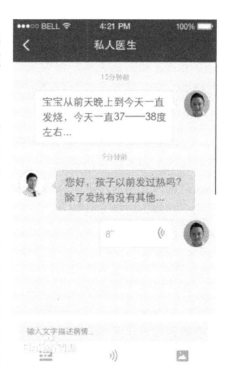

图 6-8　私人医生问诊示例

4）医药电商服务

传统的医药电商经营模式与其他电商一样，以流量为中心。而春雨医生打破了这一模式，开创了私人医生干预指导下的服务电商模式，以患者关系为纽带，以私人医生服务为中心。除了在线咨询、电子健康档案、社区等基于互联网的服务之外，春雨医生还经营着健康产品和药品等产品。

2．春雨医生的特点

针对春雨医生的服务方式，其具备以下特点。

1）建立医患之间长期持续的"强关系"

春雨医生专注于为移动互联网用户提供免费而专业的"轻问诊"服务，每个用户的问题都能在3分钟之内得到回应，创造了良好的用户体验。春雨医生希望借助这种服务构建新型的、良性的、长期的医患关系。

在欧美地区，长期负责某个家庭医疗健康情况的私人医生是医疗系统的基础构成，他们对患者的服务是长期的、持续的，医患关系也是一样，而这正是我们国家所缺少的。在我国，人们只能去医院寻求医疗健康服务，医患之间的关系大都是一次性的，私人医生只存在于少数的上层社会家庭。

春雨医生很早就开始着手建立长期的医患关系，在推出"轻问诊"服务之前，已经尝试了定向咨询、包月服务等形式。接下来，春雨医生将全面推行私人医生服务，建立医患之间的强关系和长关系。这些服务包括基于移动互联网的长期线上咨询、数据检测、产品推荐，以及打造用于医患交流的社区。

2）高门槛APP：专业化的队伍和服务

春雨医生是一款准入门槛很高的手机应用，为了保证服务的专业性，春雨医生十分重视医生服务团队的资质。春雨医生的签约医生团队，要么是主任、副主任医生，要么是来自三甲医院的具备5年以上临床经验的医生，要么是医学博士学位。在问诊方式上，春雨医生支持图片、文字、语音3种方式，无论采用哪一种方式问诊，都会得到很快的回复。

3）"免费+收费"的双重模式

国内移动医疗健康起步较晚，慧眼独具的春雨医生由此切入，不需要面对激烈的竞争。在专业数据方面，春雨医生引入美国FDA 40万样本的数据库，用户可以精确地查询到近五年来各种病的详细数据，深入了解相关病症，此举开创了国内医疗行业的先河。另外，春雨医生还支持LBS搜索功能，为用户提供某个地域内所有医疗机构的详细位置及其他所需信息。

由于处于创业初期，积累用户是第一要务，所以春雨医生采取了"免费+收费"的商业模式，每天对前200个问诊提供免费服务，对超出部分增值收费，但是春雨医生不参与这部分收入的分成。春雨医生获取商业价值的方法是数据出售，通过平台采集用户数据，然后将处理过程的数据提供给药厂、药店、医院，实现价值变现。

4）用"服务电商"取代"流量电商"

以天猫药馆为代表的传统医药健康产业电商平台只是售卖商品，通过引入更多流量来增加销售，获取更多利润。但是，医药健康产品流量转化率很低，所以这种方式注定不会成功。

　　用户对此类产品是精准的，不会多买，只是非处方药品计生用品可能会重复购买，但这类产品的价格很低，不会带来很大利润。更重要的是，医药健康产品的购买决策权往往在医生手中，必须有医生的干预才会出现安全有效和重复的购买。因此，对于药品电商来说，想要增加销量，必须在用户决策和用户回访两方面下功夫。

　　通过私人医生服务建立长期的医患关系，就相当于为用户提供了一个了解自身健康状况的长期决策人，来帮助用户做医疗健康产品的购买决策。通过为用户建立的电子健康档案，春雨医生可以轻松获取用户的相关数据，通过对这些数据的分析，可以进一步了解用户的消费行为，从而吸引用户回访。

　　春雨医生并不像传统的电商那样以流量为中心，而是通过为用户提供一系列的服务，解决药品电商的两大瓶颈。与做电商平台相比，春雨医生更倾向于做一个用户沟通平台、用户管理平台和持续购买服务平台，春雨医生的运营中心是服务，流量只是服务带来的副产品。

6.4.5　案例：平安好医生

　　平安健康互联网股份有限公司（业内一般以"平安好医生"代称）是中国平安集团旗下的全资子公司，总部设在上海。2014 年 1 月开始组建团队；2015 年 4 月平安好医生 APP 发布；2016 年 5 月，注册用户突破 7700 万；2016 年 5 月宣布 A 轮融资 5 亿美元，估值 30 亿美元。平安好医生的巨额融资提高了互联网医疗的进入门槛和竞争壁垒，意味着中国互联网医疗行业开始进入以春雨医生为代表"轻资产模式"和以平安好医生为代表的"重资产模式"对峙的时代。接下来，我们就看看平安好医生如何布局（见图 6-9）。

　　总体而言，平安好医生可以提供包括在线健康医疗信息咨询（图文、电话、语音、视频）、O2O 医疗服务（预约挂号、慢性病管理、健康体检、基因检测）、健康商城（OTC 药品、医疗器械、健康商品）以及保险合作（支付、控费）四大类服务。与进入互联网医疗的其他企业相比，平安好医生独有的特质是背后的健康保险体系，为健康管理产品侧提供了商业逻辑支撑与线下医疗渠道的支持。另外，凭借着平安集团内部保险、银行现有的上亿优质用户，人与钱对于平安好医生都不是问题。

　　具体而言就是，线上通过快速咨询、健康计划、健康商城、健康社区及送药上门五大产品，实现线上医网、药网、信息网三网合一，构建互联网医疗流量入口平台；线下接入辅助诊断治疗、医药器械、健康管理及护理等领域的垂直合作伙伴，建立 O2O 产业链，实现服务落地。

　　这里我们从 3 个方面来具体介绍：增加供给、分级诊疗、团队医疗。

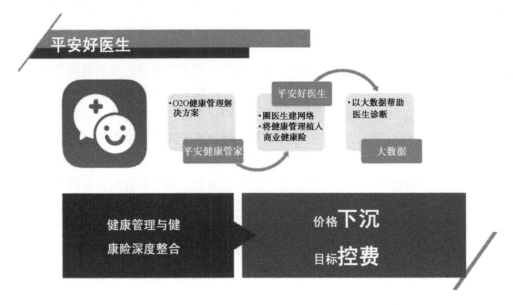

图 6-9　平安好医生布局

1. 增加供给：医生从何而来？

互联网医疗本质上是医疗服务的一种表现形式，归根结底还是要围绕着问诊来展开。虽然目前远程问诊整体受限，但以慢性病管理为核心的健康管理成为各类项目中被关注的重点。抛开纯粹的技术层面的项目，绝大部分创业项目对后端服务的需求都很强，但医生从何而来？

目前全国注册医生总数不到 270 万人，平均每千人拥有医生人数不到 2 位，从比例上来看并不算低（美国的人均医生数是每千人 3.59 位，法国 3.37 位，英国 2.2位，韩国 1.6 位）。但长期以来，三甲大医院聚集了大量的优势医疗资源，虹吸优质医生和病人，而非三甲则长期因为医疗资源匮乏而无法获得病人信任，常年业务量不足，即使有优秀的人才最终也都倒流到大医院去了。因此，到底依靠谁来做后端的服务就成为平安好医生不得不面对的问题。

平安好医生自建全职医生团队（目前已有 1000 人的规模），这可以有效地控制服务质量和风险，但这种重资产模式对资金的需求是长期的，不是普通的互联网医疗公司能效仿的；此外还可以通过与一些优质的医疗机构建立长期的战略合作伙伴关系来增加医生供给，但这受制于合作伙伴的意愿。目前来看核心的医生资源的扩张，即使对于"不差钱"的平安好医生也需要较长的时间。

不过移动医疗想真正解决医生匮乏的问题，还是要等到医生自由执业的放开。同时，支付方对医生的赔付是基于疗效而非次数，医生不再依靠药品来赚钱。这些要素都满足后，整个市场才能最终获得发展。

2．分级诊疗

在医疗控费的大背景下，分级诊疗是未来政策和市场都要共同推动的举措。为此，国务院推出了多项政策来推动分级诊疗的实施。在政策面的指引下，各地都纷纷跟进，平安好医生也开始参与这一可能的市场变革。

通过搭建全职医生团队、社会化兼职专科医生及签约专家名医 3 个层级的医生体系，平安好医生形成了一套从线上到线下再回归线上的分诊转诊体系，覆盖患者从预防保健、导医初诊、预约挂号的诊前，到送药上门、复诊随访、慢性病管理、康复指导、第二诊疗的诊后，打通了整个医疗服务链条。

在基础医疗的发展中，互联网技术确实能起到一定的作用。比如在实施健康管理的过程中，借助技术手段对病人进行健康追踪和康复咨询等，能够有效地填补原先在两次就诊之间留下的巨大空白，从而提升疗效，吸引病人回流基层。从总体上控制疾病的发展，进而降低总体医疗费用的增速。

平安好医生以线上健康管理服务联动线下实体医院的方式，从数据共享及慢性病管理切入，帮助各地政府建立专属健康云，以及居民电子健康档案管理、预约诊疗、双向转诊、远程会诊与医疗协同等流程的优化，为各地方贯彻落实分级诊疗制度提供信息化、数据化平台与技术支持。

"平安好医生"的患者服务流程如图 6-10 所示。

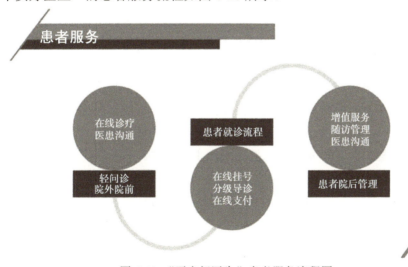

图 6-10　"平安好医生"患者服务流程图

3．团队医疗

平安好医生利用互联网技术，将签约专家名医的经验和全职医学团队的时间结合起来，通过组建名医工作室，形成"助手筛查+专家咨询"的模式，让优质医疗服务的提供方专注于对症病人的诊疗，提高就医效率。同时，全职医生也能获得转诊的绿色通道、优先会诊等资源，共享专家名医的经验及品牌。

平安好医生做网络问诊不算早，但投巨资聘用上千名全职医生，建立了反应快、体验好的问诊平台，下载量、用户数、每日咨询数在业内数一数二，一年多时间就走过了对手春雨医生四年的道路。目前，网络问诊是平安好医生的核心功能，继图文及语音咨询之后，平安好医生还上线视频咨询功能，平安好医生全职医学专家通过视频与用户实时交流，提供病情分析及用药建议，用户可以根据建议在线选购药品，并且享受送药上门的后续服务。

在网络问诊领域耕耘已久的春雨医生，以主治医师为主，选取二级甲等医院主治医生的碎片化时间（兼职医生）作为切入点。而平安好医生敢于烧钱组建全职医生团队，解决了利用网络兼职医生碎片时间咨询质量和时间都不好管理的问题，快速突破了好大夫、春雨医生长期经营的防线，这种代价高昂的打法，其他健康医疗公司想玩也玩不起。与此同时，平安好医生也面临着以下问题：

（1）虽然靠聘请专职医生提高了响应速度和问诊体验，但核心的网络问诊功能并没有解决其固有的局限性，有临床严谨性不够、数据积累有限、能够解决的疾病种类不足、医学合法性存疑等问题，用户场景仍然非常单一，单靠问诊无法帮它构筑足够的壁垒来抵御竞争者。

（2）对于网络问诊能否代替医院问诊，一些医疗机构的医生持否定的态度。深圳某三甲医院医生表示：医生问诊必须当面观察病人的病情，还需要详细询问病症发展过程、病史、疾病家族史、用药等情况，再配合现代医疗器械的检查来进行诊断、治疗；移动医疗目前只是根据检查数据和指标来判断几个基本的指标是否有超标，对于个人到底是否有病还是不清楚的。如果医生对患者做出诊断必须要经过专业的检测，那么，除了预约挂号外，市场上的网络问诊产品缺乏足够的实用性。

（3）仅靠图文描述和视频咨询的线上问诊大体还是属于预诊为主，让高薪聘用的全职医生去做算不算是医疗资源的浪费，而医生自身的价值又如何实现？另外随着医学人工智能的进步，庞大的全职医生团队就会从资产变成负担。

解决这些问题，将是平安好医生接下来的主要工作。

6.5　智能康复

6.5.1　概述

智能康复服务是指综合运用现代物理运动康复和临床治疗康复方法，以及数字技术、人工智能和虚拟现实等信息技术，实现康复动态监测、治疗跟踪和结果评估。目前，智能康复技术主要是指以智能康复机器人为代表的智能康复训练设备，如图 6-11 所示。

康复机器人是一种新兴的包括互动级别的机器人，支持和提高临床医院促进恢复、治疗并评估患者的康复进展。康复机器人主要分为助力机器人、载人机器人和移动服务机器人。助力机器人包括上（下）肢运动辅具、承重辅具、穿戴式机器人等；载人机器人包括站立式机器人、腿式机器人、轮椅式机器人等；移动服务机器人是指在个人护理中，能够移动执行任务，并且提供互动服务的机器人。

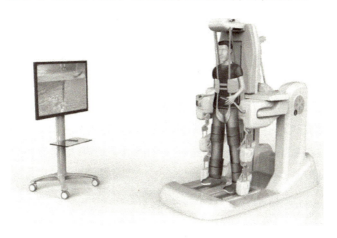

图 6-11 康复机器人示例

截至 2011 年底，我国约有 8500 万残疾人，占全国人口总数的 6.34%；由于人口老龄化以及与残疾有关的慢性病的增加，残疾人的数量也在逐年递增。我国对康复医疗有迫切需求的人数约 1.3 亿人，占全国人口的 10%左右。

我国康复医疗服务的需求巨大，患者数量多、康复资源缺乏，并且传统的通过康复医师手把手或者通过简单器械帮助患者完成康复动作的训练方式存在明显不足，主要表现在：

（1）已训过程监控和训练效果评估基本取决于康复医师的水平和状态。

（2）对患者体征参数数据及训练过程数据缺少全面和连续的记录，不利于方案的调整和改进。

（3）无法将患者的训练情况实施反馈给患者，训练过程多为被动形式。

（4）康复医师与患者以"一对一"形式进行训练，康复医师工作量繁重，效率较低。

据此现状，发展以数字化技术为核心的新型临床康复技术和设备具有重要的实际意义。

在应用实施过程中，智能康复主要包括 3 种组织形式：

（1）本地智能康复系统。这类康复系统是以康复机器人为核心，借助机器人技术，辅助肢体功能障碍患者完成肢体运动康复训练，并记录训练过程中的各项数据，为康复医师进行康复效果评估提供支持的系统。本地康复机器人一半应用于偏袒、脑卒中和骨折康复患者。根据应用部位不同，可分为上肢智能康复机器人、下肢智能康复机器人及全身智能康复机器人。

（2）远程智能康复系统。将网络技术应用于康复训练，实现康复训练的异地监控与操作。康复医师可以远程设置训练参数，控制机器人的运动模式。患者训练过程中的位置、运动速度、生理变化及视频等信息通过网络全面而正确地发送给康复医院，实现医患互动。与通常的远程医疗系统相比，远程智能康复系统更多处理的是二维、三维和多维信息。例如：已研发出的基于 Internet 的远程康复训练机械臂、单自由度主从式远程控制康复训练机器人系统等。

（3）基于虚拟环境的智能康复系统。将虚拟现实技术用于康复训练，基于虚拟环境的用户界面，为患者提供一个精确、稳定的锻炼环境，患者通过训练动作与之进行交互。通过游戏虚拟交互的方式鼓励患者进行主动训练。整个训练过程中患者的运动情况将以数据的形式自动存储，方便医生及患者查看和评估。例如：应用虚拟现实技术制作飞船避障的游戏，脑卒中患者控制飞船飞行，在增加康复训练的趣味性同时，取得了良好的训练效果。

6.5.2　应用场景

以上肢康复机器人为例，其主要应用场景为：

（1）康复医师针对不同年龄段、不同伤害程度、不同性质的患者提供不同的上肢运动训练方案。

（2）康复治疗师将指令及相关信息输入康复机器人系统。包括：运动自由度、运动的性质、运动的幅值（度）、运动的时间长短、运动的频率、运动的规律及运动的力量等。

（3）患者在机器人的辅助和支持下开始进行康复训练。系统根据输入参数实现患者上肢运动功能康复训练过程的游戏画面，提供一种康复治疗虚拟环境，包括虚拟游戏、训练开始和结束的提示等。

（4）机器人系统通过传感器精确测量患者在训练中的参数。通过基于微型传感器人体运动捕获和三维重建技术对上肢进行实时运动跟踪，获取运动参数（关节弯曲度、位置、速度、加速度、力参数等），同时记录患者的生理变化参数（血氧浓度、心跳、脉搏、血压、呼吸频率、肌张力值等）。

（5）通过精确的测量值，系统对患者的运动功能进行自动量化评定和多个医学量表的填写。

（6）将康复训练过程和康复效果的定量评价实时反馈给康复医师和患者，实现评估和训练一体化。

（7）根据评估结果调整康复训练方案。一方面系统能够智能地调整模式，使训练过程能与患者的障碍程度相适应；另一方面根据评估结果，康复医师能很快获得运动康复规律，找到患者运动中存在的问题，制订下一步的运动康复方案。

6.5.3　优势特点

1．提高训练效率

运用信息技术能够实现康复医师和患者的一对多训练，提高工作效率。同时，康复医师只需要将指令输入系统，患者便可在机器人的辅助下自行进行康复训练，数据的记录、量表的填写、效果的评估及训练模式的调整都可以依靠系统自动完成，将康复医师从繁重的训练过程中解放出来，使其可以针对患者病情的变化制订更为合理的训练方案。基于远程的智能康复系统通过网络使医师可以远程监控多个患者康复训练，有效地解决了地域差异，节约医疗资源。

2．提高训练精确度

利用传感器全方位采集训练参数，并能对患者在训练中产生的错误做出有针对性的生物反馈，实现训练过程的实时控制和训练效果的客观评价，确保训练参数精确有效，提高训练效果。通过全部个人历次康复训练过程中记录的数据，形成个人和社会的数据库，并对其进行全面深入地分析，可用于优化训练方案，并为运动康复机制的深入研究提供了一个可靠的平台，对提高康复率和康复水平大有益处。

3．提高患者的主动性

基于虚拟现实技术的智能康复系统，通过三维运动空间可使健康训练在一个虚拟的环境中进行，多游戏模式提高了训练的趣味性。智能语音反馈更增强了人机交互信息，通过向患者提供实时直观的反馈信息，让患者看到自己的训练状况和康复水平，使训练过程更具有互动性，从而增强患者的康复信心，提高患者参与治疗的主动性。

6.5.4　存在的问题

1．可应用的产品少

我国对康复机器人和康复方法的研究虽然取得了一定的进展，但仍处于起步阶段。机械结构的合理性、系统设计的复杂性、智能控制的有效性、人机交互的辅助性等导致了其需要漫长的研发过程。自动化程度较高的康复训练设备以及基于新技术的功能评定与检测标准的缺乏，致使大多系统和产品仍在研发和试验中，还未能真正投入使用。

2．应用效果待提高

在已使用的系统中，人体运动信息采集、运动控制及康复评定等方面有待进一步提高。康复机器人感知力不足，无法精确反映患者进行康复训练运动的位置和力的反馈信息，因而影响了康复训练的评价。此外，虚拟技术在康复系统中应用不广泛，患者在康复过程中多采用被动形式，即利用机器人带动人体运动，缺乏利用人体的运动意识进行主动控制，这样的训练无法达到恢复中枢神经的运动控制功能，训练效果不佳。

3. 康复资源短缺

在我国，可以进行临床康复治疗的康复专科医院只有少数几家，专业的康复机构及康复医技人员配置不足，这也是制约智能康复发展的因素之一。

第7章　医疗设备与药物智能化管控

互联网、物联网、电子信息技术的发展促进了医院的信息化水平的提高，革新了医疗设备管理、药物管理的方式。通过无线网络、RFID、计算机及其他移动设备，可以实现医疗设备采购、使用状态的动态评估，使医疗设备的管理精细化、高效化、智能化。"互联网+"医疗促进了医疗数据的爆发式增长，也为药物研发带来了新的模式。大量的数据收集和不断更新的分析技术有助于加速药物研发，提升药物效果预测的准确率。本章首先概述了信息技术在医院中实现的智能化管控系统应用，然后分别介绍医疗设备的采购和管理、药物的研发及供应链管理的智能化管控。

7.1　智能化管控技术

7.1.1　物联网技术应用

物联网的产生从本质上推进了整个医疗信息化的改进，用简约的数字医疗来完善医疗的标准化，逐步去推进医疗流程的标准化和智能化。因此说智能医疗健康管理系统是物联网技术的完美体现，它所带来的全方位、多层次、方便快速的医疗系统，将标志着医院信息化建设的发展趋势。

目前物联网技术在医疗行业的应用体现主要在：身份识别（病人身份识别、医生身份识别），样品识别（药品识别、医疗设备识别、医疗器械识别、化验品识别），病案识别（病况识别、体征识别）。根据这些技术整合成一套智能健康管理系统，比如移动护理系统、消毒供应室追踪系统、生命体征自动采集系统、医疗废物管理系统、婴儿防盗系统、远程会诊系统、远程健康教育系统、临床数据管理系统等。下面举例进行简要介绍。

1. 移动护理系统

移动医疗目前国内医院主要是在现有住院病人信息管理系统基础上，本着"把时间还给医生、护士，把医生、护士还给病人"的目标，展开的移动医生站、移动护士站。在移动医疗管理中，移动化和条码化是物联网技术的应用热点。

移动化是指医护人员可以随时随地取得数据和使用数据，医护人员随身携带PDA或IPAD等设备终端在病区中查房，通过无线设备终端可以随时调阅病人历史资料和病人其他信息，方便医护人员了解病人病情和实施相应的检查。条码化是指通过条码技术识别病人、药品、标本等。智能移动护理可以实现的功能是：

（1）医嘱条码化，使得输液、口服药、针剂、化验采样、护理操作、饮食限制等做到零差错。

（2）护理文书规范化、结构化、标准化，提高了工作效率。

（3）生命体征采集床边化，消除文书转抄，减少错误信息。

（4）护理信息移动化，待办事项和提醒事项随着走，减少工作遗漏。

2．消毒供应室追踪系统

在智能消毒供应追踪系统中，基于无线网络、无线移动终端设备及二维条码可以对消毒包进行全过程追溯。医护人员在移动的状态下，可通过手持数据终端的客户端软件系统，通过 Wi-Fi 无线网络实时联机，与医院信息系统（HIS）数据中心的数据交互。RFID 和移动医疗相结合，实现医疗服务的移动化。从工作频率上划分，RFID 系统可以分为低频、高频和超高频 3 种，其中超高频 RFID 系统具有识别距离远、速度快等优点，更适合医疗环境下的应用。

系统可以记录操作人员的消毒过程。消毒过程中的所有操作业务的场所都有无线网络支持，关键功能都可在移动终端设备上实现，可以提供最实时、最准确的业务处理和数据采集。同时可以借助医院的有线网络及条码扫描枪实现所有业务功能。

3．生命体征自动采集系统

智能的医疗健康管理中，生命体征的采集工作主要由护士在不同时间点到病人床边采集完成。动态的生命体征监测系统采用 RFID 技术，结合无线生命体征监护仪，实现监测病人各项生命体征，包括体温、脉搏、呼吸、血压等。

4．医疗废物管理系统

现在随着信息技术的发展，对医疗废物处理的全程实时监管成为可能，尤其是物联网的 RFID 技术的发展，为医疗废物处理环节中的对象和信息的实时采集、监控提供了保障。基于 RFID 技术的实现，确保全过程（打包、暂存、装车、运输、中转、处理）的有效追溯管理；RFID 技术和条码标签的结合使用，提高数据采集和查看效率；具备 RTLS 功能，可对医疗废物进行实时定位和监控。

5．婴儿、病人防盗监控定位系统

将大型综合医院的妇产科及妇幼保健医院的母婴识别管理、婴儿防盗管理、报警系统、通道权限相结合，防止外来人员随意进出，帮助病人发出紧急求救信号，为病人提供一种切实可靠的保护措施。

6．远程会诊和远程健康教育系统

在物联网的基础应用之上，现阶段通过远程会议、视频等技术，也增强了各地人们之间的直接联系，从而创造出更加便捷和高效的新型服务。将农村、社区居民的有关健康信息通过无线和视频方式传送到后方，建立个人医疗档案，可以提高基层医疗服务质量。借鉴先进的健康管理理念，并结合国人特有体质及地域特点，设计开发对健康人群、亚健康人群、疾病人群的健康因素进行全面监测、分析、评估、预测和实施预防、医疗、保健管理的全新健康管理服务平台。

智能医疗物联网应用可以实现人与物的互联互通，多个对象不同维度的数据汇聚成大量数据，以物联网技术进一步对这些数据进行挖掘，对各种健康风险因素进行全面检测分析，通过远程无线健康管理服务平台，可大大缓解看病难的困境。在健康管理、慢性病管理、医疗救助、移动医护服务、医用资源管理、远程手术、电子健康档案、区域健康检查等方面，智能医疗物联网都有很大的发挥空间。

7.1.2　设备及药物综合管控信息系统

医疗设备的技术应用管理是一个复杂而庞大的系统工程。我国二甲以上医院一般都有几千万到几个亿的医疗设备固定资产，数量相当巨大且品种繁多，有的是直接与病人接触的，有的是间接用于临床诊断、检查等。由于各医疗机构医疗设备数量较多，品种繁多，所以在管理的过程中会面临许多问题。如有的医院在购入设备时均是人工登记财产；或者有的医院已经有计算机信息管理系统，但绝大多数情况下都只是固定资产的电子化财产账册管理，不具备技术管理的功能，不能为设备使用过程中的技术问题提供动态的技术数据，因此无法进行动态的设备安全状态、使用状态的技术评估。一般的医疗机构由于人力物力的因素缺乏有效管理医疗设备，更是缺乏如何安全有效地进行医疗设备质量控制，一般情况下只能做到医疗设备的品种数量财产管理，或只有在使用过程中的维修和局部维护管理，更谈不上系统性的质量管理了。如何在现有形势与条件下，实现高质量的医疗设备应用管理是医疗机构医疗设备管理部门需要解决的重要问题。

医疗设备管理是医院管理的一部分，对设备进行规范化、制度化、科学化管理，可以减少丢失和浪费，提高设备的利用率和完好率，直接降低企业运行成本，使其发挥更大的效益。医疗设备管理系统核心可以分为 4 个部分：计划管理、应用管理、信息资料管理和维修管理。作为现代医疗机构，更需要运用现代计算机技术来实现设备管理的精细化与高效化。

改善医疗设备管理方式，需要利用现代先进的科技手段来改进甚至代替原有的方法，从而提高医疗设备管理的自动化程度。医疗设备综合管理系统所采用的关键技术主要包括：检测技术、无线自组网技术和云计算网络技术等。目前，我国大部分医院都引入了设备管理系统，通过计算机技术进行系统的设备管理；发达地区的大型医院还引入了条码技术，通过条码识别设备信息；还有少数医院利用无线网络与 PDA 结合进行移动管理。

自动识别与数据采集（AIDC）技术提供了可靠和高效的自动识别和事物管理方法。自动识别技术是计算机系统、可编程逻辑控制器或其他的微处理设备进行非键盘输入的一种数据输入技术，它通过一种技术实现数据采集和数据传递这两个过程，与落后的人工数据采集和传递方法相比，能够有效地节省时间，减少出错概率，符合未来的发展趋势。目前医院对于自动识别技术的需求主要集中在以下几个方面：身份识别、样品识别、血液管理、设备管理及病案识别等。自动识别技术包括条形码技术（Barcode）、无线射频识别技术（RFID）、磁条磁卡技术、声音图像识别系统、生物统计识别方法等。针对医疗设备管理，选择先进的自动识别技术建立基于 RFID 技术的医疗设备管理系统，将改变长期以来对设备信息难于管理的局面，同时将提高我国医疗事业的自动化程度。

基于自组网和物联网技术的医疗设备综合管理系统采用监控终端监控医疗仪器设备的运行状况，通过无线接口将运行信息发送给服务器，服务器则记录并统计各个医疗仪器的状态信息，提供实时监控的窗口显示。服务器端需建立本地和云端数据库，记录设备信息，提供操作手册和运行记录等信息。服务器端和云端软件还可根据需要自动提供各种格式内容的报表。通过射频识别技术可以获得医疗仪器设备的位置信息，在各科室、病区门口设立卡口，扫描进出的医疗仪器设备。除此之外，监控终端还可以通过获知自身挂载在哪个无线网桥下来得到自身的大致位置。基于自组网和物联网技术医疗设备综合管理系统中所有设备都可以采用在线升级的方式更新固件和软件，在硬件设计上充分考虑了冗余和备份，如更新失败仍可以自动恢复到先前版本。基于自组网和物联网技术医疗设备综合管理系统的功能模块主要包括：

（1）监控终端：监控医疗设备的运行状态，提供无线传输和路由功能。

（2）主控接口模块：通过服务器的串口为服务器提供无线接口。

（3）无线网桥：提供与监控终端的无线连接，并通过 Wi-Fi 或有线以太网连接服务器。

（4）服务器：主要是软件部分，记录各个医疗设备的运行状态，提供操作手册和运行记录，输出各种格式内容的报表，除此之外还负责其他硬件模块的管理和配置。

（5）云计算网络服务器：汇总所有的单体服务器，提供云端的数据库和访问接口，支持远程访问，可部署在各个独立的服务器上。

7.1.3 互联网医疗协同研发管理平台

近年来很多国家都在积极推进医疗信息化发展，借助互联网实施医疗协同研发管理，增强在临床辅助决策、医疗质量监管、疾病预测模型、临床试验分析、个性化治疗等方面的应用，从而提高医疗效率和医疗效果。然而随着医疗信息化进程的加快，医疗行业早就遇到了海量数据和非结构化数据的挑战。

智慧医疗促进了医疗大数据的积累，大数据在医学研究领域将发挥变革性的作用。医疗大数据有广大的用武之地，可以提升医院的运营效率、临床决策支持、医疗质量监管、辅助科研、个性化治疗等。比如，大数据疾病谱研究可以帮助我们了解人群疾病谱的改变，这有助于制定新的疾病防治策略。全球疾病负担研究是一个应用大数据的实例，该研究应用的数据范围广、数据量巨大，近 4700 台并行台式计算机完成了数据准备、数据仓库建立和数据挖掘分析的自动化和规范化计算，应用大数据研究人群疾病谱。

以大数据为导向的人群队列研究逐渐成为医学研究的热点。超大规模队列研究具有大样本（如数十万人群）、前瞻性（如数十年长期随访）、多学科（如基础、临床、预防、信息等多学科合作）、多病种（如对多种疾病进行研究）、多因素（如探讨多种危险因素）、整合性（如监测系统、信息系统、医保系统的整合）、共享性（如生物标本和数据资源的共享）等特点，经过长期随访能够产出大量人群数据，基于大数据的人群队列研究更具有科学性、可靠性和权威性。

北大医信利用海量的医疗大数据建立疾病、症状、检验检查结果、用药等信息之间的关联关系，构造医疗知识图谱，称为"疾病星系图"，核心是利用医疗大数据发现关联关系，未来可用于疾病探查、辅助诊断、辅助用药等。

医疗大数据能够帮助医生做如此多的事情，但人们还是发现，近几年在医院信息化建设过程中，"数据孤岛、服务割裂"的现象越来越明显。在做数据科研的时候，研究人员需要的数据可能不仅仅来自于一家医院，也来自于多家医院数据联合的检索、查询和数据分析；不仅是医院内的数据，还需要体检、急救，甚至互联网上的数据。

基于此，北大医信联合金山云近日发布推出新一代基于"公有云+私有云"模式的医院信息化"混合云"解决方案，并在北京大学人民医院落地。这也标志着中国首家将医院核心数据资源同步云端的三甲医院正式诞生。北京大学人民医院院长助理、信息中心主任刘帆认为，北京大学人民医院已经建设好了国内领先的 CDR 数据库，下一步就是要对这些临床数据进行数据分析和应用。北京大学人民医院的 CDR 部署到"云端"，正是基于医院降低运营成本，进行数据的深度挖掘，最终为患者提供更优质的医疗服务这一需求而产生的。

现在，医院可以把病人尿液、体液、血液等所有采下来的标本都进行冻存、保管。这些标本可以对未来的科研产生价值，对病人进行长期随访，形成三位一体科研平台。在此平台下可以进行科研与临床管理的打通，病人的临床信息等一系列的数据很多，且皆为表型数据。

现在可通过标本库，建立包括表型数据、生存环境数据、日常生活习惯数据，以及临床数据（包括免疫、代谢蛋白等个人数据）等数据库。如果每个人的数据都是全的，这必将是一个大数据，对这些数据的挖掘必将对未来医疗产生变革。

7.2 医疗设备智能化管控

7.2.1 医疗设备管理现状及趋势

1. 设备现状

"十五"以来，由于国家经济与社会的高速发展，人们生活水平的持续提高，人口的自然增长与人口老龄化的发展趋势，国家医疗卫生体制的改革，特别是新型农村合作医疗和城镇合作医疗的推进、医保政策的完善，人们对生存质量的要求不断提高，对医疗保健越来越重视，对早期、快速、精确、微创等诊断与治疗设备的期望和需求愈来愈高。针对医疗市场供需矛盾比较突出的实际情况，医院依靠市场，积极采用融资租赁、合作投放等方式引进医疗设备，弥补了卫生事业费用的不足，促进了医院的建设和发展。随着以新技术、新材料为代表的大型数字医疗设备的引进，医院医疗设备建设进入快速发展时期，年增长率达到 10%～20%。医疗设备的发展带动了医疗技术水平的提高。医疗设备已从过去作为疾病诊治的辅助工具逐渐变为主要手段，发挥着举足轻重的作用。超声造影、PET/CT、MRI 功能图像和 CT 等解剖图像融合，医学影像引导直线加速器精确放疗等技术的引进和应用，为临床诊治疾病带来了革命性变化。特别是在我国疾病谱上，恶性肿瘤、心脑血管疾病等慢性疾病在病死率构成中已占 62%以上，推动了肿瘤、心脑血管疾病诊治所需大型设备数量的快速增长。如大于 64 排的螺旋 CT、PET/CT、MRI、DSA 的广泛应用，使恶性肿瘤的早期诊断有了突破性进展，取得了显著成效。

医疗设备的发展带动了医院经济效益的增加。目前，各医院普遍采用以设备带动医疗技术、拓展新业务、吸引患者、提高综合效益的发展模式，使医疗设备显得尤为重要。其固定资产的比例由原来占医院固定资产的 20%～30%上升到 50%～70%。医疗设备技术诊断、治疗占医疗收入的比例逐年升高，目前已达到 15%～25%。

2. 管理现状

近年来，国家就医疗器械管理相继出台了一系列医疗器械管理法规，例如《医疗器械监督管理条例》、《医疗卫生机构仪器设备管理办法》、《大型医用设备配置与使用管理办法》等一系列的医疗器械管理法规，从政策、宏观层面上规范了医疗器械的生产、经营、购（配）置与使用等管理。尤其是《军队大型医疗设备配置与使用管理办法》于 2005 年 5 月以总后名义颁布实施，将占医疗设备总值约 50%的大型医疗设备纳入了全军统一规划管理范畴，实施了"三证"管理。同时，随着军队大型医疗设备应用质量检测工作的不断加强，大型医疗设备质量控制从技术、操作、标准等多个层面得到了整体完善。从全国范围来看，医疗机构对医疗设备这一重要卫生资源在管理中面临的考验仍然十分严峻。我们清醒地看到，近十年，特别是"十五"以来，以新技术、新材料为代表的现代医疗器械在医院的广泛应用和相对滞后的医疗器械管理与技术保障的矛盾日益突出：一方面是拥有当今高新技术的先进医学装备与医用卫生材料，另一方面是传统、落后的医疗器械管理模式；一方面医院在医用设备资金投入不足，影响新技术、新业务的开展，另一方面医疗器械又存在着闲置、重复购置、使用率低与流失浪费等现象。其存在的主要问题为：

（1）医疗器械全程管理制度不健全、流程不规范，缺乏规范标准、管理细则、考核评价体系。虽然各级医院都有自己的医疗器械内部管理规定和工作程序，但水平参差不齐，没有权威强制性。医院缺乏一套作为医疗器械全程日常管理的权威统一管理规范、标准与细则。医院临床、医技、药学等学科的质量管理方面有着一套科学完整、统一规范的标准和细则控制体系，而对设备科（医工科）学科的建设、医疗器械的全程管理在不少领域尚属空白。

（2）管理手段落后，管理模式不适应现代医疗器械的发展。目前，各级医院医疗器械管理的普遍模式是人为、粗放、分散、定性的管理模式，对医疗器械的监管手段依然被动落后。医学工程部门对现代医疗器械的管理和技术保障整体水平不高，远未实现对全院医疗器械全寿命周期状态的动态掌握、控制和管理，以及技术保障出安全、出质量、出效益的目标。

（3）基础医疗设备质量存在安全隐患。目前，医疗设备质量控制与应用安全已处于与用药安全同等重要的位置，但与之相适应或配套的人员观念、规章制度还亟待加强。高风险的设备在临床带"病"运行，给医疗安全和质量留下了重大隐患，也会对患者造成不同程度的伤害，甚至危及生命。根据 2007 年军队 16 所试点医院部分医疗设备质量控制与应用安全检测结果，呼吸机、麻醉机、心电监护仪、心脏除颤器、高频电刀、输液泵、注射泵、高压消毒锅等常规基础医疗设备的应用质量总合格率仅为 72.2％，其中呼吸机的不合格率达 34%。究其原因，既有产品本身技术、质量的问题，也有使用不当以及质量控制应用安全检测、维修保养等技术保障滞后的问题。

（4）医学工程学科建设严重滞后于医疗设备的发展。医疗设备的装备水平已成为衡量医院规模现代化水平的重要标志。医院医疗质量、医疗技术、社会与经济效益水平的提高愈来愈依赖于医疗设备的装备与发展。但是，正是由于没有统一的医疗器械全程管理制度、程序、规范、标准、管理细则、考核评价体系这一根本原因，加之医疗设备管理学科在医院属辅助学科，普遍基础薄弱、影响力小、不受重视，目前医院从事医疗设备管理和技术保障的医学工程学科的建设严重滞后甚至倒退。其主要表现为：作为医院管理者，由于体制、认识的原因，重购轻管，重医疗创收、轻资源节约，致使医院设备管理和技术保障者的工作成绩得不到应有的承认和重视；作为医疗设备管理职能部门，其组织结构和隶属关系不顺、职能主体模糊、能级低，无法组织有效的管理；作为医疗设备技术保障的医学工程学科，其学科建设思想、职能定位不明确，医学工程学科从业人员，尤其是学科带头人的学历背景、专业训练不足，任职从业资格不明确。

7.2.2 医疗设备管理发展趋势

现代医疗设备的快速装备有力地带动了医院新技术、新业务的开展，促进了医疗质量和社会、经济效益的提高。如何购好、管好、用好、维护好这一重要的卫生资源，如何规范、提高现代医疗器械管理、技术保障水平，建立科学规范的医疗器械管理考核评价体系、管理体制，充分发挥医疗器械这一重要卫生资源的作用，已引起各级医疗卫生管理部门的高度重视。

现代医疗设备管理是一项复杂的系统工程，其内容包括医疗设备的全过程管理。它涉及计划、论证、购置、安装、验收、使用、质量控制、维修技术保障、淘汰与报废等各环节技术管理；涉及资金来源、经费预算、成本核算、资源节约、效益评价等经济管理；涉及信息管理、质量管理及标准规范化管理等内容。

1. 规范医疗器械全程管理标准与细则

由行业学会、协会组织相关医学工程专家对医院医疗器械管理体系、组织结构、管理制度、作业程序，规范标准、管理细则、考核评价体系等进行调查研究，起草相应法规、标准细则、行业技术规范，经国家卫生主管部门批准，在全国统一颁布实施。只有这样才能规范我国医疗器械全程管理的法规与标准，使得医院医疗器械这一重要卫生资源的管理法制化、标准化，做到有法必依、违法必究。

2. 重视医学工程学科建设

医院医学工程学科（设备科）历经 20 多年的发展，其职能已由建科初期以维修为中心的工作模式向"以临床为中心，以医疗器械保障的质量、效益管理为基础，以学术科研为导向，促进学科全面发展"的模式转变。其主要任务为对医院医疗器械的计划、论证、购置、安装、验收、维修、医学计量、质量控制、成本效益、资源节约、淘汰、报废等全程的信息管理、技术管理、质量管理、经济管理及标准规范化管理；对全院的医用工程建设、数字化医院建设进行全程组织、监管与技术保障；理工医结合开发现代医疗仪器设备潜能，研制新颖实用的医学仪器设备。它深化和拓展了学科发展的内涵，标志着临床医学工程学科建设指导思想的形成。

为完成医学工程学科建设指导思想所赋予的职能和任务，首先要总体规划医学工程学科的发展，加强医学工程学科队伍建设，特别是学科带头人的选拔和任用。学科带头人必须是具有医学工程学科专业背景的学术、技术和管理专家，有理想、讲党性、重品行、做表率，热爱本专业，工作热情高、责任心强、有思路、肯吃苦、任劳任怨、组织协调能力强。对此，医院领导要有充分认识并予以高度重视。国家应尽快组织设备管理师和临床工程师的资格认定，使医学工程技术人员的岗前系统培训、任职资格像注册医师、护士一样规范、权威。其次，医学工程学科一定要紧紧围绕学科建设指导思想，积极主动开展工作。在完成医疗器械购置供应、全程管理、维修技术保障等常规工作任务的同时，一定要依据医院实际，创造性地组织开展医疗器械质量控制、不良事件监测、成本效益管理、信息化建设等工作；依托临床需求，理工医结合开发现代医疗仪器设备潜能，研制出新颖实用的医学仪器设备，树立学科观念，提升学科地位，拓展医学工程学科在医院生存与发展的空间。

3. 开展医疗器械全程信息化管理

为了适应对现代医疗器械管理深层次的要求，近年来各大中医院纷纷研发了各种版本医疗器械管理信息系统，试图从医疗器械信息化建设寻求推动现代医疗器械的系统标准规范化管理的途径。但由于其属于医疗机构个体无序研发，存在着标准不统一、功能不完善、重复开发、资源浪费等现象。建议行业协会（学会）组织相关医学工程专家、医院管理专家、信息工程专家共同研究出适应现代医院医疗器械管理挂接 HIS 的信息系统。系统应遵从相关标准，功能模块完整，既能满足总部、上级主管部门基础数据汇总，又能涵盖所有医院、疗养院医学工程科所需医疗器械全寿命周期的全程管理与技术保障功能。

统一医疗器械的科学分类代码。目前，各级医院同一医疗设备、卫生耗材品名五花八门，注册名、俗名等并存，这给医疗器械的信息管理、医疗设备资源普查、统计分析、条码管理带来了极大的难度。建议国家卫生部、食品药品监督管理局、军事委员会总后勤务部的卫生部组织专家就现行的《中华人民共和国国家军用标准：全军后勤物资分类与代码/医疗器械类 GJB791.25-90》、卫生部《全国卫生行业医疗器械、仪器医疗器械（医疗器械、物资）分类代码 WS/T118-1999》、国家食品药品监督管理局《医疗器械分类目录》等标准进行修订，统一规范。

7.2.3　智能医疗设备智能技术及应用

1. 设备采购智能管理系统

医疗设备的采购管理已成为医院管理的重要课题。随着上海市医药卫生体制改革的不断推进，医疗市场竞争的日益加剧，对医疗卫生机构的成本控制提出了更高的要求。

大部分医院的医疗设备采购流程一般有以下几个步骤：科室提出申请，院内审批通过后交医学装备部门执行。医学装备部门根据轻重缓急、效益优先的原则制订采购计划、组织论证与市场调研。然后，根据现有采购政策进行公开招标、竞争性谈判等招标采购工作。最后，签订合同、验收、付款。甲乙类医疗设备、干保高端设备项目、申康资本金项目还分别需要由卫生局、干保局、申康中心审批后，再下达医院执行。

在整个采购流程中，从提出采购申请到项目立项、招标采购的商务流程再到安装验收、货款支付等环节，需要多个部门甚至单位的密切协同配合。在整个流程中，信息传递必须及时、准确。因为每个环节都有等待发生，一旦信息停滞，错误就容易发生。目前，对医疗设备及器械采购分成 4 类进行管理，以此加强监管，提高采购效率。

医疗设备及器械采购分类包括集中采购、委托采购、展会采购和应急采购。集中采购是对一般的医疗设备及器械，要求采购单位编制年度采购预算，经卫生部门审核后，报财政部门审批备案，相关设备和器械由政府采购中心集中采购。委托采购是对年度批量预算金额 5 万元以下的医疗设备及器械，经财政部门批准，可委托具有政府采购代理资格的社会中介（采购）代理机构进行采购。对于展会采购，上海市规定，采购单位可通过由省卫生、科技部门组织的相关展览会采购医疗设备及器械，采购单位通过填报政府采购计划表，经卫生、财政部门审核批准，由市药品集中采购服务管理中心统一组织采购。此外，应急采购是对因抢险、救灾或其他不可预见的紧急情况需要采购的设备及器械，附抢险、救灾或其他不可预见的紧急情况说明，经卫生部门审核，报财政部门审批后可按经批准的方式实施采购。

设备采购管理环节涵盖了医院所有医疗设备的基本信息、工作状态及医疗效益等内容，为医院管理层全面掌握设备使用情况提供快捷、有效的查询平台；同时满足设备管理部门对医疗设备的日常管理、监控及数据统计功能，以及提供给各科室有权限的数据浏览及查询功能。提高设备采购环节的信息化水平能够提高整个设备管理流程效率，节约管理成本。

设备采购管理系统主要包含包括系统管理信息、合同管理、出入库管理及库存盘点、计量管理等模块。

（1）系统管理信息模块。系统管理信息模块应实现用户基本信息及权限配置、医疗设备信息字典的配置（如设备分类、财务分类及国标码等信息），以及外部数据信息录入配置。

（2）合同管理模块。在签订合同之后需要录入合同信息，合同管理模块应包括采购方式、采购员、设备名称、采购数量、合同金额、保修期限及经销商名称等信息。同时，采购员录入使用科室及经费来源等信息后，可根据设备到货情况决定是否将合同信息导入至入库界面，以便库管人员出库。

（3）出入库管理及库存盘点模块。设备到货之后，库管人员看到采购员导入的合同信息后进行出库，通知相应科室设备管理员领取设备。周期性库存盘点应有库存统计、库存下限报警、采购提醒等功能。

（4）计量管理模块。对于心电图机、超声诊断仪和血压计等在国家强制计量目录范围内的医疗设备，在到货时需要提供计量合格证明，且在使用过程中需要周期性计量。因此在计量管理模块中应有常见计量器具查询目录、计量周期和计量项目等信息。

在整个设备的立项、设备建档、设备使用管理和设备维修环节过程中，应当实现全流程的监控与管理，使得整个设备科医疗设备管理能够有据可循，实时清查设备状态，对固定资产进行效益分析，为设备科科长及院长提供专业的参考数据以及处理意见。依托"互联网＋"技术，根据招标采购计划和预算，协助招标机构进行招标文件准备、项目备案和招标协调、评标工作，签订设备采购合同、购货合同执行准备，以及到货前准备和设备到货清点、安装和验收等环节，选择适当的数据库，基于"互联网＋"技术研制服务器端后台程序，满足招标和投标人员使用的手机应用程序，满足过程管理和信息公开透明的需要。同时，按照招标信息公开的要求，对相关招标信息进行网上公示。

采购产生的隐性效益应当能够得到正确评价，采购人员的工作需要得到有效激励。采购绩效的考核关键在于考核采购的过程是否规范，价格和配置是否对应，临床反映是否良好。同招标采购相比，谈判采购正受到越来越多的重视。长期的购买合同取代短期的采购技术是一种趋势。对采购工作采取有效的激励措施将有助于医院战略的实现。

2. 设备运营日志智能跟踪

医院医疗设备技术管理具有复杂性和艰巨性。出于对人力、物力和财力等因素的考虑，有的医院在对医疗设备从申购到使用再到报废过程所产生的相关数据，均是人工登记、查阅和打印。对于医院医疗设备日常管理单纯依靠人工的医院，设备从购置、验收、运营、维修、效益分析、报废，各环节数据报表的收集、整理、完善和保存，需要缜密细致的工作态度，无疑是量大任重。由于是人工操作，人员的流动性和各科室设备众多的原因，很容易导致很多相关资料无法及时查阅和追溯，以致当医院申请购买新设备需论证时，才匆忙手工提取一些效益方面的数据，费时费力，而且数据的准确性并不绝对，给领导决策带来困难。有的医院虽然已经有计算机信息管理系统，但绝大多数情况下都只是固定资产的电子化财产账册管理，不具备技术管理的功能，缺乏如何安全有效地进行医疗设备质量控制、计量分析及维修保养状态的把握。

对于具有设备档案智能化管理系统的医院，虽然发挥了计算机的优势，使不同科室部门的人员对设备资产资料在自定义报表时能及时、准确、快速地录入、删除、查询、打印和保存，但医院这样的信息化建设程度还是不够的。对于医院设备科管理工作来说，不仅要重视设备的静态管理，更要重视设备的动态管理，不然，设备的运行状态（在用、停用、报废）不清晰、维修保养响应不及时、相关附属配件没记录要耗时配置等，阻碍医疗服务，降低医院的经济收益。

现今，医院医疗和药品的管理通过医疗信息系统（HIS）、临床信息系统（CIS）等系统来满足发展需求，而在医疗设备管理方面，传统的仅仅停留在资产管理层面的设备管理软件，显然已经不能满足医院发展的需求。对设备的使用、效益、成本、采购评价等方面进行全方位精细化管理已成必然趋势。

规范和加强医疗卫生机构医学装备管理，促进医学装备合理配置、安全与有效利用、充分发挥使用效益，保障医疗卫生事业健康发展，大幅降低医院运行成本，提高运行效率，为了省去更多的琐碎繁杂，最理想的就是，搭建一个能够涉及设备所有环节管理、避免不必要的支出的功能完善的设备科智能化管理平台，对医疗设备的采购、出入库、资产管理、维护、保养、折旧等全流程实现数字化的管理。所以，医院在搭建设备科管理平台时，无论是借助于外部软件，还是自主搭建，都要围绕医院的发展合理选择和制定。

建立重要设备的运行档案（如 CT、MRI、除颤仪等），包括设备安装情况记录、设备培训记录、培训及维修工程师联系渠道、日常使用记录、维修及维护记录、配件更换记录等，做到出现问题时有据可查、有据易查，缩短了故障排除时间，规范了使用管理。

3. 医疗设备数据采集与分析

随着物联网技术的逐渐成熟，已越来越多地应用于医疗领域，极大地提高了医疗服务的质量与效率。物联网技术擅长于各种信息的传递，能够帮助医院实现智能化的运营，通过原始信息的收集、传输、存储等过程最终在各种终端设备上显示，使医院中医疗、护理、管理等各类人员随时随地掌握所需信息并可进行信息交互，极大节省医院运行成本，提高运行效率，间接减轻患者负担。

物联网传输的各种信息都要由采集器采集后才能入网传输。数据采集器是物联网的触角，采集器是一个传感器，而在医院的特殊环境中要取得各类医疗设备的检测数据，必须设计一种能够与各类医疗设备进行信息交流的数据采集器。医疗设备数据采集器是作为医院物联网的一个组成环节而设计，该采集器读取医疗设备的数据，按照预先约定的协议对数据格式进行整理，然后通过有线或无线网络送到数据库，各种终端与数据库进行交互，如图 7-1 所示。

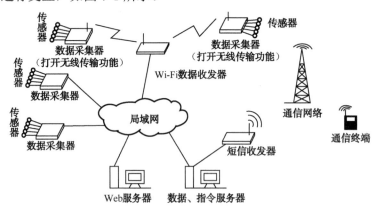

图 7-1　基于物联网的医疗设备监测系统

医疗设备效益分析的关键是信息采集，而所有相关信息中最难采集的是单机收入和单机支出。解决这个问题，需要先解剖单机设备各种费用的发生过程和记录方式，从中找到共性和特性，然后找到解决问题的方法。

（1）医院参加效益分析的医疗设备主要分为诊断设备和治疗设备两类，分布的区域主要是门诊部和住院部。患者缴费主要分为门诊现金缴费和住院划账缴费两种方式。无论哪种缴费方式都会在治疗处方、收费记账留下记录，记录又分为手写记录和电子记录两种。如何利用这些记录，是效益分析信息采集的关键。手写记录只能靠手工统计，随着计算机技术的飞速发展和计算机收费及 HIS 系统在我国大多数医院的普及使用，手写记录方式已逐步被淘汰，这为医疗设备的单机收费信息采集创造了良好的条件。首先利用条形码对这些记录进行标记，患者在门诊或急诊部开始检查的第一个记录中就给其一个唯一识别条形码，该患者的唯一识别码应用在医院门诊首诊记录、门诊处方、门诊缴费、门诊检查、住院入院、住院检查及治疗处方、住院结算记录等全过程。医院的所有部门都可共享该识别码下的所有相关信息（授权使用）。至此，我们就可以设计医疗设备单机收入信息采集的流程了。

患者首诊时，即在电子病历及电子处方中给予一个识别码（条形码）。患者缴费时，在计算机缴费记录中标记该码（条形码扫描记录）；患者做各项检查或治疗时，在计算机电子记录中标记该码及设备代码（条形码扫描记录）；检查或治疗科室计算机，根据单机设备代码自动统计该机所做检查或治疗患者的人次（标本）数及收取的费用。简单地叙述就是：缴费单号标记—缴费单机号标记—缴费数据库标记—单机收费统计（使用率统计）。如计算机为单机工作未网络化，则数据传输过程就变成人工往返传输，虽然也能达到如实采集的目的，但难以达到减少相关人员工作负荷的目的。

（2）手术室设备的收费信息采集。手术室设备不同于门诊或住院部检查和治疗设备，患者手术通常不是根据设备单机使用计算收费，但手术设备在医院医疗设备投资中占有较大的比例，因此不能排除对其进行效益分析。手术设备只能采取按手术种类和手术量宏观进行效益分析。

（3）单机支出信息采集的分析和设计。医疗设备的支出主要包括：维修支出、对患者检查或治疗中的耗材支出、设备所用水电支出、操作人员人工支出。

通常医院在对医疗设备进行效益分析时，主要提到的是设备的投资回报状况、完好率和使用率。根据笔者分析，设备效益分析除了为医院管理人员提供设备报废或更新依据外，在现实工作中真正让相关人员感兴趣的应该是各时间段的投资回报偏差状况。医院在设备投资前都会进行论证，除了对产品论证外，还要对投资后的未来经济效益进行论证。设备经济效益论证其中一个主要内容就是回报或投资回收期预测，即根据医院所在地医疗市场状况和专科状况，预测日均诊断（治疗）人次；根据当地收费标准预测出日均收益额。除去支出部分，预测出日、月、年投资回报状况。将这些数字在时间与回报额坐标中可以绘出一条预测曲线。当把实际工作的数字添加后，就能描绘出实际回报曲线。这两条曲线能够清晰反映设备在各时间段回报的偏差状况，这种偏差既能反映设备回报状况，又能反映学科发展状况，还能反映相关人员工作状况（其中也包括了设备管理人员和维修人员的工作效率状况）。

7.2.4 案例：美国大型医院医疗设备管理案例分析

美国密歇根大学医学院创建于 1850 年，密歇根大学医院及医疗中心（University of Michigan Hospitals and Health Centers，UMHHC）是该医学院的附属综合性医疗机构。该医疗机构下属一家儿童医院和大学医疗中心，以及多家诊所，总共拥有 900 余张病床，年支出约 15 亿美元。本案例旨在介绍该机构医疗设备管理计划的实施方案和细则。

1. 医疗设备管理委员会成员和职责

密歇根大学医院及医疗中心建立医疗设备管理方案的目标是保证所有诊断和治疗设备能被安全有效地使用，还应保证医院所有设备能为临床工作者提供准确可靠的诊断和治疗信息，同时对于病人和操作人员都是安全的，都能发挥其最大能力，从而为病人提供最佳医疗服务。为了达到目标，需建立一个医疗设备管理委员会。

医疗设备管理委员会负责制订医疗设备管理计划。制订管理计划要充分借鉴厂家建议的操作规程和利用本院的资源优势，符合医院的规章制度以及国家的政策法规。委员会成员来自：生物医学工程部、固定资产管理部、设备维护部、风险管理部、病理科、租赁设备部、采购部、放射科和放射工程服务部。

医疗设备管理委员会负责监管 6 个部门的工作，每个部门负责密歇根大学医疗系统一部分设备的技术和工程支持。技术支持包括设备的入院检测、安装调试、监测、预防维护、故障查找、维修、改进、保障可靠性和安全性。工程支持包括设备的改进、可靠性、安全性，危险警告/产品召回的监测和通知，不良事件调查和科研活动。这 6 个部门的具体名称和职责如下：

（1）生物医学工程部：负责医院所有医疗设备（除去下面 5 个部门负责的设备）的技术和工程支持。该部门由医学工程师、生物医学工程技师、工业电工和机修技工构成，这些人员将直接支持设备的维护或支持外部公司对设备的维护。

（2）设备维护部：负责消毒器、洗涤器和反渗透系统的技术和工程支持。该部门由电气服务组、HVAC 组（建筑供热通风与空调设计，Heating Ventilation and air conditioning）、管道服务组和机修技工构成，这些人员将直接支持设备的维护或协调外部公司对设备的维护。

（3）病理科：负责实验室设备的技术和工程支持，以及协调外部公司对实验室设备的维护。

（4）租赁设备部：负责租赁的患者设备（如输液泵、注射泵等）的技术和工程支持，以及协调租赁公司对租赁设备的维护。

（5）肿瘤放射科：负责放射治疗设备的技术和工程支持，以及协调外部公司对放射治疗设备的维护。

（6）放射工程服务部：负责放射诊断设备的技术和工程支持。该部门主要由医学工程师和生物医学工程技师构成，这些人员将直接支持放射诊断设备的维护或支持外部公司对这些设备的维护。

所有医疗中心工作人员必须遵守医疗设备管理委员会制定的各项规章制度。工作人员的职责包括：保证所有在医院使用的设备在使用前必须经过检测，当设备发生故障时及时报告给有关部门，对不熟悉的设备提出培训需求。

2．医疗设备管理计划细则

1）设备遴选和购置

六个部门中的每个部门都需积极地参与设备的遴选和购置。此项工作以确定更新设备的需求为中心，具体工作包括：按照设备的折旧程度有计划地提交设备需求，监督已批准的设备投资和建设项目，关注有关部门发出的有关设备危险警告和产品召回的通知，及时地更换不可再维护的设备。

在遴选所需设备的过程中每个部门的职责包括：确认技术参数；撰写需求方案说明书；评审招投标信息；验证性能规格；协调临床试验；与其他同等机构进行标杆比较；向外部有关机构，如 AAMI（美国医疗器械促进会，Association for the Advancement of Meelical Instrumentation）、ECRI（紧急救助研究院，Emergency Care Research Institute）、FDA（美国食品及药物管理局，Food and Drug Administration）等咨询有关设备的安全性信息；实地考察及与供应商进行谈判。

在购置所需设备的过程中，每个部门的职责包括：协调设备安放场地的建设；协调设备的安装；进行安装验收和协调对使用人员及维护人员的培训。

2）设备评估

医院内所有设备，无论是否是诊断和治疗设备，不管设备归属哪个部门，都应该参与评估来决定是否被包括在设备管理系统中。设备管理委员会的 6 个职能部门应采用以下两种方法对设备进行评估：

（1）第一种方法是以美国医院联盟的方法为蓝本而改进的方法，根据设备功能、临床应用、厂家建议预防维护、预防维护的效果和故障发生对客户的影响对设备进行评估。根据评分结果，设备被分为以下风险级别：1LS（高风险/生命支持）；1（高风险）；2（低风险）；3（无风险）。所有风险级别为 1LS、1 和 2 的设备都应被纳入设备管理系统。除设备维护部以外的另外 5 个部门都应采取此种方法。

（2）第二种方法只被设备维护部所采用，采取与公告设施管理方案一样的计分方法，根据对公告设施的支持、公告设施故障导致的人身危险、公告设施的维护要求，以及公告设施的故障历史对设备进行评估。根据评分结果，设备被给予一个分值，该分值高于或等于 12 的设备或设施会被纳入公告设施管理系统和设备管理系统。

3）入院检测

（1）医院拥有的所有设备。不管是直接用于病人诊断和治疗的设备还是其他设备，不管设备是如何被购置的，都必须经过入院检测才能投入使用。通过入院检测，设备在外表、功能、患者/使用者安全性、电器安全和技术资料等方面得到保障。放射设备和核医学设备还要通过注册物理学家和密歇根州的检测。所有设备都应附有统一的医院资产识别标签，并被录入到数字化的设备维护管理系统中。根据评定的风险级别，设备还应附有检测标签。用户手册和维护手册应保存在负责此设备技术和工程支持的部门。

（2）租赁设备。采购部门应挑选一定数量的优先合作租赁商。租赁商在将设备移交给医院前应对其进行电器安全检测，并负责所有维护和维修工作。在 UMHHC 提出要求时租赁商应提供书面维护历史记录。由非优先合作租赁商提供的租赁设备将在投入使用前由生物医学工程师对其进行检测。

（3）其他非医院拥有设备。医院里被评估和进行临床测试的设备在投入使用之前必须由生物医学工程部门对其进行检测。将设备投入医院进行评估或临床测试的厂家或供应商应负责所有维护和维修工作。

（4）科研设备。医院里用于进行科研的设备在投入使用之前必须由生物医学工程部门对其进行检测。使用此类设备进行科研活动的部门应负责所有维护和维修工作。特别指出租赁设备、其他非医院拥有设备、科研设备都应附有：①褐色标签，表示此设备为非医院拥有设备；②适当的设备风险分级标签，表示此设备在使用之前已通过生物医学工程部门的检测；③如果此设备会在医院使用 3 个月以上，还要加资产识别标签。

（5）病人拥有设备。医院不鼓励但不禁止使用病人自己拥有的电动设备，特别是在重症监护区域。对病人进行治疗的医务工作者必须在考虑病人的实际情况和任何其他特殊情况后，决定是否允许病人使用此类设备。如果病人没有遭受电击的可能（例如设备不会穿透到皮肤以下），在使用之前医务工作者应检查设备是否有明显的缺陷（例如损毁的外壳和电源线等）。生物医学工程部门要对临床工作者提供此类设备检测的培训。如果病人有遭受电击的可能而临床工作者又推荐使用此类设备，在使用之前生物医学工程部门应对其进行电气安全测试。病人拥有设备应附有：①褐色标签，表示此设备为非医院拥有设备；②适当的设备风险分级标签，表示此设备在使用之前已通过生物医学工程部门的检测。

4）预防性维护检测

在评估设备是否应被纳入设备管理系统的同时，对每一类设备都应建立其预防性维护检测策略和计划。虽然设备管理系统中的设备的预防维护检测通常都是周期性检测，但有些是基于对测量仪表的检测（注意：这些设备还要进行周期性预防维护检测以保障设备的仪表被检测）。周期性预防维护的频率的设定可参考厂家建议、设备的风险级别及过往经验。预防维护检测工作单应每月发出并及时完成。额外的工作单应在出现下列情况时发出：错过上次预防维护检测的设备（如上次检测时设备找不到或正在使用中），在未到检测时间却需要维护时（如有测量仪表的设备的检测）。

5）维修

所有维修工作都应及时计划和进行。为了在设备发生故障时能保证对病人继续进行诊断和治疗，大多数急救设备（如麻醉机、监护仪、除颤仪、呼吸机和输液泵等）都应配备备用设备。根据故障发生时的时间紧迫程度，备用设备可以放置在设备使用科室、生物医学工程部或租赁设备部。在发生内部和外部突发事件时，这些备用设备会帮助提高救治病人的能力。此外，每个部门应制订本部门关键设备和系统（如监护系统和护士呼叫系统）的应急计划，以确保在设备发生故障时对病人的诊断和治疗不会间断。

6）产品危险警告和召回评估

产品危险警告和召回通知来自多个渠道（厂家、销售商、ECRI 和 FDA 等）。不管通知来自哪里，都应结合医院管理条例第 05-02-007 号"产品召回/危险警告处理方案"对其进行及时评估、处理和记录。医院已建立了一个电子邮件群来促进产品危险警告和产品召回信息在整个医院迅速传递。每个部门指定部门代表成为电子邮件群的成员，部门代表的职责是接受和评估危险警告、确认任何会给本科室带来不良后果的危害、向部门所有有关人员发布警告通知和改正措施、对任何给本科室带来不良后果的警告向医院安全管理部提供产品召回总结。医院安全管理部对所有危险警告和产品召回的资料进行统一管理，详细资料（如每个被影响设备的工作单）保存在各个部门。

7）不良事件调查

根据医院管理条例 05-02-006"安全医疗设备行动（SMDA）纲领"，所有医疗设备不良事件都要通过医院不良事件报告系统进行汇报。除此之外，所有被怀疑有可能发生故障的植入器械要通过医院植入器械报告系统进行汇报。生物医学工程部和医院危险管理部共同进行及时彻底的调查，隔离不良设备，记录调查结果，确认将来可以导致不良事件发生的缺陷，推荐校正措施消除发现的缺陷。SMDA 委员会应对所有不良事件的处理效果进行评估。如果对任何不良事件的调查显示某个医疗设备导致了或可能导致病人重伤或死亡，SMDA 委员会会按照 1990 年制定的安全医疗设备行动纲领将此不良事件报告给厂家或 FDA。SMDA 委员会还要向环境管理委员会进行汇报。

8）数据收集和管理

医疗设备数字维护管理系统是收集和管理设备维护数据的中心。此系统包含：设备清单、所有设备维护的历史资料、工作单系统、预防维护的计划和步骤。此系统应用于：跟踪和查找设备、发布工作单、测量效益指标、确定设备故障趋势、发现培训需求和产生管理报告。

9）培训和继续教育

（1）设备使用者。新雇用的员工、被赋予新的工作任务的员工、新设备到来时以及有特殊需要时，设备使用者都需要培训。对于新雇用的或被赋予新的工作任务的员工，每个部门负责向他们提供培训，以保障他们具备在工作中安全使用这些设备的能力。一些部门设置了专门的课堂培训课程，另一些部门由员工的领导或导师在工作现场进行指导。在新设备到来时，每个部门要参考医院制度第 05-02-005 号"医疗设备培训"，负责对新设备进行评估，然后为所有部门有可能使用此设备的员工制订相应的培训计划。培训计划应兼顾初始培训需求和继续培训需求，继续培训需求通常在科室年度能力计划中提出。如果在日常工作中某员工的领导发现此员工有进行培训的必要，或设备维护人员在维修时发现使用者有操作错误，可以申请对此员工特别培训。

（2）设备维护者。新雇用的维护人员、被赋予新的工作任务的维护人员和新设备到来时，设备的维护者都需要培训。对于新雇用的或被赋予新的工作任务的维护人员，设备维护部门经理负责向他们提供培训以保障他们具备维护和维修这些设备的能力。培训可以采取下面几种方式的组合：导师在工作现场对维护人员进行指导，维护人员相互之间进行培训，参加维修学校的培训。在引进新设备后，设备维修部经理应确定获得必要维护技能的最佳方法并安排适当的培训。对维护人员的培训通常包括在比较昂贵的设备的购买谈判中。

10）维修服务合同的评估

US Counseling（一个设备维护管理集团）与临床部、设备维护部经理和固定资产部共同审核所有设备维修服务合同的提议。审核维修服务合同时应注意合同的实用性和性价比。

11）新产品开发

生物医学工程部和临床工作者与厂家或销售商合作来改进诊断和治疗的技术。所有用于科研的设备都要经过 FDA 或者生物医学工程部的批准。生物医学工程部在临床条件下对原型技术进行安全和功能测试并准备书面测试报告。书面报告应发给医学伦理委员会（IRB）主席和首席研究员，表明该设备满足安全和功能要求或要求改进的建议。

3. 管理系统的监测和评估

医疗设备管理委员会通过下面几种方式监测管理系统的表现：

（1）每季度设备管理系统的每个部门都应向设备管理委员会汇报预防维护完成情况、对医院有影响的产品问题/危险警告、现有的质量改进和其他任何设备管理问题。设备管理委员会对所有报告进行评估以保证医院的运营管理遵循医院的各项政策、法规和标准，从中发现不足之处并实施改正措施。

（2）每季度 SMDA 委员会的成员应向委员会汇报不良事件的调查工作。SMDA 委员会对报告摘要进行评估以保证医院的运营管理遵循医院的各项政策、法规和标准，从中发现不足之处并实施改正措施。

（3）设备管理委员会应进行年度总结并评估设备管理计划的实施情况，包括计划的目标、适用范围、效果和效率。计划的执行效率通过评估项目完成下列任务的能力得出：实现所有前一年计划订立的主要目标；在前一年年度评估中指出需要改进的地方都取得进步。评估指标包括：①人工操作误差。医务工作人员的关于设备的操作和维修的知识水平是通过监测一个月内发生的人工误差的工作单数量占所有维修工作单的比例来进行评估的，所要达到的标准是 4%。②登记入库设备。登记入库设备的准确性是通过监测对一个从未登记入库的设备的维护请求的工作单的数量来进行评估的，最佳标准是工作单数量为零。监测评估完成后，应向医院环境保护委员会提交季度和年度总结，环境保护委员会将对其进行评估，批准后汇总到环境保护报告中。在确保医院医疗设备管理计划的制订遵循本院的所有规定、标准、制度和法律的前题下，经各方审查通过，由设备管理委员会主席签字，同时须有负责环境评估的环境管理委员会的主席签字，计划方能生效。

从以上介绍分析中可以看出，颇具代表性的 UMHHC 集中体现了美国大型医疗机构在实施医疗设备管理时，组织结构清晰，目标明确，实施细则具体，评估标准较为完善，已建立起了一套相对规范、全面的管理计划实施方案。近年来，随着我国医院的快速发展，医疗设备管理正逐步走向规范化，医疗设备的科学管理是摆在各级管理者面前的迫切问题，相信随着我国临床医学工程学科队伍的日益壮大，深入学习和借鉴国内外的先进管理经验，我国医疗设备管理将取得长足的进步。

7.3　药物智能化管控

7.3.1　基于群体智慧的药物研发

图 7-2 和图 7-3 分别给出了国外药品智能发展的历程以及美国 1999—2011 年智能药物管理设备占有率，从中可以发现药物的智能化管控已经成为智慧医疗领域当今发展的又一个重点，投入比例也不断加大。

1. 更广泛地需求调研

"互联网+"医疗，可以共享、开放哪些数据？人工智能系统 Watson 在"阅读"全部 7 万份相关数据资料的基础上，短时间内发现了 8 个新的标靶药物。而靠人工研究，全世界所有肿瘤研究人员每年可能仅能发现一个新的潜在标靶药物。

60年代	70年代	80年代	90年代	目前

·散装配药 ·药房将药品送至护理站 ·护士将药倒入病人药杯中	·单位剂量的药物 ·药房填充成套的药车 ·特定病人的药物抽屉	·分散的药品分发服务 ·卫星药房，订单输入和药物配送	·第一代智能管控系统 ·能够管控毒麻药品，提升了药品管控能力	·智能管控分类系统 ·一个抽屉一种药品 ·毒麻药的安全和管控还有特提高

图 7-2　国外药品智能发展的历程

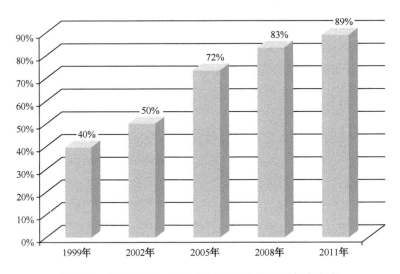

图 7-3　美国 1999—2011 年智能药物管理设备占有率

医疗数据爆发式增长，并呈现复杂多元特征。传统意义上，医疗数据包括病人基本数据、入出转院数据、电子病历、诊疗数据、护理数据、医学影像数据、医学管理、经济数据等产生于医院的临床数据。随着智能设备和电子病历的普及，引发医疗数据呈现几何倍数增长，医疗数据更包含了可穿戴设备收集的自我量化数据、网络数据、医学研究或疾病监测的数据等所有与医疗健康相关的数据。这些数据与个人生命息息相关，不仅重要、敏感，而且更具复杂性和多样性。据统计，到 2020 年，全球医疗数据将急剧增长到 35ZB，相当于 2009 年数据量的 44 倍。基于如此庞大的数据进行分析、应用，对临床操作、付款/定价、药物研发、公众健康等都有着巨大的作用。麦肯锡在其研究中指出，排除体制障碍，大数据分析可以帮助美国的医疗服务业一年创造 3000 亿美元的附加价值。

我国医疗数据共享、开放面临"三座大山"。

一是数字化程度不高导致"原材料"缺乏。我国医疗行业每年的 IT 投入规模仅占卫生机构支出的 0.8%左右，远低于发达国家 3%至 5%的水平。电子病历、影像存储和传输系统、体检中心管理系统等临床信息系统的实施比例均不足 50%。

二是标准不统一导致数据无法流动。由于数据采集交换标准、接口不统一，医院内部及医院之间多无法实现互联互通，医疗数据的离散分布削弱了医疗系统的数据整合和挖掘能力。

三是隐私壁垒导致数据无法大规模使用。医疗记录、疾病档案往往涉及个人隐私，但如何对数据进行脱敏和规范管理，以保证在不泄露个人隐私的前提下实现医疗数据的深度应用，还缺乏完善的制度保障。

我国或许可以这样开放共享医疗数据：一是医疗服务消费者端数据的标准化与开放共享。这涉及患者满意度调查、药物不良反应、可穿戴设备采集的健康数据等。FDA（美国食品药品管理局）向社会开放的第一批数据就是 2004 至 2013 年 FDA 收到的药物不良反应的数据。对医生进行评价和的医疗领域的"大众点评"网站在美国已有 40 到 50 家。二是基于医联体、医生集团等实现区域数据共享。医联体通过纵向医疗数据的打通共享，有利于抑制医院过度医疗、重复检查、重复用药。自 2008 年至 2014 年 2 月底，上海医联工程的实施为病人累计节约近 8000 万元的医疗费用。三是鼓励互联网公司与医疗机构合作共享数据。腾讯近期与贵州百灵达成"互联网+慢性病医疗服务"战略合作，双方将依托腾讯丰富的用户数据基础，构建慢性病用户大健康数据中心，贵州百灵则基于这些数据研发、生产、临床检测相关药物，为患者提供全面的远程医疗咨询、管理与诊疗服务。

2．群体参与，合作研发

群体智慧是从许多个体的合作与竞争中涌现出来的一种共享的或者集体的智能，其特点是以多种形式的协商一致的决策模式来体现。

在医疗领域内，群体智慧的体现尤为突出。这一群体最初包括了医、护、技，无论是临床三级医师管理，还是护士对医嘱的有效执行，均体现了医学范围内的群体智慧。现在，在医、护、技和患者形成的团队中，由于临床药师的加入，药学学科与临床医学学科形成了交叉，药学思维与临床思维进行了整合，使得该群体形成的决定更加趋于理性，更加符合患者的利益。

对医学药学临床知识库的建立和实现方式进行了研究。知识库的智能化的关键，是系统可思考的"大脑"。建立、管理和应用临床知识库，根据疾病和药品的关系、疾病和检查项目及治疗项目的关系、药品和药品之间的禁忌配合、药品的适应症、疾病的诊疗常规等方面，分析数据结构与业务逻辑及实现方法，建立复杂的逻辑关系。研究非结构化的、可配置、可灵活应用的配置管理子系统，用来对临床知识进行存储和管理。临床知识库是医疗大数据分析的专业基础，也是智能监管的专业依据。

3．药物试制与电子试验

塔夫茨（Tufts）药物开发研究中心数据显示，一款新药从研发到 FDA（美国食品药品管理局）批准，平均成本高达 25 亿美元。其中较高的药物失败率在很大程度上拉高了研发成本。而旧金山湾区医疗创业公司 Mousera 正致力解决"药物研发数据收集和分析方式落后"的痛点问题，从而提升数据价值，加速临床前药物的发现和开发。基于 Mousera 的平台，研究人员可以设计、运行和分析实验，并迅速获得结果，更准确地预测药物对人体的作用。

药物临床试验的规范化数据采集和管理是药物临床研究中的重要内容，数据的质量直接关系到能否对药物的安全性和有效性做出正确的评价。随着电子计算机和网络技术的飞速发展，信息技术已经渗透到各个行业。近年来国际上药物临床研究采用电子化临床数据管理模式，极大地提高了临床研究效率，更好地保证了数据的真实性、准确性和完整性。

临床试验从立项研究到注册，使用手工记录临床试验数据的管理模式已不能满足当前大数据时代信息化管理需求，容易造成数据缺失、信息填写不规范、信息滞后，不利于临床数据的管理，同时还限制了临床试验大规模、多中心合作，不能及时发现问题并传递相关信息，降低了研究数据的可靠性、安全性。

药物临床试验项目管理系统可包含药物临床试验项目管理、受试者信息管理、试验过程管理、试验药物管理。项目管理包括项目信息管理、项目流程管理、项目信息查询、严重不良事件（SAE）报告、发药与随访、受试者等部分。其中项目信息管理包括基本信息管理、联系阶段、准备阶段、实施阶段、结束阶段、后续阶段、封档、修改记录。研究者对入选受试者相关信息进行维护，是机构办公室通过对不同专业项目的受试者入组情况、药品发放情况、随访情况、不良反应、严重不良反应发生情况随时监管，避免个别研究者违背方案或工作流程进行临床研究情况的发生。试验过程管理包括辅助检查、检验项目信息管理和试验药物管理。药物电子化管理系统能根据临床方案要求，进行动态研究药物配送、药物发放、药物损毁管理和药物有效期监测。药物电子化管理系统建立全过程的、动态的质量控制模式，可实现对试验用药的在线动态管理与实时记录，提高数据管理的安全性。

4．药物生产供应链管理

由于信息技术水平发展的不均衡，在信息沟通中企业无法获得一手分销商业务、财务信息，因而也就无法有效地确定生产规模和货物付运时间，进而造成库存积压。

药品生产企业需要建立完善的信息系统，应用合适的信息技术软件，与大型现代化的医药物流中心结成战略伙伴，真正实现信息获取和挖掘、信息共享和整合、信息自动化处理和监控功能，并确保这些功能得以充分发挥。通过低成本的信息流通减少供应链成员之间的交易摩擦，促进供需协调。此外，信息化还能为科学决策提供支持。供应链成员之间信息共享、整合将有效缓解医药分销供应链中的"信息孤岛"现象，减少供应链中需求和预测的不确定性，使供应链成员对相关环节的库存和需求有更为明确的了解，从而使订单执行更具效率。

药品供应链管理的整个活动周期涉及政府监管部门、数据管理中心、制药企业、药品物流商、医院、药店以及消费者等多个实体。政府监管部门属于监督检查部门，监管药品从制药厂生产到消费者使用整个生命周期的基本周转情况，杜绝任何违纪犯法的行为出现；药品数据管理中心由制药企业本身或第三方组织维护，主要负责分配药品唯一标志码，备份药品生产、仓储、流通及销售整个周期的所有记录，实现药品的双向追溯功能；制药企业在生产过程中，从单品、外包装箱多级贴封电子标签，实现药品全生命周期的溯源和防伪；药品物流商包括物流企业以及多级经销商，根据药品具体需求，分销至各医院及药店。

目前我国药品流通监管主要采用电子监管码。国家食品药品监督管理局要求列入重点药品的生产、经营企业于 2008 年 10 月 31 日前完成赋码入网，未使用药品电子监管码统一标识的，一律不得销售。电子监管码标识由 20 位数字、一维条形码及提示信息组成。电子监管码是中国政府对产品实施电子监管为每件物品赋予的标识，是物品的身份证。但是，电子监管码存在固有的技术缺陷：

（1）安全性能低。电子监管码是一维条形码，其技术复杂度低，伪造难度小，安全性能较低。

（2）信息无法更改。电子监管码的信息靠打印只能读出，不能写入，其包含的数据信息固定，无法更改。

（3）信息读取速度慢。

（4）属于视觉通信，抗干扰能力差。

RFID 技术是被视为能够有效解决药品供应链管理问题的新技术方案之一，RFID 通过无线通信技术和大规模集成电路技术，利用射频信号（包括 HF、VHF、UHF 三个频段）空间耦合或雷达反射的传输特性，驱动电子标签电路发射存储的信息编码，对目标产品进行自动识别并获取信息数据。在药品的仓储出入库及物流管理的过程中，可以采用 RFID 技术来记录和跟踪药品生产、仓储、流通及销售的整个生命周期，建立药品电子履历（Electronic Pedigree），实现药品的防伪及溯源管理。

基于 RFID 技术的药品供应链管理系统流程如下：制药企业根据具体药品订单需求，购买原料投入药品生产。生产过程中在药品单品与外包装盒上加贴 RFID 电子标签。贴装完成后，在生产线上经特定读写器扫描。确定标签的有效性并绑定数据库内容。确定一切正常后，进入企业仓储管理系统，执行入库、出库、盘点、调拨、查询、统计等管理。药品流通单位（包括物流企业、药品经销商、药品零售企业、医疗机构等）配置专用 RFID 读写器，对产品进行真伪鉴别，同时向药品管理中心写入详细流通信息。在药品流通过程中，政府监管部门使用手持式专用 RFID 读写器，对任何流通中或在售药品进行现场检查与鉴别，并把检查记录写入药品管理中心。一旦发现异常，监管部门及时提取数据库原始记录，调查药品生产企业及药品流通现状，执行相应应急措施。在销售环节，消费者在医院或者药店购买药品时，通过医院或者药店的通用 RFID 读写器对药品进行溯源与真伪鉴别。

7.3.2 药物采购、运输及库存管理

1. 药物采购预测与数据管理

医院面临着需求多样化和个性化的双重挑战。药品采购和供应环节必须满足医疗过程对药品柔性（多样化）和刚性（质量）的需求。

依照药品的需求特征。如一般药品具有相对稳定的需求量；急救药品通常是每个科室抢救必备的；罕用药品则通常是一些老药品种，只在一些特殊情况下才会少量使用。分析了解科室药品需求量的变化、需求的波动特征、随机程度和变化趋势，进行有效采购。尤其是一般通用药品的订单，由于药耗量较稳定，完全可以采用批量订货或组合订单。权衡规模经济效益与库存成本，努力实现最佳库存。而罕用药品的订单，可以通过寻找能提供更优厚代销条件的供货商，或者是能提供更便捷的供货条件的供货商来实现。

医院药品采购主要存在如下问题：

（1）信息没有共享。医院，尤其是一些中小民营医院，信息私有化、缺乏信息集成意识和技术。药品采购方与药品供应商、药品采购部门与医院内相关部门，以及采购决策管理者与实施者之间信息沟通不畅，采购信息没有实现有效共享。

（2）采购模式落后。药品的需求分析是医院药品流程管理的首要环节，其需求是一种派生性需求。许多医院缺乏药品需求分析，没有根据药品的有效需求组织采购，导致药品供应计划与当前需求的不平衡。药品采供双方以临时的、短期的合作为主，未建立稳定的协作关系，竞争多于合作，导致采购过程的高不确定性；缺乏对药品采购事务的授权、执行、记录，以及对供应商的评价制约，导致暗箱操作，严重影响了医院的利益和形象。

我国医药行业供应链管理信息化水平不一。近年来，医药企业对于供应链信息管理技术的应用已经取得了长足进步，但是医疗机构自身的信息化能力，包括其与市场终端、流通渠道和制造业的整体信息流的融合能力，仍然存在很大欠缺。

建立国家医药产业战略的"医药产业云"，通过国家医药大数据中心，对医院、药店、医药物流企业、生产企业和相关社交媒体的动态数据进行统一监控，同时它也将成为医药产业环节共同使用的信息资源。

企业通过实时采集医药需求和病患种类的数据，实现阶段性的疾病预警和患者规模的及时掌控。这种模式在零售领域的应用，或可给医药行业带来一些借鉴与启示，例如英国最大的连锁超市特易购（Tesco）已开始运用大数据技术采集客户信息数据集，利用大数据系统对顾客的海量数据进行分析，得出特定顾客的消费习惯、近期可

能的消费需求等结论，以此来制订有针对性的促销计划并调整商品价格。

可以说，这种有的放矢的经营模式，可以最大限度减少经营中的浪费。无论医药企业、医院或销售终端，通过对患者的海量数据进行分析，将准确判断近期可能的药品需求动态，为企业运行设定合理的成本指标，实现以信息代替库存。

对于这些难题，企业可以充分利用大数据技术，基于已有的业务数据，运用商务智能（BI）和供应链管理（SCM）等信息化技术，对各项关键业务进行深度的挖掘与分析，掌握其特性与特征，发现改进的机会并对其进行优化，从而实现由粗放管理到精细管理的转变。对于改进的业务可以落实在采购与供给业务的各项工作和各个方面，目前应用较多或收获较大的环节主要表现在需求预测、采购战略和业务规则的制定、采购业务的分析与改善、供应商的管理、库存占有量的降低、日常业务可视化监控和预警等方面。

长期以来，企业与供应链的管理者苦于缺乏有效的管理方法和技术手段，无法实现科学与正确的决策与优化，来指导业务实现最佳运营，比如：

（1）在原有的服务水平基础上，原料/零部件应从何处获得成本最低？

（2）如何在保持该成本基本不变的情况下提升服务水平？

（3）应采取什么采购策略来平衡既定的成本与服务？

（4）是自行建立仓库还是由供应商建立仓库？设在何处最合适？

（5）仓库里的货物应该为哪些生产或经营点供货？供应多少并以什么方式供给为最佳？

（6）如果投入新品或开拓新市场，如何整合现有/新供应商的能力支持目标生产产能？

（7）在季节性需求将增加时应提前储备多少库存存货？

（8）当供给能力出现不足时，是开拓现有供应商供货能力还是寻求新供应商？

要想对这些问题做出最优化的决策，必须有大数据为基础，用商业智能分析提炼数据，由供应链管理系统的模拟优化功能对整个供应链网络或某些局部环节进行模拟优化。模拟优化的对象可以是事件、设施、路径、流程、产品、运输、节点等，也可以是这些元素组成的网络以及相关的业务，既可以是单目标优化，也可以是多目标优化。

2．全方位药物运输信息跟踪

药品电子监管码无论是对医药销售者还是患者都有着重要意义，那么到底什么是药品电子监管码呢？简单来说，就是 20 位数的条形码，相当于药品的"电子身份证"，被印刷在每一盒药品的包装盒上。一整箱药品上有一个批量码，推行药品电子监管码系统的药品流通企业通过扫码来完成药品的核注（买进）和核销（卖出），核注和核销信息在扫码的同时会自动上传到中国药品电子监管平台网站（http://www.drugadmin.com）。这样，消费者就可以通过该官方网站的监管码查询栏目，"追踪"到药品的生产流通信息。

　　这些药品的"踪迹"包括药品是哪家厂生产的、在什么时间卖去了哪里、卖给了谁、卖出了多少、通过什么来运输、储存量有多少等。这些信息组成了一个相对完整的电子追溯系统。

　　对于监管者来说，通过这套系统还可以在发现问题药品时快速召回，通过某类药品的短时间大量消耗提示可能的流行病预警，及时发现药品流失，监测药店是否通过非法渠道进货等。

　　据介绍，在用的电子监管系统主要作用有 3 个方面：掌握药品经营流通企业的进货情况，包括药品的价格、数量、进货渠道等信息；对医院药房及普通药店固定区域的温度、湿度情况进行实时监控；对药店药师持证上岗情况进行实时监控。南湖区市场监管局负责人说，原来，这些信息只有监管部门才看得到，而药品电子监管码的推行则是把药品的生产、流通情况完全公开。

　　药品流通企业现代医药物流基础设施建设加快，现代化设备和信息化管理技术得到广泛应用，适应"互联网+"新形势的经营模式创新发展。

　　作为药品流通行业管理部门，商务部在积极参与医改政策协调，努力健全药品流通领域市场机制的同时，致力于通过综合运用产业政策、行业规划、示范推广、标准、统计、培训等行业管理手段，努力提升包括承担医药分开能力在内的药品流通行业服务能力，促进行业持续健康发展。

　　采用自动数据采集系统，结合进行无纸化的 GSP（药品质量管理规范）管理，可以大大提高 GSP 管理的效率，并为现代化的医药物流系统的其他组成部分提供无缝连接，消除了机械化物流作业的瓶颈问题。

　　在医药物流系统中，自动数据采集系统分布在药品的订单确认、收货检验、退货处理、运输/理货、盘点、储存上架、拣选、集货/发货、效期检验、批次检验等各个环节。可以说，自动数据采集系统在医药物流管理系统中无所不在。自动数据采集系统是一个闭环系统，从数据的定义、标签的生成、电子数据的传递、标签条码的扫描，一直到采集数据的稽核验证，是相关数据流在系统中循环的过程。这些药品的数据标识着药品的品名规格、数量、生产日期、效期和批号等信息，这些信息连同采集的时间、位置信息都实时地被自动数据采集系统跟踪，忠实、准确、及时地被记录到数据库中。

　　构成自动数据采集系统的主要有 RF 手持终端、RF 车载终端、无线基站（AP）、固定/手持条码扫描器，条码打印机等条码设备，以及服务器、计算机和构成局域网的其他设备。

　　提高了作业速度、准确性和效率，消除了作业瓶颈，现场操作的失误也就能够及时发现并由系统提示操作者进行改正，从而保证了药品物流过程记录和验证的严密性，几乎杜绝了人为操作失误而导致的差错，使药品的 GSP 管理更加科学规范，通过相关的索引很容易对量化的数据进行各种药品质量的追溯。

　　医药物流追踪是应用信息追踪技术，实现医药商品在生产、仓储、运输、加工、配送等物流环节的信息采集和传输，获取物流信息的完整过程。它主要包括全程药品信息跟踪和事后信息追溯两大基本功能，为相关决策者制定决策提供重要的物流信息。

目前，常见的物流追踪系统采用在工厂、仓库、配送中心等场所的物流作业中，应用条码标识物品，依靠数据库记录物品状态信息来跟踪物品；在物品的运输过程中，应用 GPS 接收机标识车辆，以车厢为运输单位，通过跟踪车辆来追踪物品。随着条码、RFID 等自动识别技术的发展，又出现了单独应用 RFID 追踪单个物品，以及联合应用条码和 RFID 技术的应用模式。

在我国医药物流业发展的目前阶段，应用二维条码承载药品信息，做到唯一标识药品的每个零售包装，再应用 RFID 标签标识药品的物流包装，记录包装箱内的药品信息，是一种实现药品物流追踪的经济、可行的方案。另外，二维条码和 RFID 技术的应用还可实现药品的防伪、自动效期管理、问题药品追溯等功能，对于加强药品流通安全管理具有重要意义。

在全球范围内销售有一定危险性的药品已经摆上法律法规制定者的议事日程了，他们将会制定出非常严格的有关规定以杜绝产品剽窃。

对于药品生产企业来讲，这就意味着要辅助支出更多的费用，未来的药品包装生产线必须具有相应的基本设施，必须具有"识别和跟踪"的能力。谁想对现有的药品包装生产线进行改造、补充安装相应的仪器设备，谁就要与种种不同的接口技术打交道，一个无需复杂技术就可以满足的要求，却需要付出很高的代价，而且这也适用于新包装线的采购、制造。

所有大型的制药生产企业都有自己的"识别和跟踪"技术项目。而这一项目的前提条件就是在企业层的数据管理系统中可靠地管理各个包装代码。一般来讲，生产计划管理系统 PPS 都有与生产计划层的连接接口。垂直结构的 MES 生产制造执行系统把药品生产过程也连接起来了。实现系列化的系列号一般都是由 PPS 生产计划管理系统或直接由药品包装生产线的设备控制系统生成的。

如何按照常规方法在包装生产线中实现系列化以及识别和跟踪？最小的产品单元，例如设备能够实现的原状防伪包装，将要被分解为更小的单元，并都要有一致性识别号这样的标记。摄像机对识别号的正确性进行检验。

当药品从传送带输送到下一生产过程时，例如包装盒放入出厂发货的包装箱中时就必须重新采集包装箱中各药品包装盒的一致性标识，即系列号。当包装设备把原始包装的药品包装到包装箱之后，摄像机监测系统要对这一过程重新监视、审核。

"识别和跟踪"的信息不断依次提高。每一个单一、单独执行的生产过程都要有相应的监控设备，例如摄像机和监控屏。

在这种保证不出错的"设备和跟踪"功能中，设备应保证整个过程协调无误，保证所有系统、部件之间的通信畅通。这也是对现有和后来添加的设备运行提出的一项很高的要求。

3. 药物库存智能预警与管理

库存物资既是医院维持医疗秩序正常运行的保障，又是一种负担。它需要占用医院大量的资金，耗费很高的成本。科学的方法和有效的控制能达到以最小的库存占用，是医院医疗、科研、教学等工作顺利开展的保证。

药品的仓储管理包括药库药房的管理及药品库存数量种类控制。

（1）药库药房的管理包括药品在药库区域内放置方式、药库药房大小、区域分布等；药品进出仓库要遵循原则（药品核对、先进先出或后进先出）。进出货方式的制定，包括：药品所用的搬运工具、搬运方式；药房药品储位的调整及变动。药品核对是药房药品管理人员根据计算机网络传入的收费室已划价收费的药品数量与处方发药数进行核对，防止漏划或重复划价，提高划价的准确率。

（2）药品库存数量种类的控制指依据盘点管理系统在进行实物盘点清查时，录入盘点实存数和种类，形成药品盘点表，定期进行库存盘点，定期印制盘点清册，并依据盘点清册内容清查库存药品数量、种类等，修正库存账册并制作相关报表，依照药品出库数量、入库时间等来制定采购数量及采购时点。财会部门据以入账，对药房药品的收、支、结余进行统计，核算药房药品盘点盈亏数，实现药品数量、种类与实物的一致性。药房药品管理信息系统包括药品核对、盘点管理、特殊药品（毒、麻药品）管理、药品数量统计。特殊药品管理系统根据毒、麻药品的管理要求对药品进行分级管理和数量统计，防止违法行为的发生。

为有效降低库存成本同时保证医院的药物使用，医院可以建立药品的库存管理系统，管理药品采购周期和库存预警上下限的设置。药品库存量上下限的确定，是实现最佳库存管理最直接的方法，当库存量低于下限时，系统将该品种自动录入计划单中。药品采购周期和库存预警上下限的设置主要参考以往药品的出库量、资金占用率、库房空间利用率、医药公司的汇款周期及医药公司送货规律等因素设定。药库管理员打开计算机药库管理系统后，点击库存报警表，系统即会统计那些药品库存量低于预警下限值的品种，将其汇总并计算需采购的药品数量（最大库存上限-当前库存量），自动生成当天需采购品种的采购申请单（包含品种和数量）。药库管理员审核确认后由系统传输进入采购流程。药品库存预警可以使药品在库天数更加合理，避免药品积压和资金占用等情况的发生，减少缺药品种数量；节约制订采购计划单和入账的时间，减少人力消耗，提高了工作效率，保证全院临床用药需求。

医院药品的库存管理是药剂科日常工作的主要内容之一，直接关系到医院的经济效益和社会效益。在管理中一旦出现流程断点，会影响到整个医疗保障工作的运营效率，欠佳的流程只能提供欠优的服务，要提高工作效率，节约运营成本，就必须树立"精细"的理念。要做到智能化药物管控，实现"零库存"药物管理，可以从以下一些方面试着进行转变和入手。

1）概念的理解，思路的改变

（1）医院药品库存量。医院药品库存量是指何时何地的药品库存量，广义指随时抽查库存的数量，狭义指某一特定时刻的库存量。从统计学上看，应该是一个时间段内库存量的平均值。根据多年库管经验，医院的全院药品库存量只有月结时的库存量最低才最有实际意义。例如医院每月 25 号做月结，与公司对账付款的金额是以月结时的报表为依据。如果要求控制平时库存量，就会频繁少量购药。这样的缺点是加大了整个药品管理流程上的工作量，涉及计划、采购、公司送药、验收、入库、发药等，同时拆零药品较多，易发生数量差错，包装挤压破坏，批号不符，而且容易造成临床断药，资金还是以月结时统计的金额与公司结账。所以真正的措施还是控制月结时药库、药房总的库存数。

（2）零库存。零库存是指尽量减少库存，并不是指储存药品数量绝对为零，因药品是治病的，特别是抢救患者，时间就是生命。

（3）药品周转率。单位时间内药品周转的次数，一年内周转的次数叫年周转率（几次/年），一月内周转的次数叫月周转率（几次/月）。因为药品是有效期的，兼顾前面的结账方式，药品的月周转率能够达到 1～2 次是比较合适的。

（4）库存周转率。库存周转率=（当月药品销售额/当月平均库存量）×100%，其中平均库存量需不定时采集当月多点数据计算平均值，药库的库存周转率指标为200%。可能因选点的时间段不同有差别，为了统计数值的可比性，可以明确几个点的平均值。

（5）资金周转。月结时药品库存控制的多少，直接影响资金周转的好坏。

2）联合量化管理的操作

（1）适时计划，制订各部门最低库存报警表。这是药品库存量量化管理首先要考虑的，可以利用电脑程序里现有的最低库存量报警表系统，给每个药品设定一个最低库存量标准，当药品库存低于这个设定值时，报警表上可显示这些药品，只需定时查看报警表。其次，设置最低库存量数据是否恰当是关键之一。一般医院药库执行双休日，医院每星期二、四定期采购两次药品；药房天天有人上班，除双休日外，天天可以领到药，但如果药房认真做好领药计划就没必要天天领药。根据这些情况，药房最低库存量报警表的数量应预留缓冲时间（双休日等，约需 3 天）。药库的最低库存量以全院该药种 7 天（两次购药间隔时间推算）消耗量为标准设置。假如药房星期五发现某药品发空了（这种情况很少，除非用药多，因为药房 3 天量的报警表在前两天就报警了），这时药库最少有 7 天量的最低库存满足临床用药需求。等到下星期二计划购药也来得及。这里 3 天、7 天量的库存要随季节的变化和临床使用量变化而作相应比例调整，同时还要考虑公司送药的时间差，如外地公司、送药速度慢的公司，尽量减少零库存。

（2）适量计划，确定动态计划量。为了达到合理控制库存、增加资金周转、提高效率的目的，药库药房采用了适量的动态计划量。即药库药房的计划数随所处时间段的改变而改变。如果在月初，药房和药库根据最低库存量报警表提示的药品可以做一个月的药品计划；如果在循环月的月中报警表所显示的药品以半个月的常用量为参考购买和领用；如果在循环月的最后几天就以几天常用量为参考。药库做多少天的计划量要查看并扣除药房的库存量。在保证当月购买的药品尽量在当月使用外，应注意以下几种特殊情况：抢救药储备量要备足，大输液品种可放宽，同时考虑数目接近整箱的、价格不贵的、每月使用正常的，以中、大包装购买，因为大包装比小包装好管理，且不易损坏，临床非常用药除保存极少量作为缓冲应用外，可以随用随购。效期在 6 个月以内不购买（除抢救药例外）。在制订计划时应充分考虑用药的季节性，以及医生用药的习惯性等原因。

3）医院药品库存管理的量化考核指标

每月科主任对各部门都有一整套考核指标。具体标准由各医院根据各自的资金状况及人员配备的多少来决定。上面谈到举例医院药房的最低库存量为 3 天的量，那么每个药房月结时的库存量理论上为本部门销售额的 3/30（即 10%），药库月结库存量理论上为全院销售额的 7/30（即 23%），那么月结时全院库存量应为本月销售额的10%+23%（即 33%）。由于品种多，部门多，加上其他大输液等特殊品种的库存量稍加放宽外，实际操作中月结时的库存提高到 40%～50%就可以运作。同时还要分析滞销药品、报损药品的品种、数量、金额的合理性，药品的账物相符率，公司药品质量及断缺货情况的频率及原因。

4）联合量化管理的注意点

（1）提高人员素质。整个药品管理的操作，首先要有领导的支持，其次要有同事的配合，要加强相关业务培训和学习，不断提高药库管理人员的素质，使医院药品管理更加完善。

（2）操作流程中的信息互通。药库仓库是各种药品信息的交汇地，其中有来自临床的药品需求信息，有来自药品供货单位和市场的药品信息，还有仓库的库存药品信息等，对这些交汇的药品信息进行妥善处理，保持信息的畅通。药剂科各部门也要加强信息沟通，以便相互调剂药品，避免断货、积压、过期报废。平时药库可分别查询药库药房和临床科室领药情况，以及药品入库和出库量，按任意时间段进行查询，统计分析等，这有利于定期对各种药品进行动态监控，发现问题及时处理。

（3）制定常规工作制度。每月月结后各部门打印滞销的药品报表、效期报警表、药品的报损表。药房、药库间相互交换报表，以便了解全院药品的周转情况，有些滞销药品如果部门间可以调拨的就调拨，不好调拨的由药库分析原因，告知临床，跟公司联系作退货处理，以免积压、过期浪费，保证全院的药品管理处于良性循环。医院药品的库存管理是一门实践性较强的管理学科，根本原则是在相应的计算机软件基础上，运用一定数学量化管理方法，完善各环节的管理措施，降低不合理库存量，保证医院临床药品供应水平达到一个较高水平，从而提高医院的社会效益和经济效益。

4．基于物联网的可视化智能仓库管理

1）仓库门禁及人员定位系统

利用 RFID 技术，采用 RFID 人员定位软件产品，通过使用有源电子标签、定位器等设备，以及监视录像系统，可以实现对施工人员本身的追踪定位，并将得到的定位数据通过有线或无线组网方式，实时上传给监控管理中心计算机。

2）药品包装管理系统

在药品生产线上配置 RFID 阅读器和合适的传感器，当原材料采购成功后，把相关批次信息存储到 RFID 芯片上并给以标记，当生产线上的阅读器识别到原料的卡片信息时，将时间、批次等相关信息上传给数据库。同时，相关工作人员也佩戴存有自身信息的卡片，包括姓名、年龄、职位等基本信息，当操作人员靠近并准备启动设备时，通过感应将操作的相关信息，如操作员信息、操作时间等信息上传到数据库，以此来确定设备工作状态及生产过程状态，经后台管理软件分析处理来判断工序。然后结合设备开机次数、时间和生产速率信息得出各工件生产时间、数量等相关信息，根据采集到的信息，在后台软件管理系统中实时了解当前订单的生产进度。车间管理人员根据当前生产进度制订详细的可实现的生产计划，或者根据实际情况对生产计划进行有效调整（包括改序、插序等），根据生产线现场计数，计算出装配过程中各个相关工位所需要的物料信息，以及需要物料的时间点，以实现物料拉动管理，进行合理的生产调度，提高工作效率。采用 RFID 技术之后，就能通过识别电子标签快速从品类繁多的库存中准确地找出工位所需的原材料和半成品。RFID 技术还能帮助管理人员及时根据生产进度发出补货信息，实现流水线均衡、稳步生产，实现对质量的控制与追踪。

3）药品仓库管理系统

建立基于物联网平台的现代化、智能化的药品仓储管理系统是实现企业信息管理现代化的前提和基础。药品仓库管理是基于物联网的 RFID 技术实现的。将附带产品信息的 RFID 贴片在进入药品仓库前贴在药品和药品原材料的外包装上，并通过仓库中固定安装的 RFID 读卡器和手持移动读卡器，进行药品和药品原料在仓库的定位，实现仓库的智能管理。

7.3.3 药物综合化监管

1．药物监管透明化、电子化、实时化

利用计算机网络对医疗活动各阶段中产生的数据进行采集、存储、处理，提取、传输、汇总、加工生成各种信息，实现对药品实行准确的动态管理，增加管理的透明

度。完成药品的调价、日常对账、药品的库存情况、月底的盘点和打印报表等操作。与各个药房、病区联网，对各药房的药品领用及全院患者的用药情况全部实行计算机管理，杜绝以往多收、少收、漏收的现象。运用科学的管理方法，将药品收、支、余的每一个程序、每一个细节都精心地管好。

当今社会已步入高科技和信息时代，信息技术已不断普及，给我们的工作和日常生活带来了方便、快速、准确和高效率。医院信息化建设将成为医院未来发展的重点之一，运用信息技术，实施信息化管理，也将是药学管理发展趋势之一。

医院药学部逐步采用自动化设备来解决物流供应药品的分发和冲配，已是明显的趋势，所以对于药学合理用药信息化建设是至关重要的管理举措之一，这会直接牵涉对药物治疗安全性的评价、临床用药的合理性的评价，以及一些政策法规的监管，如药品质量的评价等。所以医院药学发展趋势就在于怎么更接近于参与病患的治疗，怎么更精准地去把握安全用药、合理用药，体现用药的监管职能。

医院药学工作流程有很多是随着医院信息化改造和管理进行的，信息技术应用越普及、越彻底，工作流程改造或再造也就越彻底。大多数医院药学部都是先从药品物流系统开始，从供应商与医院联网，通过药库物流信息中心，逐步将信息化工作切入到药房与病区病房。此外，医院药学部运用信息化设备已经逐步普及，包括：自动发药机、自动加药机、自动药库等信息化设备。

药学部正逐步完善制度化调剂，用现代化的自动包药技术、自动处方检测技术、条形码技术来加强药品使用环节的监管，防止因为人为差错产生的隐患，保障院内药品物流供应的安全平稳和病患的用药合理。从实际治疗层面上，医院药学部要通过信息化手段来达到用药安全的目标，药师使用信息技术，有助于病患诊疗信息的及时追踪、发药差错的降低，以及药学重复性工作量的减少。药学信息化将是医院药学管理发展的必然趋势。

随着互联网信息技术与计算机技术的快速发展，医院药品信息管理不断完善，采购人员的工作量将进一步减轻，同时也便于药品信息的查询。由于药品采购的专业性与特殊性，采购过程严格，但可通过药品管理系统来实现对药品采购信息的维护与管理。例如：药品信息、抗菌药物分级、剂量限制处方使用量，以及销售包装和药品分发单位配制等。

从发送药品采购计划到验收、入库、领取及药品的发放等，都是后期药品管理的基础性工作，是至关重要的。利用信息化管理，进一步减少了医院与医药企业间在采购过程中的重复工作。

药品电子监管是利用现代信息、网络、编码技术对药品流通全过程实施电子监控的方法，由此产生药品唯一的"电子身份证"——电子监管码附在产品包装上。该码属于一件一码，可以起到监控、追溯和查询作用。"追溯与验证"是药品 GMP（生产质量管理规范）的一个核心理念，电子编码应该是药品的唯一身份证，通过它有望实现全产业链的无缝连接。

药品电子监管的预期目标是：通过实施电子监管，有效地将假药杜绝在正规的流通渠道之外；实时掌握被监管药品的全国流向情况，便于政府快速组织召回和调拨；利用信息化手段建立对药品每一个最小销售单元的可全程追溯的监控机制，使药品从生产出厂、流通、运输、储存直至配送给医疗机构的全过程都处于药品监管部门的监控之下；实时查询每一批药品的生产、经营、库存以及流向情况，遇有问题时可以迅速追溯流向和召回产品等。

对最小销售单元的可追溯管理是通过对药品进行编码、给药品发放身份证（也就是药品电子监管码）来实现的。电子监管码的特点是：

（1）一品一码。在每件药品的外包装上赋予一个唯一的号码，这个码不同于我们日常所见的商品条码，商品条码是一类商品一个码，而监管码对于两件同样类型的商品都是不一样的。20 位码的长度为 20 位，主要是为了保证编码的量足够支持所有的药品。20 位码中，1～7 位为药品类别码即药品本位码，8～16 位为单件序列号，最后 4 位为加密码。

（2）以一维条码的形式存在。对于使用者，无论是企业或消费者都可以利用自动识别设备来采集这个监管码，便于提高自动化程度。

在赋予最小包装监管码后，要求生产企业把这个码贴或印在药品的外包装上，企业在生产完成时应采集监管码并上报给药品电子监管网即激活这个码，同时要求企业在药品出厂销售时必须采集监管码并上报给统一平台。同样，批发企业在入库和出库的时候都须对监管码做核注和核销，使用单位或药店在购入和销售时同样应做核注核销。有了这个统一平台中的数据，药监部门就能准确地掌握每种药品在全网的分布情况，而且能精确到每个剂型规格、每个生产批次，为实施召回提供了非常有力的手段。

2．药物效果跟踪反馈

我国医院长期以来的工作模式，医生、病人、药师处于一种单向循环体系中，即病人将病情陈述给医生，医生诊断疾病后开具处方，药师给病人调配处方后，这一循环就告终止。在这个循环体系中，医生无法确证该治疗方案是否合理、有效；药师不可能观察到直接的治疗效果，无法知道病人是否遵医嘱服药，有无不良反应，疾病进展怎样等。随着临床药学的发展、药学保健的出现，临床药师的任务是实实在在地为病人服务，以病人为中心，提高药物治疗的质量，达到合理、有效、安全、经济地使用药物。这就要求临床药师必须知道病人特别是那些长期用药病人用药后的临床效果，根据临床情况和医生一道决定用药方案的调整与否，以更好地实现药学服务。

制定监测计划：临床药师和医生一道根据疾病情况和要实现的药物治疗目标，为每一项目标确定可测的、能观察到的指标参数及监测时间，为临床效果的监测提供合理的标准。监测计划应该是系统的、合乎逻辑的，能代表患者、医生、药师的一致意见，监测计划内容应能有效评价药物治疗目标完成情况，能够检测出实际和潜在的药物不良反应。

监测临床效果：根据监测计划定期对用药过程和患者的疗效进行监测，对是否实现药物治疗目标做出判断。若未实现药物治疗目标，应找出原因，然后调整药物治疗方案，实现个体方案给药，达到最佳治疗目标。对于院外病人，采取随访形式，随时了解其疾病的治疗效果。

3．滥用药物监测系统

在国家食品药品监督管理局、国家禁毒委员会办公室的领导下，在公安部、司法部、卫生部和财政部的重视和支持下，截止到 2004 年 5 月，国家药物滥用监测中心在中国大陆 31 个省、自治区、直辖市已经全部完成了省级药物滥用监测站的组织机构建设工作。

其特点是对人群中麻醉药品和精神药品使用和滥用情况进行长期连续、系统地观察、调查并收集资料，及时发现麻醉药品、精神药品非法流弊和滥用问题，及时掌握药物滥用现状、动态分布、滥用者的人口学特征、滥用麻醉药品和精神药品的种类、滥用方式和可能的发展趋势，分析、确定各地区乃至全国药物滥用基本情况，为麻醉药品、精神药品的科学管理和禁毒工作提供科学数据。

从组织形式看，药物滥用监测分为被动监测和主动监测两种形式。前者指各级监测网站按上级单位要求和规定收集资料，定期汇总上报；后者是根据某特定问题，由上级部门部署或计划定期不定期地开展调查或系统收集资料。主动监测在降低漏报率方面明显优于被动监测，所调查掌握的数据更接近于药物滥用实际发生情况。从监测所针对的对象看，可分为以普通人群为基础的一般人群监测、以戒毒康复机构为基础的药物滥用人员监测和以青少年等人群为基础的高危人群监测。许多国家都建立了药物滥用监测机制，但各国监测形式和实施方法不尽相同。根据不同的情况，一些国家可以同时实施一个以上的监测方案。但资料的收集都趋于全面、系统化。

由国家药物滥用监测中心主持研发了以互联网为传输媒介，安全、高效、覆盖面广泛的"药物滥用监测网络信息管理系统"（以下简称"监测信息系统"），形成以国家药物滥用监测中心为网络根节点，连接了各省（自治区、直辖市）药物滥用监测站和各省（自治区、直辖市）所属的地/市药物滥用监测点，具有如下功能：

（1）在线报表处理功能。药物滥用监测数据采集工作，是通过各监测机构的工作人员在线填报《药物滥用监测调查表》完成的。监测对象是来自强制、自愿、劳教戒毒机构和美沙酮治疗门诊收治的药物滥用者，以及部分地区缉毒部门和社区机构发现登记的药物滥用者。

（2）数据查询统计功能。通过对药物滥用监测数据进行查询、统计分析，可以动态地监测药物滥用情况，快速掌握药物滥用基本状况，预测毒品的滥用趋势。结果能否具有准确性、时效性和科学性，取决于达到一定样本量的有效数据及时地在线直报。

（3）调查资料查询功能。

（4）数据统计报表功能。"监测信息系统"通过"数据统计报表批处理程序"，自动生成数据统计分析报表，可以根据需要分别生成月、季度、年度的数据统计分析报表。

（5）药物滥用预警功能。"药物滥用监测网络预警系统"是"监测信息系统"的一个子系统，能够对药物滥用突发事件和流行性滥用情况及新发现被滥用的精神活性物质进行预警。"预警处理程序"通过对药物滥用监测数据库进行定时的扫描运算，将达到预警阈值的数据显示在国家药物滥用监测中心标有全国行政区域图的大屏幕电子显示屏上，并辅以音响效果进行强化提示。

7.3.4　案例：RFID 在医院库存控制中的应用

超市和你的冰箱往往都面临着一个共同问题："最佳使用时限"标签。如果你没有在保质期内吃掉你的酸奶或者午餐肉的话，那么最好的选择就是扔掉它再重新买一个。食品店也经常会在食品快过期时进行打折销售。

医院也同样面临这个问题，医院的药品货架上经常会有上百种药物过期。这些过期的药物有可能是药膏这样的小东西，也有可能是价值昂贵的通过手术植入人体的耗材，如心脏瓣膜等硬件耗材。在一些情况下，有效期是根据产品材料的变质曲线制定的，另一些产品则是根据其所处的无菌包装失效期限制定的。

Saghbini 是马萨诸塞州 WaveMark 公司的总经理及首席技术官，该公司于 2013 年年底被供应链公司 Cardinal Health 收购。作为公司的首席技术官，他开发了医疗用品监控、位置、使用期限提醒的软件。该软件是基于 RFID 技术开发的，RFID 标签可以放置在一片带有背胶的纸上并附着在任何物体上，然后，这些标签可以发射无线电信号并提供其位置信息。这些标签还可以手工移除或使用读写器进行关闭。沃尔玛等大型零售商使用 RFID 技术已有多年时间了。最近几年，一些医疗设备及耗材经销商也开始在产品出货前进行 RFID 标签附着。

Saghbini 称："使用模式不匹配库存水平或不遵循先进先出原则都会恶化情况。"此外，如果一名外科医生或其他专科医生和医院解约，耗材管理也会因医生习惯变化变得更复杂。同时，他估计，10%～15%的医院会在这些耗材临近过期前进行废弃，这导致了每年 50 亿美元的相关损失。

在手术室里，RFID 已取得很大进展，这些标签可以提醒医生病人体内有海绵或其他医疗器械。最近几年，在医疗器械库存管理领域，RFID 技术开始取得进展。

贴有 RFID 标签的医疗产品通常存储在一个智能货柜里，这些智能货柜大小不一。当工作人员从货柜取出耗材时，库存追踪软件会对此进行记录。接着，手术室工作人员会扫描该标签并和使用该耗材的病人信息相互绑定。如果该物品未被使用，放回货柜时，软件会自动更改库存信息并从病人记录中移除。医院工作人员可以在线访问库存信息并实时进行追踪。

几年来，Saghbini 已帮助多家医院安装了 RFID 项目。他说，该系统可以对快过期的物品进行提醒并让医院知道这些物品的使用者。这样，医院便可以根据库存信息自动订购耗材，员工也可以实时知道快过期的产品。

Saghbini 称，尽管该技术价格不菲，但通常医院可以在 6 到 9 个月内收回投资。他说："使用系统一年内，医院可以减少 20%～25% 的库存。"圣路易斯医院在一个六个月的试点项目当中节省了 150 万美元成本，埃默里大学圣若瑟医院则节省了 30 万美元的成本。到目前为止，WaveMark/Cardinal 已在全美 100 家医院内安装了智能货柜及 RFID 系统，但 Saghbini 认为，该技术才刚刚进入快速增长的模式。

7.3.5 案例：华兴长泰智能药物管控

华兴长泰物联网技术研究院有限责任公司是智能药车、智能药柜、智能毒麻药管理柜、智能药品自助终端、智能药品冷藏柜、智能实验室保管柜等产品专业生产加工的公司，拥有完整、科学的质量管理体系。

1. 华兴长泰 Magic-box601 智能药车

该智能药车适用于手术室、麻醉科、ICU、药房、实验室，具有如下特点：
（1）安全：密码、指纹登陆，双人双锁验证，世界独创自动感应药盒。
（2）准确：数据实时记录，自动生成处方，上传收费。
（3）便捷：符合中国医疗习惯，7×24 小时随时取用。
（4）高效：节约时间，精益管理整个麻醉过程。
（5）模块化：根据用户需求，进行个性化设计和配置。
（6）通用数据接口：国际标准数据接口，与其他系统无缝连接。

2. 华兴长泰 Smart supply station-701 智能物品柜

该智能物品柜适用于病区、ICU、手术室、导管室、耗材房、库房，具有如下特点：
（1）管理物品多样：药品、耗材、高值物品、高值器械。
（2）模块化设计：可配置抽屉、增加辅柜。

3. 华兴长泰 Magic cabinet-801 智能毒麻药管理柜

该智能毒麻药管理柜适用于药库、药房、麻醉科、实验中心，具有如下特点：
（1）MC 药品安全闭环流通管理。
（2）安全、智能、高效。
（3）操作简便，信息共享，实施联动监督各级药库和终端信息。
（4）中心管理，自动提示配送。
（5）符合中国医疗习惯，药品分类，分级单位管理；个性化设计，减轻医护人员劳动强度，提高诊疗效率。

（6）国际标准数据接口，无缝对接其他系统。

4．华兴长泰药品自助终端（APM）

该药品自助终端如图 7-4 所示，具有如下特点：

（1）高效：365 天×24 小时随时使用，降低劳动强度，提高诊疗效率。

（2）智能：一键完成取、记、录、用等所有过程，库存智能管理。

（3）安全：多种安全保护。

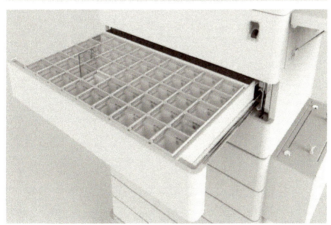

图 7-4　华兴长泰药品自助终端（APM）

第三篇

健康养老

第8章　国内主要的养老模式介绍

养老，不仅要给老人提供物质的保障，而且要持续为老人提供生活照料与精神慰藉，当老年人生病的时候还要提供医疗服务。本章根据生活照料等养老服务的提供者，将养老模式分成家庭养老、机构养老及居家养老，其对应的养老服务的主要提供者分别为家庭、机构及社区，如表 8-1 所示。了解每种养老模式的概念、现状的同时，我们也阐述了这些养老模式的优点、不足与挑战，能够为后文中我国养老模式的构建作简单的铺垫。

表 8-1　养老模式分类下的服务提供者

模式 ＼ 服务内容	生活照料	精神慰藉	医疗服务
家庭养老	家庭	家庭	医疗机构
机构养老	机构	机构	医疗机构、养老机构
社区居家养老	社区	家庭及社区	医疗机构、社区

8.1　家庭养老

家庭养老在中国源远流长，敬老养老理念古而有之，如"父母在，不远行"、"老吾老以及人之老"等。自汉代以来，成为主要治国理念的儒家思想强调"以孝治天下"。除了对敬老养老理念的推崇，各朝政府还推行各种政策，以促进和保证家庭养老的施行。比如，在周代，为鼓励人们赡养老人，实行相应的减免徭役政策；唐代的法律规定，家中有老人，子孙不能远走他乡，让父母成为空巢老人者将被治罪，此外，唐代还注重精神养老，即"色养"，指侍奉父母时要和颜悦色，让老人保持心情愉悦。家庭养老理念及模式在中国社会中的重要地位及作用由此可见一斑。

本节将对家庭养老的概念及理论依据进行总结，并探索在当前中国社会发展阶段下该模式的优势及不足。

8.1.1　何为家庭养老

有学者认为家庭养老来源于亲情，强调血缘关系在家庭养老中所处的关键位置。父母养育了儿女，儿女出于亲情和血缘，赡养父母，这是一种下一代对上一代予以反馈的模式，动物界的"鸦有反哺之义，羊有跪乳之恩"即是如此。

还有学者认为家庭养老源自家长所有制。在《中国特色养老模式研究》一书中，作者提出了家庭养老源于家长所有制的假说，认为在家长所有制中，家长掌握对家庭财产和家庭成员的实际所有权，因而处于一种非常有利的地位。同时，在家长制家庭中，家长基本由辈分最高的男子担任，其对家庭的控制权使得年轻一代只有承担养老责任才能在家庭中生活。

虽然家庭养老在中国存在已久，但对家庭养老的概念，学界仍未形成比较统一的说法和界定。较为主流的观点认为家庭养老是家庭或家庭成员支持的养老：家庭是夫妇关系和亲子关系（即血缘关系）的结合，因而家庭养老概括来说就是"在家养老"和"子女养老"的结合，即家庭和家庭成员支持。同时还有学者提出，家庭养老是与农业社会相适应的养老实现方式。而笔者认为，家庭养老是一种源自于血缘亲情的养老模式，它强调家庭和家庭成员对养老的支持，因此为老人提供生活照料与精神慰藉的主要是家庭的成员。

8.1.2　家庭养老的发展现状

中国文化从古至今一直尊重孝道，再加上农业社会与家庭养老模式的相关性，使得家庭养老在我国历史悠久。但是，随着经济文化的发展、社会制度与家庭结构的变更，家庭养老出现了新的发展状况。

（1）随着社会经济的发展，老年人和子女的个人收入相应提高。收入水平的提高使得家庭可用于老人养老的资金更多，有利于家庭养老质量的提升。同时，养老资源的丰富催生了一系列专业护理和社区照料产业的诞生和发展，使得家庭养老的实现形式更多样。

（2）法制建设的发展保障了家庭养老的存续。家庭养老在中国得以长期存在发展的重要原因在于"孝道"文化在社会文化中的主流地位，虽然历朝历代也出台了相应政策和制度来保证其实施，但长期以来子女赡养父母主要依靠道德来维系。然而随着社会发展程度和文化的变化，仅靠道德并不足以满足社会生活的需要，赡养矛盾随之而生。为更好地保障老年人的权利，我国出台了《中华人民共和国老年人权益保护法》（简称《老年法》）。《老年法》的颁布和实施，标志着家庭养老从依靠道德约束转变为依靠法律约束。同时，国家还制定了一系列的保障措施，以推动《老年法》落地。

（3）社会保障体系和社会服务体系对家庭养老提供了有力支持。家庭养老强调家庭和家庭成员对养老活动的支持，而家庭资源是影响养老活动能否顺利开展的重要因素，养老资源主要表现在子女数量、时间和精力上。社会保障体系和社会服务体系从金钱、设施等方面对家庭养老提供了重要补充，扩大了家庭养老的资源。

（4）家庭养老形式和内容更加多样。以往家庭养老通常采用父母与子女（特别是儿子）共同居住来实现养老目的的模式，在现代则产生了老年人单独居住或农村家庭的"一家两户"等形式。同时，随着社会经济的发展，老年人的养老需求更加丰富，从最基础的照料需求扩展为健康和情感等需求，养老活动的内容也更加多样化。

8.1.3 家庭养老的优势

家庭养老随着家庭的产生而产生，为人们接纳和采用，并在社会发展进程中不断弘扬和改进。其存续和发展，除了受到社会文化和国家制度、法律的要求与规范，更深层次的原因在于其客观存在的优势，使得家庭养老能够作为一种约定俗成的传统，在历史更替与时代发展中被不断传承。时至现在，虽则养老模式呈现出更为多样化的发展趋势，家庭养老的功能在一定程度上被弱化，但其重要地位仍不可忽视。下面将对家庭养老模式的优势进行探讨。

1．对老年人而言

首先，物质条件可以得到保障。老年人退出生产领域后，自身的劳动能力已经减弱或者丧失，许多人基本不再创造物质财富，尤其是没有养老金的老年人，可从子女那里获得吃、穿、住、用等生活资料。

其次，日常生活可以得到照料。老年人由于自然的规律，生理机能老化、体质减弱甚至常有疾病缠身，有的行动不便，有的生活不能自理，老年人在家里便于子女的精心敬养和护理。老年人一生辛辛苦苦地抚儿育女，晚年得到子女的赡养照料，这也是他们应得的回报。

再次，精神生活可以得到慰藉。老年人长期同子女们朝夕相处，建立了深厚的感情，减少了晚年的孤独和寂寞，享受到了儿孙绕膝之乐。

2．对子女而言

我国忠孝的文化深入骨髓，大部分子女都希望能够自己照顾年迈的父母，以报答父母的养育之恩。因此，由自己为老年人提供养老服务慰藉了子女的孝心。同时，把养老服务内部化到家庭，避免了养老责任的推脱，明确了养老的主体。

3．对社会而言

降低社会养老成本。家庭养老是把这个社会的养老负担转化为子女的负担，一旦政府的社会保障职能无法兑现，可以规避社会养老在基金管理方面的风险，同时也不存在服务和交易费用支出的问题。

塑造社会文化。中国人提倡尊老爱幼，在全社会形成养老尊老的风气，自古以来被认为是子女理所当然、责无旁贷的义务。其中，家庭养老对社会塑造尊老文化起着不可或缺的作用。

8.1.4 我国家庭养老面临的挑战

虽然家庭养老在中国存在已久，且有着深厚的历史文化基础，其存在基础亦非常广泛，但我们必须承认的是，家庭养老所赖以生存的社会、经济环境发生了深刻的变化，从而使家庭养老这样一种模式面临着前所未有的挑战。随着社会经济文化的发展与变迁，家庭养老开始呈现出一些不足之处，主要有如下几点。

1．未富先老，家庭财富的增长赶不上人口老龄化脚步

根据联合国公布的老龄化社会标准，2000 年的人口普查数据就显示中国已经步入了老龄化社会。据预测，从 2020 年开始，中国将步入老龄化严重阶段；2050 年，中国将步入超高老龄化国家行列。然而，与其他老龄化问题严重的发达国家相比，中国的老龄化面临更为艰难的问题。中国经济在飞速发展的同时，人均 GDP 仍然处于较低水平，不足发达国家的 20%，这种被称为"未富先老"的状况是社会的隐忧。

有统计显示，2008 年年末，中国 60 岁以上的老年人口有 1.6 亿，占世界老年人口的五分之一，居世界首位，并且继续以年均 3.2%的速度递增。80 岁以上高龄老年人已达到 1805 万，并以年均新增 100 万以上的速度增加。2000—2009 年，老年人口以每年新增 311 万的速度增长，中国老龄化进入快速发展阶段。未来十年，80 岁以上高龄老年人将以每年5%的速度迅速增加。预计到 2050 年进入重度老龄化阶段，老年人口将达 4.37 亿，约占总人口的 30%。

因此，可以看出我国养老人口基数庞大，增长速度快，高龄化的趋势明显。而人均 GDP 还是处于较低水平，何况随着中国经济的减速，未富先老的矛盾将趋于严重。

2．子女数量减少，家庭养老负担加重

生育率下降、人均寿命延长直接导致家庭供养资源减少，子女养老的人均负担成倍增长。如今，中国第一代独生子女的父母已经开始进入老年。"4-2-1"家庭模式作为中国今后几十年的主流家庭模式，是一个风险型的家庭架构，对养老而言更是如此。独生子女的现实不仅使父母早早步入空巢的阶段，经历更长的空巢期，同时也将他们置于一种脆弱的家庭养老的基础之上，无论是经济来源还是生活照料，特别是亲子交往、精神慰藉，他们能从这唯一的孩子身上得到的都是非常有限的。可以说独生子女政策的实施，一个重要的影响就是最大限度地削弱了传统社会"家文化"的基础，使得众多家庭养老的对应措施黯然失色，长期以来中国社会中建立在多子女基础之上的养老实践或许在许多重要的方面不能为独生子女家庭的养老问题提供经验。

3．传统养老观念受到不良价值观念冲击

改革开放以来，中国经济社会发生了重大变革，对公民的个体价值给予了多方面

的承认，并从道义上肯定了追求个人幸福的合理性，个体价值的确立动摇了传统家庭伦理的基础。一方面，随着中国的交通、通讯越来越发达，信息渠道越来越广，年轻人在更多、更深入了解世界的同时，其观念与生活方式也不断地发生变化，在追求现代生活方式过程中，产生了对小家庭的偏好和对大家庭的淡漠，他们转变了养老观念，开始走出"养儿防老"的圈子，加之受效益主义、拜金主义、个体主义、消费主义等不良价值观念的影响，人们的家庭责任观念、家庭义务观念等都在不断更新、蜕变，有些人拒绝承担赡养老年人的义务，甚至虐待、遗弃老年人。另一方面，在现代社会中，由于社会分工的发展和科学技术的日新月异，老年人在获经济资源、文化资源等方面均处于较低的地位，再加上行动不便、体弱多病等因素的影响，几世同堂的家庭就渐渐地失去了应有的向心力和凝聚力。所有这一切都导致了当代中国家庭养老功能的弱化。

4．农村家庭养老压力尤其大

农村老年人口占全国的 75%，是中国老年人的主体。中国老龄科学研究中心调查显示，当前农村老龄化程度比城镇高 1.24 个百分点，预计这种状况将持续到 2040 年。可见，与城市相比，农村的养老压力更大。

与此同时，农村养老还面临着城市化、家庭结构小型化、计划生育和人口价值观念改变等因素带来的一系列挑战。农村人口的大量外出导致赡养脱离，养儿难以防老，这是农村几千万留守空巢的老年人面临的普遍难题。从今后的发展来看，随着农村人口生育率的下降，农村老年人老难有所养问题将更加突出。

中国老龄科学研究中心调查显示，全国城市地区有近一半的老年人没有子女相伴，而农村"空巢"老年人的比重也占到四成左右。如果考虑到农村大量劳动力外出打工因素，农村"空巢"化实际上更加严重。另外，东西部人口流动也给家庭养老带来很大的压力。

8.2　机构养老

8.2.1　概念及其发展现状

目前关于机构养老的概念，学界并未形成完全统一的意见和观点。有学者认为，以生活照顾方式为标准，由社会机构提供生活照顾即为"机构养老"。机构养老的载体是敬老院、老年公寓、托老所及老年护理院等，这些养老机构具有专业化、社会化、市场化的特征，职能是提供专业化的老年人生活照顾服务，其服务对象包括完全能够自理的老人，特别是半自理和完全不能自理的老人。在本书中，笔者将机构养老定义为由专门的养老机构为老年人提供生活照料等养老服务的养老模式。

近些年来，我国养老机构有了较快发展。根据民政部发布的 2013 年社会服务发展统计公报显示，全国各类养老服务机构 42 475 个，拥有床位 493.7 万张（见图 8-1），比上年增长 18.9%（每千名老年人拥有养老床位 24.4 张，比上年增长 13.9%），其中社区留宿和日间照料床位 64.1 万张。年末收留抚养老年人 307.4 万人，比上年增长 5.5%。

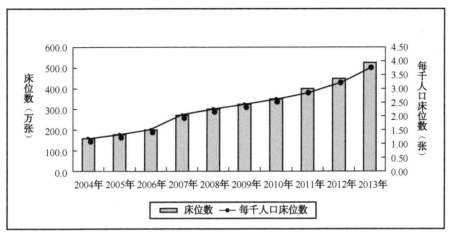

图 8-1　社会服务机构床位

公办养老机构主要发挥着社会福利功能，是由政府财政拨款建立的，其主要目标群体是五保户等社会救助人群，对于其他人群来说，进入公办养老机构比较困难。公办养老机构只能发挥保基本的作用，在一些拨款不足的机构，甚至存在着让入住的老年人从事生产性活动的行为，这种情况在农村尤其严重。入住老人们的低保等社会救助款项都被纳入养老院资金，一切生活都依赖于养老院，平时基本没有零花钱，提高生活水平更是非常困难。而且由于人们对护工人员这一职业的认识不足，照顾入住老人的护工多为中年女性，缺乏专业护工和医生。

民办养老机构对公办养老机构形成了重要补充，能够有效缓解政府财政压力，实现养老主体的多元化。同时，社会资本的注入也有利于机构养老效率的提高。但必须注意的是，民办养老机构也存在着很多问题。比如民办养老机构的服务非常参差不齐：在价格上，有些民办机构为了吸引老人入住，定价非常低廉，但服务质量堪忧；有些民办机构定位高端精英人士，价格非常昂贵，但也只能满足老人养老在设施、设备上的需求，医护需求则很难得到满足。另外，现有的养老机构主要接收身体健康、能够自理的老人入院，那些失能、半失能的老人则不能入院受到专业照料。

8.2.2　机构养老的优势

机构养老能够给老人提供相对专业的照料，是居家养老的重要补充，对于弥补居家养老的不足发挥了重要作用。居家养老需要子女给予父母非常多的照料，特别是照顾失能或有精神疾病的老人，更是需要大量的时间、精力。现代社会的生活压力越来越大，子女更需要工作挣钱才能提供充足的养老资源，这就导致了子女在时间、精力方面的冲突。随着我国家庭更多地呈现出核心家庭的模式，独生子女家庭的照料压力更加沉重，这种矛盾冲突愈加凸显。机构养老作为家庭养老的重要补充，能够较好缓解子女的照料压力。总的来说，机构养老具有以下优势。

1. 对老人而言

为老年人提供安全感。前面我们提到，居家养老的老年人很容易处于无人陪伴和照料的状态，特别是当老年人身边没有子女或者配偶时，独居往往非常不安全，容易发生意外事件，一旦意外情况发生，极有可能得不到及时救治，这种状态极易导致老年人产生不安全感。反之，如果老年人入住养老机构，则有工作人员或看护人员 24 小时值班，一旦发生意外，会得到及时处理，老年人的安全感也随之提升。

为老年人提供稳定的社交平台，缓解孤独。居家养老的老人常常会面临非常孤独的处境，他们可能是空巢老人，可能是丧偶寡居，可能因子女工作繁忙而交流有限，但老人往往最需要家人的关爱、朋友的陪伴。在养老机构，老人的周围基本都是同龄人，也有照顾他们的护工、服务员，可以建立自己的社交网络，互相诉说和倾听，能够较好满足老人的心理需求，缓解孤独情绪。

为老年人提供更专业全面的医疗服务。由于年龄原因，老年人无可避免会有一些身体疾病，不论是否严重，都需要精心照料和调理。在养老院，老年人可以得到有计划的健康照料，日常饮食和生活更加规律也更加合理。另外，在一些定位更加高端的养老机构，会为老人提供定制化和有效的养老服务，为老年人提供更多专业化的护理和关爱。

2. 对子女而言

前文提到，老年人居家养老对子女的时间、精力有着非常高的要求，而现代子女往往又同时面临生活的压力，照顾父母和工作挣钱之间的矛盾凸显，特别是我国在接下来一段时间内都将以独生子女家庭为主，"4-2-1"的核心家庭模式意味着独生子女所面临的照顾父母的压力更加严峻。俗话说"久病床前无孝子"，当子女需要照顾的是失能或患有精神疾病的老年人时，对于子女更是一种挑战。老年人住养老院，不仅可以使老人得到相对专业的照顾，还会大大减轻子女的压力，维系亲子间良好关系。

3. 对社会而言

相对于家庭养老，机构为多数老人提供养老服务，将养老服务规模化，因此对于整个社会而言，机构养老降低了整个社会的养老成本。同时，机构养老降低了家庭养老的压力，使得年轻的子女有更多的时间投入到他们的工作中去，也就增加了社会的总财富。

8.2.3　我国机构养老的不足

尽管养老机构在我国发展迅速，但仍存在着许多问题和不足。

1．养老机构供需矛盾突出

截至 2014 年 3 月底，全国各类注册登记的养老服务机构 31 833 个。机构、社区等养老床位合计达到 584.0 万张，其中社区留宿和日间照料床位 197.3 万张。目前，每千名老年人拥有养老床位数达 27.5 张，同比增长 10.0%，增长幅度明显。

尽管近年来全国各类养老机构发展迅速，床位数呈快速增长趋势，但目前供给量与市场需求量仍有差距。截至 2014 年年底，我国老龄人口已达近 2.12 亿，占总人口的 15.5%，并正以每年 1000 万人口的速度增加。预计到 2055 年，这一比例将达到 35%。按照"百名老人 5 张床位"的国际标准计算，我国养老床位仍有不小的缺口。

2．养老机构服务质量较差

虽然目前我国养老机构发展迅速，但不容忽视的一个问题是大多数养老机构的服务质量仍然较差，服务质量高、设施完备的养老机构数量仍然较少。具体说来，养老机构存在的问题主要有以下几方面。

（1）基础设施不够完备、机构环境较差以及卫生条件不达标等因素，导致养老机构整体硬件设施水平较差。

（2）服务人员专业化水平较低，缺乏专业护理知识和技能，年龄普遍偏大，从而导致养老机构养老软件水平较低。

（3）养老机构提供的服务内容较单一，文娱活动和沟通交流较为缺乏的问题也极大地降低了养老机构的服务水平，成为养老机构发展的一大障碍。

此外，不同地域、不同性质的养老机构服务水平也存在较大差异。总的来说，城市养老机构的服务质量高于农村，私立养老机构的服务质量高于公立养老机构。

3．中国传统文化对机构养老方式的排斥

前文在分析居家养老时，提到了其坚实的传统文化基础及其对人们的影响。时至今日，传统文化仍然对人们特别是老年人的观念产生着重要影响。根据调查数据显示，我国大部分老年人不愿意到养老机构养老，而愿意采用居家养老的方式。部分老人认为入住养老院可能代表自己的子女不孝顺，是一件非常没有面子的事情，因此拒绝入住养老院。从儿女的角度来说，他们担心父母在养老院得不到良好的照料和护理，或是没有亲人的陪伴非常孤独。因此，养老机构的接受程度仍然较低。

4．部分养老机构收费较高

由于养老机构在硬件和软件上所需的人力、物力均较多，因此很多养老机构的成本较高，收取的入住费用也随之提高。例如，在一些较高档的养老机构，每月收取的养老费可能高达万元，中档水平的养老机构其收费也在千元左右。高额养老机构入住费用的背后，是老年人的支付能力相对较弱的现实情况。目前，大多数老年人仅依靠退休后的养老保险所发放养老金来维持生活。特别是在年轻人生活压力较大的现状下，有些老人不仅不能得到子女的赡养费用，甚至还需要负担子女的生活费用和住房贷款，导致用于自己养老的钱所剩无几。特别是对那些无生活来源，只能依靠政府"低保"来维持生活的老年人来说，入住养老机构养老更是难上加难。

5. 专业服务人员供给缺少

由于较大比例的老年人患有慢性病等疾患，对他们的身体机能和自我生活能力都有很大的影响，使得老年人往往需要更为专业的服务人员照顾其日常生活起居。到目前，虽然养老机构在我国发展迅速，但大部分养老机构的服务人员并没有达到能够满足老年人需求的水平，因而出现专业服务人员供给不足的状况。这种供给不足主要表现在两个方面：一方面是数量不足，"预计到 2015 年，我国 60 岁以上的人口将达到 2.16 亿，约占总人口数的 16.7%，其中需要长期照料和护理的老年人将占到 19.6%，接近 4000 万，假定按照 1∶4 的护理人员配置，需要 1000 万的护理人员，但持证者现在只有 2 万左右"，数量上明显供不应求。另一方面是质量供给不足，现阶段，我国养老服务机构的服务人员文化水平总体偏低，缺乏专业培训，知识背景也非常单一，因而只能从事一些简单的日常生活照料工作，且服务水平有限。

8.3　社区居家养老

8.3.1　社区居家养老的概念

在老龄化程度不断加深的过程中，我国面临着"未富先老"、家庭养老功能弱化导致"空巢"老人增加、养老机构严重不能满足需求等诸多问题。在此背景下，社区居家养老作为一种最具可行性的养老模式，越来越受到人们的推崇。那么，什么是社区居家养老呢？

社区居家养老服务是指老年人居住在家中，以社区为中心，由依托于社区的各种社会力量来提供服务的一种养老模式。它是介于老人家庭照顾和老人社会机构照顾之间的、运用社区资源开展的老人照顾方式，由正规服务、社区志愿者及社会支持网络为有需要的老人提供帮助和支援，使他们能在其熟悉的社区环境下维持自己的生活，避免不必要的住院或隔离。社区居家养老服务的对象主要是那些日常生活能够自理或部分能够自理的老年人。

社区居家养老服务体系的结构主要包括：

（1）老人日间护理中心。主要是为白天缺乏家人照顾的体弱及行动不便的老人提供护理、生活照顾等方面的服务，如膳食、个人卫生、健康护理、护送看病等。

（2）老人医疗保健中心。为老人提供送药、体检、心理咨询及疏导、康复护理、健康调查跟踪及养生保健知识教育等方面的服务。

（3）老人家务服务中心。到老人家中提供各种家务服务，如做（送）饭、居家清洁、料理家务、帮助购物、维护维修等。

（4）应急救援中心。主要是开通 24 小时老人服务热线，并建立事故预警系统，以便及时发现并紧急处理老人遭遇的各种意外生活事故，有效地进行危机干预。

（5）老人综合性社区服务中心。是集文体、教育、社交与日常生活辅助于一体的服务场所，满足老年人对文体保健、休闲娱乐等方面的需求。

社区居家养老作为国际上较为通用的一种养老方式，既能降低养老成本，还能提高老年人的生活质量。在我国，社区居家养老是一种既能满足老年人心理和传统观念需求，又能对家庭养老形成重要补充和支持的重要模式。目前，社区居家养老的模式已经在国外得到很多国家的认可，而在中国，社区居家养老的模式更是中国社会老龄化问题的必然选择。

8.3.2　社区居家养老的现状

20 世纪 80 年代以来，城市社区养老服务日益得到重视，政府先后出台了《关于加快发展社区服务业的意见》和《关于加快实现福利社会化的意见》，财政部、国家税务总局还专门下发了《关于对老年服务机构有关税收政策问题的通知》，民政部门以社区服务为平台，致力于推广社区老年福利服务事业，鼓励社会承担部分养老责任，为社区养老创造了良好的政策环境。目前，我国已经初步形成了一套较为完备的社区居家养老服务运作体系，各地区的街道办事处、居委会在管理、服务方面也已经具备了一套比较系统、规范的管理方法。各地努力探索社区居家养老模式，已经积累了一些经验。在部分大中城市已初步形成了设施服务、定点服务和上门服务为主要服务形式，以生活照料、医疗保健、心理保健、文化娱乐、参与社会及权益保护为主要服务内容的社区养老服务格局。

截至 2013 年年底，全国已经建立社区服务机构 251 939 个，其中社区服务指导中心 890 个、社区服务中心 19 014 个，社区服务站 108 377 个，其他社区服务机构 123 658 个；设立了 358 518 个便民、利民网点，社区服务机构覆盖率达 36.9%。这些都说明了我国社区居家养老的建设已经起步。

8.3.3　社区居家养老的优势

相对于家庭养老与机构养老，社区居家养老有以下优势。

1．对老年人而言

及时解决老年人生活中遇到的各种问题。在居家养老模式下，社区养老服务机构提供各种上门服务，有需要的老人只需打个电话或带个口信，就可以迅速、及时地获得相关的帮助和服务，从而有效帮助老人解决生活中遇到的各种困难和问题，使老年人有一种不脱离原有生活习惯和生活环境的亲切感和归宿感，并缓解老年人生活中的心理紧张和不安。

2．对子女而言

减轻子女照顾老人的压力和负担。不可否认，照料老人是一件非常耗费时间、精力的事情。现代社会中，年轻人往往面临着非常大的工作与生活压力，这就导致了子女在照顾父母和工作之间的矛盾，而这种矛盾一旦产生，对于子女身心健康、老人养老生活质量、家庭关系等都会产生不良影响。而实行了社区养老登门服务后，子女可以通过购买劳务的方式使家中的老人得到妥善照顾，从而可以将自己从琐碎繁杂的照顾、料理工作中解脱出来，将节省的时间、精力投入到工作中，同时也有利于建立良好和谐的家庭关系。

3．对社会而言

（1）缓解了社会养老的压力，减轻了政府的负担。社区养老采用的是有偿服务形式，对劳务人员支付相应的报酬，因此，其启动不需要社区管理机构做较多的资金投入，如此可以节省大量社会资金，缓解由于人口迅速老龄化所带来的养老问题。此外，养老服务主要由劳务人员的体力劳动或知识技能构成，收费不会很高，所以不会过多地增加老人家庭的经济负担，转而变相增加社会保障的支出。

（2）开辟社区就业途径，解决社区内下岗职工再就业问题。社区养老服务机构可以立足于本社区，吸引本社区离职、无业人员加入，并提供相应的培训。通过这种方式不仅可以解决本社区内部分家庭的就业或生活困难问题，更为社会经济产业结构的调整与转化提供了出路。

（3）有助于推动社区建设。通过加强对社区老人的照顾，有针对性地开展老人服务项目，可以更充分地利用社区资源，使本社区内老有所养并能得到良好的照顾，社区就业更加充分、整体更加稳定，从而推动社区建设。

8.3.4　建设社区居家养老的困难

我国社区居家养老虽然总体上朝着更加系统化、专业化的方向发展，但目前的建设仍处于起步阶段，也存在着一些问题。

1. 资金来源方式单一，财政压力大

社区开展居家养老服务必须有一定的经费作为保证，但从目前的情况看，资金的投入严重不足。一些地区开展此项服务的经费主要来源于财政对街道的补助、社区办公经费、福利彩票和相关的社会募集等，但远不能满足社区养老的需求。经费的缺乏导致政府购买服务的标准较低，涉及面较窄，使得社区居家养老工作发展艰难。

2. 缺少系统规划，相关法律法规缺位

现存的社区居家养老关注更多的是贫困老人的最低生活保障以及高龄老人的基础医疗服务等一些具有明显福利性质的内容。并且常常是"头痛医头脚痛医脚"，缺乏一个多层次、宽领域、引导社会各方参与的总体性系统规划。同时，相关指导性的政策还很不完善，纵向上，缺乏一部法律位阶较高的统一规划各项社会保障事业的《社会保障法》；横向上，现有的各项政策之间衔接性较差，涉及社区养老事业的面偏窄并更多强调福利性，忽略了对非营利机构以及各类"银色产业"的支持和引导力度。

3. 专业社工人员紧缺，人力资源不足

我国虽然开展了对社工的培训和资格认证，但大多停留在短期的简单培训上，提供的多是类似于家政服务的项目，满足不了现阶段老年人对于高层次养老的需求。各街道办事处和社区的行政工作人员承担的工作内容繁重，但人员数量有限，知识结构参差不齐，有些社区甚至都没有专职负责养老项目的工作人员。人员的缺乏构成了制约社区养老发展的瓶颈。

4. 思想观念滞后，缺乏参与积极性

对于社区居家养老这一新型的养老模式，从服务的提供者到服务的享受者，都存在思想观念滞后的问题。对于提供服务的社区居委会来说，常常缺乏主体意识，仅仅作为政府和居民沟通的桥梁而忽视自身能动性的发挥。对于享受服务的社区老年群体而言，根深蒂固的家庭养老思想使他们对公共养老服务存在疑虑和偏见，尤其在城市钢筋混凝土的生活结构中，邻里之间缺少了过去的交流和沟通，这也使得老年人更难走出家门融入社区。

第9章　国外的养老模式

本章主要介绍日本与美国的养老保障制度及主要的养老模式。日本的人口结构与文化和我国较为相似，其独特的介护保险制度为老年人的日常生活提供了很好的保障，也形成了"居家养老+专业护理"的养老模式。美国大部分老年人也是选择居家养老，不过不同养老社区的模型不尽相同。

9.1　日本的模式

纵观全球，日本是老龄化最高的国家。随着生活水平的不断改善及医疗水平的不断提高，日本 65 岁以上老年人的比例逐年上升。早在 1970 年，日本便步入了老龄化社会。数据显示，1970 年，日本 65 岁老年人口为 739.33 万人，占总人口比例的 7.03%，达到了老龄化的社会标准；到了 1985 年，这一比例达到了 10.3%；2005 年则是 20.2%；截至 2014 年 10 月 1 日，日本 65 岁以上的老人已经达到了 3300 万人，占总人口的比例为 26.0%，创下了迄今为止的最高纪录。同时，根据日本国立社会保障人口问题研究所推算，这一比例在 2020 年将达到 26.9%，2050 年将达到 32.3%，也就是说，差不多 3 个日本人里就有一个是 65 岁以上的老龄人（见图 9-1）。由此可见，在接下来几十年的时间里，日本的养老压力巨大。

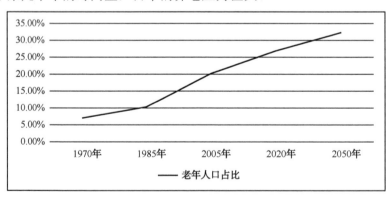

图 9-1　日本老龄化趋势

正如前文介绍，我国老年人口的数量已超 2 亿人，为全球之最。根据国家统计局的数据，截至 2014 年年底，中国总人口数量为 13.68 亿人。从人口结构来看，根据民政局发布的《2014 年社会服务发展统计公报》，16~60 周岁的劳动年龄人口总数为 9.16 亿人，占总人口的比重为 67.0%；60 周岁及以上人口 2.12 亿人，占总人口的 15.5%；65 周岁及以上人口 1.38 亿人，占总人口的 10.1%（见图 9-2）。可以发现，我国目前的人口结构比例正好与 30 年前的日本较为相似。与此同时，我国老龄化的速度也极快。彭博的首席经济学家 Michael McDonough 曾经展示过中国 2030 年的人口结构与日本目前的人口结构的对比图，发现两者极为相似，表现为各年龄段占总人口的比例类似（见图 9-3）。

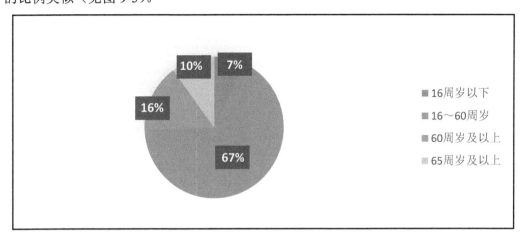

图 9-2　2014 年我国各年龄段人口占比

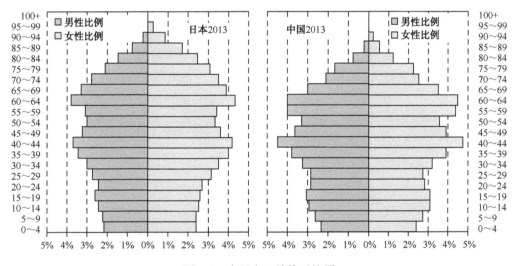

图 9-3　中日人口结构对比图

因此，目前我国面临的老龄化问题也正是日本在 30 年前需要解决的社会问题。近半个世纪以来，日本在养老保障体系、养老模式设计以及养老设施建设等方面都有很好的实践。人口结构与文化背景等的相似性，为我们借鉴日本近几十年来的养老工作提供了前提条件。通过对日本养老工作实践的了解，我们希望能够从中学习并有所借鉴，以缓解中国即将面临的巨大的养老压力。下文首先介绍日本的养老保障体系（养老金的主要来源），然后介绍日本目前的主要养老模式及智能养老的具体应用。

9.1.1　养老保障体系

老龄化的严重程度促使日本较早就开始了养老保障体系的研究和建设，并通过了多项举措和设计。早在 1959 年，日本就颁布了《国民年金法》来应对养老问题。之后，日本根据现实的养老状况，陆续颁布了《老人福利法》、《老人保健法》等三部支柱型的法规，自此基本上完成了老人福利保障体系的搭建。近年来，日本又积极出台了《护理保险法》、《介护保险法》等相关法律法规来满足老年人需求的变化。截至目前，日本集社会福利、公共扶助、社会保险等于一体的全方位保障体系已经基本成熟，并形成了以养老年金保险制度为主体，介护保险和长寿医疗保险为两翼的格局。下面介绍日本养老保障体系的运作。

1. 养老年金保险制度

当前，日本养老保险金的形式主要有三种（见图 9-4）：一是国民养老金，日本法律规定凡处于法定年龄段的国民均须加入国民养老金；二是与收入关联的厚生养老金和共济养老金，在参加国民养老金的基础上，企业雇员和公务员等依据身份不同分别加入厚生养老金和共济养老金；三是不同类型的企业养老金和商业养老金，企业与个人可自由选择加入，属于私人养老金。前两者属于公共养老金，也是日本政府强制性的养老计划，在整个养老保障体系中占据着主导地位。但是，随着老龄化的程度越来越高，公共养老金的压力也越来越大。20 世纪 90 年代以来，日本被迫多次修改养老制度。2000 年 3 月，日本颁布了《厚生养老金保险法》、《国民养老金法》等有关养老保险金制度改革的法案，进一步完善了养老年金保险制度。下面具体介绍一下这三种养老金。

图 9-4　日本养老年金保险体系

第一层次是国民年金（又称国民养老金、基础养老金）。日本政府在 1961 年开始全面实施《国民年金法》，规定凡 20 岁以上的国民都有义务加入国民年金，在日本居住的 20 岁以上 60 岁以下的外国人也必须参加国民年金；同时，但凡参保年数达到

25 年以上且年龄超过 65 岁的老年人均可领取国民年金，用以支付的介护费用，也可做他用。国民年金参保人分为三类：农民和个体工商户等自营业者为第一类参与人，其缴费实行定额制；厚生养老金和共济养老金的参与人为第二类参与人，其收费实现定率制，由相关部门每月从他们的工资中扣除；第二类参与人的被抚养配偶为第三类参与人，其保险费从其配偶的工资中一并扣除。由此可见，国民年金基本覆盖了所有人，也是日本养老保障制度的基石。

第二层次是政府主导的雇员年金制度，加入雇员年金的前提是加入国民年金。按照加入者职业的不同，雇员年金又可分为厚生养老金和共济养老金。覆盖 5 人以上私营企业职工的年金称为厚生养老金，其保险缴费是按参与人的月标准工资和奖金乘以保险费率来计算，由企业和雇员各负担 50%；共济养老金涵盖国家公务员、地方公务员、私立学校教职员和农林渔业团体职员等共济组合。至于公共和私人部门雇员及其家属，可以通过厚生养老金及共济养老金的强制性交费来参加国民年金，而不是直接参与国民年金。凡是加入第二层次者全部自动加入第一层的国民年金。第二层次的养老保险是对国民年金的重要补充，与个人的收入报酬挂钩。这两个层次的养老保险统称为公共养老金制度，由政府统一运营，是日本社会保障的根基。截至 2008 年年底，厚生年金加入者为 3379 万，共济年金保险加入者为 457 万。

第三层次是可以任意加入的养老年金保险，主要是私人机关经营管理者的职业养老金或公司养老金，包括厚生年金基金、适格退职年金、国民年金基金等种类。加入第三层养老金的前提是已加入第一、二层养老金计划。2000 年以来，缴费型、收益确定型和个人缴费型养老计划在日本得到快速发展，此外，一些企业还提供一次性的退休津贴。截至 2012 年年末，日本参加第三层养老保险的雇员数量为 1714 万人，约占厚生养老金参与人数的 50%。

2．介护保险

日本养老与我国最大的不同在于日本有介护保险制度而我国没有。所谓"介护"，就是照看老人、护理老人，包括为老人烧饭、洗衣、洗澡、喂饭、整理房间，还包括陪老人谈心、读报、逛街、游公园、去医院看病，甚至护送老人访亲拜友等。其定义不仅仅是看护好老人，还要照顾日常生活、医学护理及保健等，同时还得保证维护老年人的权利与尊严。可见，对介护的要求不仅有提高老人的生活质量，还要能够支持与帮助老人在养老生活中保持自立，帮助失能或半失能老人恢复自立，其中的自立包括了身体上、心理上的自立以及社会性的自立。

从 2000 年 4 月开始实施的《介护保险法》是以德国为范本，其目的是通过鼓励老人在原住宅养老，以减轻医疗机构的养老负担。介护保险制度主要的参保对象是两类人群，第一类是 65 岁以上的人群，被强制性加入介护保险，第二类是 40～64 岁已经参加医疗保险的人群，可申请加入介护保险。介护保险主要向这两类人群提供居家服务和设施服务，具体包括家庭访问、上门服务、养生指导、对老年痴呆人群的介护、医疗设施的介护、短期入所等服务。

目前日本介护保险的特别之处在于与地方税收挂钩，采用的是"税收+保险金"的形式，以此来保证介护保险资金的稳定性供给。税收部分（50%）由国家税收支付，其中中央政府承担25%，地方两级政府（都道府县、市町村）各承担12.5%。保险金部分（50%）由第一类人与第二类人共同支付，具体支付比例由第一类人与第二类人的比例决定。2012—2014年，第一类人支付21%，直接从养老金抵扣90%（90%×21%），如果没有养老金，则需要向当地政府交纳10%的保险费（10%×21%）；而第二类人需要支付29%，直接从个人的社会保险中抽取一部分作为介护保险的基金来使用（见图9-5）。

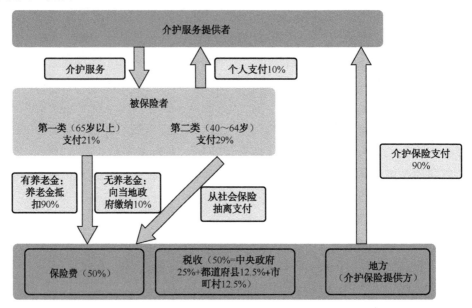

图9-5　日本介护保险制度示意图

一般而言，在缴纳了一定的保险费后，在今后需要养老服务时，参保人提出申请并经医疗机构认定后，即可领取相应等级的"介护保险证"。根据老年人需要照护的程序，介护可以被分为7级（需要帮助2档、需要护理5档），缴纳费用的比例因参保人所属的类别不同而不同（见表9-1）。从2000年推行至今，介护保险为日本老年人提供了基于每个人的健康状况所量身定制的护理计划，减轻了家庭及个人的支付压力（90%由政府和保险公司共同支付，10%个人支付）的同时也增加养老的多样性。然而，随着日本老龄化的进一步加剧，介护保险也将面临严峻的支付压力。

表9-1　日本介护等级及内容

护 理 级 别	内 容 说 明
需要帮助1级	排泄和饮食完全可以自理，但需要提供家务服务
需要帮助2级	与"需要帮助1级"相同，但希望维持和改善身心状态

续表

护 理 级 别	内 容 说 明
需要护理 1 级	排泄、饮食、穿衣脱衣大可自理，但起立等动作需要有人帮助，也需要家政服务
需要护理 2 级	排泄、饮食、走动基本无法自理，基本都需要有人帮助，全部家务都需要帮助
需要护理 3 级	饮食、走动完全无法自理，排泄完全依靠他人
需要护理 4 级	排泄、饮食、走动完全依靠他人进行，无法感知大小便，丧失理解能力
需要护理 5 级	排泄、饮食、走动完全依靠他人进行，卧床不起并无法翻身，无法传达自己的意愿

　　介护保险离不开介护护理人员，在日本称之为介护士。根据日本《社会福利士和介护福利士法》，对介护士的定义为："掌握专门知识和技术，帮助因身体或精神上的障碍而难以正常起居者入浴、排泄、进食等，并对其他照顾人员和被照顾者进行相关指导工作的专业人员。介护士是介于临床护理和传统的家庭照顾之间的，接受过专业理论、技术培训并通过国家资格考试注册的一类护理人员。主要就职于社会福利部门。"由此可以看出，日本的法律对介护人员的资格有明确的要求，这也就极大规范了介乎人员的工作。另外，要当"介护员"，法律规定必须是自愿报名，然后由政府出资培训。

　　介护护理人员也有多种级别，以满足不同介护的需求。三级介护人员只能从事简单的家政服务；二级介护人员有资格做所有的"介护"工作；而一级介护人员既做"介护"，又做管理干部——对所辖范围内的老人和"介护员"的工作进行统筹安排和管理。

　　早期，由于介乎保险法对介乎工作者的薪资并没有法律保障，导致从业人员数量供不应求。据 2005 年日本厚生劳动省的初步统计，全国共有专职介护士 112 万人，仍有 40 万的缺口。截至 2008 年 4 月，培养专职介护士的机构有 63 所大学、97 所大专、274 所专门学校等，共计 434 所，计划招生 25407 人，但实际招生数仅有 11638 万人，不足计划招生的 46%。工资低是吸引不到年轻人加入到护理行业的主要原因，介护服务提供商也无法给介护士提供有竞争力的薪资。介护士平均工资只有 1230 日元/小时，远低于社会的平均工资 1830 日元/小时。另外，工作强度大、工作环境精神压力大更加吸引不到年轻人进入这个行业。

3．长寿医疗保险

　　目前，日本的强制公立医疗保险制度，针对一般国民和特任人员均有相应的保险，主要包括雇员健康保险、国民健康保险及特殊行业健康保险。同时，为了缓解人口老龄化的压力，日本还建立了"长寿医疗保险"，主要覆盖 70 岁以上的老人及 65 岁以上残疾或卧床老年人。其中，政府承担一部分的费用，剩余的由各项保险制度分担。各项医疗保险制度的支付内容包括门诊、住院、药费以及患病期间的生活补助及丧葬补贴等。医疗费用的支付比率比较一致，门诊和住院服务的自付比率均为30%，70 岁以上老年人的自付比例为 10%，超过一定收入的老年人的自付比例为20%。

9.1.2 "居家养老+护理养老"的养老模式

在全面的养老保障制度下，日本的养老模式主要分为社区居家养老和机构养老。与中国文化相似，日本注重家庭观念，同时也强调国民自立，再加上日本人口众多、养老机构等资源稀缺，使得日本主要是以居家养老为主，同时社区会提供相应的养老服务。另外一种主要的养老模式就是机构养老。日本是世界上少数采用的介护保险制度的国家，其标准化的介护服务也贯穿了全方位的养老模式。

1．社区居家养老

正如之前提到，日本人的家庭观念较重，很多老人更愿意在家养老，而居家养老离不开所在社区提供的养老服务。在政府与法律法规的保障下，日本的社区养老服可以充分利用社会的资源向老年提供福利、保健、医疗等多样性的综合性服务，来满足不同身体状况的老年人的需求。一方面，介护人员可以上门提供照顾日常生活、医学护理及保健康复等介护服务。另一方面，社区还可以提供日托服务、短托服务（1～3个月）、长期服务（3 个月以上）、老年保健咨询和指导服务等。例如，日间照料中心主要针对需要日间康复训练、需照顾其日常生活的老年人，如不能吃饭或独自吃饭但是不需要入院的 65 岁以上的老年人群。例如当家人白天上班无暇照料无法自己起居的老人时，日间照料中心可以安排工作人员接这位老人到中心进行照顾，等到家人回来之后便可送回家里。日间照料中心通常有一位护士，来安排照料老人的康复与日常生活。

2．机构养老

日本介护保险的实施，为养老机构的市场化提供很好的条件，因此催生了大批的民间营利和非营利性养老机构。1995 年，日本全国养老机构总数还只有 5522 家；到了 2000 年，达到了 8650 家，比 1995 年增加了 56.65%；截至 2009 年，该数目达到了 16001 家，比 2000 年增加了 84.98%。如今，养老机构在日本人的养老中扮演着重要作用。为了满足老人们的不同需求，市场上也涌现出了各式各样的养老机构。

第一类是福利性养老机构。福利性养老机构是依靠政府或者企业提供的资金建设经营管理的养老机构，主要面向经济收入低的孤寡老人，因此并不以盈利为目的。由于受到资金约束，该机构的娱乐设施和养老设备较为缺乏，并不能很好地满足老年人大部分的需求，因此政府限定了该类养老机构的数量。考虑到该类机构的数量已经接近限定额，日本政府已经决定今后不再增加福利性的养老机构。

第二类是低收费的养老机构。低收费的养老机构主要面向的是在自宅生活有困难的老年人或者老年夫妻，给他们提供了只需缴纳低费用就可以入院的养老机会。入院者需要自付生活费，享受单间待遇，其事务管理费的收费按老年人的年收入而定。根据老年人不同的要求，该类机构主要有 A 型（提供饮食）、B 型（自理做饭）和护理之家型三种（见表 9-2）。

表 9-2　低收费养老机构类别

A 型（提供饮食）	B 型（自理做饭）	护理之家型
面向与非亲属及与家庭同居有困难者，低收费带饮食服务的设施。原则上饮食费自己负担，事务管理费按照收入交纳	面向因家庭环境及住宅状况不能在自家独立生活、但可自理做饭的困难者，低收费设施。其费用全部自己负担	入住设施时能自立日常生活，但入住 24 小时后达到需要特护级别的"护理型"的低收费设施
具有提供饮食服务特征，需要护理时，可利用"护理保险"得到住宅护理服务	需要护理时，可利用"护理保险"得到住宅护理服务	"自理型"属于护理保险的"住宅护理服务"范围。"护理型"可利用护理保险的"特定设施入住老年人生活护理"条款

第三类是收费养老机构。该机构以政府或慈善机构为背景，既带有福利性质也有盈利。根据老年人不同的需求，采用不同的收费标准和服务内容，当然也有一些免费的娱乐服务。营利性主要体现在固定收费（入住时的一次性收费与每月收费）与经常性收费（护理费、医疗费用以及事务管理费）。同样，根据不同老年人的自理能力不同，该类养老机构又可分为护理型、住宅性与健康型（见表 9-3）。

表 9-3　收费养老机构类别

护 理 型	住 宅 型	健 康 型
接受指定的省级特定，接受来自设施职员护理服务的"一般型"设施，以及接受外部护理营业者的"外部服务利用型"设施	大体能自立者可以入住，在自宅需要护理时，能够得到上门护理等护理服务。设施里准备了很多上门护理的服务项目	以能自理者为对象，拥有丰富的设备，让老年人度过快乐健康的每一天
护理保险服务的类别为"特定设施入住老年人生活护理"	需要护理，可利用"护理保险"的"住宅护理服务"	当入住老年人成为需要护理对象时，原则上必须退居

第四类是营利性的具备多种多样服务的老年住宅。这类机构主要面对的是财务充裕的老年人，因此多建设在优美的环境中，并提供高水平的设计、各种人性化的设备。居住场所提供完善的服务，以出租或分期付款购买为主要经营方式。出租型老年

住宅及分期付款公寓的收费水平要比福利型养老机构高，一般入住老年人需要交纳一定数额的抵押金，每月交纳房屋管理费（见表9-4）。

表9-4　老年住宅的类别

老年人专用出租型住宅	面向老年的优质出租型住宅	面向老年的分期付款公寓
方便老年家庭入住的老年专用住宅，60岁以上（或60岁以上的夫妇、亲属）可利用	60岁以上（或60岁以上的夫妇、亲属）可利用的优质出租住宅，提供无障碍等住宅条件。一些住宅可得到国家或省级地方的房租补助	采用分期付款购买型的公寓，可作为财产继承、转卖出售，拥有齐全的设施和完善的服务
当需要护理时，可利用护理保险的"住宅护理服务"项目		

9.1.3　企业案例：日医学馆

日医学馆创立于1968年12月。1961年全民保险制度的制定，规定了日本国民参加健康保险，这使得高额的医疗费用从此可以通过保险来筹措。在保险结算业务中看到巨大市场的日医学馆创始人，开始承接医疗业务委托管理业务，并在东京都世田谷区创立了"医事研究中心"，就是现在的"日医学馆"的诞生。

1971年，为培养医疗业务委托管理的优秀人才，日医学馆开办了日本第一个走读制"医疗事务讲座"，之后又开办了家庭护理员培训讲座。

日医学馆自1996年开始承办健康护理业务，提供以居家类护理服务为中心的护理服务，并在2000年护理保险制度实行时开始在全国范围内开办护理服务点。但是，在该制度确立的第一年，由于对制度的认识不足，加上社会福利法人等此前承担护理业务的机构原封不动地继承客户的情况较多，因此护理保险制度的利用率和利用额均不高，各企业被迫苦苦支撑。在竞争对手收缩业务的情况下，日医学馆在2000年4月至2002年3月期间先于其他企业积极扩充服务点，奠定了健康护理业务的基础。2007年，日医学馆开始正式参与团体之家、收费老人之家等机构类护理服务，并构建了可满足顾客各种需求的"全面护理服务"提供机制。

就这样，日医学馆形成了医疗、教育培训以及介护三大模块。图9-6是日医学馆商业模式的简单说明。正如我们之前提到，40～64岁老年人与65岁及以上的老年人都可以申请参加介护保险，个人只需支付10%的服务费，其余由介护保险公司支付。介护保险公司的资金50%来自于这两类人交的保费，另外的50%来自中央与地方政府的税收。作为介护提供商，日医学馆的护工与保姆为这两类老年人提供不同形式的介护服务。同时，日医学馆与医疗机构、药店合作，为其提供医疗机构管理培训、综合性管理服务以及管理运营外包服务。此外，发展护理服务后趋势公司向其他养老服务子产业发展，日医与照护产品和福利器械生产产商合作，为高龄养老机构所需要的各种福利器具和用品，包括护理床、拐杖在内。护理产品的种类虽然繁多，但从业企业大都规模小、营业网点不大。为此，日医学馆采用了集中商品，向日本全国的护理商店销售的策略。

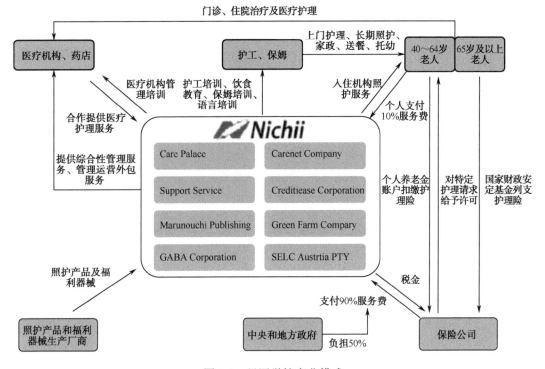

图 9-6　日医学馆商业模式

截至 2013 年，全日本与日医学馆签署合作协议的医疗机构 10431 家、长期介护机构 1284 家、教育培训中心 392 家，集中在关东（Kanto）、中部（Chubu）、劲力（Kinki）、东北（Tohoku）这些地区。另外，从公司年报可以看出，日医学馆的事业是与日本的医疗和护理保险制度一同成长起来的。2013 年，日医学馆的主营业务收入稳步增长，超过 2750 亿日元，其中 52.91%来源于护理服务收入，38.96%来源于医疗相关服务收入（见图 9-7），8.13%来源于教育收入。净利润也达到了近 40 亿日元（见图 9-8）。

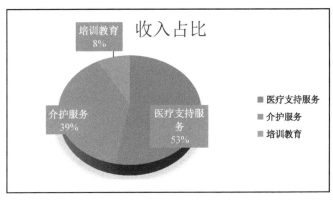

图 9-7　日医学馆 2013 年各项业务收入占比

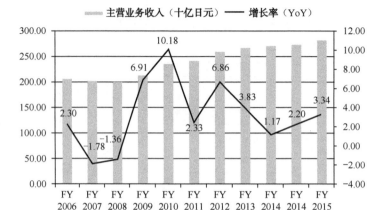

图 9-8　日医学馆 2006—2013 年主营业务收入及同比增速

9.2　美国养老模式

美国早在 20 世纪 40 年代便进入了老龄化社会，截至 2013 年，65 岁及以上老年人口 4413.16 万人，占比为 13.96%。相较于日本重度老龄化现象和中国加速的老龄化进程，美国的老龄化处于一种缓慢而稳步推进的状态。美国婴儿潮时代（1947 年以后）出生的人口如今将迈入老年人行业，将在一定程度上加速美国的老龄化进程。美国人口局预测，美国老龄化率（65 岁及以上人口）将在 2030 年达到 19%。下文介绍美国的养老保障体系以及养老模式。

9.2.1　美国养老保障制度

美国的养老保障制度从 1935 年《社会保险法》颁布以后开始正式建立，随着《社会保险法》的不断修正和完善，美国的养老保障制度逐渐演变成美国特有的"三支柱"模式，分别为国家强制的社会养老保险、政府及雇主养老金计划与个人储蓄养老金计划（见图 9-9）。

1. 国家强制的社会养老保险

国家强制的社会养老保险就是老年和遗属保险，是美国建立最早的社会保障制度，也是覆盖被保险人数最多的险种，被覆盖人数大约占全美职工的 95%。目前参保者 1.5 亿，约有 4600 万人受益。它是由美国社会保障管理局管理与运作的。职工退休后，按以基本保额为基础进行计算，领取养老金。美国老年和遗属保险如今已经成为美国联邦政府最大的财政项目，其税收收入约占联邦政府收入总额的三分之一。

美国退休职工领取的养老金，是以基本保额为基础进行计算的，基本保额又是以职工工作期间缴纳的工薪税（最高 35 年）扣除前的收入为基础进行计算的。退休职工的养老金收入同时要受当年社会保障工资基数的限制，也就是受可交纳的社会保障工薪税的最大工资基数所限制。

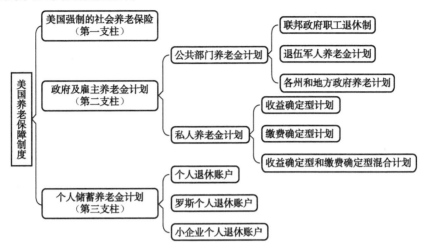

图 9-9　美国的养老保障体系

老年和遗属保险的资金来源于四个部分：雇主、雇工和自谋职业者缴纳的工薪税、社会保障收入所得税、信托基金投资利息和政府财政补贴。其中，工薪税是社保基金的主要来源，约占所有来源的 90%以上。有雇主的个人，工薪税按月缴纳，由本人和雇主各付一半，而自谋职业者，由本人全额逐月缴纳。工薪税征税基数每年都会调整。

老年和遗属保险中同时包含了遗属保险。参加国家强制的社会养老保险的美国公民如果去世，其家庭就拥有了领取遗属保险的资格。遗属保险的覆盖面包括寡妇/鳏夫福利、子女福利、父母福利、父亲或母亲福利和丧葬费等几项。

2．政府与雇主的养老金计划

政府及雇主养老金计划包括公共部门养老金计划和私人养老金计划。公共部门养老金计划针对的对象主要是联邦政府职工和退伍军人。私人养老金计划包括收益确定型计划（DB 计划）、缴费确定型计划（DC 计划）及二者的混合计划。其中缴费确定型计划主要包括了美国《国内收入法》规定的 401K 计划等，这种计划类似于雇主管理雇员的储蓄账户，向该账户缴纳的资金可以延缓交纳联邦所得税，同时雇主也需要向此账户交纳一定的资金，这部分资金可以投资于各种金融手段，包括股票和证券等。职工到了退休年龄时，所得的养老金就是这个账户中的余额。

1）公共部门养老金计划

（1）联邦政府职工退休制度

在美国，大部分联邦政府职工都参加了由美国联邦政府举办的联邦退休制度。从总体上看，在 1984 年以前，受雇于联邦政府的职工都参加了"文官退休制度"；在1984 年以后，受雇于联邦政府的职工参加的则是"联邦政府雇员退休制度"。参加

"文官退休制度"的联邦政府职工不用缴纳社会保障工薪税，但是也不享受美国社会养老保险的福利；而参加"联邦政府雇员退休制度"的联邦政府职工需要按时缴纳社会保障工薪税，并且可以享受美国社会养老保险的福利。

（2）退伍军人养老金计划

退伍军人养老金计划针对的是在战争期间服役过的退伍军人、非服役原因造成全面性和永久性伤残的退伍军人，以及年龄在 65 岁以上的老年退伍军人，还包括这些老年退伍军人的遗属。领取这项养老金的人们必须满足财产和收入的资格要求。

退伍军人养老金计划规定，养老金的发放要以家庭人数为标准来提供最低收入保障，同时养老保障在内的所有收入来源都必须从基本养老金福利中减去(除了收入补充保障福利)，但是收入补充保障计划中的发放标准需要考虑每个退伍军人的福利。

2）私人养老金计划

1974 年，美国国会通过了《雇员退休收入保障法》，至此美国全面建立了雇员参加雇主养老金计划的参保人和受益人权益的保障制度。该法案的颁布是为了保护那些雇主没有能力妥善管理的养老金计划，终结那些无法负担退休雇员养老金的养老计划，同时管理因为大龄雇员增加而面临财政压力的养老金计划。

最早的私人养老金计划很单一，即雇员到了退休年龄之后可以从公司按月领取一定数额的养老金，这种退休计划叫做收益确定型计划。但是由于收益确定型计划管理困难、成本高昂，许多企业开始采用缴费确定型计划。最近几年来，私人养老金计划又出现了新的发展，出现了一种收益确定型和缴费确定型混合计划。

（1）收益确定型计划

收益确定型计划的宗旨是为了帮助企业吸引忠诚的终生雇员。它要求雇员在企业工作到一定年限后（通常为35 年以上），才可以退休并且开始领取养老金，工作时间越长领取的养老金越多。如果中途离开企业的雇员，按照规定只能领取一笔数额很少的一次性补偿金。

收益确定型计划的一个重要特点是终身受益。雇员为企业终身服务，那么退休福利也是终身制的。雇员退休时定下的津贴标准固定不变或者随着通货膨胀率的变化而调整，通常为退休前工资的一半。如果雇员同时也参加了国家强制的社会保障计划，那么退休后的双份收入就可以免去其后顾之忧。

收益确定型计划的第二个特点是共同账户。终身制造成了雇员因其寿命的不同，领取养老金的数额有一定的不确定性。所以，不能为每个人建立独立的养老金账户，只能建立一个共同的养老金账户。

收益确定型计划的第三个特点是养老基金的缴费全部由企业承担，雇员不需要缴费。这是因为一旦雇员离职，企业需要将个人缴费的部分退还，但是没有建立独立的个人养老金账户，再加上养老基金的增值问题，个人部分的缴费很难计算。

（2）缴费确定型计划

因为当代经济的开放性，越来越多的雇员更换工作频繁，所以也希望更换工作的同时能够带走自己养老金的个人缴费部分。收益确定型计划已经不能满足这种需求，所以缴费确定型计划应运而生。

缴费确定型计划主要包括美国《国内收入法》规定的 401K 计划等。从运作形式上来看，这种计划类似于雇主管理雇员的储蓄账户，向该账户交纳的资金可以延缓缴纳联邦所得税。同时，雇主也需要向这个账户中交纳一定的资金，这部分资金可以投资于各种金融手段，包括股票和证券等。职工到了退休年龄时，所得的养老金就是这个账户中的余额。

（3）收益确定型和缴费确定型混合计划

最近几年来，私人养老金计划又出现了新的发展，出现了一种收益确定型和缴费确定型混合计划，其中最有代表性的就是现金余额养老金计划。在现金余额计划中，账户的余额只显示雇员参加养老金计划需要付给自己的部分，需要说明的是，账户中的资金并不属于参保者的个人账户，而该计划中的个人账户也仅仅是虚拟的账户，只显示雇员收益的变化。

3．个人储蓄养老金计划

个人储蓄养老金计划作为国家养老保障的补充也逐渐得到了发展壮大，该计划是完全由个人自愿参加的，主要包括个人退休账户和罗斯个人退休账户等。

1）个人退休账户

个人退休账户成立于 1974 年，在美国养老保障制度中正发挥着越来越重要的作用。到 2004 年，美国大约有 40%的家庭参加了个人退休账户。如今，个人退休账户已经成为美国规模最大的养老金计划，资金规模已经超过了 401K 计划。

个人退休账户面向所有具有纳税收入的公民，参加者每年将一部分资金存进该账户。这是一个个人自愿参加的投资性账户，账户里面的资金用于投资升值。个人退休账户相对于普通投资账户来说，具有减税、免税还有盈利延税等优惠。该账户同时拥有良好的转移机制，更换工作的职工可以把在原来单位的企业年金计划中的资金转入到该账户中。这样可以继续投资运作，不用变现，避免了不必要的损失。

2）罗斯个人退休账户

1997 年，罗斯个人退休账户通过《税收减免法》提出并设立，由美国参议员罗斯的名字来命名，以纪念他在美国养老保障制度发展中的积极作用。该账同时适用于个人退休账户，并且可以是年金或者账户的形式。罗斯个人退休账户与个人退休账户之间有很多共通之处，其开设不受年龄限制，但是它们之间有一个很重要的区别：向罗斯个人退休账户缴费不可以减税，就是说这是一个税后的个人退休账户，并且不受到了 70.5 岁必须要从账户中提款的制约，即职工达到 70.5 岁，仍然可以继续向罗斯个人退休账户缴费。

9.2.2　美国主要的养老模式及案例

美国养老模式包括居家养老、养老社区等，在这两个领域中均有运作成熟的养老服务公司。美国绝大多数的老人是居家养老，由社区或许可的服务机构开展上门服务，如送饭到家、小时工，专业护理人员也定时到家探望。同时，美国独立自主的家庭观念让美国没有像日本那样依赖家庭，于是美国的养老社区、专业护理机构也存在着巨大的市场空间。因此，美国老年人可以根据自身养老金情况和需求，选择适合自己的养老模式。

1. 居家养老

美国老年人选择居家养老的一个重要原因是节省费用，居家养老相较于养老社区、专业护理机构等免去了房租成本，但也离不开社区养老机构的服务。其中最重要的服务是提供上门服务。

美国有一个福利性居家养老项目：由政府财政出钱，派家庭护理员为有需要的老年人提供服务。这里的家庭护理员介于家政服务员与专业护士之间，主要工作就是照顾住在家里或住宅式护理中心的孤独老人、伤残人士、长期病患者等。例如，纽约每个区都设有一个护理中心，护理员由该中心管理调配。中心根据老年人的健康状况与自理能力，决定护理员在服务对象家的天数。一般情况下，老年人健康情况尚好，又有自理能力的，每周安排3天，护理员上午8时上班、下午6时下班，每天工作8至12小时；如果出现急病或意外伤害，护理中心会调整护理员工作的天数；对于健康情况不佳又没有自理能力的老年人，每天均有护理员陪伴在他们身边。每天护理员到服务对象家上班时，即在那里打电话向护理中心报到，说明已经到达服务对象家。同时护理中心的管理人员还经常到服务对象家了解护理员的表现，并征求服务对象对护理员与护理工作的意见与建议，对于业绩好的护理员及时予以表扬与奖励，对于表现差的护理员给予适当的批评、教育或处罚。因此，美国的家庭护理员的角色与日本的介护士非常类似。

另外，居家养老按服务的内容不同又可分为生活型居家养老和医疗保健型居家养老。二者提供养老服务的内容侧重点不同，前者主要提供日常生活照料服务，后者则侧重提供康复护理。如今，由于老年人往往同时需要日常生活照料与医疗康复护理，市场上的养老企业也趋向于同时提供这两方面的服务，只是不同企业有不同的细分市场与商业模式，下面即由两个企业案例来说明。

1）案例：AFAM公司

在养老产业发达的国家中，有规模化的服务提供商公司提供上门养老服务，包括日常起居服务和医疗护理服务。AlmostFamilyInc（AFAM）是美国最早提供家庭护理医疗服务的规模化供应商之一，前身为 Caretenders Health 企业，成立于 1985 年。目前，公司的服务网有 12 家办公室，跨越美国 8 个州。康复业界大佬 Healthsough 拥有 AFAM1/3 的股份。AFAM 向老人或者病人提供医疗护理派遣服务，具体为两类服务。

第一类是专业的上门医疗护理服务（Visiting Nurse，VN）。对于那些需要专业及高品质的日常健康照顾与监看，却又不需接受密集医疗与集中安置的体弱或行动不便人士，AFAM 会提供多样化的医疗治疗服务设计，主要是面向有慢性病的老人或者术后恢复的患者，为其提出专业的、有针对性的护理疗养建议并上门提供多层次的护理服务。

第二类是个人照料服务（Personal Care，PC），由半专业辅助人员向老人提供家政、备餐等生活化照料服务。

AFAM 是"养老金融+服务"的模式，90%以上的收入并不直接来源于被护理者，而是来源于相关的保险机构。老人或病人向政府或者商业保险机构缴纳保险金，需要医疗护理服务的时候，通过保险计划来支付服务费用。AFAM 采取轻资产运营模式，运营较为灵活，主要成本是人力成本，毛利率较高，2014 年毛利率为46.8%。其轻资产运营模式允许业务在不同地区广泛复制扩张。截至 2014 年年底，AFAM 的 VN 服务覆盖 14 个州、有 160 个运营中心，个人照料服务覆盖 6 个州、有61 个运营中心。2014 年，AFAM 的营收为 4.95 亿美元，EPS 为 0.47 元，在服务社会的同时为股东创造了良好的回报。

类似 AFAM 这种"上门提供养老服务"使得更高质量的居家养老成为可能，为居家养老的老人提供了生活上的保障，让老人独自在家时也可获得护理和日常照料服务，提高了生活质量和老人的生活安全性，也让居家养老的环境变得更适宜。

2）案例 2：Home Instead Senior Care（护明德居家养老）

创立于 1994 年的 Home Instead Senior Care（护明德居家养老，以下简称护明德）特许经营网络是美国最大的老年人居家照护服务机构。公司致力于提供居家养老全套解决方案，提供从老年陪护到临终关怀的全方位居家养老服务，同时也能满足个人独特需求和偏好的养老服务。例如，近年来，为满足美国越来越多的失智症老人的照护需求，护明德增加了对护理员有关失智症专业照护的培训内容，使服务更加专业化。

护明德根据老年人不同的需求，将服务内容分为 3 个等级。

一级照护是温馨陪伴服务，包括社交活动、陪同就医、用药提醒、膳食准备、清洗长者衣物及床上用品等生活照料等。

二级照护为私人照护服务，包括社交活动、协助沐浴、协助如厕、洗漱照护等更为私人的生活方面，针对的是生活难以自理的老人。

最后是特级照护，即对一些疾病患者的照护，包括阿尔兹海默症照护、帕金森照护、糖尿病照护、关节炎照护、中风后照护等。服务特色主要包括以下四个方面：

（1）尽最大程度保持长者生活的独立和尊严。重点不在于帮助长者"做"了什么，而是如何重建及协助他们独立生活的能力。鼓励、激励、协助长者维护他们的自尊，让他们在安全的条件下舒适的生活在熟悉的环境中。

（2）量身制定个性化服务。每个长者的身体状况和家庭照护需求不尽相同，服务频次和内容因人而异。护明德会通过评估为长者制定最适合的照护方案。

（3）先进的管理流程为服务质量提供保证。国际化的系统培训，让不同文化背景的能够照护员们相互交流、分享自己所遇到的照护问题，打造了一个全球资讯共享的平台，让长者能够享受到世界级的居家照护服务。

（4）持续性的培训，让照护员在用心的基础上也更专业。每个月都会请外籍医护人士或国内有经验的医护人员为照护员进行专业培训。只有合格者才能取得护明德的培训结业证，为长者提供量身定制的上门服务。

护明德采用加盟连锁、特许经营的模式，目前共有 640 家加盟商，加盟商初始投资在 10～11.5 万美元左右，这包括初始一次性加盟费、租金、运营成本等。加盟商净利润率平均水平在 12%～15%左右，新加盟商第一年平均收入约 24.8 万美元。现在北美已有几十家家连锁店，北美以外的日本等多个国家和地区已开设了特许办事处。目前，中国城市武汉与深圳也已经有了它的身影。

2. 养老社区

美国是世界上养老社区发展得最好的国家之一。根据老年人的健康程度，美国养老社区主要形式主要可以分为活跃老人社区（Active Adult Community）、独立生活社区（Independent Living Community）、协助生活机构/社区（Assisted Living/Community）、失忆护理（Alzheimer's Care）、专业理疗养老院（Nursing Home/Skilled Nursing Facility）等。从活跃老人社区到专业理疗养老院，护理的程度逐步加深，相应的费用也逐步提高。

下文即介绍美国一些典型的养老社区，包括仅接受健康老年人的太阳城养老社区、主打精细化管理服务的持续护理退休社区（Continue Care of Retirement Community，CCRC）、与大学合作的老年大学社区，以及一些老年公寓等。

1）太阳城养老社区

太阳城模式的开创者是地产开发商德尔·韦布（DelWebb）公司，其于 20 个世纪 60 年代在亚利桑那州阳光明媚的凤凰城建立了第一个养老社区项目，以"太阳城"（Sun City Center）命名，并直接带动了美国养老社区的建设。太阳城这类地产项目主要针对年龄在 55～70 岁的活跃健康老人，除住宅外，还提供康乐会所和户外运动设施。目前全美有 10 多个太阳城项目，分布于亚利桑那州、加利福尼亚州等。

美国佛罗里达州的"太阳城中心"是世界闻名的最为成熟的老年社区之一，也是全美最大最好的老年社区之一。该中心始建于 1961 年，坐落在佛罗里达西海岸，现有来自全美及世界各地的住户 1.6 万户，并一直处于持续增长的态势。在太阳城，无论哪种年龄段的老人、选择哪种住宅，都会享受到积极活跃的老年生活方式。佛罗里达太阳城整个社区由包括"太阳城中心"（独立家庭别墅）、"国王之殿"（连体别墅）、"湖中之塔"（辅助照料式住宅和家庭护理机构）、"庭院"和"阿斯顿花园"（出租的独立居住公寓）以及"自由广场"（辅助照料式住宅和家庭护理机构）六大居住社区构成。以上各社区共同享用一个邮局、超市、医疗机构、银行和教堂。每人每年交纳一定费用，就能享受室内和室外游泳池、网球、推圆盘游戏场、草地保龄球、健身和娱乐中心等设施。另外，在社区内，还有各种各样的俱乐部，是老年大学的组成部分，开设的课程和组织的活动超过 80 种，包括木匠活、缝纫坊等，甚至还有中国画。太阳城的建筑、管理、经营一切以老人为中心。

太阳城模式本质上属于住宅开发性质，由地产开发商主导，通过销售养老概念住宅，开发商得以收回投资并产生盈利。太阳城选址通常位于郊区，占地大、容积率低，精装修标准，拎包即可入住，附近一般配有专为社区服务的商业中心。考虑到老年人的收入水平，太阳城项目房价往往相对便宜，如"苹果谷太阳城"位于洛杉矶东北方向 120 公里左右，房价仅约为洛杉矶市内的三分之一，对老年购房群体构成了极大的吸引力。

由于涉足养老地产项目的开发和出售，以及配套设施的营建，德尔·韦布是典型的重资产公司，作为太阳城模式的代表企业，其多年来都是微利经营（毛利率低于 20%）。太阳城的收益主要来自于一次性销售收益和长期性收益，长期性收益包括公寓出租收益及配套设施的使用收益。太阳城中心的长期性收益是太阳城中心的重要组成部分，仅以每年配套设施的收益为例：会所占用 224 万美元，高尔夫球会费 900 万美元，合计 1124 万美元。即每年这两项配套设施的收入就达 1000 多万美元，相当于卖掉 50 多套别墅（按均价 17.5 万美元计算），并且这两种设施对社会公开经营部分的收入还未计入，因此这种长期性收益是太阳城中心的重要收益来源。

太阳城平均规模在 23 000 户左右，入住率可达 90.95%，住宅类型多样，以独栋和双拼为主，还有多层公寓、独立居住中心、生活救助中心、生活照料社区及复合公寓住宅等。据 2013 年的一项统计显示，太阳城的常住居民达 20 多万人。由于项目面向的是身体健康的耆者，因此社区内没有专门提供医疗、护理等配套服务，主要依赖社区所在城镇提供的大市政配套。但社区为活跃长者们提供了多样的设施，如高尔夫球场、娱乐中心及教育培训等。在医疗护理方面，允许第三方提供家政、保健等服务。

太阳城现在已经发展成为美国养老地产的著名品牌，保持着年均 300 个单位的开发速度，开发商已在美国 10 多个州（主要集中在南方、西南、东南各州）开发了 20 多个以太阳城命名的老年社区，所建房屋超过 100 000 个单位，并由此成功上市，成为美国建设老年社区最专业、规模最大的养老地产开发公司（见图 9-10）。

（a）   （b）

图 9-10　太阳城社区

2）持续护理退休社区（CCRC）

在美国，另一种主流的养老社区模式为持续护理退休社区（Continue Care of Retirement Community，CCRC），由运营商主导，主打精细化管理服务。这一模式已有 100 多年的历史，经过长期发展，CCRC 已进一步发展成为一种复合型养老社区。

与太阳城靠出售地产获利不同，CCRC 只提供地产租赁权和服务享受权，通过收取房屋租赁费和服务费营利。其中，服务费包括一次性的入门费、定期的房屋租赁费及特殊服务费等。根据房间大小，入门费从 20 万美元到 100 万美元不等，年费或月费则视所需护理的程度而定。健康活跃长者需要支付 3000 美元/月，半护理老人 4000 美元/月，全护理老人则是 5000～6000 美元/月。特殊服务费则取决于个体所需的额外护理服务。

CCRC 模式的理念是，在复合型社区中满足老人对健康管理、护理和医疗等不同生理年龄阶段的基本养老需求，令老人不需要搬家就可以在 CCRC 社区中完成人生三分之一的幸福旅程，这也是一种提升客户黏性的有效做法。目前全美共有近 2000 处 CCRC，其中约 82%为非营利性组织所有，有相当一部分是从传统养老院转型而来。

CCRC 主要服务三类老人。第一类是自理型老人，年龄介于 55～65 岁之间，在社区中有独立住所。社区为这部分老年人提供便捷的社区服务，如餐饮、清洁、医疗保健及紧急救护等。同时，为满足老年人精神生活的需求，社区会组织各种形式的活动，如老年大学、兴趣协会等。

第二类是介助型老人，主要服务对象为需要他人照料的老人。除了提供社区服务外，还有类似饮食、穿衣、洗浴等日常生活护理。为了丰富老人的生活，一些社区还会在老人身体可接受范围内提供各类活动。

第三类是介护型老人，针对的是生活完全无法自理的老人，在介护型社区，老人 24 小时都处于专业护士的监护之下。介护型老人年龄一般在 80 岁以上，同时居住在特殊的单元里。

CCRC 模式对管理和护理人员水平要求较高，员工人数众多，服务提供者和入住老人的比例一般为 1：1。为了集中为老人提供全方位服务并进一步降低看护成本，CCRC 项目通常位于郊区，以多层为主，布局紧凑，密度相对太阳城更高。

CCRC 模式的典型公司是 Brookdale Senior Living，其为全美最大的养老地产运营商，负责老年人退休后护理、医疗、起居等，以入门费、租赁为主要收入来源（见图 9-11）。2014 年 7 月，Brookdale 宣布与 Emeritus 合并。其他运营较为成功的企业有第二大运营商 Emeritus senior living。

（a）

（b）

图 9-11 Brookdale 高级护理

布鲁克代尔高级护理（BKD）是全美最大的养老社区运营商之一，于 2005 年在纽交所上市，截至 2014 年年底，BKD 拥有 5.3 万名全职员工和约 3 万名兼职员工，运营着 1143 个养老社区，居住着约 11 万名老人。

BKD 除了运营租赁或自有的养老社区外，还提供相关的医疗服务。此外，BKD 还作为第三方机构管理运营养老社区收取相应的运营费用。截至 2014 年年底，BKD 共运营 1143 家养老社区，其中有 982 家是租入或者受托经营的、161 家是作为第三方管理机构进行运营。随着养老社区的日益流行，这种"外包式"运营，是规模化的养老社区的一个利润增长点。也是我国社区养老未来可借鉴的一种模式，即运营商将养老服务带入社区，为社区内老人提供集群化服务。

不过，BKD 最初的经营状况并不好，自 2005 年登陆纽交所以来，其长期处于亏损状态，截至 2013 年年末，公司净资产收益率为-0.7%。虽然 BKD 自从上市以来还没有盈利，但其营收逐年上升，2006 到 2014 年，九年间营收复合增长率为 12.7%。BKD 通过外延式扩张实现了规模化经营，在 2014 年兼并行业内另一大型养老社区运营商 Emeritus 后，坐稳了行业第一的位置。通过规模化的扩张，横向兼并产生协同作用，BKD 合理调整其成本结构，控制了成本的增长速率，减少了净亏损率，2006 到 2014 年，净亏损比例由营收的 8.25%降至 2014 年的 3.89%，未来有望盈利。

3）老年大学

近年来，美国的养老地产开始走另类化趋势，比如有人把养老社区搬进了大学。美国 1947 年以后出生的"婴儿潮一代"受教育水平普遍较高，针对这个特点，越来越多的高等院校参与养老地产开发，掀起一股"返回母校度晚年"的热潮。

在宾夕法尼亚大学校园里就有一个名为"大学老年村"的退休社区，招收本学校的校友，目前住户平均年龄 77 岁。现在美国，有的社区通过与周边的知名大学建立合作关系，可使用大学闲置的地产建成"大学老年村"，并使用大学的教学设施，提供终身学习项目，从而吸引了大量高知文化的老人，使其老有所为、老有所学。

特别是老人们住在自己母校的养老公寓里，每天在休闲时间里和年轻时代的校友们一起聊天，偶尔还去看球赛、听课。在"大学村"里生活，让老人们觉得又回到了年轻时代，而且周围都是同龄人，没有压力，每天都是开心的欢聚。

美国的"大学老年村"现有多种运营类型，主要模式包括活力老年村、独立生活老年村、协助生活老年村、专业护理老年村等。若是 55～65 岁之间的健康老人会进入活力老年村养老，65 岁后可进入协助生活老年村养老。独立生活老年村主要是居家式的自主养老方式，主要包括住宿、餐饮、娱乐活动等功能。

大学内的协助生活老年村与专业护理老年村主要针对 75 岁以上的老人，提供 3 个级别的护理，包括各阶段所需的服务并专门为住户提供持续照顾服务。村中的护工需要护士执照才可上岗。据调查，居住在持续照护大学村的老人平均寿命比美国其他社区高 8 岁，且在医疗平均花费上减少 30%。

4）老年公寓

在美国，老年公寓属于养老地产中的公租房、廉租房类型。近十年来，养老地产在美国各地城镇的开发与发展已经进入成熟阶段，不仅开发程度与形式多样，其运营模式也是多种多样。比如在纽约，大大小小的老年公寓有数百座分布在曼哈顿、布鲁克林等五个行政区，大约每三个街道（按国内行政称呼）就有一栋老年公寓。其中有市政府投资的、区政府集资的、街道合资的、非营利组织团体私募的及开发商财团建造的。例如曼哈顿黄金地段第九大道 54 街的克林顿花园（Clinton Garden）是美国联办政府提供援助建造的老年公寓。该花园是欧洲风味十足的砖墙建筑。据克林顿花园负责人哈曼拉·弗里亚斯介绍，克林顿花园老年公寓有 100 套房间，根据联邦房屋条例第 202 条，该老年公寓接受纽约市收入低于一定标准的 62 岁以上的老人申请。入住之后，每月的房租将占房客月收入的 1/3，例如，一位退休老人的每月社保金是 750 美元，居住在这里每月需付 250 美元左右。如果你把 750 美元都交给老年公寓，那么老年公寓除了提供三餐之外，还会组织外出旅游、看戏等活动。

纽约斯坦伦岛区的乔治花园老年公寓，属于纽约一个非营利组织"养老地产基金会"下的一个公寓。这个基金会开发有九座老年公寓。乔治花园是大型老年公寓，有六七栋大楼，中间与四周是草坪与花园。在这座公寓中，老年夫妇一般分得一房一厅，单身老人分得单间室。无论是单间还是一房一厅，厨房、卫生间都是独用的。乔治花园的入门处还有个数千平方米的老人中心，内有餐馆、图书阅览室、桌球室、健身室等。该中心除了供应早餐与午餐之外，还开办健身操班、唱歌班、陶器班、绘画班、舞蹈班、太极拳班等，只要是该公寓中超过 60 岁的老人，不管贫富都可以来参加，并享受一到二美元的早中餐。该花园住了近千老人，形成一个人性化服务的老人社区。

美国的老年公寓委员会均由公寓老人所组成——能够易于沟通。公寓委员会负责公寓的日常运作，有常设办公室，每月定期举行例会。公寓委员会很重视增强老年人的归属感。居民必须 55 岁以上，18 岁以下的陪同者每年居住不超过 30 天。

第 10 章 我国养老模式构建与探索

在第八、九章对我国现有的养老模式及国外主要的养老模式的介绍的基础上，本章首先剖析我国实际的养老需求与养老供给现状，通过对供需模型的分析，确定了我国应该采用以社区为依托、居家养老为主体、机构养老为补充的养老模式。然后，简要介绍上海市政府与"幸福 9 号"在居家养老中的探索。

10.1 养老需求端

在第一篇中，已经介绍了中国老龄化的严重程度及特点。总体而言，我国的养老需求不断扩大，且老年人的消费较以前趋于多样化。为了更好地了解老年人需求内容，我们根据马斯洛层次需求理论对所有老年人的共同需求进行了剖析（见图 10-1）。

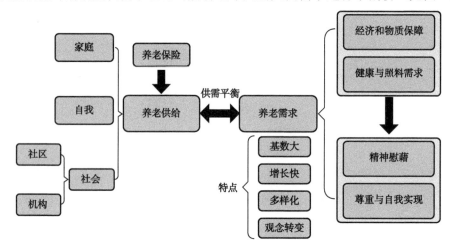

图 10-1 我国养老供需模型

10.1.1 经济和物质保障

几十年辛勤耕耘后的老人，进入身心衰老期，承受能力、适应能力和抵御能力都在减弱。他们有安度幸福晚年的愿望，需要生活和安全等基本生存保障。然而，多数老年人的养老准备不足，在经济保障方面，或多或少的表现为对子女、家庭和社会的较强的依赖性。而目前，我们社会并不富裕，绝大部分老年人特别是农村的老年人，没有为以后自己的养老做好足够的经济上的准备。因此，现阶段的大部分老年人的需求还是集中在经济与物质上的保障，农村里的老年人的保障问题更加让人担忧。

与城市相比，农村老龄化的压力更大。2010 年，农村老年人口为 11 736 万人，

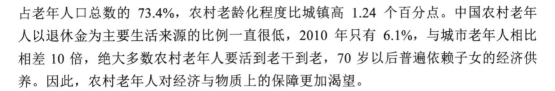

占老年人口总数的 73.4%，农村老龄化程度比城镇高 1.24 个百分点。中国农村老年人以退休金为主要生活来源的比例一直很低，2010 年只有 6.1%，与城市老年人相比相差 10 倍，绝大多数农村老年人要活到老干到老，70 岁以后普遍依赖子女的经济供养。因此，农村老年人对经济与物质上的保障更加渴望。

10.1.2　生活照料

随着身体机能的衰退，老年人对身体健康与生活照料的需求越来越大。2011 年中国健康与养老追踪调查（CHARLS）表明，总体而言，全国老年人生活自理能力状况较差，完全自理的比例仅有 78.80%，而基本自理与不能基本自理的比例相对较高，分别为 11.81% 与 9.38%。按照 2011 年全国 60 周岁及以上的老年人口基数计算，2011 年基本自理与不能自理老年人口数量分别为 2181.28 万人和 1732.47 万人，随着老年人口数量的迅速增加，基本自理与不能基本自理老年人口数也将迅速增加，全国老年人的生活照料问题将会日益突出。

从分年龄角度讲，随着年龄的增长，全国老年人完全自理能力的比例将迅速下降，对于 85 周岁及以上的老年人，完全自理的比例已经低于 40%；而基本自理及不能自理的老年人比例却随着人口年龄的增长而迅速上升，对于 85 周岁及以上的老年人，基本自理的比例已经超过 30%，而不能自理的比例也已经将近 30%，高年龄段老人的生活照护问题较低年龄段老人更为突出，具体数据如表 10-1 所示。

表 10-1　全国 60 周岁及以上老年人分年龄、生活自理能力情况（2011 年）

	完 全 自 理	基 本 自 理	不 能 自 理
60+周岁	78.80%	11.81%	9.38%
60～64 周岁	87.66%	7.56%	4.77%
65～69 周岁	82.60%	10.37%	7.03%
70～74 周岁	80.72%	11.20%	8.08%
75～79 周岁	67.85%	18.01%	14.15%
80～84 周岁	56.52%	18.01%	25.47%
85+周岁	39.49%	31.85%	28.66%

因此，老年人生活自理能力较差，其中高年龄段老年人的生活自理能力状态较低年龄段的生活自理能力差，生活照料问题突出。另外，除了 80～84 周岁年龄段外，所有年龄段老年人中不能自理的比例均小于基本自理能力的比例，这意味着需要生活照料的老年人中，以基本自理状态的老年人为主，因此相应地由家庭成员或者社区提供的短期照护服务问题较长期照护服务问题更为突出。

10.1.3 健康与护理

虽然我国老年人的寿命在延长，但根据研究发现，老年人的健康状况并没有得到相应改善，反而出现下降。考虑到 60 岁以上的老年人的余寿中约有 2/3 时间为带病期，如果老年人寿命延长，那么带病期也随之延长，这自然增加了老年人对医疗资源的需求。卫生部曾经有过统计，60 岁以上的老年人的慢性病患病率是全部人口患病率的 3.2 倍，伤残率是全部人口伤残率的 3.6 倍，老年人消耗的卫生资源是全部人口平均消耗卫生资源的 1.9 倍。因此，每况愈下的身体状况显著增加了老年人对健康的需求，而老龄化的严重程度也加重了我国医疗资源的负担。

值得一提的是，慢性病已经成了为老年人最大的健康障碍。随着社会经济水平的发展、生活水平的提高及医疗卫生条件的改善，人类的疾病谱发生变化，主要的健康问题从急性传染性疾病转变为慢性疾病。慢性疾病的存在直接影响老年人的基本躯体功能状况，导致老年人生活自理能力的下降，影响老年人的生活质量。

（1）老年人患慢性病的几率高，就医率和住院率高。总体来说，全国 60 周岁及以上的老年人慢性病的比例较高，为 74.79%。随着老年人生活自理能力的下降，其慢性病患病的比例也将随之增高，患病种类也将有所增加（见图 10-2）。对于基本自理的 60 周岁及以上的老年人，有将近 4/5 患有不同种类的慢性病，患有慢性病的平均数量为 2 种；对于不能自理的 60 周岁及以上的老年人，则有 90%患有不同种类的慢性病，其患有慢性病的平均数量高达 2.44 种。结果还表明，即使是完全自理的 60 周岁及以上的老年人，尚有超过 70%患有不同种类的慢性病，其患有慢性病的平均数量为 1.49%。这充分说明了当前老年人生活自理能力下降与慢性病并存问题的严峻性，养老不再是单纯的生活照护方面的内容，还应该包括慢性病防治方面的工作。

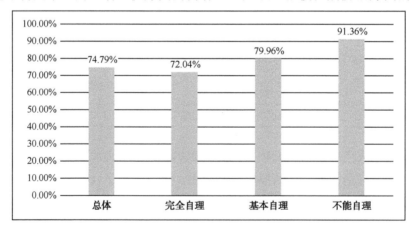

图 10-2 全国老年人生活自理能力的慢性病患病情况（2011 年）

（2）慢性病患病时间长，伴随并发症多，治疗难度高，所以次均门诊费与住院费都较高。心血管、心肌梗塞、脑中风及其引发的重度残疾等慢性疾病，每人每年的治疗费用都在 6000 元以上，高昂的治疗费成为老年人医疗费上涨的主要因素。而一般老年人患这类慢性疾病的数量明显高于其他人群，且慢性病较难完全治愈。因此，随着老龄化的加剧，对医疗保险的需求会进一步增加，医疗费用成本也会随之进一步扩大。

（3）需要医疗护理的老年人增多，护理费用大幅度上升。慢性病通常在相当一段时期内存在，并且无法治愈，是老年人最常见的健康问题，需要更多的照顾，并导致健康医疗的大量支出。随着"4-2-1"结构的家庭迅速增多，家庭养老功能减弱，越来越多的城市家庭无法满足高龄老年人尤其是带病的高龄老年人身体健康照顾的需求，从而使需要医疗护理的老年人增多。按照保守估计，每位老人年医疗护理费至少需要 1 万元。

根据北京大学中国社会科学调查中心发布的《中国民生发展报告 2014》，老年人家庭的人均医疗支付最高，其医疗支出占消费支出的比重也最高，这意味着老年人家庭面临着更大的医疗负担。这对于退休的老年人而言是一笔不小的支出，特别是本身没有太多财富积累的农村老年人。这也就加重了老年人的经济需求。另外，随着身体的退化，老年人自理能力逐渐降低，尤其在生病过程中，特别需要有人来照料打理他们的生活起居。同时，老年人的身心承受能力减退，特别是生病或者体虚的时候，更加需要来自家庭与社会的关爱、理解和支持。

10.1.4　精神慰藉

老年人需要亲情，需要亲人的关怀、体贴、理解和安慰，以及来自家庭、社会的关心、爱护和尊重。他们希望喜、怒、哀、乐有人倾听。受"养儿防老"等传统伦理和中国的传统家庭观念的影响，我国老年人的代际关系更多地表现为一种"责任伦理"，这种"责任伦理"在养老中表现为大多数老年人都是依靠自己和子女的力量来解决生存必需的经济来源和日常生活照料这两件大事，因而对亲情的需求表现为十分强烈，而且随着年龄的增大而递增。

10.1.5　尊重与自我实现

每个人都希望得到家人、朋友、社会的认可与尊重，老年人当然也不例外。他们在年轻时形成的性格爱好、生活习惯与为人处世的方式都难以改变，到了老年仍愿意自由安排生活与处理问题，表现出了对自由生活与发展的需求。同时，对于退出工作岗位的老人来说，他们依然希望为社会做一些力所能及的事情，也有强烈的学习需求，以实现自我价值。此外，生活条件充裕的老年人会有更多的精神追求，包括新的兴趣爱好与对社交的需求。

重要的是，随着物质条件的改善，老年人的需求也发生了一些变化，特别是在一些经济发展不错的城市，由物质需求到精神需求的转变更加明显。表现在上面的模型中，就是老年人的需求从物质与经济保障、健康与照料需求转向了精神上的慰藉、尊重与自我实现的需求，老年人精神文化生活也越来越丰富，例如老年大学、老年旅游等活动也越来越多。

相应地，老年人对养老模式的观念也发生变化。新一代老年人观念逐渐开放。我国在 20 世纪 70 年代末开始实行改革开放政策，60、70 后是在改革开放的大潮中长大的，接受了时代变革的文化冲击。比起现在已经进入老年的 40、50 后，在今后 10 到 20 年间即将步入老年阶段的 60 后和 70 后，思想更加开放，受旧观念束缚更少。此外，老年人教育水平不断提高。65 岁以上的人中 75%都是小学及以下的学历水平，受过专科以上教育的人口不到 0.5%。而今后 20 年间即将步入老年的 45～65 岁间的人群中，大部分人已经受过中学教育，在 40～44 岁的人群中，受过专科以上教育的人群占比已经超过 10%。随着 40～59 岁的人群逐渐步入老年，社会的养老观念会发生较大的变化，届时老年人的心态会更加开放，愿意尝试新兴的养老模式，而且不仅仅限于家庭养老，其他养老模式有望迎来大发展。更高的教育水平和更开放的理念也让老年人对新科技有着更好的接受力。

10.2　养老供给侧

众所周知，养老供给主要有两方面——资金的支持及养老服务的供给。一方面，由于老年人退休之后不再为社会创造财物，因此其主要的养老资金来源于个人财富的积累与社会资金的提供。根据北京大学中国社会科学调查中心发布的《中国民生发展报告 2014》，我国家庭的财产不平等程度仍在攀升。报告指出，1995 年我国财产的基尼系数为 0.45，2002 年为 0.55，2012 年我国家庭净财产的基尼系数达到 0.73，顶端 1%的家庭占有全国三分之一以上的财产，底端 25%的家庭拥有的财产总量仅在 1%左右，而农村与城镇之间的差距是造成这一结果的一大原因。也就是说，我国大部分家庭的养老资金并不是十分宽裕，特别是那些生活在农村的老年人。因此，我国大部分老年人的养老问题离不开国家养老资金的投入，即养老保险。另一方面，由于老年人身体机能与自理能力不断下降，为其提供适当的养老服务是养老工作的重要组成部分，这就是养老模式的选择。下面就从我国养老保险、老年医疗保障及养老模式的现状来分析养老工作中的资金与服务的供给。

10.2.1　养老保险

1. 我国的养老保险体系

我国的养老保险以 1951 年 2 月 26 日由政务院颁布的《中华人民共和国劳动保险条例》为起点，经历了几十年风风雨雨，其发展可概括为四个阶段：1951－1965 年为养老保险制度的创建阶段。该阶段以政务院颁布的《中华人民共和国劳动保险条例》为标志，主要工作是着手建立全国统一的养老保险制度，并且逐步趋向正规化和制度化。1966—1976 年是养老保险制度被严重破坏阶段。当时中国社会保险事业与全国社会经济文化一样，遭受到严重破坏，社会保险基金统筹调剂制度停止，相关负担全部由各企业自理，社会保险变成了企业保险，正常的退休制度中断。1977—1992 年为养老保险制度的恢复和调整阶段。在十年动乱结束后，我国采取渐进的方式对养老保险进行了调整，恢复了正常的退休制度，调整了养老待遇计算办法，部分地区实行了退休费统筹制度。1993 年至今是养老保险制度的实施创新改革阶段。本阶段主要是创建了适应中国国情、具有中国特色的社会统筹与个人账户相结合的养老保险模式，改变了计算养老金的办法，建立了基本养老金的增长机制和实施了基本养老金的社会化发放，最终基本建成我国多层次养老保险体系。经过近十年的改革与建设，中国新的养老保险制度已初步建立，形成了包括基本养老保险、企业补充养老保险和个人储蓄性养老保险为主的多层次、多支柱新型养老保险体系。

1）基本养老保险

基本养老保险又称国家基本养老保险，是按国家统一政策规定强制实施的，以保证广大离、退休人员基本生活需要为目标的一种养老保险制度。其覆盖范围为城镇所有企业及其职工、自由职业人员和城镇个体工商户。我国当前基本养老保险采取"统账结合"的管理模式，要求参保单位和个人分别缴纳工资总额的 20%参加社会统筹调剂，由政府统一管理运用，工资总额的 8%存入职工个人账户中，个人账户只是记载缴费记录。缴费满 15 年并达到退休年龄者可以领取养老金，计发办法采取"新人新制度、老人老办法、中人（新规定实施后退休的参保人员）逐步过渡"的方式。因此，个人养老金支付由两部分组成，一部分是基础养老金，依据公平与效率并重的原则制定给付标准；另一部分是个人账户养老金，依据个人缴费总额分月平均发放。这两者均有国家统筹规划。

2）企业补充养老保险

企业补充养老保险又称为企业年金，是指企业在参加国家基本养老保险的基础上，依据国家政策和本企业经济状况建立的，旨在提高职工退休后的生活水平，对国家基本养老保险进行重要补充的一种养老保险形式。它由国家宏观指导，企业内部决策执行。企业年金实行市场化运营和管理，建立完全积累的个人账户。职工个人储蓄性养老保险是由职工自愿参加、自愿选择经办机构的一种补充保险形式。

企业补充养老保险采用完全积累制。在这种模式下，职工个人和企业将资金存入职工在专门机构的个人账户中，职工退休以后，提取个人账户中缴纳总额和增值资金来维持自己的养老开支。

3）个人储蓄养老保险

职工个人根据自己的工资收入情况，按规定缴纳个人储蓄性养老保险费，记入当地社会保险机构在有关银行开设的养老保险个人账户，并应按不低于或高于同期城乡居民储蓄存款利率计息。个人储蓄性养老保险可以实行与企业补充养老保险挂钩的办法，以促进和提高职工参与的积极性。

2. 我国养老保险面临的问题

虽然我国现行的养老保险制度经过十几年的改革和建设，已经取得不错的成就，但面临我国日益加剧的老龄化、制度转轨遗留的历史欠账及中国经济社会发展中的诸多问题，新型的养老保险仍有许多重大的、急需破解的问题。

1）养老保险覆盖面仍然狭窄

近年来，我国养老保险实施范围不断扩大，其中，国有企业基本实现全覆盖，城镇集体企业覆盖率为 75.39%，但其他经济类型企业覆盖率仅为 17%，还有很多外商投资企业和民营企业未参保。虽然各级政府重点抓"扩覆"工作，但离全覆盖的目标仍有距离。截至 2010 年年底，参加城镇基本养老保险人数为 2.57 亿人（含农民工参保人员 3000 多万），参加新型农村养老保险试点农民人数为 1.03 亿人。这样，参加各种养老保险的总人数为 3.6 亿人，仅占当年全部 20 岁以上人口总数的 36.7%，也就是说，养老保险全国的覆盖率只有大约 30%多。这样的覆盖率显然不能发挥社会保障的保障功能，也不适合我国经济社会发展的需要。2009 年开始试点的新型农村社会养老保险和 2011 年开展试点城镇居民社会养老保险任务艰巨，特别是如何保量又保质，需要好好实践。比如，由于缴费负担过重，各地已经参保的灵活就业人员退保情况较为严重。

2）养老保险基金统筹层次较低

由于十年动乱，养老保险沦为企业保险的历史原因，我国养老保险的统筹层次至今依然很低。就全国养老保险制度改革的进展情况看，少数省份实行了省级调剂金制，但调剂的比例和数额极为有限，大部分省、市、县仍实行分级统筹。这样就带来诸多问题：养老保险基金抵御风险的能力脆弱，很容易造成养老保险基金的流失；养老保险跨地区关系转续及领取不便，不利于建立全国统一的社会保险制度。

另外，考虑到我国地区发展的不平衡，人口往往聚集在发达地区，而流动人口大部分不在发达地区养老。现有的按省市分级统筹的养老保险制度也就加剧了养老金在各个省市之间的差距。例如 2010 年仅广东省就有 3000 多亿的养老保险基金结余，可有的省份却基本没有结余，年年都有缺口，需要中央补贴。

3）转制隐形债务以及个人账户"空账"问题

为应对人口老龄化高峰，我国政府于 1997 年决定把长期实行的现收现付养老保险制度转变为社会统筹和个人账户相结合的新的养老保险制度，这就出现了养老保险的隐性债务问题。

在现收现付模式下，按需制定缴费水平，当年在职一代的养老保险征缴收入全部用来支付已退休一代的养老金支出，以支定收，不留结余。这一模式有以下优点：一是实行代际再分配可以较好地维护社会公平，有利于维护低收入者的利益；二是积累较少，避免了积累制下管理基金带来的一系列问题，包括管理成本高，保值增值压力大等。此模式的缺点在于只考虑短期收支平衡，当老龄化严重时，在职一代的缴费压力会比较大，缴费负担重时会出现少缴欠缴拒缴的情况。收不抵支时需要财政补贴，情况严重时会给财政带来较大的压力。

所谓隐性债务，是指在养老金制度从现收现付制向基金积累制或半基金积累制转变的过程中，由于已经工作和退休的人员没有过去的积累，而他们又必须按新制度领取养老金，那么他们应得的、实际又没有"积累"那部分资金。隐性债务包括两部分：一部分是应继续付给新制度实施前已离退休人员的离退休金总额；另一部分是新制度实施前参加工作、实施后退休的人员，在新制度实施前没有积累的养老金总额。这两部分债务的具体规模依赖于退休年龄、缴费率和投资回报率等重要参数。根据中国养老保险隐性债务课题组的推算，隐性债务最小为 1.8 万亿元，最大接近 12 万亿元。

中国养老保险实行改革后的新制度设计，对已经退休人员发放养老金应该用社会统筹资金。但是，由于现在的退休者没有（或很少有）个人账户的资金，又要按标准发放，因此社会统筹的资金远远不够支付庞大的退休群体的需要。各省、市、县为了按时足额发放养老金，就挪用了本应是将来才能支付的现在在职职工个人账户的资金（社会统筹和个人账户没有分开管理），从而造成了全国范围内养老基金的有名无实，空账运行。究其根源，空账的出现还是要归因于我国养老保险体制转轨所形成的隐性债务。

公开数据显示，我国养老保险个人账户空账运行规模已超过 1 万多亿元，虽然做实空账工作已经开展几年，但空账规模仍在扩大。从债务关系来说，养老金的空账运转是现在向未来透支，是老一代向年轻一代的透支。长此下去必然蕴涵巨大的资金风险，也会降低改革后新制度的信誉，动摇新制度的根基。

4）保值增值效率低下，难以应付过高的通货膨胀

2010 年底，我国城镇职工基本养老保险个人账户累计记账额将近 2 万亿，虽然全国养老保险基金累计结余 1.5 万亿，但是并没有落实到对应的个人账户中。一方面是由于现阶段职工个人账户养老保险金被用于支付现期的退休金，账户上几乎没有什么实际资产，大部分是空账；另一方面，现行制度要求养老保险金余额除满足两个月的支付费用外，80%左右要用于购买政府债券或存入银行，由于近期银行存款利息率低于通货膨胀率，导致养老保险金的结余在不断地贬值，这些钱的收益率多年来一直不到 2%，在财政账户里死死放着，这势必加重未来时期养老保险的负担，也会增加国家在养老保险方面的支出负担，应对老龄化的长期资金平衡压力巨大。

综上所述，我国养老保险覆盖面有限，同时养老金也存在很大的缺口，这也就导

致了我国还有很多人的养老资金得不到很好的保障。没有充足的养老资金，养老产业就无法落地，老年人也只能更多地依靠家人的赡养。当然，针对我国养老保险的现状，很多学者也提出了相应的发展建议，例如采取多种措施来扩大养老保险覆盖面、增强养老基金的社会互济功能、推进基金的投资运营等。在养老资金不足的情况，如何优化配置社会养老服务资源就显得更为重要。

10.2.2 老年医疗保障制度

1. 我国目前的老年医疗保障制度

上一节介绍了老年人退休之后的资金保障，可用于改善老年生活。值得一提的是，医疗支出占老年人消费支出比例很高，那么我国针对老年人的现有的医疗保险制度是怎样的呢？是否已经满足老年人医疗支出的需求了？

可惜的是，目前我国还没有真正意义上专门针对老年人的医疗保障制度，对老年人群的医疗保障依附于"普惠型的医疗保障制度"，主要有基本医疗保险制度、社会医疗救助制度及部分省市实行的老人优待制度。

1）基本医疗保险制度

基本医疗保险制度是目前覆盖群体最大的医疗保障制度。老年人群主要是通过参加城镇职工基本医疗保险或城镇居民基本医疗保险、新型农村合作医疗，以及其他地方性的医疗保障制度来享受医疗保障待遇。除了三种主流医疗保险制度以外，部分地区和城市还补充制定实施了一些专门针对老年群体的医疗保障制度。例如，根据《上海市城镇高龄无保障老人基本医疗保障试行办法》，高龄无保障老人可以申请免费获得基本医疗保障；杭州、北京等地专门制定了针对城镇老年人口的大病医疗保险制度，在一定缴费比例下，为参保老年人提供支付额度较高的大病医疗费用。

2）医疗救助制度

政府通过财政拨款、彩票公益金和社会捐助等多种渠道筹集医疗救助基金，对城乡困难群众就医给予补助，并资助农村"五保"老年人和困难群众参加新型农村合作医疗，这在一定程度上缓解了老年人基本医疗困难。不仅如此，各级政府及社会组织在针对老年人的专项医疗救助和康复救助活动方面，也开展了许多具体的救助项目，如为边远贫困地区的白内障患者实施复明手术，为老年缺肢者、听力障碍者免费装配假肢、验配助听器等，帮助贫困、残疾老年人恢复生理功能。

3）老年人优待制度

目前，多数省市建立了针对老年人的优待制度，部分省市的老年优待制度涉及老年人群的保健和医疗措施。北京、河北、江苏、云南、广西、吉林等地均出台了关于老年医疗服务的相关规定，具体包括：老年人在医疗机构挂号、诊治、交费、取药和住院时，享受优先服务；医疗机构对行动不便的就诊老年人，应当免费提供担架、推

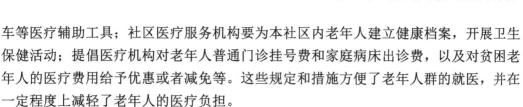

车等医疗辅助工具；社区医疗服务机构要为本社区内老年人建立健康档案，开展卫生保健活动；提倡医疗机构对老年人普通门诊挂号费和家庭病床出诊费，以及对贫困老年人的医疗费用给予优惠或者减免等。这些规定和措施方便了老年人群的就医，并在一定程度上减轻了老年人的医疗负担。

2. 目前老年医疗保障制度存在的问题

现阶段各项医疗保障制度虽然在一定程度上解决了老年人群的就医困难，但是，从现状来看，各医疗保障制度的设计初衷多是针对普遍人群，并且仅限于强调"无疾病"或者"病有所医"，缺乏基于老年人口特征的制度安排。随着老龄化的加速发展，老年人对健康的特殊需求日益显现，普惠型的医疗保障制度存在很多问题，无法满足人口老龄化趋势下老年人日益增长的医疗与健康需求。

1）保障范围小

从保障范围来看，现有的医疗保障制度针对老年人覆盖范围较低。一方面是因为医疗保险制度中的老年人群参保率较低，尤其是农村地区的老人参保率更低，医疗救助和老年优待制度受制度本身的限制，其覆盖面也很窄；另一方面，部分老年人虽然被纳入某种医疗保障制度当中，但由于受到获取医疗服务的渠道限制，仍然不能有效获得相应的医疗服务。

2）保障内容少

从保障内容来看，现有的医疗保障制度针对老年人的保障项目较少。在基本医疗保险报销范围内的药品、诊疗项目、医疗服务和医疗设备都是针对普遍人群的，并没有专门针对老年常见病的制度倾斜。而老年病多以慢性非传染性疾病为主，发病率高、治疗周期长，再加上老年人体质的下降，亟须在疾病的"事前""事中""事后"均给予制度上的考虑。现有的医疗保障项目在病因预防、定期体检、日常保健、病后康复、对恢复生理功能的护理等方面的缺失及不足，严重减少了老年人获得医疗服务的机会。

3）保障形式单一

从保障形式来看，现有的医疗保障制度主要是一种现金补偿，仅仅是对老年人的医疗费用给予报销或者发放医疗费用补助。单纯的经济偿付已不足以满足老年人多样化的健康需求。因为随着生理机能的衰退，老年人的健康需求不仅仅局限于对疾病治疗的需要，还需要依靠直接供给的、以维护健康为目的的服务，如疾病预防、保健、护理及照顾等。

4）保障水平较低

从保障水平来看，现有医疗保障制度对于老年人保障的水平较低。老年人患病率高、住院率高、失能率高，相比其他年龄段人口，老人医疗花费大。高额的医疗消费要求对老年人有相对较高的保障水平。而现有的医疗保障制度对于老年人来说，在起付标准和报销比例上均存在不合理之处，保障水平较低导致老年群体自身的医疗负担仍然很重。

由此可见，我国老年医疗保障制度也并不是很完善，具体表现为保障范围小、内容少、形式单一、水平低等，这使得现有的老年医疗保障制度并不能很好地为老年提供足够及个性化的医疗保障。目前也有不少学者针对老年人医疗保障制度的建设基础提出了相应的建议，这些从略。

在养老保险以及老年医疗保障制度并不十分完善的情况下，老年人退休之后所得到的资金有限。此时，我们更加应该注重优化社会养老服务资源的配置，一次提高社会养老服务的效率。因此，我们应该选择合适我国的养老模式，最大化我国养老服务资源的利用率。

10.2.3　养老模式选择

在之前的两章中介绍了国内外的主要养老模式，指出了我国现有养老模式的利弊，那么最适合我国的养老模式是什么呢？下面就对我国现有的每种养老服务模式进行分析。

1. 家庭养老

首先，家庭结构的变化从根本上决定了家庭养老满足不了我国养老的需求。我国于 20 世纪 70 年代实施独生子女政策，如今，中国第一代独生子女的父母已经开始进入老年，产生"4-2-1"家庭结构，即一对夫妇需要赡养四个老人并养育一个孩子。"4-2-1"家庭模式作为中国今后几十年的主流家庭模式，是一种风险型的家庭架构，对养老而言更是如此。截至 2010 年，中国城乡老年人口平均有 3.2 个子女，到 2020—2030 年间，随着计划生育一代普遍进入老年期，全国老年人口平均子女数将下降到 2 个以下。独生子女的情况不仅使父母早早步入空巢的阶段，让其经历更长的空巢期，同时削弱了家庭养老的基础。老人们能从独生子女身上获得的经济支持、生活照料、精神慰藉都是非常有限的，传统的家庭养老建立在"儿孙满堂"、"养儿防老"的文化基础上，而随着独生子女政策的普及，这一基础在很大程度上被削弱了。根据《中国老龄事业发展报告（2013）》，2010 年，全国 65 岁以上空巢老人有 4150 万人，到 2015 年年底，空巢老人将超过 5100 万人，占老年人口的 1/3。"4-2-1 结构"和"空巢家庭"将成为我国 21 世纪前半叶的主要趋势，这对于中国传统的家庭养老模式形成了强烈冲击，使得公众对于社会养老服务的需求不断增强。因此，家庭结构的改变决定了家庭养老不可能完全负担我国养老的重担。

2. 机构养老

在社会化的养老服务模式中，机构养老是目前我国的主流模式，而我国养老机构数量与床位数量的供给还是显得不足。相关数据显示，我国当前城乡养老机构发展到 4.18 万个，养老床位 365 万张，而我国老年人口数量为 1.85 亿，且增长速度为 3%。因此，大约平均 50 人拥有一张床位，这也是我国养老院面临的最大问题。

同时，我国目前的养老机构，大部分还是由政府来建设并运营的，根据《老龄服务业发展报告 2014》，我国民营养老机构仅占 28%。虽然我国养老机构床位供给在增加，但大部分公办的养老机构都需要国家的补贴，也存在结构性问题，使得有些机构人满为患，有些机构门可罗雀，且总体入住率并不高。根据 2015 年发布的《中国养老机构发展研究报告》显示，我国养老服务机构存在一个"哑铃形"问题，即市场上处于两端的豪华型养老机构和设施简陋的养老机构较多，真正符合大多数老年人的中档养老机构所占份额较低。低端养老机构多，但往往在偏远地区、设施简陋、提供的服务水平低，高端养老机构提供的服务水平高，但收费高昂，而中等水平、中等费用的养老机构供给却不足。许多低端养老机构是偏远地区的小型养老机构和农村敬老院，其设施简陋、服务水平较低，入住率也并不高。而近年来大型商业集团尝试兴建的商业化养老社区又存在收费太高、普通老人难以承受的问题，如上海亲和源等高端养老社区采取"会员费+月费/年费"的模式，其 50 万以上的会员费让许多普通老人望而却步。

因此，总体而言，机构养老目前只是我国养老模式中非常小的部分，而且在目前机构养老的"哑铃"结构下，低端养老机构因设施简陋且服务跟不上导致入住率低，高端养老机构收费太高，这使得机构养老并不能成为我国养老模式的主体。不过，这同时也说明了，我国机构养老还是存在巨大的市场潜力。

3. 社区居家养老

在上一章节中介绍分析了日本与美国的养老保障制度与主要的养老模式。不难发现，无论是日本还是美国，居家养老仍是他们最主要的养老模式。除了部分有社交需求、经济状况较好的老年人可以选择在养老社区享受晚年生活，由与地产商合作进驻的养老服务机构提供日常的照护服务之外，大部分老年人还是留在家里养老。只有很少部分不能自理或者子女没有照顾能力的老年人会入住养老院进行养老。中国老人与外国老人在根本需求上并没有太大区别，都需要物质与精神保障、身体健康与照料、精神慰藉和尊重与自我实现，有所不同的可能就是家庭的观念与生活的态度。美国人家庭观念相对于中国人与日本人较弱，日本老年人更加强调身心自立，但无论在美国还是日本，居家养老都是最主要的养老模式。另外，相对于日本与美国，我国机构养老的发展还处于起步摸索阶段，与国外成熟的养老产业也相去甚远，因此我国对养老机构的依赖要远远小于日本与美国。因此，综上所述，依托于社区的居家养老是我国养老的必然选择，要想解决中国的养老问题，必须充分发挥法规社区养老服务的作用，同时形成以社区为依托、居家养老为主体、机构养老为补充的养老模式。

随着老年人口的不断扩大，老年人对照料与护理的需求也快速增长，而考虑到目前我国的人口结构，家庭成员并不能完全提供老年人所需要的照料与护理，而居家养老仍然会是我国接下来几十年养老的主要模式，因此社会需要为居家老人提供更多的日常照料与护理。这一块也将成为我国养老市场未来的一大发展趋势，正如日本发展介护保险与介护服务类似。届时，市场上会出现大量的提供介护服务的公司，国家如果出台相应的制度与政策对介护市场进行规范与支持，例如日本的介护保险，无疑将缓解老年人家庭的经济、生活压力。

4. 政策扶持

国家应对老龄化社会的到来和不断提速的发展趋势，不断出台相关政策，在政策层面上支持和规范养老产业的发展。2000 年以来，国务院、各部委就制定发布了养老相关政策 10 余条，从养老服务体系建设、服务标准化、养老机构改革、养老保险制度及养老金并轨等多方面指导、支持我国养老产业的发展，同时也明确了我国的养老模式：以居家养老为主体、社区为依托、机构为补充的养老模式。2010 年以来，政府的政策颁布更加密集，鼓励动员全社会的力量积极开展养老工作。主要的政策如表 10-2 所示。

表 10-2　养老政策列举

政 策 名 称	年 份	主 要 内 容
国务院办公厅《关于加快实现社会福利社会化意见的通知》	2000	在供养方式上坚持以居家为基础、以社区为依托、以社会福利机构养老为补充的发展方向。
老龄委办和发展改革委《关于加快发展养老服务业的意见》	2006	以居家养老为基础、社区服务为依托、机构养老为补充的服务体系；积极支持以公建民营、民办公助、政府补贴、购买服务等多种方式兴办养老服务业，鼓励社会资金多种方式兴办养老服务业。
全国社会养老服务体系推进会	2010	以居家养老为基础、社区服务为依托、机构养老为补充，资金保障与服务提供相匹配，无偿、低偿、有偿服务相结合，政府主导、部门协同、社会参与、公众互助相结合的社会养老服务体系。
国务院《中国老龄事业发展"十二五"规划》	2011	建立以居家为基础、社区为依托、机构为支撑的养老服务体系，重点发展居家养老服务、大力发展社区照料、统筹发展机构养老服务、优先发展护理康复服务。
《民政部关于鼓励和引导民间资本进入养老服务领域的实施意见》	2012	鼓励民间资本参与居家养老和社区养老服务；鼓励民间资本兴办养老机构或服务设施；鼓励民间资本参与养老产业发展；落实民间资本参与养老服务优惠政策；加大对民间资本进入养老服务领域的资金支持；加强对民间资本进入养老服务领域的指导规范。

政 策 名 称	年 份	主 要 内 容
《商务部、民政部关于鼓励外国投资者在华设立营利性养老机构从事养老服务的公告》	2014	鼓励外国投资者在华独立或合办营利性养老机构；鼓励外国投资者参与专门面向社会提供经营性服务的公办养老机构的企业化改制；鼓励外国投资者发展养老机构规模化、连锁化经营，开发优质养老机构品牌。
《关于鼓励民间资本参与养老服务业发展的实施意见》	2015	鼓励民间资本参与居家和社区养老服务，鼓励民间资本参与机构养老服务，支持民间资本参与养老产业发展，推进养老服务信息化建设。

由此可见，以居家养老为基础、社区为依托、机构为支撑的养老模式在 2000 年以来一直是国家主推的养老模式，是我国养老产业发展的主脉络。另外，政府还积极地引导社会的其他力量加入我国养老事业，逐步将社会力量培育成我国养老产业发展的主体力量，其中就包括引导民间资本进入养老服务业，相继推行了公办养老机构公建民营试点、鼓励民间资本参与居家和社区养老服务、机构养老服务等。此外，国家发布了《关于加强养老服务标准化工作的指导意见》，建设养老服务基础通用标准、服务技能标准、服务机构管理标准、居家和社区养老服务标准、老年产品用品标准，力图建立养老服务标准体系。这将有利于整个养老行业的规范发展，奠定了养老行业快速发展的基础。

5.科技助力

科学技术的发展，特别是大数据、云计算、可穿戴设备、物联网的发展促进了医疗的数据化、智能化、远程化等，不仅提高了医疗资源的优化配置，也提升了整个医疗体系的效率。这对年迈易患病的老人而言，无疑是巨大的福音。通过可穿戴设备与大数据分析的技术，家人与老人自己可以时刻关注到身体的变化。这样，老年人即是在家也能对自己的身体进行检查监控，实现了自己的健康自己知道、自己的健康自己管理的医疗理念。而在患病时，远程医疗等技术也使得老年人在家也能接受医院医生的指导与康复。因此，智慧医疗的发展使老年人在家也能得到相关的医疗服务，也就大大降低了老年人的就医成本，提高了老年人就医的效率。因此，可以说，智慧医疗的发展促进了我国居家养老的建设。

同时，互联网等技术与传统服务业的结合，使得老年人在家也能轻易地购买并接受养老服务。例如电子商务能为足不出户的老年人提供生活用品、洗衣等服务，生活类的 O2O 商家也能上门为老年人提供相应服务等。这些应用都使得老年人的在家生活变得更加便利，居家养老的模式得到了更多的支持。

不难看出，科技的发展也促进了居家养老的选择与构建。而科技如何影响居家养老人的生活与健康呢？将在下面具体阐述。

10.3　居家养老的困难与启示

1. 我国居家养老存在的困难

在上一节中，通过对我国养老供需模型的分析，得知我国养老模式应该以居家养老为主体、社区为依托、机构养老为补充，这一模式也早已在政府的政策中得到了验证。同时，智慧医疗等科技的发展也促进了居家养老的落地。但就目前我国情况而言，居家养老仍然处于发展初期，在实践过程中也遇到了不少困难。

1）社会养老资源配置不到位，社会化的程度低

社区养老的优势特征就是能充分整合社区内资源，形成养老的合力，从而减少财政资金投入和家庭支出。但在实践过程中，资源的整合能力低、社会参与度不足恰恰也成了阻碍社区养老发展的因素。一方面，现在各大城市开展的社区养老基本都是以政府为主推行，养老基础设施的建设多依靠政府投入，但在落实过程中，受资金、人力等条件限制，存在数量不足、分配不均、轻维护、疏管理、少应用的情况。同时，因为没有把社区内其他服务资源有效纳入养老服务体系，使得社区内的养老服务资源出现欠缺，一些老人的医疗需求、娱乐需求得不到满足；另一方面，在现有的社区养老模式中，除了一些专门为老人提供家政服务等业务的组织外，其他企业难以从参与养老活动中盈利，因而降低了其参与社区养老服务提供的积极性。

2）养老供需信息不匹配

在现有的社区养老模式中，信息交流的渠道主要依据两个方面：一种服务渠道是以社区居委会和社区养老管理中心为中介，老人有需求或出现养老困难时，向居委会和管理中心提出并登记，然后等待社区安排服务上门。当然，这种服务等待可能很快得到实现，也可能得不到及时安排，因为社区和管理中心要根据所掌握的服务资源进行统筹安排，如果手头没有合适的服务资源，便不能及时给老人提供服务。反之也是如此，服务提供者如养老护理员和志愿者等开展服务通常也是通过社区联系或安排，如果社区所掌握的需求信息不足会使得一些服务得不到有效开展。信息通过社区中介如此交换的结果便是使供需不匹配，很多老人的需求因为反映不及时或其他原因没有得到满足，而另有一些服务则因没人提出要求导致资源闲置甚至浪费。在目前的社区养老中，另一种服务渠道就是老人直接向社区内的服务机构或养老服务人员提出服务需求，但这一般是有偿性的服务，同时要求老人具备相当程度的自理能力，养老对象具有一定的局限性。

3）养老服务人员欠缺，素质普遍不高

在老龄化程度较高的发达国家，养老保健等上岗要经过严格的培训，而我国目前的专业人士供给尚有缺口。目前我国养老护理和保健服务主要由相关护理院提供，根

据《老龄蓝皮书》报告提供数据，截至 2011 年年底，我国护理院中卫生技术人员为 2 085 人，疗养院中卫生技术人员 10 456 人，康复医院中卫生技术人员 14 599 人，执业卫生技术人员总共不到 30 000 人，按照 OECD 的调查结果，假设 15%的老人需要护理服务的需求，那么平均五百多名需要护理服务的老人才有一名护理卫生技术人员对应，专业护理人员缺口极大。同时，养老社区的管理人员往往欠缺社区管理的专业知识和技能，行政化的社区管理方式导致社区居家养老服务效率和服务质量低下；对于养老服务人员而言，由于没有健全的考核、培训、管理体系，因此素质不高，服务水平参差不齐。同时，因为薪酬回报和社会地位低，养老服务队伍也极其不稳定，流动性较高。受此影响，居家养老中社区服务的质量难以保证。

2．日本与美国的养老模式

面对我国居家养老现阶段的问题，再来回顾一下日本与美国的养老模式，能否从中得到一些借鉴。

1）日本

首先，日本的介护保险为老年人所需的养老服务提供了很好的资金保障。介护保险是日本独特的养老保险制度，其资金来源于中央政府与地方政府的税收及个人。同时，65 岁以上的老年人与 40～64 岁的人群均可参与介护保险。这样就覆盖了绝大多数老年人及需要服务的一些中年人。另外，介护保险为日本老年人提供了基于每个人的健康状况量身定制的护理计划，减小了家庭及个人的支付压力（90%由政府与保险公司共同支付，10%由个人支付）的同时，也细分了养老服务内容，增加了养老服务的多样性。

其次，日本系统全面的居家养老服务为老年人的生活提供了保障。伴随着日本人口老龄化的快速发展，2000 年日本启动护理保险制度，并继之发展"护理预防及地区互助事业"。护理保险制和地区互助事业主要由市町村来实施，护理服务针对日常基本生活需要部分或完全护理的 65 岁以上或 40～64 岁的两类老人，65 岁以上的老人的年龄和服务量都很大，40～64 岁老人的保险时间长，但服务量小。

一是护理服务及援助事业项目。由设施护理服务与居家护理服务两部分构成，设施护理服务是指老年人入住在特定的市町村养老设施内并接受相应的护理服务，而居家护理服务则是以老人所在的市町村为中心，向老人提供护理服务和日常生活照顾。

二是长期照顾服务。由市町村地方化的养老服务机构负责照料老年人的日常生活，并且提供不低于 3 个月的护理服务。

三是身体保健指导服务。活动中心要为 60 岁以上的老年人发放健康手册，定期组织体检，普及常见老年病的预防，组织学习自我护理知识与技能，提供健康信息咨询与指导。

四是短时托付服务。包括不超过 3 个月的短期照顾服务与日间护理服务，是以

65 岁以上、行动不便的老年人或短期内无法提供居家护理服务的老人为对象。不超过 3 个月的短期护理服务，是将老人暂时托付给开展短期服务业务的养老院来照料。日间护理服务，是白天老年人到市町村老人护理机构接受就餐、康复训练和健康体检等服务，到了晚上就送老年人回家。

总而言之，日本的介护服务的主要特点如下。

（1）居家护理服务法制化。日本的居家护理服务注重以法律为基础来推进养老服务发展。1963 年，日本制定了被称为老年人宪章的《老年福利法》；1982 年颁布《老人保健法》，强调老人保健的社会基础是家庭和市町村；1989 年，日本启动黄金计划，由政府财政拨款培训 10 万名家庭看护员；2000 年实施《护理保险法》，解决老年人的护理负担问题，建构全社会共同参与的居家养老服务体系；2004 年，日本政府开始实施地区互助事业和护理预防。通过一系列的立法，基本上建成了较健全的居家养老护理服务的法律保障体系。

（2）居家护理服务地方化。日本倡导以市町村地方各级政府为主体的居家护理服务，同时，重视养老设施的投资建设，为居家养老的老年人提供完善的配套的体系化的护理服务，建立由家庭、地区、近邻三方组成的综合性、地方化的支持老年人社会生活的护理制度。

（3）居家护理服务多元化。福利多元主义范式认为，政府不应是福利服务的唯一提供者，企业、非营利部门、社区和家庭等部门也应加入进来，共同负担。日本厚生省和地方各级政府分级设立了老人保健福利部、福利事务所和保健所，专门负责对老年人的营养、卫生保健给予指导。日本也重视来自民间的力量，地方公共团体、志愿者、企业等都参与到市町村养老服务事业中来，为老年人提供各种养老服务。

（4）居家护理服务多样化。日本开展的居家护理服务，主要向老人提供医疗保健、福利及各种综合性服务，以满足不同层次、不同身体健康状况的老年人的需要，包括老年保健、长期照顾、日托、短时托付服务、信息咨询等多种方式。由市町村提供老人保健设施，包括老人保健服务所、老人家庭护理站、老人公寓、日托中心、老人护理中心等。

（5）居家护理服务专业化。日本对从事护理服务的专业人才要求很高，必须在大学或专门学校学习过专业知识，毕业后要经全国统一笔试、口试、面试，即使是考试合格后，还要经过一段时间的严格培训才能上岗工作。为吸引人们投身到社会福利事业中，1992 年，日本出台了《福利人才确保法》，立法对福利人才培养予以保障。在日本，社会福利工作者与被护理人员的比例差不多为 2∶1 或 3∶1，甚至还专门配备"语言娱乐师"陪老人聊天，以解决老年人精神心理孤独的问题。

2）美国

美国的养老保险的三大支柱从资金上保障了老年人的生活。而对养老模式上，政府不直接干预，自上而下实施，主要体现为社区主导、居民参与。其主要特点如下。

（1）提倡自主自助养老。美国的主流文化一直强调奋斗自强，不能完全依赖政府和社会的支持，提倡自主养老，具体变现为：一是社区针对老年人的服务项目多，如日间护理中心、廉价营养午餐、老人服务中心等。二是以老助老，雇佣尚有劳动能力且收入低的老人去帮助生病的、年龄更高的、有各种需要的老人，包括陪护、照料、做饭和付账等。三是为高龄的老年人提供雇佣项目，为 55 岁及以上且经济条件困难的老人提供工作岗位，老人在体检合格、在职培训和其他相关认证后，就可以在社区内的医院、学校、老人服务中心等单位兼职，可领取一定量的工资补贴家用。四是招募老年志愿者，红十字会、社会服务机构与福利团体等非营利组织招募和培训老年人做志愿者，并提供志愿性免费服务，如接送服务对象、做维护性工作、让住院病人心情愉快等。

（2）"倒按揭"、社区养老、老年公寓等养老模式是美国养老服务产业中最具规模特色的。许多社区养老的人们买房并不是要长期居住，而是为了"候鸟型"的旅游养老。此外，美国的老龄超市为居家老人提供旅游咨询、保健医疗、传播信息、异地养老等多方面的服务。

（3）重视志愿者组织的作用。美国政府十分看重非营利的志愿者组织的作用，通过扶持培育第三部门来承担养老服务的具体事务。美国的志愿者服务群众基础广泛，志愿者来自各行各业，包括退休人员、在校学生、艺术家及公务员等。由有威望、有号召力的社区居民组织领导，争取政府、宗教界、企业、慈善组织的资金、政策、人力等方面的支持与合作，进行社区老年服务，如照料老人、家庭纠纷调解、医疗保健、助老购物、再就业培训、定期探望、电话陪聊等。美国内华达州有世界最大的养老服务机构——居家养老院，在全球范围内共设有 850 个分支机构，为居家的老年人提供生活照顾、安全、医疗保健等方面的服务，资金来源主要是社会慈善捐款。类似"阳光家庭服务"和"流动餐车"协会一类的老人收容救助机构，主要为处于社会底层、流离失所、需医疗救助的老人提供食宿和临时帮助。政府为了鼓励人们积极参与志愿服务，采取了各种扶持措施，如税收减免、财政补贴、作为学生入学升学和员工招聘的条件等。

3．发达国家居家养老对我们的启示

从相关实践看，我国养老服务产业必将成为未来重要的经济增长点，养老服务产业的经济带动效能和发展潜力巨大。在这一方面，日本美国等发达国家在发展居家养老服务产业方面许多成熟的经验和做法值得我们借鉴。

1）注重发挥政府的引导作用

养老服务具有服务需求灵活、劳动密集型的特征，无法实现高度集约化、流水线式的工业化生产，总体利润率偏低，因此发展养老服务离不开政府的支持。国外的老年服务的资金基本来自于政府的财政拨款。我国政府应制定居家养老服务规划和民办

公助政策措施，鼓励和支持社会力量参与兴办居家养老服务业；推行政府出资购买岗位，整合下岗、义工、志愿者等人力资源，以市场化手段发展养老服务联盟。要制定和实施符合我国国情的税收优惠政策，减免个人所得税、免征营业税等相关政策，在有条件的地区发放养老服务券；适当加大对社区老年服务的资金投入，提供一些硬件设施的建设资金和养老用地等，为居家养老服务的健康发展创造良好的外部环境。

2）积极构建多层次、多元化的居家养老服务体系

应引导"单一型"向"复合型"养老模式转变，构建以社区为依托、以居家养老为主体、以机构养老为补充的多层次养老服务体系。推进"无围墙养老院"式的居家养老模式，把福利设施建立在社区内，专业人员入户提供服务。大力发展社区的服务中心、敬老服务，通过长期工、短期工、钟点工等形式由社区雇人进家服务老人，妥善解决在家老人的生活照顾问题。另外，社区医疗、保健、文化、体育、娱乐机构为老人提供各种服务时，应更注重服务内容细致化，根据老年人的不同身体情况、不同文化和不同需求，提供多样化的养老服务。同时，建设养老院、福利院等，发展机构养老服务也是养老服务体系中不可缺少的组成部分。我国养老服务产业应走供给主体多元化、投资来源多元化、养老水平现代化的转型发展之路。

3）建立完善的居家养老服务法律体系

我国居家养老服务必须以法律为基础，通过制定、完善法律法规，做到有法可依。国外大都有完善的养老服务保障的法律，如英国的《照顾白皮书》《国家健康服务与社区照顾法令》、美国的《美国老年人法案》、日本的《老人福利法》等，从法律上保障了老年服务制度的构建和完善。我国应制定养老服务单行法规和实施细则，明确规定老年人的权益、老年人事业、老人再就业、老龄产业等相关的管理制度、经营、组织办法等，做到有法可依。重视各级卫生部门、社区、街道在开展各种形式的老年服务中的地位和作用，制定和完善老年人监护、护理评估等法律制度。

4）居家养老服务应实行专业化管理

对居家养老服务实施专业化管理包括对机构和服务人员的专业化管理。一是养老服务机构（公司）专业化管理。我国目前虽有老龄委这样的组织，但其权威性还不高，不利于进行专业化的统一管理，建立一个具有权威性的老人福利管理服务机构非常必要；应设置配套组织对政府行政管理进行监督制衡，还应培养老年人的自我管理意识和发展老人自我管理组织。二是服务人员专业化管理。目前我国养老服务人员主要是农民工、失业者、志愿者，大都没有接受过专业训练，缺乏护理方面的专门知识，专业素质较低，难以承担起照顾老人的重任。因此，应大力培养居家养老的专业人才，在高校开设养老服务等相关专业，对现有从事养老服务的人员进行系统培训；应尽快建立健全科学合理的养老服务的人才培养体系、绩效评价体系和运营、激励机制；应建立职业标准、资格标准及继续教育标准，提高养老服务的职业化水平。

5）培育和发挥非政府组织的作用

政府应从社区老年服务的直接提供者逐渐向监督者、规范者转变，通过向非营利组织购买服务的方式提供社区居家养老服务。美国、日本的大部分社区老年服务都是由非政府组织提供的。随着我国社会主义市场经济体制的日益发展和完善，我国的非政府组织在社会服务方面发挥的作用将会越来越大。培育和发展非政府组织，一要回归非营利组织的民间性质，完善其进入公共领域的机制；二要建立科学化、规范化的管理体制；三要建立税收优惠政策和融资的激励机制；四要制定相关的法律法规，加大政府监督力度，推进其运作合法化、制度化。

6）推进居家养老服务的智能化

养老服务应与现代科技发展紧密结合起来，实现养老服务的信息化、技术化和便利化，实现居家养老服务的转型和升级。正如前文所述，一方面，互联网、物联网等技术的发展能促进居家养老，生活类服务的线上线下融合为老年人生活提供便利和安全等保障。因此，居家养老服务的智能化势在必行。另一方面，智慧医疗的发展提交了老年人的健康管理、看病就医的效率，也是居家养老发展中很重要的一部分。因此，加速智慧医疗的发展也能推进居家养老的落实。

10.4　居家养老模式探索

下文介绍政府和企业如何实践以社区为依托的居家养老。

10.4.1　上海养老新探索

上海是全国最早进入老龄化社会的城市，预计到 2020 年，本地户籍的老年人口将超过 530 万，老龄化程度将达到 36%。养老将成为"十三五"期间上海着力解决的民生问题。下面从养老资金和养老服务两个方面来介绍上海市在养老中的探索。

1. 长期护理保险和老年人综合津贴制度

随着高龄、失能老人的长期护理问题日渐突出，借鉴德国、日本等国经验的长期护理保险在中国尚处于孕育之中，青岛、上海率先探索，减轻不能自理的老年人的护理费用负担。上海市自 2013 年起在部分街镇启动高龄老人医疗护理计划试点，于 2014 年 10 月进一步扩大试点范围，对生活不能自理的老人进行评估，由护理保险费支出相应的护理服务费用，提供居家医疗护理服务。对符合条件的申请对象，试点阶段收费标准暂定为 50 元/次，纳入基本医疗保险支付范围。医疗护理服务所发生的费用，由城镇职工医保统筹基金支付 80%。

同时，2016 年起，上海将建立老年人综合津贴制度，为 65 岁以上老年人分年龄段发放综合津贴，由老年人自主购买服务。根据老年综合津贴制度方案，津贴发放标准按照年龄段共分为五档：65～69 周岁，每人每月 75 元；70～79 周岁，每人每月 150 元；80～89 周岁，每人每月 180 元；90～99 周岁，每人每月 350 元；100 周岁及以上，每人每月 600 元。老年综合津贴自本制度实施之日起，从老年人符合条件的当月开始根据适用标准按月计算。发放采取按季度预拨的方式，于每年 1 月、4 月、7 月和 10 月分别发放。这将进一步为养老服务补需方和提高长期稳定的供养能力打下基础，支付能力的提高将有效激活养老市场。

2. 以长者照护之家为代表的社区嵌入式小微机构

近年来，面对传统养老模式的种种不足和城市社区养老实际，一种新的养老概念——"社区嵌入型小型养老机构"出现。长者照护之家是上海市政府作为养老服务领域的创新。爱照护公益作为潍坊社区和梅龙镇长者照护之家运营方，在探索和实践过程中，提出上海"9073"2.0 版——面向"更低成本、更好服务"目标的社区"1+4"养老服务模式，具体表述如下。

这里的 1 是指"1 个中心"——一切以"老人为中心"，通过微型照护机构嵌入社区的方式，建立面向满足社区全龄段失能失智老人多样化照护需求的"一站式"复合服务体系。"4"指满足多样化照护需求的社区 4 级养老服务体系构架，具体如下。

（1）介护预防：为高龄自理老人提供失能失智预防宣教和培训，延缓需要第三方照护的进度。

（2）居家安养：为居家轻、中度失能长者提供与机构相同的专业照护服务。

（3）短期寄养：为大病出院无法立即回家，或家属因长期照护压力释放所提供的 1～12 周短期寄养服务（包括日间照护）。

（4）长期托养：为中、重度（医疗轻度依赖）长者提供机构内长期照护等。整个体系将根据失能失智老人在不同阶段服务的需求，依托长者照护之家实现社区服务随时响应，如同齿轮环环相扣，按需投送。

爱照护"1+4"服务模式主要解决上海社区专业化养老服务资源不足、模式单一、成本与老人实际支付能力力不匹配等问题，建立以社区为边界的"9073"三位一体全生命周期照护服务体系（临终关怀除外）。

爱照护"1+4"服务模式打破了空间、机制和体制壁垒，将服务从长者照护之家向居家延伸，不同养老方式间将按服务需求无缝隙衔接，最终在社区建成立体服务网络，使服务覆盖社区的每一个角落，不同身体状况的老人都可方便地找到适合自己的养老方式，如：对于尚能自理的老人，通过失能失智预防知识传播和训练，延缓因机能衰退导致失能失智的情况；对于轻、中度居家失能老人，利用长者照护之家的专业照护力量，向其提供以维持或改善生活自立能力的居家照护服务，延缓他们进入机构；对于居家中、重度失能（轻度失智）、大病出院但无法立即回家的老人提供短期寄养，从而为家属提供喘息机会以延长家庭照料服务的生命周期，降低公共资源利用压力。当然，长者照护之家也可为社区中、重度失能（轻度失智）老人提供长期照护，这与传统机构养老功能类似。

爱照护始终贯穿积极的老龄化理念，突出康复和护理的服务价值，努力延缓老人的身体功能衰退，帮助其自立；即通过不同养老方式的有效衔接，最终为社区失能失智老人实现基于"离家不离乡"的养老全生命周期照护格局。"1+4"服务模式特点如下。

（1）低成本、准定位。"1+4"养老服务模定位十分明确，就是要通过微型机构嵌入社区，准确定位社区中失能失智老人，为他们建立起可靠且低成本的"离家不离乡"复合服务体系。所谓"离家不离乡"，是指老年人可以在熟悉的环境（家庭或者社区）中完成个体老化的过程，让老人在自己熟悉的环境中享受到高质量的专业养老服务，实现服务可及性和便利性，这既符合国情也符合民情。

（2）全方位、多层次。"1+4"全面依托上海市统一评估体系，通过服务流和需求流动态匹配，架构起全方位、多层次的服务模式。虽然不同养老方式的服务对象和服务内容各有侧重，但又相互关联与协同，即以老人为中心，解决老人在不同阶段的服务需求。

（3）可复制、可规模。长者照护之家规模小、投资小、运营成本有效性高，且定价策略完全基于上海平均养老金收入水平设计；而且一旦服务价格以低于平均养老金水平向居家延伸——"居家安老"，将有效改善其规模经济能力，可大大降低运营边际成本，实现可复制、可持续式的发展。

（4）智能化、高效率。长者照护之家因规模小，因此需要利用物联网、人工智能、大数据和云计算等技术，实现所有服务能通过数据驱动，即服务人员只要"知其然，无需知其所以然"，将有效降低传统服务人员高比例"闲置"时间，也无须设置专职院长和运营长驻点。通过充分利用管理组织最大边界的原则，采用服务小组自我驱动管理，可大大降低运营边际成本，并为长者照护之家的高效运行提供技术保障。

从以上两个方面的探索，我们可以看出上海市既在资金上给予了老年人一定的保障（长期护理保险与老年人综合津贴制度），同时社区嵌入式小微机构的发展与老年宜居社区的建设也极大丰富了养老服务的供给。

10.4.2　案例：幸福 9 号——O2O 居家养老

2014 年 8 月，国内知名创投机构浙商创投以 1 亿元投资唯创集团旗下的居家养老服务 O2O 项目——幸福 9 号，这也成为近年来国内养老产业依托互联网技术变革商业模式所获的最大单笔投资之一。浙商创投如此大声势进军养老产业让公众和市场充满期待，而幸福 9 号也引起了人们的关注。幸福 9 号是如何植根养老产业的？一家以帮助年轻人照顾老人、孝敬父母的企业是如何发展成一家年营业额近 10 亿、员工达 6000 多人的大型集团公司的？

幸福 9 号隶属唯创集团。唯创集团创立于 2005 年，总部位于上海，由王振先生和王磊先生在 2005 年创立于山东济南。唯创集团主要在养老、大健康、互联网等领域进行投资并购。2014 年初，唯创携旗下近 3000 家终端门店、集成尖端互联网信息技术，打造了中国最大规模的健康居家养老电子商务示范项目之一——幸福 9 号。

幸福 9 号首创中国居家养老 O2O 新模式，由幸福 9 号线上老人网上商城，线下居家养老服务店以及老人乐园三大平台构成。2014 年 3 月 15 日，幸福 9 号老人网上商城上线，当日突破 1500 万营业额。目前，幸福 9 号下辖华北、华南、华东 3 个运营总部和 80 多个分公司及办事处，拥有 3000 多家居家养老服务店，拥有专业养老服务人员逾 6000 人。

1. 幸福 9 号老人网上商城

幸福 9 号倾力打造的幸福 9 号老人网上商城，是中国规模最大的老人网络购物平台。其聚焦老人的生活需求，甄选几万种适合老年朋友的优质商品，以营养保健、理疗用品、健康食品、护理器械、日用品、文娱用品为主，取消所有中间环节，让老人买到物超所值的商品。

通过优质低价不断增加用户黏性：社区门店接入幸福 9 号线上商城，每日组织抢购，通过店员统一代理团购的形式解决老年人上网购物困难的问题，由老年人利用空余时间的到店自取解决电商 O2O 最后 1 公里的配送问题。

2. 幸福 9 号居家养老服务店与老年乐园

幸福 9 号居家养老服务店则围绕社区建立的基础养老体系，不间断地为社区老人提供健康服务、家政服务、健康管理大数据跟踪。目前已经有 3000 多家这样的社区服务店，提供原产地直供的快速消费品，方便老年人购物。

同时，幸福 9 号还建立了辐射数十家社区养老服务店的几千平米的"幸福 9 号——老年迪斯尼"健康乐园。用社区店为健康乐园导流，通过建立以年费为核心的老年人大型社区化社交中心，满足老年人休闲、娱乐、健身、疗养等需求，逐渐以社交为中心形成用户黏性（见图 10-3）。

（a） （b）

图 10-3 老人们在幸福 9 号的娱乐活动

　　另外，幸福 9 号线上商城与移动互联网的商城、社交、游戏等线上平台与线下的社区店以及健康乐园充分联动，同时以极高性价比的产品、服务来赢得老人的青睐，随后整合各种资源，通过大健康数据来分析老人的生活、消费习惯，围绕老人的衣食住行打造出一个老年产业大型生态平台闭环。

　　随着中国老龄化社会现状的加剧，我国中老年消费产业市场总量不断增大，2013年市场总量已达到 1.6 万亿，预计到 2020 年将达到 2 万亿。而根据国家"9064"养老模式的规划，中国 90%的老年人都将通过居家养老解决养老问题。与此同时中国老人一半处于"空巢"状态，老年人的休闲生活单调、乏味，无存在感是普遍问题。以"互联网+养老"的幸福 9 号无疑是我国养老市场的一大探索，不仅丰富了老年人的物质生活，也为他们的休闲娱乐、健康养身创造了很好的条件。考虑到我国养老产业的庞大基数，这样的养老模式受到诸多社会人士的认可，以及社会资金的追捧。

第 11 章　智慧养老

本章先介绍一个案例——成都"长者通"呼救机。

2012 年 2 月，成都锦江区政府引入"香港一线通平安钟"的理念、技术和服务方式，免费提供办公场所，并由锦江区妇幼保健医疗管理集团出资注册，成立了成都市锦江区"长者通"呼援中心。该中心以家庭为核心、以社区为依托、以专业化服务为主要形式，通过政府的主导作用，广泛动员社会力量，充分利用社区资源，为居住在家的老年人提供日常生活所需的各种服务。

据悉，2012 年锦江区政府采购了 5000 套"长者通"呼救机，已分期、分批向区内符合条件的低保、残疾和高龄空巢等特殊群体老人免费赠送、安装，并在服务费用上给予适当补贴。2013 年，锦江区政府再次购买了 10 000 台"长者通"呼叫机（包括室内、室外终端），免费向锦江区离退休人群、残疾、低保、优抚、90 岁以上高龄等特殊群体安装使用。

"长者通"呼救机安装在老年人家中，与家庭固定电话相连。只需按一下主机上的"求助"键，居住在家的老年人就可以连接上"长者通"呼援中心，获得 24 小时紧急求助、家政、生活咨询、信息查询等服务。此外，每台呼救机还附带一个轻便防水的遥控器供老人随身携带，以便其在家中任何地方都可进行呼叫。

"如果紧急情况下，老年人求助中心无法和'长者通'工作人员对话，中心也会第一时间回拨，并通知小区保安、老人子女或 110、120 等前去老人家里查看。""长者通"呼援中心主任黄东称，"在 120 紧急救助时，呼援中心还会将老人的健康档案同步传送到收治的医院，并将救治信息及时通知老人家属。"

呼援中心已与锦江区内 11 家医疗机构达成合作备忘录，并同 110、119 达成了紧急救援联动协议。除了与紧急救助单位合作，中心还与 100 余家社会服务机构签订了联动服务协议，并和家政公司、干洗店、便利超市等 50 家第三方机构签署了合作协议。

"这样一来，老人想要理发或者买米买油，只要一按'求助'键盘，我们就能安排上门服务。"呼援中心工作人员介绍说。

目前，锦江区已有几千户老人安装了"长者通"设备终端，预计该区的用户将达到上万户。同时，为方便老人在室外也能随时呼叫，中心开通了"长者通移动通"，真正使呼援摆脱了地域、时间的限制。"这就像一个'电子保姆'，24 小时在他们身边服务。"呼援中心工作人员介绍说。

锦江区 79 岁的杨爷爷和老伴儿单独居住，虽有儿女在成都，但住得比较远。老人去年安装了"长者通"，遇到自己解决不了的事、儿女又比较忙时，往往会第一时间求助"长者通"。有一次，杨爷爷家里水管坏了，自己和老伴儿没有能力维修，就呼叫了"长者通"呼援中心。中心工作人员第二天便找了专业人员到老人家中修理。

92 岁的杨婆婆家住锦江区晨辉东路，和儿子一起生活。白天儿子上班，老人就独自在家。某天，杨婆婆突发高血压，紧急情况下按下了"长者通"的求助键。中心工作人员在得知杨婆婆的情况后，马上为其联系 120 急救，同时联系了杨婆婆正在上班的子女。杨婆婆后被送进空军医院接受治疗,病情得到了及时控制。对于"长者通"及时高效的服务，杨婆婆及其家属都感到非常满意。

在以上 "长者通"的案例中，我们看到只要通过使用极其简便的呼叫电话，孤身在家的老人们就能够通知呼援中心工作人员自己生活中的不便，以便安排相关人员上门解决困难，例如，家里水管坏了需要维修、食物不够了需要送货上门等生活琐事。同时，当老年人独自在家出现意外时，只要按下求助键，便能及时联系到 120 急救，大大缩短了救援时间。另外，呼援中心与医疗机构之间的合作，特别是同步了老年人的健康档案，也极大优化了老年人的看病流程，提高了治疗的效率。"长者通"可以说是智慧养老的一个原值雏形，不过我们仍然能看到这样一个技术极其简单的应用，解决了老年人生活中各种各样的问题，同时能在意外的时候提供紧急的帮助，在一定程度上缓和了社会的养老压力。人们不禁会憧憬，随着科学技术的发展，将来老年人的生活会是什么样，这便是接下来要介绍的智慧养老。

本书第二篇通过介绍智慧医疗的理念、技术及其应用，了解传感器、物联网、云计算、大数据、人工智能等技术可以数据化人们的健康状况，预警潜在的疾病，更加准确地对病情进行诊断，同时远程医疗等技术可以使得人们在家里远程接受医生的治疗。这不仅提升了医疗的准确性，同时也大大降低了医疗成本。同样，这些技术也当然可以应用于养老服务，以提高养老服务的效率。另外，除了医疗方面，这些技术也为老年人生活的其他方面提供支持与帮助，让老年人的生活变得更加便捷、安全。下面将具体介绍智慧养老的概念及其应用。

11.1　智慧养老的概念

智慧养老的概念最早由英国生命信托基金会提出，当时称为"全智能化老年系统"，即老人在日常生活中可以不受时间和地理环境的限制，在自己家中过上高质量、高享受的生活，又称"智能居家养老"，指利用先进的信息技术手段，面向居家老人开展物联化、互联化、智能化的养老服务。后来，这一概念逐步推广到其他国家，指将智能科技应用于居家和社区养老，根据老年人的多样化需求，构建智能化的适老居住环境，满足老年人的物质与文化需求，提高老年人的生活质量。

2008 年 11 月，IBM 在纽约召开的外国关系理事会上提出了建设"智慧地球"的理念。2010 年，IBM 正式提出了"智慧城市"愿景，希望为世界城市的发展贡献自己的力量。在此背景下，在"智能养老"的基础上进而发展出了"智慧养老"的概念。"智慧养老"是"智能养老"概念的更进一步发展，从词义上讲，"智能"（intelligent）更多体现为技术和监控；"智慧"（smart）则更突出了"人"以及灵活性、聪明性。在满足老年人的多样化、个性化需求的基础上，要一方面做得有智慧，即借助信息科技的力量实现绿色养老、环保养老；另一方面利用好老人的智慧，为老年人打造健康、便捷、愉快、有尊严、有价值的晚年生活。

笔者认为，智慧养老应该是以物联网、互联网为依托，集合运用现代通信与信息技术、计算机网络技术、老年服务行业技术和智能控制技术等，聪明灵活地为老年人提供安全便捷、健康舒适的服务，同时满足老年人个性化需求的养老模式。

11.2　智慧养老的系统构建

智慧养老面向的老年人在生理、心理、经验等方面与年轻人有明显的差异，老年人的需求与年轻人也有很大的不同，因此智慧养老系统在设计与应用过程中会与智慧医疗中的智能产品与服务有所差别，从而更好地满足老年人的需求。

为此，构建如下的智能居家养老系统（见图 11-1）。根据数据的产生、处理及传递，我们将整个系统分成三个部分。首先，底层是智能家居、可穿戴设备等用来监控老年人的体征状况、住所环境、所处位置等；同时，智能手机等通信工具发挥着紧急呼叫、网上购物等信息传递功能。其次，智能居家养老平台汇总底层通过移动网络和有线网络传输过来的数据，并加以处理，然后传送至最后一层相应的服务机构。服务机构有治疗机构、社区服务中心、超市/电商、家政公司、智能家居提供商、旅行社、老年大学、虚拟社区等，以满足老年人不同层次的需求。根据老年人不同的需求，我们将养老服务分成不同的模块。下面将分别介绍这些模块的原理与运营模式，以及每个模块下的一些智能产品。

11.2.1　人身安全监护

1. 远程安全监护

安全是老年人居家养老的首要需求，也是智慧养老信息平台为老人服务部分的基础功能之一。将远程安全监护作为最底层的需求与平台模型最基础的部分，是因为相比于传统意义上的居家养老，智慧养老突出的特点在于借助信息科技的力量为养老服务提供支持；而生命安全是老人最重要的需求，老年人由于生理条件和反应能力等特点，是意外事件的高危人群，因而对于老年人的安全监护是其首要需求。特别是对于子女不在身边的老人或者白天子女需要外出上班而无人看管的老人，发生意外时无法得到及时的救助，成为威胁老年人生命安全的巨大隐患。

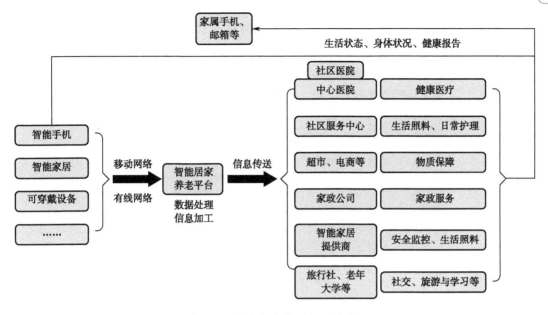

图 11-1 智能居家养老系统示意图

远程监控系统基于宽带网络，高度集成了安防技术、视频技术、网络技术、计算机技术等，是一种质优价廉的中低端视频监控系统。用户可以利用 3G 手机和无处不在的互联网，随时随地浏览视频图像，同时，系统支持 Web 网站多平台接入、企业客户端和手机登录方式，拥有强大的视频浏览功能，能够实现用户图像分屏查看、历史视频查看、照片抓拍和云台控制等，是新一代的民用安防产品。

通过远程监控技术，可以监控独自在家的老年人的生活起居，有效规避老人发生意外时无人知晓、不能得到及时救助的情况发生。如果铺设重力感应地板等智能家居材料，还可以监测到老年人摔倒等意外情况，及时发出报警信号或通知老年人的子女。配合移动设备，如智能腕表等以及无线互联网、GPS 定位、三轴加速度传感器、陀螺仪等技术，还可对老年人实行户外安全远程监控，防止老年人走失。

● 智能拐杖

在今后老年人的生活中，智能拐杖将会是非常重要的出行工具。除了 LED 手电筒、收音机、即时通信系统等基本功能外，智能拐杖还应该具备加速度传感器、GPS 定位器等装置。当老人发生跌倒或其他紧急情况时，拐杖能通过无线信号发射器及蜂鸣报警器等向外传达警报及位置信息，使得老年人能够在最短时间内获得救援，如图 11-2 所示。

如何判断老年人是否摔倒是智能拐杖的关键。目前，大部分智能拐杖采用的方法是通过加速度传感器实时获取当前的静态重力值，微控制器通过特定的算法判断当天拐杖的倾斜角度，从两个方面来判断老年人是否摔倒。当拐杖倾斜角度大于一定的值时，先用蜂鸣器报警一分钟，若是误报警可以按特定的按键取消报警。如果一分钟内无人取消，则认为不是误报，微控制器通过实时接收当天模块 GPS 的定位信息，同时发送指令至通信网络模块 GSM，控制通信网络模块将定位模块 GPS 的经纬度发送到公共通信网络，GSM 终端通知家人或相关人员前来救扶。

图 11-2　智能拐杖

2．居家安防

老年人经常会因为记性不好忘记关煤气、水、电等。这时智能家居系统就发挥了作用，相应的系统会发出警报提醒老人及时关闭，如果报警一段时间还是无人响应的话，系统会将其关闭，以确保老人的人身安全。遇到这些紧急的情况，通知家人可能来不及，因此需要智能的居家安防系统来确保每一个用户的生命财产安全。

智慧家居报警系统由家庭报警主机和各种前端探测器组成。前端探测器可分为门磁、窗磁、煤气探测器、烟感探测器、红外探头、紧急按钮等。若有人非法入侵便会触发相应的探测器，家庭报警主机会立即将报警信号传送至小区管理中心或用户指定的电话上，以便保安人员迅速处警，同时小区管理中心的报警主机将会记录下这些信息，以备查阅。

从安防角度来讲，智慧家居安防系统可实现家居安防报警点的等级布防，并采用逻辑判断，以避免系统误报警；可采用遥控器或键盘对系统进行布防、撤防，一旦发生报警，系统自动确认报警信息、状态及位置，而且报警时能够自动强制占线。以下分类介绍智慧家居安防系统在智能养老系统里的应用功能特点。

（1）报警及联动功能。安装门磁、窗磁可防止非法入侵。小区警卫可通过安装在住户室内的报警控制器在小区管理中心得到信号，从而快速接警处理。同时，在室内发生报警时，系统向外发出报警信息的同时，报警联动控制可自动打开室内的照明装置、启动警报信号等。安装在室内的报警控制器具有紧急呼叫功能，小区管理中心可对住户的紧急求助信号做出回应和救助。

（2）报警管理显示功能。住户离开家时，可设防进人离家模式即"防盗报警状态"，为有效防止非法入侵，小区物业中心的管理系统可实时接收报警信号，自动显示报警住户号和报警类型，并自动进行系统信息存档。

（3）设/撤防联动控制。主人外出前启动安全防范系统的同时，系统可以联动切断某些家用电器的电源，例如，关掉所有的灯光，切断电熨斗、电水壶、电视机等家用电器的插座电源等；主人回家时可调整为正常，进入在家撤防模式，部分照明灯自动打开，门磁和窗磁离线，而室内烟感探测器和厨房的可燃气体探测器仍处在报警模式。

（4）可预设报警功能。智慧安防系统可预设报警电话，如 120、119 等进行不同的报警，并与小区实现联网。另外，可通过预设发警报到住户的手机或指定电话上。

● 报警器

在智能居家养老系统中，当老年人在家发生意外或者居住环境发生意外时，报警器就会产生危险信号，通过网络将信号发送给相关人员，主要产品有红外线报警器、烟感报警器等，如图 11-3 所示。下面对红外线报警器做进行简要介绍。

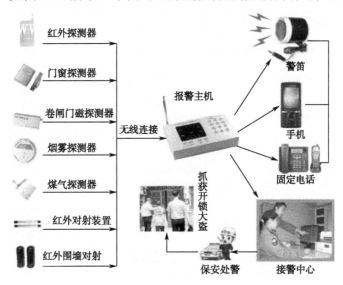

图 11-3　智能报警子系统

红外线报警器是一个体温感应仪，可以安装在洗手间或老人常去的地方，如果老人连续四五个小时没有在感应仪前通过，报警器就会自动报警，服务中心可马上拨打老人家中电话，如果没人接听，可通知相关人员前往。

想要了解什么是红外无线报警器，首先要了解什么是红外线。红外线是一种处在特殊频段的电磁光波。那么红外无线报警器就是利用红外线传感器的特定传感功能进行安防报警的一套设备。它的主要特点是隐蔽性好、传感速度快，无线安装节省了空间也提升了美感。正是因为红外无线报警器有着这样的优点，所以现在很多安防系统都使用它作为报警器。接下来，我们就来看看它的工作原理。

无线红外报警器的主要原理是一种通信手段，整个系统网络的构建如图 11-4 所示。

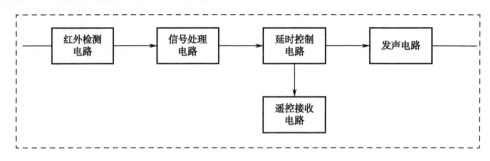

图 11-4 红外线报警器系统网络

（1）红外线报警器的前端配置。首先红外线报警器一般安装在需要报警的场所中，场所内不需要有外人进入的时候红外线报警器就会根据人的需要进行开启。如果红外线报警器开启了，它就会在红外线报警可控范围内布置红外线报警网络。这种网络是由红外线网构成的，这些红外线都是由报警器内部的红外线发射器发射出，如图11-5 所示三角形，假设 *ABC* 三点构成一个平面网络，三个控制点构成的平面就是需要安防的范围。那么这三个点的内部就会分别有一个红外线发射系统、一个接收系统，在这个三角形的范围内就可以保证安全。在一般情况下，发射点距离接收点达到10 米的有效距离。也就是说，在 *AB* 或者 *AC* 或者*BC* 间的距离只要在有效距离范围内就可以保证报警器的有效工作。当红外线检测电路发现信号中断的

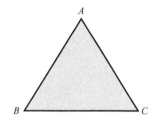

图 11-5 红外线报警器平面网络

情况，就会发出警报信号反馈给信号处理器，由信号处理器分析该信号的报警类型，然后由中央处理系统向发声电路发出指令，令其发声报警，再将警报报告给无线报警器的控制终端，整个报警过程就结束了。也就是说，如果当一个外来人进入安防控制范围的时候，他必然会接触到红外线，一旦触碰到红外线，那么红外信号就会处于短暂的信号中断情况，这就是整套红外报警器的工作原理。

事实上，整个红外线报警器最重要的一部分就是前端的探测部分，如果单侧部分的灵敏度不够，或者前端探测出现故障，整套报警器就形同虚设一般。

（2）信号处理系统。当前端探测发现异常信号输入报警器的时候，报警器的信号分析系统将做出迅速的反应，即立刻发出报警信号给发声端和报警器的控制终端。信号发射之后，报警器瞬间发出极其刺耳的报警声以及其他控制措施，安防人员发现报警迅速行动，赶到报警现场进行处理，那么整个报警工作就完成了。

● 用于室内健康环境监测的"安居侠"红外智能气体监测器

室内空气污染和燃气泄漏事故对居家养老来说是必须关注的要素之一，也是居家养老对安全保障的基本要求。中国每年约有 11.1 万人死于室内空气污染，燃气泄漏导致的中毒和爆炸事故屡见不鲜。室内空气污染和燃气泄漏对老年人的健康养老构成了严重威胁。

杭州麦乐克电子科技有限公司自主研发的
"安居侠"红外智能气体监测器（见图 11-6）
采用红外复合测量技术，可同时检测环境中的
二氧化碳、甲烷（天然气的主要成分）、一氧
化碳（煤气的主要成分）、甲醛和挥发性有机
物（VOC）等 5 类有毒有害及易燃易爆气体，
产品使用寿命长、免标定，支持固定式检测和
移动检测，具有二级报警功能。

"安居侠"红外智能气体监测器集成到智
能家居系统中后，可以检测二氧化碳、甲醛和
挥发性有机物等的浓度并以此判断环境空气质
量。如果环境空气质量恶化，气体监测器将执

图 11-6　"安居侠"红外智能气体监测器

行声光报警、手机 APP 推送报警信息，同时智能家居系统会根据污染物种类联动新
风系统、推窗或开启具有净化功能的空气净化器；气体监测器还可以检测甲烷和一氧
化碳的浓度并以此判断燃气是否泄漏。如果燃气泄漏，气体监测器将执行声光报警、
手机 APP 推送报警信息，同时智能家居系统会根据泄漏源联动阀门关闭装置或推
窗。另外，子女在接到报警信息后也可提醒家中老人采取应对措施。

"安居侠"红外智能气体监测器的具体技术参数见表 11-1，它为老人营造了安全
健康的居住环境，关心老人的每一次呼吸。

表 11-1　"安居侠"的技术参数

测量气体	甲醛（CH_2O）	挥发性有机物（VOC）	甲烷（CH_4）	一氧化碳（CO）	二氧化碳（CO_2）
量程	$0\sim10mg/m^3$	$0\sim10mg/m^3$	$0\sim4\%$	$0\sim1000ppm$	$0\sim5\%$
响应时间	< 3s	< 3s	< 3s	< 3s	< 25s
分辨率	$0.01mg/m^3$	$0.01mg/m^3$	0.01%	1ppm	0.01%
测量原理	红外复合				
可靠性	10 年可靠测量				
无线通信	Wi-Fi				
显示方式	LCD 显示屏				
报警方式	二级报警				
工作电压	5VDC				
工作温度	$-20\sim60℃$				
相对湿度	≤95%（非冷凝）				
主机尺寸	80mm×80mm×80mm				
主机重量	630g				

11.2.2　物质保障与生活照料

除了生命安全，生活物资的供应是老年人日常生活的另一个重要需求。老年人行动不便，常常需要别人提供日常的生活物资。为此，智慧养老平台可以与社区附近商家、超市等合作，为老年人提供平台订货、送货上门的服务，让老年人享受到足不出户就能吃到新鲜蔬菜、喝到当日的牛奶，生活日常用品可以全部送货上门。

由于身体机能的衰退，很多老年人不能很好地打理自己的住所，因此家政服务也是老年人的一个需求。为此，智慧养老平台与家政公司合作，老年人可以在家预约家政服务，例如，保洁、水电维修、家庭装修等。服务人员上门提供生活帮助服务。服务的质量及服务人员的服务态度等都可以直接反馈到智慧养老平台的帮助中心，中心的管理者根据反馈情况选择优质的家政公司形成长期固定的合作，给老年人提供更加优质的服务。

智能家居在老年住宅中也将有所应用，包括遥控家中的电器、调节家中的空气和音乐等。例如，在智能建筑中实现移动电话、传呼机信号转发的功能，利用电话远程控制，高加密（电话识别）多功能语音电话的远程控制功能，即使老人在外面也可通过手机、固定电话来控制家中的空调和窗帘、灯光电器，使之进行开启和关闭状态，设定某些产品的自启动时间，通过手机或固定电话知道家中电路是否正常。既方便老人的日常生活需要，作为儿女也可随时查看家用电器状态，随时安全提示。另外，远程视频使得老人与家人之间的联系更加紧密。特别是子女不在老人身边时，子女可以随时看看老年人的生活状态。

老年人的身体每况愈下，患有慢性病的老人越来越多，因此老年人离不开日常的护理。当老年人呼叫护理的时候，智慧养老平台会从社区医院等相关机构中筛选出合适的护理人员，为老年人提供全面的护理服务。特别是当老人紧急呼叫后，中心人员首先打开视频监控，判断老人需要何种紧急救助措施，然后迅速派单处理，及时有效地解决老年人的困难。

1．智能家电

智能家电系统通过家庭控制终端和智能遥控器对家用电器进行控制，可控制家庭网络中的所有电器设备，包括白炽灯、日光灯、电动窗帘/卷帘、普通电器、大功率电器、红外电器（如电视、空调、DVD、音响等）。

2．智能无线摄像头装置

智能无线摄像头装置是专门为空巢或独居老人准备的智能养老设备，分为智能无线摄像头和手机两部分。摄像头可安装在家中，手机安装相关客户端后由老人与子女携带，两种设备通过互联网实现对接。子女外出时，如果想了解老人在家中的情况，就可以通过手机看到老人在家活动的实时画面，也可以与之进行视频通话。

3．情景模式

设置情景面板可实现对全宅指定区域内灯光、空调/采暖系统、音视频系统、泳池设备等的控制。同时可设置多种场景（如灯光明暗组合、通音频设备之间的组合），实现看电视、休息、聊天、就餐、外出等模式。可根据主人的生活习惯进行后期设计，设置智慧背景音乐面板，可开启和关闭背景音乐，在选择曲目和新闻广播的同时，具有呼叫家庭人员或呼叫保姆的功能。

4．智慧影音系统

全宅背景音乐共享使得每个房间都可以独立听音乐。全宅音视频共享系统则集全宅背景音乐系统与视频共享控制于一体，构建出一个时尚、全新的视听家庭影院系统，让家成为一个超级多媒体娱乐中心。安装了全宅音视频共享系统后，音视频信号源就可供多个房间同时使用：背景音乐输送到的房间，均可自由选择音源及独立打开、关闭本房间的背景音乐，调整音量大小，并且互不干扰；视频输送到的房间，均可通过本房间的电视机自由查看不同的源视频信号，比如，家里的每一台电视均可查看门口摄像头的视频监控图像，家里只需购买一台 DVD，每个房间的电视即可收看DVD 的视频节目。

11.2.3　社交、旅游、老年大学等

人是社会性动物，少不了与周围人的互动，因此每个人都有社交的需求。退休以后的社会交往变少，再加上身体机能的衰退，老年人对亲情和友情的需求会变得更加强烈，因此更加需要来自家人、朋友以及社会的关心、关爱和帮助。近年来随着移动互联网技术的发展、社交网络的兴起和成熟，互联网与智能养老、智能家居深度融合，创造出了一些专门服务于老年人社交圈子的智能家居产品，帮助老年人形成包括亲友圈和朋友圈在内的社交圈子，例如家庭陪伴机器人、亲友圈、虚拟社区等。

1．老年社交网络 Stitch

每个人都需要伴侣，老年人更加如此。子女已经成家离去，自己退休赋闲在家，如果不幸丧偶独居，老人心里最寂寞难耐。实际上，很多老人并不是想找人再结婚，而是需要有个同龄人聊聊天，或者看看电影等。他们的孤独感比我们社交生活丰富的年轻人大得多。

如今的社交与婚恋网站大多是为年轻人设计，并没有专门为老年社交开辟一片园地，而他们却恰恰是最渴望陪伴的人群。这就是美国老年社交网站 Stitch 的创办由来。

Stitch 是硅谷孵化器的孵化项目，目标就是帮助老年人寻找到自己的伴侣，携手共度人生最后的夕阳时光。"对老人来说，他们只是想有人陪伴，仅此而已。" Stitch

联合创始人马西·罗格（Macie Rogo）表示。

人口老龄化是很多国家都面临的共同问题。美国目前 65 岁以上的老人已经超过了 4000 万人，占总人口的 13%；而中国的 65 岁以上老龄人口更是达到了 2 亿，占总人口比例的 15%。其中很多老人不幸丧偶或是独居，他们都渴望着能有一个伴侣可以聊聊天、散散步、吃吃饭，共同走过生命最闲暇的日子。

Stitch 创建于 2014 年 3 月，团队来自澳大利亚悉尼，随后来到硅谷进行孵化。虽然只在湾区和悉尼两个地区进行有限推广，但网站上线三个月即已经吸引到了 3000 多名用户。

罗格透露，目前用户年龄群主要在 55～70 岁，尤其是 65 岁左右的老人，而且目前 Stitch 的用户以女性为主。随着现在技术的不断发展，美国很多老人都会用电脑上网，而退休后的生活单调烦闷，更加促使他们去寻找伴侣朋友，这样也就降低了 Stitch 获取新用户的成本。据估计，Stitch 用户获取的成本只有普通交友平台的一半。

Stitch 和其他婚恋网站的注册与收费模式大体相同。用户免费注册，填写自己的姓名、年龄、住址等个人信息，再介绍自己的习惯、兴趣与爱好，网站会根据用户的地区及个人情况，进行自动匹配。匹配双方都同意联络时，Stitch 才会提供两位老人的联系方式，让两人通过网站内置的电话功能进行沟通，因为老人打字通常比较慢和不便。

Stich 的资费模式也是分为免费与收费两种模式。免费用户只能使用最基本功能，每天只能看到一名老人的资料，也无法通过网站内电话进行沟通。要想看到多名用户的资料，就必须使用每月 9 美元与 19 美元的两种不同套餐，获得直接联系对方的机会。此外，Stich 还要向所有用户收取一次性身份确认费。老人支付这笔费用，可以让 Stich 去核实对方的情况。按照核实资料的内容，分为 5 美元、29 美元和 79 美元的不同套餐，79 美元的最贵套餐包括了对方的背景调查。创始人表示，这样一笔确认费是为了让所有用户都感到安心，他们将要约会的老人在 Stitch 所填写的资料核实。老年人需要安全感，但网站完成这个烦琐的程序也需要收费。

2．老年旅游

随着目前居家老年人数量的增加及新时代下养老观念的转变，旅游已成为"银发族"生活的重要方式之一。

首先，近年来老年人消费能力出现明显提升。2014 年 2 月，民政部副部长窦玉沛在国新办举行的新闻发布会上透露，截至目前，我国 60 岁以上老年人数量已超 2 亿，2025 年将突破 3 亿。"4-2-1"家庭模式的出现，空巢化趋势加剧，传统家庭养老方式面临严峻挑战。老年人养老观念随着新时代改变，日渐注重生活品质。"空巢家庭"的现实和传统观念的转变，更增强了老人外出旅游的欲望。老年人消费能力日渐增强，2010 年，我国老年人口消费规模超 1.4 万亿，预计到 2030 年达到 13 万亿，老年人消费能力可见一斑。2014 年，我国居民旅游消费总额约占居民消费总支出的 12%（假定未来该比例保持不变），2030 年，中国老年旅游消费市场可以达到 1.6 万亿元。

其次，和过去老人将收入主要进行储蓄或补贴子女不同，未来随着房地产投资回报率的下降、购房/婚嫁等观念的转变，老年人消费意愿将提升。随着经济的快速发展，中国老年人的消费观念和消费习惯正发生潜移默化的变化。不同于传统的"储蓄为子女"的习惯，老年人更多关注自身生活质量的提高，逐渐拿出更多积蓄，用于其旅游、文娱等消费。

因此，居家养老平台可以与旅行社合作，针对老年市场的特殊性及老年人的消费特征，开发一些丰富的养老旅游产品，丰富老年人的生活，提高老年人的生活品质。不过，在设计老年人产品的时候要充分考虑老年人的身体状况及心理需求。

3．老年大学

近年来，"老有所学"的思想也得到社会的广泛认可，因此老年大学具有重要的办学意义。老年大学有利于老年人社会交往的扩大与集体生活的重建。老年同样需要社会交往，老年大学可以使得兴趣相投的老年人得以聚集起来，构建一个同龄群体，从而扩大了老年人的社会交往。这对于老年人的继续社会化无疑具有重要的作用。同时，老年大学还有利于家庭的融洽与社区的和谐及国家人力资源的持续供给。于是，居家养老平台可以与老年大学合作，提供老年大学远程教育的接口，使老年人可以足不出户地在家学习。

11.2.4 健康医疗

进入老龄阶段以后，反映人体健康状况的各项生理指标都开始偏离正常水平，机体自身对致病因子的抵抗能力和免疫能力随之减弱，整个机体存在极大的不稳定性。因此，相对于年轻人，老年人更加易于患病且更不容易康复。于是，建立在物联网、可穿戴设备基础之上的居家养老智能服务，首先就要对老年人的各项生理指标进行实时采集、监测与分析，建立每个老年人的健康档案，便于老年人进行自我健康管理及更加准确及时地对疾病进行诊断与治疗。因此，根据老年人的身体状况，老年人的智能健康医疗服务又可分为自我健康管理及智能治疗与康复，而这两部分实现的前提就是对老年人身体的智能检测。

1．健康智能检测

在第二篇介绍智慧医疗时，提到了对老年人各项生理指标的实时检测是智慧医疗的基础。如今，随着物联网、传感等技术的发展，市场上涌现出了大量新型的智能检测设备，以实现对人体各项生理数据的采集。这些设备可以通过传感器采集人体的生理数据（如血糖、血压、心率、血氧含量、体温、呼吸频率等），并将数据无线传输至中央处理器（如小型手持式无线装置等，可在发生异常时发出警告信号），中央处理器再将数据发送至医疗中心，以便医生进行全面、专业、及时的分析和治疗。

然而，目前大部分的智能检测产品的使用过于复杂，操作性不强。此外，目前市场的智能检测设备还存在其他问题，例如产品设计固定单一，无法满足个性化需求；佩戴舒适性较低；价格高，适合中青年而不适合老年人；不够智能，需要不断切换模式等。这些因素都导致了大部分的智能产品无法在老年人群中普及流行。

因此，智能设备商在设计生产智能设备的时候，需要充分考虑老年人的身体状况、思维方式、使用习惯等，尽量增加产品的可操作性、可视性及可读性等，这样才能加速智能产品在老年人群中的推广。接下来将列举一些针对老年人的智能检测产品来看看老年人健康智能检测的特点。

1）皮肤温度计

伊利诺伊大学的科学家制造出一种传感器，由金和硅组成，能通过一种光胶直接贴在四肢上（见图 11-7）。一旦贴上去之后，材料的导热性就可以检测体温、认知状况和身体导热性（可以推导出含水状况）。研究人员正在寻找一种电源来提高设备的功能性，保证更好地跟踪生命体征。

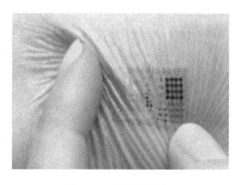

图 11-7　皮肤温度计

2）口腔传感器

中国台湾的 Ubicorp 实验室最近制造出一种直接镶嵌在假牙上的传感器（见图 11-8），能直接通 Wi-Fi 将口腔的咀嚼、饮食等行为传输给牙医，准确率达 94%。现在开发团队正在进行研究，希望不久能直接镶嵌在牙齿或者牙套上。

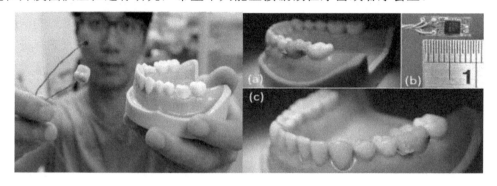

图 11-8　口腔传感器

3）检测血糖含量的隐形眼镜

Google 正在试验一款隐形眼镜，能为糖尿病病人以创伤更小的方式来检测血糖

（见图 11-9）。这款隐形眼镜中带有近乎隐形的传感器，让糖尿病人不用戳破手指来检测血糖。目前 Google 也正在进行下一步的开发，希望在血液中葡萄糖超标时可以直接提醒佩戴者。

4）蓝牙血液检测器

瑞士洛桑联邦理工大学开发的蓝牙血液检测器，可直接贴在肌肤上测量血液中蛋白质、胆固醇，以及药物等物质含量，还能在心脏病发病前预警提示（见图 11-10）。通过一根针，将传感器安置在病人腿上、腹部或胳膊上，几个月都无须取下。还可通过蓝牙连接至配套 APP，方便糖尿病或其他慢性病人通过手机查看各种指标。

图 11-9　检测血糖含量的隐形眼镜　　　　图 11-10　蓝牙血液检测器

5）可穿戴设备

近期，可穿戴设备的魅力可谓无人能挡，成为近年来最时尚的医疗高科技产品。小到眼镜、手环，大到衬衫、床垫，可跟踪跑步数据与所处位置，或判定跌倒伤害程度，或报告糖尿病患者的血糖水平，或监测住院病人的心率（见图 11-11）。

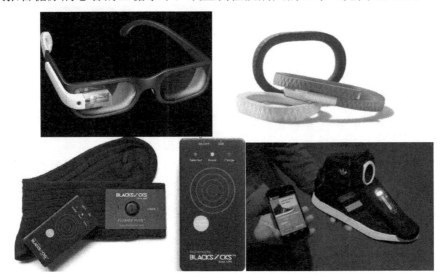

图 11-11　可穿戴设备

6）智能马桶

TOTO 马桶内置装有多种传感器，在如厕方便时可直接检测体温、体重、气体、血压和尿糖等多种人体健康指标变化（见图 11-12）。数据会在马桶旁边的屏上显示，同时传输给电脑并自动形成健康数据报告。

图 11-12　智能马桶

7）药片传感器

加州数字健康公司开发出的类似药片的传感器设备（迷你机器人、可食用"计算机"），通过胃酸功能，在消化系统中检测重要生命体征和血液流动情况，还能直接无线传输到配套的手机 APP 上（见图 11-13）。

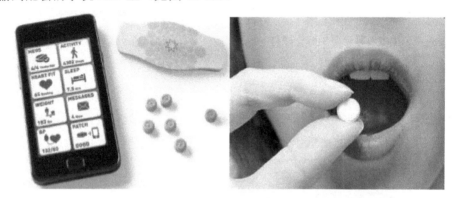

图 11-13　药片传感器

8）智能健康体检系统

该系统由身高及体重测量仪、体检座椅和数据显示屏组成。老人只需用身份证进行简单注册，就可以完成建档并开始检查。该系统可测量血压、血氧、体温、身高、体重、血糖等生理参数，且参数马上就可以在数据显示屏上显示，如果测量参数在正常参数范围之外，显示屏将做出提醒。同时，这些参数还将通过 Wi-Fi 或 3G、4G 网络上传至医疗云端服务器，多次体检后，老人及其子女利用电脑和手机登录云服务系统就可查询老人长期的生理趋势数据等。此外，老人的健康参数还可通过医疗云端服务器传至多家医院，医疗专家将为老人提供远程健康指导及会诊服务。

9）快速呼气疾病诊断仪

杭州麦乐克电子科技有限公司自主研发的快速呼气疾病诊断仪采用三元传感技术，通过检测呼出气成分的改变诊断人体器官是否出现变病，实现多种疾病快速无损诊断（见图 11-14）。产品可广泛应用于心肺、肠胃、肾肝、糖尿病及癌症等常见病、多发病、慢性病的基层筛查及家庭自检。

图 11-14　快速呼气疾病诊断仪

一方面，快速呼气疾病诊断仪可用于社区基层筛查，老人可定期到社区诊断新陈代谢类疾病、常见病、多发病和慢性病，社区为老人建立专属的健康管理档案，及时更新诊断结果。另一方面，简化版的快速呼气疾病诊断仪也可用于家庭自检，老人的测试数据通过无线传输方式上传至云服务器，云端对测量数据进行分析得出诊断结果，并把诊断结果发送至手机 APP，实现远程诊断，子女也可以通过手机 APP 实时掌握老人的健康状况。

通过基层筛查、家庭自检与医院复诊相结合的方式，不仅可以尽早发现老人的疾病，还可以有效地利用有限的医院资源开展治疗服务，为老人的健康养老提供保障。

2. 自我健康管理

随着生活水平的提高，越来越多的人开始关注身体的健康与疾病的预防。锻炼身体虽然能增强身体的抵抗力、减少疾病的发生率，可并不能提高身体的敏感度，也不能帮助人们预见疾病的发生。如今智慧医疗却能够弥补这一缺憾。正如本书之前章节提到的，通过物联网、传感器、大数据、人工智能等信息技术与产品，智慧医疗能够为人们提供更好的医疗保健、健康管理服务等手段，使人们自主、有效地预测和预防疾病的发生，实现"我的健康我知道，我的健康我管理"。同时，预防疾病的成本要比治疗的成本小得多，还能缓解我国医疗资源的压力。

另外，慢性病的蔓延也加强了自我健康管理的需求，特别是老年人。早在 2011 年，原国家卫生部发布的《中国慢性病》报告中就显示，慢性病已经成为流行性疾病，成为死亡的第一原因，占 85%以上，致亡前四位是脑血管、恶性肿瘤、呼吸系统疾病与心脏病。不仅如此，国内人口超重 3.05 亿，肥胖 1.2 亿，高血压 2.36 亿，高胆固醇 3293 万，糖尿病 9681 万。如今，在我国 2 亿的老年人群中，平均患慢性病高达 3.1 种，有的甚至患有 5～6 种疾病，多种治疗药物相互作用，脏器负担加重，造成生命质量很差。在这样的情况下，老年人的健康管理，特别是针对慢性病的自我健康管理是养老工作中迫在眉睫的问题。在图 11-15 中，我们可以看出，通过对人体生理指标进行长期监测，实现疾病预防、早期发现及患病与康复阶段的监护，并据此建立良好的生活习惯，利用科学技术手段进行个人生活习惯及关键生理指标进行监视并辅助适当的健康干预，可以使得人体的生命质量曲线提高 60%～80%。

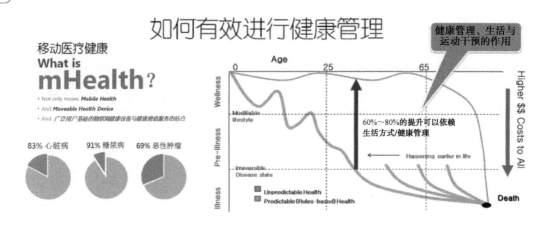

图 11-15　智慧医疗对慢性病的改善

　　自我健康管理强调自治，重点在于健康数据采集，然后把这些数据进行处理和分析，让老年人能够及时了解自己的身体状况，并对自己的健康进行有效管理，这种模式适用于有完全自理能力、关注自身健康的老年人。由于人体体温、气味、皮肤温度、脑电、心电（心率及心率变异性）、血氧饱和度、皮电、指尖血流量、指尖脉搏、呼吸率等其他对外辐射的各类生理学指标，以及这些指标的变化值都分别表明人体正常与非正常、健康与病态程度的不同特征，因此我们可以通过可穿戴设备、传感器等智能终端设备对老年人进行生命体征信息的实时采集、跟踪与监控，智慧养老平台可以 24 小时在线实时监测每个老年人包括心跳、血糖、血压、血氧、胆固醇、脂肪含量、蛋白质含量等在内的体征信息数据，所测数据直接传送到社区服务中心的老人健康档案，同时根据各类病理现象的模型设计，通过个体个性化、差异化数据的修正因子测算，形成每个老年人的健康报告，并告知他们自己的身体状况及生活饮食方面需要注意的地方。同时，老人的健康报告也可以发送给子女等亲属的手机，让他们也了解老人的身体状况并予以关心照料，慰藉子女的孝子情怀。

　　当然，自我健康管理的背后离不开所有身体特征的数据化（传感器、电子病历等）、病理现象的模型化及大数据分析，以及人工智能的支持。医疗数据的挖掘和分析仍然处在起步阶段，到目前还没有看到突破性的进展。

　　首先，市场仍然缺乏先进的智能终端设备。虽然我们在前面介绍了许多新颖的智能终端产品，可是这些产品大部分制造成本偏高，并不能广泛投放进入市场。同时，目前仍然有很多体征数据没能精准采集。这也就意味着，老年人体征的数据化仍然是一个难题。

　　其次，各个组织并没有分享各自数据的动机。整个医疗体系非常庞大，每个组织都扮演着重要的角色，各自的业务也产生不同的数据。例如，每个医院都有病人在这个医院的病历数据、每个保险商拥有病人的保险数据、设备商拥有病人使用其设备的体征数据。然而，整个医疗体系中的这些组织或多或少存在着竞争关系，因此不太可能分享各自的数据。这就使得智慧医疗的前提——"医疗大数据"无法落实。

最后，数据挖掘与数据分析仍然是个难题。数据挖掘与数据分析虽然在近几年发展较为迅速，不时有新的方法与应用产生。但是总体而言，数据发掘与数据分析的智能化程度并不高，且实施过程成本过高、效率偏低。这也就在某种程度上阻碍了智慧医疗的发展。

下面介绍一个具体案例——北京市智能养老实践。

2012 年，北京市海淀区民政局和公共委联手，为全区 29 个街道（乡镇）配备了 60 套老人智能健康管理、指导服务系统，使老人不出社区就能进行体检和慢性病监控。该系统由三部分组成：第一部分为自助智能体检终端（体检机），它能全面采集心电图、心率、血压、血糖等指标，然后通过互联网自动将检测结果传输至服务器，并存入数据中心的健康档案库中；第二部分是个性化居家远程医疗视频咨询和慢性病管理服务设施，它能利用远程视频，使医疗专家和病人通过双向视频进行即时的语音交流，专家可根据社区老人体检的结果和问诊情况，对症给出诊治方案和指导建议；第三部分是居家远程医疗视频健康保健、指导系统，医疗专家通过网络，集中给社区老人进行健康讲座，老人也可远程提问，与专家进行互动交流。

智能科技不仅惠及社区的老年人，同样也能提高养老机构的服务效率和质量。

2012 年 12 月，由汇晨养老公司机构管理有限公司和日本电气（中国）股份有限公司（简称 NEC）共同开发的智能老年公寓信息化系统在北京昌平区的北七家汇晨老年公寓正式投入运行。该系统包括护理模块、工作流程管理模块、老人档案管理模块三个部分。护理模块是整个养老机构的核心业务功能模块，老人入住公寓后应该享受几级护理服务、哪些项目免费、哪些项目收费等，都可通过护理模块实现标准化管理。而为老人提供的服务包括哪些环节、先后顺序如何、采取怎样的监督机制等，则都可通过工作流程管理模块实现标准化、流程化和规范化，从而提升服务质量、提高服务效率。此外，为了在护理老人时有据可查，工作人员还为每个老人建立健康档案、家庭档案、病史等。

不仅如此，护理人员还会根据流程，为老人进行身体检查并记录相关信息，同时将检查信息直接汇总到后台的养老机构信息化管理系统中。当老人的生命体征出现异常时，系统会自动报警，并将相关任务提交给医务部门。医生则根据这些信息，为老人提供相应的服务。

3．智能治疗与康复

除了疾病的预防与预测，对老年人疾病的及时有效的治疗也是智慧养老的重点。当老年人的健康档案出现数据异常，系统可以启动远程医疗，必要时上门进行医疗服务或者送患病老年人到医院进行治疗。智能医疗服务与自我健康管理的区别在于，后者不仅有健康指标的采集功能，更需要医护人员被动参与到老年人的生病治疗中。老年人出现重大健康问题之前，往往有体征数据的变化，通过对老年人的健康档案与电子病历进行分析，可以提前诊断与治疗，提高康复率的同时也减低了医疗成本。美国的实践表明，居家智能网络可以在老人重大健康问题出现之前 10～14 天内监测到异常变化。英国的有关数据表明，早诊断与早干预，可以节约大量医疗费用。

由于老人身体状况不同，因此平台中每个老人的体征数据都不尽相同。为此，智慧养老平台需要根据每个老人的健康档案中的数据，建立机器学习的智能模型，对老人们的身体状况进行分类，这样就可以为每个老年人提供更加个性化的健康医疗服务。医护人员也可以根据老年人的健康档案，更加及时并准确地对病情进行诊断与治疗。同时，这些数据可以作为科研的一手材料提供给医院及其他相关的研究机构，这样也就丰富了相关疾病的医疗数据。基于数据挖掘与大数据相关的方法，研究机构可以发现更多与该疾病相关的体征变量，建立起它们之间的相关模型，从而便于该类疾病的预测与防治。越多数据意味着越多的样本，这也就增加了数据模型的准确性、提供了模型的预测性，形成了一个良性循环。

再者，互联网等技术的应用使得看病过程中一些非核心的环节能够在网络中完成，例如挂号排队等；同时，传感器等智能设备的使用，使得医院能够随时随地监测老年人的身体各项指标，这样也就缩减了医院对病人身体的检查环节，老年人在医院看病的流程得到很大程度的优化，使得医院能够集中精力在其核心业务上，也就大大提升了病人看病的效率。

值得一提的是，社区医院与中心医院将在整个智慧医疗体系结构（见图 11-16）中扮演不同的角色，这也正是我国分级诊疗制度的核心内容。

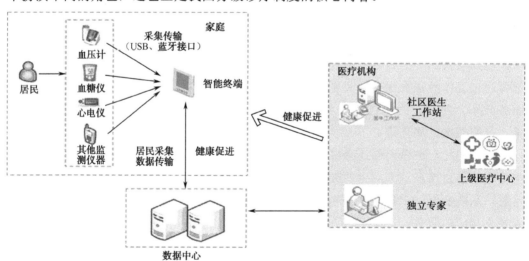

图 11-16　智慧医疗体系结构

首先，经过智能诊断后发现只是普通的病，例如感冒等，患病的老年人没有必要到中心医院就诊，此时社区医院需要承担起这些病人的医治，如果必要，还需到老年人家里为患病老年人提供服务，包括健康体检、预防保健、疾病治疗、心理咨询、营养及运动指导等。

其次，一些偏远地区（例如农村）去中心医院就诊非常不方便，如果情况紧急，社会医院还需要为患者提供远程治疗及远程智能监护服务。特别是当老年人生命体征发生突然的重要改变时，智慧医疗系统会自动发出报警，提示有紧急突发事件。此时，由于社会医院与患者所处位置较近，可以让社区医护人员迅速赶往事发现场，也就有利于对老年人的及时救治。电子病历的建立与共享，使得社区居民的有关健康信息可以通过无线网络等方式快速传送至中心医院，而后可开启远程医疗系统，远隔千里的专家就可以讨论病情、查看结果，甚至可以遥控手术。

然后，对于那些处于康复期的老年人，社区医院可以提供医护场所与医护人员，使得老年患病者能够在自己熟悉的环境中进行康复治疗。同时，对于那些患有慢性病的老年人，社区医院也需要承担康复及护理的工作。因此，可以看出，社区医院的建立不仅保证了老年人看病的需求与效率，同时也缓解了中心医院的看病压力，优化了整个医疗系统的效率。

如此，社区医疗与中心医院各司其职，解决了居民"看病难、看病贵"和"三长一短"的医疗问题，使居民获得优质的医疗卫生服务、完整翔实的健康档案信息与全生命周期的自我健康管理，形成"小病在社区，大病进医院，康复回社区，健康进家庭"的新型就诊观念。此外，正如在前几章介绍的，智慧医疗还能提高医疗卫生服务机构的服务质量和服务效率；辅助公共卫生防疫部门有效开展慢性病管控、急救管理、卫生防疫管理、突发事件及应急灾情的快速反应管理、妇幼医疗保健管理、血液管理、健康教育与综合行政管理等工作；提升卫生行政部门服务质量、事务效率，强化绩效考核，加大监管力度。

不过，要实现中心医疗与社区医疗的分级诊疗关键在于两点。

第一，远程医疗、电子病历等技术的发展是实现智能治疗与康复的前提。电子健康档案是个人健康信息的汇总与分析反馈。健康信息包括基本信息、主要疾病和健康问题摘要、主要卫生服务记录等内容，信息来源于医疗卫生服务记录、健康体检记录与疾病调查记录，可进行数字化存储和管理。电子健康档案是智慧医疗的基础，可以实现健康评估、健康指导等功能，可跟踪健康状况走势，同时实现医疗机构间的信息互联互通、健康信息分享。远程医疗是整合先进的视讯技术与医疗专业需求，以大中型医院为核心，连接基层医院、医疗教学机构等，实现远程医学活动、稀缺专家资源的共享，从而提供医学教育和疑难重症的救治，有效加强基层医院的医疗服务能力，缓解群众看病就医的问题。另外，移动医疗也是远程医疗的一大发展方向。因此可以看出，电子病历、远程医疗不仅能快速有效地为老年人解决健康问题，同时也缓解了目前医疗资源分配不合理的状况，提高了整个医疗体系的效率。

第二，整个社会医疗资源的统筹与合理配置是实现智能治疗与康复的关键。目前，大部分优质的医疗资源，包括医生与医疗设备等，都集中在中心医院。医疗资源分配不均匀导致人们都往中心医院挤，而一些基层的社区医院却没有太多人。而中心医院巨大的流量加大了医生的工作压力，降低了他们的工作质量，这也就导致更多医疗事故的发生。因此，社会医疗资源的合理配置显得非常关键。

1. 智能型全护理床

目前市场上的智能护理床（见图 11-17）可以大致分成以下 4 类。

（1）安全保障功能。多功能护理床的首要功能是保障老年人基本的人身安全，包括应对突发的病情、防止不正确的使用和一些应急措施等。其功能包括离床检测、防滑等，代表产品：Stryker S3 MedSurg Bed、邦恩多功能手动护理床 SJ2-1 等。

（2）辅助治疗功能。为了方便进行治疗、基础检查或者辅助康复，多功能护理床的功能设计一般以床体的变形作为实现手段，如迅速将床放平以方便进行心肺复苏；也有改变床的部分材料以达到目的，如床上胸透。其功能主要包括体位选择、辅助复健等，代表产品：Hill-rom 的 The TotalCare® Bariatric Plus Bed 等。

（3）人体舒适度优化功能。对于长期卧床的老人来说，一天大部分甚至全部的时间都在床上度过，长期保持一种姿势。如果护理床设计不够人性化会带来身体上的不适，所以，护理床的舒适程度对老人的生活质量有着极大的影响，为了提高舒适度，护理床被赋予了长度调节、压力重分配等功能。此外，部分多功能护理床还通过翻身等功能辅助老年人睡眠，代表产品：Vista medical 的 BodiTrak Smart bed 等。

（4）人机交互与通信功能。为了更好地与医疗机构取得联系，实现健康管理和疾病预警，以及有效地减轻护理人员的工作强度和难度，多功能护理床在智能运送，人机交互等功能方面都做出了一定的改进与优化，代表产品：Hill-Rom 的 CompellaTM Bariatric Bed 等。

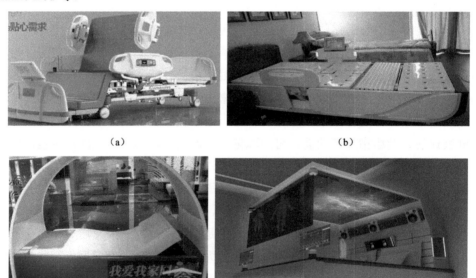

（a）　　　　　　　　　　　　　　　（b）

（c）　　　　　　　　　　　　　　　（d）

图 11-17　智能护理床

随着社区养老和家庭养老的普及，多功能护理床的研发将面临新的机遇和挑战，多功能护理床的发展趋势可从以下几个方面展开。

（1）生理参数监测。大部分老年人患有慢性病，为了能够掌握他们身体状况的变化，在慢性病导致一些突发疾病时可以及时发现和治疗，要对他们的各项生理参数（如血压、血糖等）进行长期和不间断监测。传统的人工监测很难做到连续不间断监测，随着互联网、计算机和生物医学传感技术的不断发展，智能护理床可通过装在床垫或者床周围的录像、录音设备、红外传感设备以及超声传感设备来获取老人的数据，通过计算机对数据进行处理，提取有关护理床的使用信息和老人的生理参数，包括呼吸、脉搏或者体动。此外，监测到的生理参数可通过无线传感技术传输至服务器或智能手机等终端进行储存和分析，提供给医生实现远程医疗。

（2）辅助睡眠。许多老年人的睡眠时间都很短，睡眠质量比较差，甚至有一部分老人需要长期服用安眠药，这极大地影响了老年人生活质量。如果智能护理床具备辅助睡眠的功能，例如助眠音乐和轻柔的按摩等，既可营造舒适的睡眠环境，帮助使用者更快入睡，进入深度睡眠，又可缓解使用者的身心疲劳，实现睡眠养生。

（3）智能控温。老年人相较年轻人更易受寒且自身温度调节能力差，外界温度的变化将影响老年人睡眠质量，从而影响老年人身心健康。如果护理床的智能控温可以做到加热、降温或者两者兼顾，将有效提高老人的舒适感，并帮助医生更加准确地达到康复或治疗所需的温度。

（4）视频通信。子女的陪伴或看望是老人最为重要的精神需求，但是不少子女会因为工作等原因而无法陪伴在老人身边或者不能经常探望老人。视频通信是一个不影响子女正常工作生活，又能满足老人经常见到子女的方法。将这一功能融入护理床，可以更大程度地满足老年人的精神需求，也可帮助子女实时地了解父母身体健康状况。

以后，无论是居家还是在医疗机构养老，以上智能护理床的功能都会慢慢实现。

2．养老机器人

2014 年，名为"好博特"的机器人护工在昆山市的玉山福利院上岗。同年 10 月末，位于昆山市高新区的机器人产业园首批完成的好博特机器人。这款家居巡视服务机器人，高约 40cm，净重仅 3kg，由昆山工业研究院旗下瑞泰智能科技有限公司生产。它由三部分构成：装有高清移动摄像头的头部、集成专业处理系统的机身以及充电座。

机身内置烟雾传感器、煤气泄漏传感器、门磁、红外等传统安防系统，一旦设备报警，好博特便会主动拍照并通过彩信及邮件的方式向主人发送警报。机器人配备有低电量自动回充技术，低电量时，会自主回到充电座进行充电。

特别设置的老人跌倒传感器是这款机器人最大的卖点，跌倒传感器是佩戴在老人身上的，可以根据需要配多个，传感器的信号和机器人是相互联系的，一旦有信号传出被获取，它就会通过短信向主人发出报警信号。从传感器识别跌倒至发出警报有10秒钟的间隔，以判别老人是否是真的跌倒，是否可以爬起来。家属或者工作人员能够通过手机、平板、电脑等网络设备远程操作机器人的摄像功能，了解情况并采取救援。

在玉山福利院试用期间，原本由多名护理人员完成的巡房任务被好博特取代，带有路径规划、壁障功能的机器人每天自动穿梭在各楼层，原本隔三差五需要巡房的工作人员则在办公室内通过电脑接收好博特传送的摄像画面，掌握老人的作息情况。

与好博特共同进入福利院试用的还有一款智能助行机器人。作为国家863助老助残机器人项目，这款机器人除了具有普通的电动轮椅车的代步功能，还能帮助老人起坐。持续按动右手电子控制屏的"起身"按钮，随着椅垫的角度逐渐垂直完成站立动作。更特别的是，选择康复模式后，座椅下方的两段机械按摩臂就会紧贴腿部上下运动，进行按摩刺激。

图11-18所示是一些养老机器人的外形图。

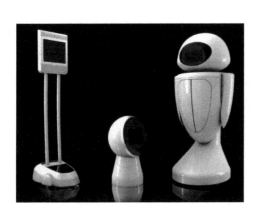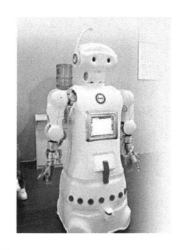

图 11-18　养老机器人

随着科技水平的提高，特别是人工智能的发展，养老机器人的功能会越来越完善，将涉及养老服务的方方面面。在不久的将来，相信养老机器人会代替人工劳动力，成为提供养老服务的主力。

11.3　智慧养老系统及技术

前面介绍了智慧养老平台应该具备的功能。总而言之，智慧养老是养老服务观念的创新性改变，让老年人由小范围的被迫养老转变为有选择的主动养老，让老年人的养老不再局限于单个养老场所，其最大优势是能够整合各种资源为老年人的养老提供各方面的服务，从物质到精神层次提升老年人的养老质量。下面将介绍智慧养老的平台系统及背后的技术支持。

11.3.1　智慧养老平台系统介绍

一般情况下，智能化养老系统采用 Zigbee、传感网络、云计算、物联网、移动互联网等技术，以老年服务需求为出发点，系统涵盖日常基本信息管理、老年人安全监护、健康监护、老年人外出看护、生活照料、社交学习等一系列模块，确保服务人员能够实时准确地检测和管理老年人的生活起居和健康状况，在出现特殊情况的时候能以最快的速度响应，从而为老年人的生命安全与健康舒适的生活提供保障。

智慧养老系统可以分成支持层、资源层、应用层和访问层 4 个层面，如图 11-19 所示。

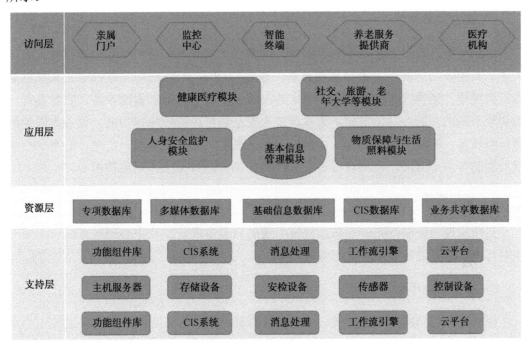

图 11-19　智慧养老系统框架图

（1）访问层由医疗机构、养老服务提供商、社区的监控中心及亲属门户和智能终端等远程访问平台组成。

（2）应用层主要包括基本信息管理模块、人身安全监护模块、物质保障与生活照料模块、健康医疗模块、社交旅游老年大学模块等。其中，基本信息管理模块是其他业务系统的应用基础，人身安全监护、健康医疗模块是核心应用系统，物质保障和生活照料及社交旅游老年大学是在各应用基础上提供的定制化功能服务。

（3）资源层为应用层提供数据支撑，除基础数据库、业务数据库外，还提供了地理信息数据库，以便实现基于电子地图的应用。

（4）支持层为整个系统提供技术保障和支持，主要包括应用支撑、硬件支撑和网络支撑 3 个方面。一般会采用 Zigbee 组网技术、传感器网络、云计算、SOA、移动计算等先进技术，在确保系统功能更加完善强大的同时，大幅降低了成本。

智能化管理系统依托云 Zigbee、传感网络、云计算、物联网、移动互联网等先进技术，以本地监控中心和云监控平台为基础，以多功能腕表、便携式智能终端和各类专业健康检测设备为信息采集终端，以亲属门户和远程监控平台为访问接口，并通过和智能灯光、安防监控系统的集成，实现多系统联动，最终形成多层次、立体化的养老院智能服务体系。

同时，系统采用模块化设计，具有良好的灵活性和可扩展性，终端业务在统一管理平台支撑下能随着业务的发展而变化，当新增业务时不需要部署新的终端设备和管理系统来满足规模运营的业务支撑需求。

1. 信息采集终端

信息采集终端主要包括多功能腕表、便携式智能终端和各类专业健康检测设备三大类。其中多功能腕表为实时监测设备，通过 Zigbee 无线网络与监控中心实现低成本双向通信；便携式智能终端为老年人外出时配备的专用移动智能设备，它除具有一般智能手机的功能外，还定制了大量老年人安全和健康监护特色功能，设备为固定健康检测设备，其检测指标涵盖了体重、血压、血氧、脉率、体温、心电、心率、心血管及脂肪等多个方面，检测设备通过有线网络将检测数据上传至监控中心。

2. 受控终端

系统实现与智能灯光、安防监控等系统的完美集成。监控中心通过有线或无线网络对灯光、视频监控等系统进行实时联动。

3. 核心监控平台

控制平台包括监控中心系统、业务信息管理系统和云监控平台，其中监控中心系统为智能化管理的核心系统，负责各类安全、健康数据的采集和控制指令的发布；业务信息管理系统为用户的主要访问平台，包括养老院日常基本信息管理、老年人安全监护、老年人健康监护、老年人生活照料及社交老年大学等服务等一系列功能服务；云监控平台可利用云计算技术低成本地实现亲属门户、互联网远程监控、外出看护管理等服务。

4. 访问终端

系统的用户访问终端除本地监控终端外，还基于互联网为老年人亲属提供远程访问接口，为医疗机构、养老服务提供商等提供平台。所有访问终端均支持信息查询统计、电子地图实时跟踪和视频监控。

5．通信网络

整个系统综合使用了 Zigbee 微网技术、3G 无线通信技术、传统的 Wi-Fi 网络和有线网络技术，实现了低成本的区域无缝覆盖。

11.3.2　智慧养老平台技术构成

智慧养老平台的构建离不开信息技术与数据科学的发展与应用。在信息化的时代，业务的流程往往与信息数据的流通保持一致。考虑到这一点，下面按照信息的传送方向对其中涉及的信息技术进行简单介绍。

智慧养老首先要将老年人的体征状况、居住环境、生活需要等转化为数据，这也就是数据信息传送的第一步，数据信息的产生。而物联网是实现这一步的基础，其中比较关键的技术包括射频识别（RFID）技术、传感器技术、传感器网络及纳米技术等。

1．射频识别（RFID）技术

射频识别（RFID）技术是一类非接触的自动识别技术，俗称"电子标签"，指的是射频信号自动地识别物品并获取相关信息、通过空间耦合实现无接触信息传送。RFID 技术通过 RFID 标签来标记物品。该技术的优势在于远距离（读取半径可达数米甚至数十米）、穿透力强（可直接读取包装箱里面物品的信息）、无磨损、非接触、防污染、高效率（可以同时识别多个标签）及信息量大等。RFID 技术是物联网最核心的技术之一。一个典型的 RFID 系统通常包括 RFID 标签、阅读器和信息处理系统。当一件带有 RFID 标签的物品通过特殊的信息阅读器时，标签会被阅读器激活，标签内的信息就会通过无线电波传输给阅读器和信息处理系统，这样就完成了信息的采集工作。在信息处理时，系统负责控制并根据具体要求适当地处理信息。但 RFID 面临的一个问题就是信息安全性问题，若商品售出后，附在上面的 RFID 标签没有去掉，那么买主的身份就很容易被泄露。

2．传感器技术

传感器负责物联网中的信息采集，是实现"感知"世界的基石，也是实现物联网各种服务和应用的基石。传感器是指对被测物品的某些信息具有感知和探测能力，并能根据转换规则将这些信息转换成相应的有用信息的器件或设备，通常由敏感性部件和转换部件组成。如果没有针对原始信息的捕获和转换的准确性和高可靠性的传感器，那么所有准确的检测和控制都将无法实现。即使是最先进的计算机，如果没有准确信息和无失真录入，也无法充分发挥功能。如今，市场上各式各样的可穿戴设备便是配有各种不同传感器的智能设备，用来采集人体的生理数据，例如血糖、血压、心率、血氧含量、体温、呼吸频率等。

血糖无创连续监测技术：现有血糖连续监测产品主要通过皮下间质液测量血糖浓度。即利用汗液、唾液等人体渗出液，通过计算血糖浓度与渗出液中葡萄糖浓度的相关性测量血糖。其中，美国 Medtronic 公司最先推出获得 FDA 批准的血糖实时连续监测系统（CGM）。该系统由可丢弃式连续血糖检测探头、射频发射器和接收显示器组成。探头可通过细小金属丝贴在患者腹部（金属丝极其细小，刺入速度极快，无疼痛感），连续工作 3 天，每 10 秒对皮下间质液里的葡萄糖浓度进行测量，所得的信息通过无线方式传到接收器上，接收器每 5 分钟对所得数据进行均值处理，然后将其转换为血糖值储存下来。以这种方法每天采集到的信息量是指血测试法的 100 多倍。另外，由美国 Spectrx 公司开发的血糖测试仪则是用激光在皮肤角质层上开启（无疼痛感），然后由特制传感器收集间质液并测量分析出血糖值。

血压的无创连续监测技术：

（1）通过桡动脉脉搏幅值来确定血压值。新加坡健资国际私人有限公司开发的腕表式连续脉搏血压测量仪就使用了该方法，其准确性已经得到 ESH 和 AAMI 的临床验证。美国 Medwave 公司开发的 Vasotrac 腕式血压测量仪则通过周期性地在桡动脉上加压和减压来确定血管零负荷状态，并在该状态下通过脉搏波动的幅值中提取的其他参数来确定血压值。该技术不能实现脉搏连续测量，且需要专业人员辅导，并在手腕处施加一定压力，因此便利性仍然不高。

（2）通过脉搏波传速来确定血压值。即利用生物电极和光电传感器来测量脉搏波传速，并利用血压测量"金标准"对传速与动脉血压关系进行校准，确定血压值。此外，研究人员还试图将体重及臂长等参数引入计算过程，提高精度。此种传感器的优势是设计简单、成本较低，可在 PDA、手机和手表等多种载体上使用。

（3）通过脉搏血容积变化来确定动脉血压值。借助光电传感器测量脉搏血容积变化量，通过流体静力学及血容量变化量与经皮压力之间的关系确定平均血压值，该技术还处在研发阶段。

血氧的无创连续监测技术：通过红外线测量血氧饱和度。血氧饱和度即血液中氧合血红蛋白与全部血红蛋白容量的百分比，是重要的生理参数，对于呼吸系统疾病患者的长期监测意义重大。可以用附着在耳垂、脚趾或手指上的脉冲血氧计测量血氧饱和度。脉冲血氧计测量血氧的原理是：氧合血红蛋白可以允许较多的红光通过并吸收较多的红外光，非氧合血红蛋白则反之，可以允许较多的红外光通过并吸收较多的红光。美国 SPO Medical 公司推出的"血氧手表"可在使用者睡眠过程中监视其血氧饱和度，降低睡眠窒息症患者在夜间呼吸阻碍的危险。

3．GPS 定位技术

GPS（Global Positioning System）即全球定位系统，是由美国建立的一个卫星导航定位系统。利用该系统，用户可以在全球范围内实现全天候、连续、实时的三维导航定位和测速；另外，利用该系统，用户还能够进行高精度的时间传递和高精度的精密定位。

现实生活中，GPS 定位主要用于对移动的人、宠物、车及设备进行远程实时定位监控。GPS 定位是结合了 GPS 技术、无线通信技术（GSM/GPRS/CDMA）、图像处理技术及 GIS 技术的定位技术，主要可实现如下功能：跟踪定位、轨迹回放、报警等功能。而在智慧养老系统中，GPS 恰好帮助寻找老年人及区域服务人员的位置，从而提高养老的服务效率。

4．传感器网络

传感器网络在物联网中也扮演着关键角色。事实上传感器网络可以与 RFID 系统配合，对物品的状态（如位置、温度、运动轨迹等）进行更好的追踪。传感器网络可以提升对既定环境的认知度，继而成为现实世界和数字世界的桥梁。传感器网络可以在诸多应用领域发挥作用，如环境监控、电子医疗、智能交通、军事、制造业监控。传感器网络由一定数量的以无限多条模式通信的传感节点组成。通常节点将传感结果报告给一小部分（大多数情况下是一个）被称为接收器的特殊节点。近年来，针对传感器网络有大量的科学研究文献，指出了协议栈各层的若干问题。提出的解决方案的主要目的集中于节能（针对包括传感器网络在内的大多数情景的资源匮乏问题），可扩展性（节点数量可以大幅度增加），可靠性（网络可以用于紧急报警情况）等。

5．纳米技术

纳米技术的优势在于用纳米材料制作的器材重量更轻、硬度更强、寿命更长、维修费更低、设计更方便，这意味着物联网中体积越来越小的物体能够进行交互和连接。纳米技术与 MEMS （Micro-Electro-Mechanical Systems）是建立在纳米技术基础上，对纳米材料进行设计、加工、制造、测量和控制的技术。MEMS 主要包括微型机构、微型传感器、微型执行器和相应的处理电路等部分，是在融合多种微细加工技术并应用现代信息技术的最新成果的基础上发展起来的高科技。MEMS 传感器集信息获取、处理和执行于一体，能组成多功能微型系统，从而大幅度提高系统的自动化、智能化和可靠性水平，且便于制造商将产品的所有功能集成到单个芯片中。

在生理状态、居住环境、生活需求等转化为数据之后，接下来就是数据的加密与传递，这就是数据信息流通的第二步，其中主要的技术包括加密技术、网络通信技术（有线网络、无线网络）等。

6．加密技术

物联网应用的日益普及，也使得它所涉及的安全问题越来越突出。大量的数据及用户隐私如何得到保护就成为有待解决的问题。在射频识别系统中，电子标签会被大量使用，任何物体中都有可能会植入电子标签，当植入电子标签的物体进入能够识别的区域时，就会受到扫描、追踪，其中的信息会被读取，这对该物体的所有者来说是侵犯其隐私。电子标签中的信息如果被恶意修改，将带来无法估量的损失。因此，企业之间应采用安全的私有连接，对数据应该进行加密，而且应采用某种密钥体系来进行身份验证，以防止数据监听、篡改、破坏及身份伪造等无意或恶意的网络攻击行为。

7. 网络通信技术

网络通信技术包括各种有线和无线传输技术、交换技术、网关技术等，其中M2M 技术是指所有在人、机器、系统之间建立通信连接的技术和手段，也可代表人对机器、机器对人、移动网络对机器之间的连接与通信。M2M 技术适用范围广泛，可以结合 Wi-Fi、蓝牙、Zigbee、RFID 和 UWB 等近距离连接技术，此外还可以结合XML 和 CORBA，以及基于 GPS、无线终端和网络的位置服务技术等。

数据传输之后，便是数据的存储、加工与处理及反馈，这是整个智慧养老平台中最关键的环节，也是数据流通的第三步，其中主要的技术包括大数据储存技术、大数据处理技术、云计算技术与智能技术等。

8. 大数据储存技术

数据以某种格式记录在计算机内部或外部存储介质上。磁盘和磁带都是常用的存储介质。数据存储组织方式因存储介质而异。在磁带上数据仅按顺序文件方式存取；在磁盘上则可按使用要求采用顺序存取或直接存取方式。数据存储方式与数据文件组织密切相关，其关键在于建立记录的逻辑与物理顺序间的对应关系确定存储地址，以提高数据存取速度。目前，主要有三种存储方式：DAS、NAS 与 SAN。

DAS（Direct Attached Storage）直接附加存储方式，与普通的 PC 存储架构一样，外部存储设备都是直接挂接在服务器内部总线上，数据存储设备是整个服务器结构的一部分。

NAS（Network Attached Storage）数据存储方式全面改进了以前低效的 DAS 存储方式。它采用独立于服务器、单独为网络数据存储而开发的一种文件服务器来连接所存储设备，自形成一个网络。这样数据存储就不再是服务器的附属，而是作为独立网络节点存在于网络之中，可由所有的网络用户共享。

1991 年，IBM 公司在 S/390 服务器中推出了 ESCON（Enterprise System Connection）技术。它是基于光纤介质、最大传输速率达 17MB/s 的服务器访问存储器的一种连接方式。在此基础上，进一步推出了功能更强的 ESCON Director（FC SWitch），构建了一套最原始的 SAN 系统。SAN（Storage Area Network）的存储方式创造了存储的网络化。存储网络化顺应了计算机服务器体系结构网络化的趋势。SAN的支撑技术是光纤通道（FC Fiber Channel）技术。它是 ANSI 为网络和通道 I/O 接口建立的一个标准集成。FC 技术支持 HIPPI、IPI、SCSI、IP、ATM 等多种高级协议，其最大特性是将网络和设备的通信协议与传输物理介质隔离开，这样多种协议可在同一个物理连接上同时传送。

9．海量数据处理技术

物联网所处理的数据量较之以往的任何网络都巨大，呈现真正意义上的海量特征，如何高效、自动、智能化地处理这些数据是物联网亟待解决的关键技术之一。有些文献提出了一种基于多级数据处理的嵌入式中间件系统的体系结构，采用数据分级和分布式处理技术，实现实时信息处理的负载均衡，并提出基于最小量嵌入算法的数据降维方法，在尽可能保留原始信息的基础上，减少信息处理的数据量，从而提高物联网应用系统的整体效率。

10．云计算技术

云计算（Cloud Computing）是基于互联网的相关服务的增加、使用和交付模式，通常涉及通过互联网来提供动态易扩展且经常是虚拟化的资源。云是网络、互联网的一种比喻说法。过去，在图中往往用云来表示电信网，后来也用来表示互联网和底层基础设施的抽象。狭义云计算指 IT 基础设施的交付和使用模式，指通过网络以按需、易扩展的方式获得所需资源；广义云计算指服务的交付和使用模式，指通过网络以按需、易扩展的方式获得所需服务。这种服务可以与 IT 和软件、互联网相关，也可与其他服务相关。这意味着计算能力也可作为一种商品通过互联网进行流通，通过网络提供可伸缩的廉价的分布式计算能力。

11．智能技术

智能技术是为了有效地达到某种预期的目的、利用知识所采用的各种方法和手段。通过在物体中植入智能系统，可以使得物体具备一定的智能性，能够主动或被动地实现与用户的沟通。主要体现在人工智能（AI）、先进的人机交互技术与系统、智能控制技术与系统和智能信号处理的研究等方面。

总而言之，射频识别（RFID）、技术传感器、传感器网络、纳米技术实现了物联网的第一步：将可以转化的一切转化为数据信息；加密技术、网络通信技术实现了数据在不同设备之间的准确传递；而数据储存技术、大数据处理技术、云计算技术及智能技术对数据进行处理分析从而得到人们关心的结论，最后将结论通过人们可以接受的形式进行反馈。如此，这些技术的发展与应用，才催生了如今风靡全球的可穿戴设备、炙手可热的远程医疗与移动医疗、令人希冀的智能机器人等，为智慧养老平台系统奠定了基础。

当然，技术本身也只是工具，使用恰当便是有利，使用不当便对人类产生危害。因此，在鼓励新技术的发展与应用过程中，技术使用的范围及权限也应该得到广泛的关注，避免对人类造成不免要的损伤。

11.4 智慧养老的优势、挑战及建议

1. 优势

在分析比较了家庭养老、机构养老、以房养老以及居家养老的优劣势之后，得到了我国应该采用以居家养老为主体、社区服务为依托、机构养老为辅助的养老模式。而如今，我们可以看到，物联网等技术的快速发展，极大丰富了居家养老的服务内容，老年人的需求也得到了更好地满足，最主要地是提高了养老的服务效率。因此，这也就更加明确了以居家养老为主体的养老模式，智慧养老在居家养老的模式中也有它的特点与优势。

（1）智慧养老体现了信息科技的集成，融合了老年服务技术、医疗保健技术、智能控制技术、计算机网络技术、移动互联技术及物联网技术等，使这些现代技术集成起来支持老人的服务与管理需求。因此智慧养老是技术与服务的融合体。考虑到老年人的思维方式与接受能力，技术与服务融合的方式首先应该是简洁明了的，例如智能手机及其他设备的操作页面与操作方式应该是非常简洁且便利的。同时，智能家居在设计光线、声音、温度、湿度等环境时都应该考虑到老年人的实际需求。因此，我们可以看到智慧养老体现了"以人为本"的思想，把老年人的需求作为出发点，通过高科技的技术、设备、设施及科学、人性化的管理方式，让老年人随时随地都能享受到高品质的服务。

（2）智慧养老体现了"优质高效"，通过应用现代科学技术与智能化设备，提高服务工作的质量和效率，同时又降低了人力和时间成本，用较少的资源最大限度地满足老年人的养老需求。这些智能设备通过相应的适老化设计，可以完成人工不愿做、人工做不好、甚至人工做不了的为老服务，为求解"未富先老"和"无人养老"（主要指没有人愿意做护理人员）两个困局提供思路和实现方式。

（3）智慧养老也有绿色环保的一面。智能家居可以对室内环境进行感知，进而自动控制与调节；此外，智能家居可以通过对人的行为认知，自动开关和调节智能的家居设备（例如空调、热水器等，著名智能家居公司如 Nest）。这些功能都能够节约居家设备的能源消耗，也就为整个社会的绿色环保事业作出一定的贡献。

（4）除了老年人的物质生活层面，"智慧养老"的内涵还包括老年人的精神生活层面。在物质生活层面，主要是为老年人的生活提供足够的支持，在精神层面主要是丰富老年人的精神生活，例如之前提到的老年大学、老年旅行以及老年社交等，让老年人能够活得更有意义。"智慧养老"可以让老年人的智慧得到再次的利用和发挥，通过网络技术及社交网络平台，利用老年人的经验智慧，使老年人焕发人生的第二青春。

2．挑战

目前我国社区居家养老服务信息化系统已实现应急求救系统、服务呼叫系统等一系列满足安全紧急事态的需求，但健康信息化管理和远程医疗提供仍处于空白，可见我国智能养老产业还处于起步阶段，因此整个智慧养老的行业也存在不少挑战。

1）医疗系统缺乏顶层设计，智慧医疗实践困难

对患者而言，他们的目标是利用更少的支出（时间、精力、财富）得到更多的健康。他们希望能在生病前的检测、生病时的诊断及生病后的康复都能得到医生等全面的关照。特别在院外康复阶段，患者存在与医生互动咨询康复进展的需求。

对医生而言，他们的核心诉求主要体现在增加合法收入、增加个人的品牌知名度、发表更多的论文、评上更高的职称并减少工作量。同时在整个诊疗环节，医生还需要患者准确的病情信息、需要辅助决策信息、降低风险、持续跟踪病患（院外）病情并建立个人病历库。同时，目前我国医疗资源匮乏，特别是有名医院、有名的医生更是供不应求，他们的工作和科研上的压力非常大，没有多余的时间与精力来应用智慧医疗，包括移动医疗、远程医疗等，除非给他们带来以上提到的比较实际的利益。另外，目前移动医疗与远程医疗仍处于起步阶段，技术上的不成熟加大了医疗本身的风险，其后果需要医生承担。这也使得医生对智慧医疗望而却步。

对医院而言，他们希望能够更好治愈更多的患者，此外还得保持医院的核心竞争力及一定的盈利水平。而后者会是中心医院与中心医院之间、中心医疗与社区医院之间开展合作的一大障碍，因此他们之间缺乏科学系统可行的利益与风险的分配。

对药企而言，他们的目标是提高自己公司的利润，包括提高销量、降低成本等。为此，他们不得不与医院、医生等建立联系，以拓展自己公司的渠道。

对保险公司而言，他们的目标是能够充分获取患者的信息，以此优化公司在人群中的保险策略，以提高公司的收入与利润。

最后，政府希望最大化整个医疗系统的社会福利。因此，我们可以看出，整个医疗体系的参与者很多，且各方的利益难以协调，这也是导致如今整个医疗体系被人诟病的原因。现在，智慧医疗的发展虽然能提高整个医疗体系的效率及整个体系的社会福利，不过由于参与者太多且各有各的决策目标，导致智慧医疗带来的福利难以在整个医疗系统中合理分配，使得智慧医疗难以开展。总而言之，就目前而言，智慧医疗体系仍然缺乏顶层设计，智慧医疗提供商的商业模式并不清晰。

2）核心技术难以突破

相对于发达国家，我国智能养老设备用品在研发环节的投入很少，导致我国智能产品的设计并不专业，功能也不能很好地满足老年人的需求。例如，智能轮椅方面，老年人可以使用为残疾人设计的智能轮椅，但产品并没有针对老年人的需要和特点进行细化，大多被作为代用品凑合用，对老年人来说常常不适合。再比如，服务机器人最关键的零部件是伺服系统和减速器，成本几乎占了整机的 50%，但这两大核心部

分大多被国外企业垄断。另外，智慧医疗的发展也是制约智慧养老的重要瓶颈，特别是人体体征数据与病理的大数据分析还是处于起步阶段，并没有实质性的突破，而且移动医疗与远程医疗在国内仍处于空白，使得老年人的健康医疗并不能得到很好的满足。

由于核心技术的缺乏，目前国内企业很难抓住用户的痛点，因此智能养老的服务没有展现出很强的购买力。在这种情况下，就市场本身而言，很难形成有效的盈利模式，目前愿意为养老系统和解决方案买单的大多数是政府，比例养老社区、社区医院、健康小屋等。政府的行为可以促进企业度过艰难时期，但对创业企业来说是"饮鸩止渴"，而在养老和移动医疗层面，用户关心的核心是服务，服务背后必须有核心的技术能力。因此，相对于直接购买，政府更应该为智慧养老建立起行业标准和市场规范，鼓励核心技术的研发，从根本上促进整个行业的发展。

3）整个智慧养老系统难以协调

同时，智慧养老提供的是综合性的服务，而各类服务提供商目前规模较小且服务相对专业化，难以协调整个养老系统，因此市场需要大型的平台构建者。政府由于其自身的属性，往往不能扮演这一角色，而目前国内有这个实力的有阿里、百度、腾讯等知名的互联网巨头。阿里医疗已经开始布局，在 2015 年 6 月 11 日的 2015 CHINC（中华医院信息网络大会）上，全球领先的云计算服务平台阿里云宣布推出医疗云方案，面向医疗健康行业的创新应用开发企业，提供专业的云计算解决方案。同时，为了鼓励行业创新，阿里云首期提供百万云基金、免费推广等优惠政策，扶持百家医疗创新企业。

4）社会伦理问题需要平衡

高科技产品的实际应用总是伴随着社会理论的讨论，技术与人性的反思至今没有间断。在智慧养老服务中，智能家居及一些可穿戴设备 24 小时对老年人的生活、身体进行健康监控，这自然涉及个人隐私与监护人知情权的矛盾。同时，随着科技的进步，各种设备的监控功能只会越来越完善，越来越精细，因此这样的矛盾会直接升级为社会的伦理问题。这也会成为我国智慧养老行业的发展的思想阻碍。

3．建议

针对智慧居家养老目前存在的问题，笔者提出了以下几点建议。

1）智慧养老系统须按老年人实际需求设计，充分考虑老年人的身心特征

与年轻人不同的是，老年人的身体机能已经逐渐衰退，同时对新事物的理解与接受能力有限，特别是一些高科技的产品。因此，在设计智能居家养老系统的产品时，要充分考虑到老年人的实际状况，增加产品的可读性、可用性、智能性等。例如，在设计可穿戴设备的时候尽量将手环的操作简单化、单一化，功能更加智能。特别是一些紧急情况下的求救按钮，一定得简单明了。

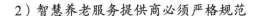

2）智慧养老服务提供商必须严格规范

智慧养老系统涵盖了老年人生活的方方面面，其产品与服务均是由平台另一端的商家提供的，而并非是平台。由于老年人对产品与服务的质量非常敏感，但出现问题时的维权意识并不是很强，因此需要在法律法规上对产品与服务的供应商进行约束，同时加强对产品与服务质量上的抽查与管理。这样才能确保老年人的生活质量与合法权益。

智慧养老服务体系的建设是庞大的系统工程，需要建立完整规范的标准体系保障其顺利实施。因此，必须研究制定面向老龄人群管理和服务的、信息化建设急需的标准规范，建立并不断完善行业信息化标准体系。从业务需求的角度看，相关标准规范应涵盖智慧养老事业、智慧养老产业和智慧养老服务三个方面。从项目实施的过程看，需要在项目的规划、设计、建设、运营、管理、维护做出制度性和流程性的规范。从项目覆盖的技术角度看，需要制定所涉及的网络通信、信息安全、物联/互联技术等制订技术性的标准和规范。从项目的层次结构上看，需要形成信息基础设施层标准、信息数据资源层标准、信息服务平台层标准及信息应用系统接入标准。从项目整体性上看，需要形成总体建设运营标准、信息安全保障规范和标准规范的评价体系。

3）政府应该积极参与协调智慧养老各方利益，鼓励平台的建立及规范平台的运行

可以看到，智慧养老服务系统涉及方方面面，整个系统的参与者也非常多，因此如何协调好方面的利益分配也是重要且困难的问题。特别是为老年人提供医疗与护理服务的子系统，包括了中心医疗、社区医疗、保险商、可穿戴设备提供商等，各方面的责任与收益实在难以明确界定与划分。而通过之前的案例，我们可以看到如今市场上的养老服务商零零散散、各自为政，这无疑增加了老年人的使用成本，无法保持用户的黏性。因此，这时就需要政府更多对整个智慧养老系统进行引导，积极促成大的平台商，实现对整个养老系统进行全面协调的管理。

11.5　智慧养老的探索

我国老龄化人口已经超过 2 亿，同时老龄化的进程还在不断加速。而智慧养老产业仍处于起步阶段，因此成长的空间巨大。即使存在一些难题，笔者相信智慧养老仍然是未来养老的趋势。在这样的大背景下，国内外企业都积极探索智慧养老的模式，下面对一些企业进行介绍，其中 Natali 为老年人提供医疗服务、杰佳通则是居家养老平台商。

11.5.1　案例：Natali

国外养老服务龙头企业，以色列养老护理领域的领先企业 Natali Seculife Holding Ltd（以下简称 Natali），为居家养老的老龄人口提供完善的远程医疗、远程监护、居

家帮护和安全援助等服务，在以色列市场份额超过 60%。2014 年三胞集团以 7000 万美元（约 4.32 亿元人民币）的价格收购 Natali 100%的股权。三胞集团将在有望在国内复制 Natali 成功的医疗业务模式，同时，三胞集团旗下的上海安康通健康管理有限公司学习和复制 Natali 的医疗服务模式，拓展国内的医疗护理业务。

以色列 Natali 公司成立于 1991 年，目前拥有员工 1200 多人（多为医生和护士）。2007 年底 Natali 与 Seculife（成立于 1988 年，主业是应急呼叫）合并。除此之外，公司后续又并购了主营医生家访、医药贸易等业务的企业。2009 年，Natali 公司赢得以色列教育部的政府业务，为以色列当地学生提供疫苗注射服务并针对学生建立多所卫生防疫站。2010 年 Natali 公司成功收购 Mokedanel。同年与以色列医学院开展合作，并经卫生部批准，为以色列境内的所有学生提供医疗服务。被三胞集团收购前，Natali 股东为 SKY 股权基金（60%）和一位自然人（40%）。

1. Natali 的业务板块

目前，Natali 有四大业务板块，为居家养老、养老社区和社会机构提供了全方位的服务内容。目前已为超过 1 万家机构、20 万家庭、300 万用户和 4500 所学校的160 万学生提供完善的远程医疗、应急呼叫、安全援助及预防医疗等服务。

1）远程医疗服务（Tele Medicine）

Natali 具有完善的远程医疗终端监测设备，这些设备完全免费提供给客户，只收取后续的服务费用。用户家中设有多处感应装置，可以定期收集客户的健康数据和日常生活活动数据。公司后台具有综合数据库和复杂的软件系统，可以将客户的联系方式、既往病史、常规用药等个人数据进行汇集形成健康档案。除了上述固定终端，公司配有专门监测心脏系统的移动终端（心音听诊器等），方便 Natali 心脏诊断中心的医生实时诊断客户心脏系统的健康状况。

Natali 心脏诊断中心有专门的远程医疗服务医生，24 小时为客户提供心脏及紧急医疗诊断和咨询服务。通过一系列的事前诊断、提醒服务，84%的客户可以不用去医院，16%到医院治疗（经过治疗后 10%不用住院，6%需住院治疗）。

心音听诊器：可以随时进行心电图监测，测试结果通过电话线或移动电话在全世界任何地方传送到心脏诊断中心。中心的医生可以通过查阅传送来的心电图结果诊断心律失常或动脉狭窄等问题，并提供实时的医疗咨询。

心电记录仪：可以连续记录和监控心跳，并在仪器中保存心跳计量数据并将数据发送到心脏诊断中心。

血压/动脉血压监控器：可以持续快速测量血压并将数据传输到心脏诊断中心，如有异常值出现可激活系统警报。

2）紧急安全按钮及重症护理救护车服务（Tele Care）

目前，公司为 10 万多用户（按房间计算是 7 万户）提供远程医疗及应急按钮服务。客户家中安装有紧急按钮，能在屋内任何房间及屋外使用，遇到紧急情况按钮后，无须拨号或拿起电话端，即立即接通 Natali 紧急呼叫中心并识别出呼叫者身份。接到紧急呼叫后，呼叫中心人员可从系统调取个人健康档案，并联系客户家人、警局或出动重症护理救护车。

除了紧急按钮，3G 电话紧急按钮结合了紧急按钮的优点，同时还包括一个无线手表发射器，非常适合老人使用，并可以将客户的心电图传输到心脏诊断中心。

重症护理救护车具备最先进的医疗设备和技术，每辆救护车由三名专业护理人员组成：医生、辅助医务人员和医务司机。

3）居家护理及医生问诊（Aging in place）

Natali 为客户提供立体化的全方位服务项目，可以完全满足居家养老的各种需求。

医生上门问诊：Natali 提供全年（犹太赎罪日除外）7×24 小时的医生上门问诊服务。公司在以色列全国雇有约 100 名医生，从事全科医疗诊治，节约客户的急诊等待时间。上门问诊医生配有急救药物、呼吸器械、心电图设备、血压计、血糖仪及 150 多种常用处方药。上门提供的医疗服务包括体检、急救、24 小时初步治疗，需要时为持续治疗开处方、提供医疗证明、指示入院、救护车到达前陪护病人等。

家庭实验室服务：公司根据客户需求上门提供家庭实验室服务，通过采集客户咽喉涂片，鼻、耳、眼涂片，血液涂片，尿液样本并转运至实验室进行相关检查，后续通过邮件将结果反馈给用户及他们的医生。

牙科急救：当客户出现牙痛等紧急情况时，会有具备资质的牙医提供检查及相应处理。

电话友好呼叫服务：客户代表自发致电用户，进行谈话并访问他们的健康及生活情况，如果客户没有应答，当天还会尝试联系两次，如果三次联络都没有应答，将会通知健康档案里的用户联络人。

家庭维修及紧急服务：如需协助时，公司进行家庭简单维修及安装服务，在有紧急情况时，提供临时维修服务。

送餐服务：为老年人配送临床营养师搭配的餐食，确保热量摄入均衡。

安全巡逻：公司为有需要的客户派驻安全巡逻人员到客户家中，防止盗窃等其他犯罪行为的发生。

4）团体健康服务（Community care）

Natali 被以色列健康及教育部指定为全国学校学生提供急救服务及预防医疗，全国 150 多名护理人员，覆盖了以色列约 4500 家教育机构的 160 万名学生。同时也为社区、学校等团体客户提供医疗咨询、健康管理和急救知识培训。

可见，Natali 既提供上门的养护服务，也能提供远程医疗，其背后有成熟的病前干预管理和紧急救护系统，以及强大的医疗服务支持能力。公司在以色列市场份额约 60%，2014 年收入约 6000 万美金，净利润 1000 万美金。公司的客户可分为两类：

一类是个人付费用户，收入占比整体约为 70%，贡献利润的 80%；另一类是团体客户，主要是政府、社区等，收入占比约 30%，贡献利润的 20%。

2．Natali 的核心竞争力

总结 Natali 的核心竞争力，有如下几个方面。这些都值得国内企业借鉴与学习。

1）一体化的完善服务增强了客户黏性

公司的服务在以色列口碑很好，是家喻户晓的养老品牌，用户的平均使用时间是 7 年，最长的达到了 22 年。

2）先进的病前干预管理模式

用户家中的固定及移动监测终端，使得健康数据实时系统的传输到后台数据库并建立健康档案，以病前预防的先进疾病干预理念为客户提供了可行的健康管理模式，84%的用户可以不用去医院就诊，降低了进院治疗率，为个人和社会节省了医疗开支。

3）及时的紧急救护系统

由紧急按钮、重症救护车和呼叫中心组成的救护系统，实现了发病、救援的无缝链接，节省了急救的黄金时间。

4）团体健康服务获得社会信赖

专业化的健康服务，赢得了国家教育部的政府业务，不仅塑造了声誉，也成为公司一块稳定的收入来源。

11.5.2 案例：杰佳通

杰佳通于 2008 年开始研发居家养老服务平台（J3-HBCSP），经过 8 年的完善，已经应用于几百家养老运营公司，目前仍在根据市场需求不断升级，平均每一个月就有新功能升级。只有专业的公司才能做到快速响应养老需求的变化。其居家养老平台（J3-HBCSP）将国际最先进的（移动）互联网技术、云技术、物联网技术和融合通信技术应用于居家养老平台，以动态建立老年人信息数据库为基础，以提供紧急救援、生活照料、家政服务、电子商务为基本服务内容，以社区为依托，有效整合社会服务资源为服务主体，建立完善的居家养老服务体系，打造真正意义上的"没有围墙的养老院"，如图 11-20 所示。

1．杰佳通的主要功能模块

杰佳通居家养老平台（J3-HBCSP）具有 25 个大功能模块，100 多项小的功能模块，下面介绍主要的几个功能模块。

1）档案动态管理子系统

杰佳通居家养老服务平台档案动态管理系统（JJT-DocMgt System），主要功能包括：以政府为主导的多级信息采集及填报，建立适合养老服务开展的老人信息档案（涵盖子女信息、社区信息、卫生医疗信息及病史、自救方式、收入来源、特长及爱好等）。

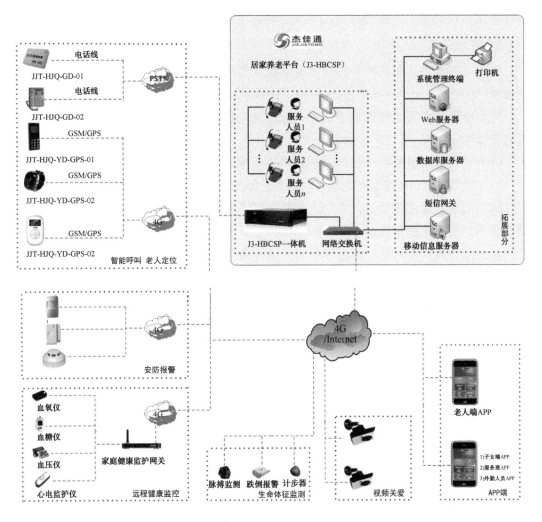

图 11-20　杰佳通居家养老服务平台

2）智能呼叫子系统

杰佳通居家养老服务平台智能呼叫系统（JJT-SmartCall System），包括智能求救子系统和智能求助子系统。紧急、重大事情发生，比如突然生病，家中着火等，客户按下红色按钮，服务中心客户端的主界面即出现该客户的呼叫求救信息列表，中心人员可以在第一时间优先进行救助处理。一般性的求助信息，比如送水送米，电灯坏了、打扫卫生等，甚至是法律咨询、心理咨询等，客户按下绿色按钮，服务中心客户端的主界面出现该客户的呼叫求助信息列表，中心人员随即可以安排相应的服务人员进行处理。

3）老人定位子系统

杰佳通居家养老服务平台老人定位系统（JJT-GIS System）主要用于外出老人迷失方向、突发疾病无法找到老人的位置时，老人按下呼叫终端紧急按键（SOS），平台就能迅速找到老人所在的位置，子女也可以主动查询老人位置。

4）视频关爱子系统

杰佳通居家养老服务平台视频关爱系统（简称 JJT-ActiveEyes System）适用于以下情况：

（1）家里子女因工作长期不在家，致使老人长期一个人在家，子女需要随时了解老人身体生活状况。

（2）老人长期需要护工护理，子女需要及时了解护理状况。

（3）某个家庭里有患慢病的老人，但是子女白天上班无法照顾又担心老人会出事。

（4）当老人紧急呼叫后，中心人员首先打开视频监控，判断老人需要何种紧急救助措施，然后迅速派单处理。

以上几种典型场景应用杰佳通居家养老服务平台视频监控系统能够方便、快捷的为老人子女和服务中心人员提供第一时间的状况视频，便于老人子女及时了解老人状况，也方便救助人员快速判断紧急事件以便迅速处理，为救助赢得了时间，增加救助成功的几率。

5）远程健康监护子系统

老人子女通过手机或电脑可以随时查看老人的实时健康参数或查看一段时间内的健康情况。也可以和医生对接。

杰佳通居家养老服务平台远程健康监控系统（JJT-Remote Health Monitoring System，JJT-RHM System），是本着"远程监控—健康档案—健康预警—健康促进"的思路设计的。通过远程对老人各项医疗测量指标的监测，及时发现异常并通知本人或子女，可以供老人就医的医院参考。

心脏病、糖尿病、高血压等慢性疾病已经成为危害人们健康和生命的重大疾病。社区人员（主要是老人）可以使用指定的一些健康监测仪器（比如心电仪、血氧仪、血压仪器、血糖仪）来测量身体的各项健康指标，这些信息会自动传送到远端服务器，服务中心给老人自动建立健康档案库，当监测到健康状况异常时，系统会自动提示服务中心人员，也会自动给老人子女发送必要的短信息，告诉子女老人的健康状况异常，请及时去就诊。

老人、急救中心、医院及子女皆可以远程登录，随时查询、关注老人的健康状况。该平台还提供系列健康信息及其他关怀服务，如健康指导，饮食指导，健身指导等。

6）生命体征监测子系统

杰佳通居家养老服务平台生命体征监测系统（JJT-MonitorVitalSigns-System，

JJT-MVS-System）适用于独居老人、空巢老人。系统利用先进、精密的穿戴设备，对老人进行持续多方面的监测，根据所得的资料，进行综合分析，如果有危险发生能够及时采取相应的治疗措施，从而达到挽救生命、治愈疾病的目的。

7）安防报警子系统

杰佳通居家养老服务平台安防报警系统（JJT-Security & Protection-System，JJT-SP-System）适用于家中某段时间无人，可能出现煤气泄漏、被盗等情况；或老人健忘，炖煮食物时忘记关火而发生煤气泄漏等情况。安装相关的安防终端后，出现意外时，服务中心能第一时间得到报警。

8）志愿者管理子系统

杰佳通居家养老服务平台志愿者管理系统（JJT-Volunteer Management-System，JJT-VM-System）用于志愿者注册、开展志愿服务信息收集、记载、保存、建立志愿服务情况查询、证明机制等。主要用于民政部及其下属的管理部门或运营公司对志愿者的管理，老人通过平台表达需求后，平台可以派志愿者进行服务，从而让各项活动（包括敬老爱老活动）得到更好的开展，使人力、财力更好地分配利用和协调调度。利用这套系统，将更方便地管理志愿者和相关的团队活动。

9）运营管理子系统

杰佳通居家养老服务平台运营管理系统（JJT-Operation-System，JJT-OP-System）为政府或运营公司提供"对外门户网站，对内会员管理"的服务。政府或运营公司可以在此进行政策宣讲、活动公示、老人服务资源展示与宣传等，还可以进行会员管理、缴费管理、养老商城运作等。

10）主动关怀子系统

杰佳通居家养老服务平台主动关怀系统（JJT-Care- System）综合运用电话、短信等通信手段，平台可以根据发送的内容，将天气状况、保健护理、疾病预防、政府的为老政策等主动发送给老人，让老人感受到政府和社会的关爱。

11）平台管理台

本管理台主要是政府或运营公司的管理人员和服务中心管理员对坐席工作及工作量的查询、监听、统计、评估等。

12）业务受理子系统

老人通过智能终端呼入平台后，平台值班坐席显示老人业务需求受理界面，并能实时显示老人的位置，服务中心人员根据业务受理业务（包括家政、送水、旅游、急救等一切老人需求信息）。

13）服务商考核子系统

杰佳通居家养老服务平台服务商考核系统（JJT-Service Provider Assessment-

System，JJT-SPA-System）用于加盟服务商在为老人服务时，监控服务人员的服务时间和服务质量，以便规范服务商淘汰机制，形成良性的竞争环境，最终提高服务质量。不同于市场上的普通二维码等各种手段监控，市场上目前的监控手段服务商易于作弊，杰佳通独创的考核算法，有效避免了服务商的作弊。

14）平台一卡通系统

杰佳通居家养老服务平台一卡通系统（JJT-One Card Solution-System，JJT-OCS-System）适用于：

（1）当加盟商上门为老人服务时，服人员手持消费机，刷卡或用健康体检手机即时结算。

（2）老人可以使用杰佳通一卡通卡或健康体检手机在服务中心免费自助体检（见远程健康监护系统部分说明）。

（3）服务中心举行活动或发放礼品等情况时，一卡通可以作为签到标志。

2. 杰佳通的服务项目

在政府资金资助和政策支撑下，杰佳通坚持"有偿、低偿、无偿相结合"的原则，不断地发展和丰富为老服务项目；并在积极地探索结合社会养老资源的基础上，以市场化、社会化的方式运营。在坚持保本微利的基础上，构建一种规模化、智能化、精细化的居家养老服务及组织管理模式，实现项目的可持续运营。

1）无偿服务

这类服务针对散居的"三无"老人，其中 75 周岁以上的重点优抚对象、市级以上劳动模范、百岁老人、低保和低保边缘人群、持有特困残疾证和特困职工证人员，每人每月由县（市、区）政府根据当地经济发展水平，发放一定数额的居家养老服务券。

2）低偿服务

对生活不能自理或不能完全自理且经济比较困难的社区独居、空巢老人，争取每人每月由政府发放一定数额的居家养老服务券。

3）有偿服务

有经济能力、需要上门服务的老人，通过自己购买，由居家养老服务机构提供各种服务。

4）义工服务

通过志愿者、相对健康老人、低龄老人为社区老年人提供义工服务。

5）社会力量认购服务

针对特殊困难的老人，积极动员社会力量，包括通过企业、社会、个人为老年人实行认购服务。

　　由此，杰佳通建立了一套完整的居家养老服务管理及协调机制：为辖区内的老龄人群及服务机构建立准确翔实的数据库及养老服务电子化档案；以社区为依托，服务机构和社区义工为支撑构建起强大的养老服务供应体系；以老人数据库、呼叫中心及智能终端产品为基础，构建紧急救援、生活帮助、主动关怀三大服务方式，丰富了服务手段和项目内容。构建了"公益化为前提、社会化为基础、市场化为补充"的信息化、智能化的虚拟敬老院运营模式，可有效推动居家养老服务行业持续、健康、快速的发展。

参考文献

第 1 章

[1] http://www.chyxx.com/industry/201510/352441.html

[2] http://news.mydrivers.com/1/439/439579.htm

[3] http://finance.eastmoney.com/news/1372，20140409374919675.html

[4] http://www.baike.com/wiki/%E6%9C%AA%E5%AF%8C%E5%85%88%E8%80%81

[5] http://www.1000thinktank.com/xsjzrwsk/9423.jhtml

[6] http://www.chinanews.com/sh/2012/09-05/4161024.shtml

[7] http://news.ifeng.com/gundong/detail_2012_05/17/14610006_0.shtml

[8] http://finance.sina.com.cn/2015-12-28/doc-ifxmykrf2487222.shtml

[9] http://finance.sina.com.cn/china/20120521/095412108441.shtml

[10] http://finance.ifeng.com/a/20150312/13549928_0.shtml

[11] http://bjrb.bjd.com.cn/html/2015-05/25/content_282110.htm

[12] http://www.jiemian.com/article/580868.html

[13] http://news.163.com/16/0330/23/BJEN45UD00014Q4P.html

[14] http://baike.baidu.com/link?url=mmhSyWkc7_bxOqr5Ts_AgDSqdUAvjSLpiFVwZydIEo_
eyLXjv0dToClfis0eqRLVMllib6McyXcTDftiPd1x0_

[15] http://www.csstoday.net/Item.aspx?id=7627

[16] http://www.zhongdaonet.com/NewsInfo.aspx?id=8533

[17] http://baike.baidu.com/link?url=-vepd4QVM5R0SoYJtVK9K4RgL3iqiuHlnot8z9CGR9IrvibS6
NKnsj9HdUbf9MxWqhmViWHqlt-_ngur7tZl9K

[18] http://baike.baidu.com/link?url=-vepd4QVM5R0SoYJtVK9K4RgL3iqiuHlnot8z9CGR9IrvibS6
NKnsj9HdUbf9MxWqhmViWHqlt-_ngur7tZl9K

[19] http://baike.baidu.com/link?url=gBeicxYRFsrIYgwgREh9GRtdHGuA35CIZx8UeZKGNqAb-
hV53OOgWIuZrhFf-Gyu30-FONrJFA11pmgMCVSGx_

[20] http://money.163.com/13/0307/03/8PB6ILQE00253B0H.html

[21] 曹敏晖，李占乐.中国老龄化社会的发展与养老模式的选择[J].郑州轻工业学院学报:社会
科学版，2004（4）:74-76.

[22] 杜吉国，侯建明.我国人口老龄化城乡倒置的影响及解决对策[J].理论探讨，2012
（3）:97-100.

[23] 李倩.老龄化背景下老年人的精神需求分析[J].东方企业文化，2011（8）.

[24] 刘静暖，杨扬，孙媛媛.我国养老服务产业:本质内涵与发展战略[J].工业技术经济，2014（9）:130-135.

[25] 韩宇.中国"未富先老"，何以解困?[J].红旗文稿，2012（22）:24-25.

[26] 汤熙，彭丽丽，刘凯琴，等.家庭养老模式下我国子女养老压力的现状[J].医学信息，2015（31）.

[27] 王瑞华.家庭养老、机构养老与社区养老的比较分析[J].重庆工商大学学报:社会科学版，2010，27（4）:68-73.

[28] 姚远.对家庭养老概念的再认识[J].人口研究，2000（5）:5-10.

[29] 于普林，石婧.中国老龄化进程及其对社会经济的影响[J].中华老年医学杂志，2014，33（2）:383-384.

第 2 章

[1] http://www.elecfans.com/yiliaodianzi/328484.html

[2] http://www.hxw.org.cn/html/article/info7320.html

[3] http://newhouse.sh.fang.com/2015-01-05/14556912.htm

[4] http://news.xinhuanet.com/health/2015-04/09/c_127672400.htm

[5] http://drug.39.net/cpess2014/141126/4525252.html

[6] http://www.91160.com/health/detail/id-7221.html

[7] http://www.chinacourt.org/article/detail/2013/01/id/815920.shtml

[8] http://www.jiemian.com/article/580868.html

[9] http://www.rxyj.org/html/2009/1116/186975.php

[10] http://khnews.zjol.com.cn/khnews/system/2012/12/28/015900419.shtml

[11] http://news.ifeng.com/a/20150711/44145510_0.shtml

[12] http://baike.baidu.com/link?url=PrrfOniYcqHefbzJoKUdKrIKidNjrx4Bx2d5IyPDAB0UO9ClMggsO4X1n3idsBhL

[13] http://www.ceweekly.cn/2016/0429/149462.shtml

[14] http://www.chinairn.com/news/20160428/155124426-2.shtml

[15] http://www.chinairn.com/news/20140227/143917672.html

[16] 陈丹仪，沈竞康，陈凯先，等.我国人口与健康状况简析[J].生命科学，2005，17（1）:1-9.

[17] 陈敏，曾宇平，王春容.基于医疗信息技术的医疗质量管理研究[J].中国医院管理，2011，31（2）:52-54.

[18] 冯凯，宋莉.试析"看病难、看病贵"成因及缓解对策[J].中国医院管理，2006，26（10）:10-12.

[19] 顾昕.鱼与熊掌不可兼得?——医疗服务的市场化与社会公益性[J].公共管理高层论坛，2006（2）.

[20] 黄晓璐.我国医疗费用高昂的原因分析及控制对策[J].武汉冶金管理干部学院学报，2008，18（4）:16-18.

[21] 焦雅辉，胡瑞荣.看病难现状及其影响因素浅析[J].中国医疗保险，2012（3）:35-37.

[22] 林俐，洪碧君，王英枝.当前医疗服务消费需求变化趋势分析与对策研究[J].卫生软科学，2007，21（1）:15-17.

[23] 刘邦凡，苗桂荣.略论我国公共医疗卫生支出[J].中国集体经济，2014（6）:52-53.

[24] 柳惠玲，王杰生，蔡岩松，等.搞好医疗、预防、保健一体化的服务[J].解放军医学情报，1996（3）:121-122.

[25] 彭小宸，邵蓉.新医改下我国基本医疗资源配置均等性研究[J].现代商贸工业，2013（11）:24-27.

[26] 单文卫.我国医疗设备行业发展的不足与未来展望[C]//2014 中国医疗设备民族工业发展大会征文集.2014.

[27] 韦潇，陈瑶，代涛.我国公立医院体系设置现状分析[C]//中国医学科学院/北京协和医学院医学信息研究所/图书馆 2011 年学术年会论文集.2011.

[28] 夏挺松，卢祖洵，彭绩.我国"看病难、看病贵"问题的成因及对策分析[J].中国社会医学杂志，2011，28（3）:155-157.

[29] 叶玲珑.基于两部模型的家庭医疗需求与消费结构研究[D].厦门大学，2014.

[30] 尹奋勤.我国医疗卫生资源分配中存在的问题及对策[J].中国市场，2008（44）:94-96.

[31] 尹叶子，赵国华.电子信息技术在医疗领域中的应用和发展[J].浙江医学，2010，32（7）:1126-1128.

[32] 赵云.公平与效率视角下看病难看病贵的根源与治道[J].中国卫生资源，2010，13（4）:151-153.

[33] 周儒普，种银保.医疗设备管理现状及发展趋势[J].医疗卫生装备，1995（3）.

第 3 章

[1] http://www.jkb.com.cn/chinahealth/tbgz/2014/0918/350919.html

[2] http://iot.ofweek.com/2015-12/ART-132216-8120-29036696.html

[3] http://iot.ofweek.com/2015-12/ART-132216-8470-29033387.html

[4] http://iot.ofweek.com/2015-11/ART-132214-8120-29030956.html

[5] http://news.xinhuanet.com/info/2015-10/18/c_134720131.htm

[6] http://tech.163.com/15/1218/09/BB3U6G4K00094O5H.html

[7] http://www.36dsj.com/archives/21782

[8] http://news.xinhuanet.com/info/2015-04/22/c_134169699.htm

[9] http://mt.sohu.com/20151022/n423856989.shtml

[10] http://www.banyuetan.org/chcontent/sz/szgc/201585/145168.html

[11] http://www.wokeji.com/wlw/qy/201511/t20151116_1915533.shtml

[12] http://www.topsky.com.cn/topskyNew/show.aspx?id=709

[13] http://www.bioon.com/trends/news/614901.shtml

[14] http://news.tsinghua.edu.cn/publish/news/4215/2015/20150615131620611744158/2015061513
1620611744158_.html

[15] http://www.360doc.com/content/15/0518/08/9360021_471360440.shtml

[16] http://www.360doc.com/content/16/0212/23/30638897_534187076.shtml

[17] http://www.eeworld.com.cn/medical_electronics/2015/0423/article_5674.html

[18] http://www.yicai.com/news/2015/02/4573712.html

[19] http://business.sohu.com/20150730/n417801242.shtml

[20] http://www.bioon.com/trends/news/610720.shtml

[21] http://drug.39.net/hyjj/131206/4303638.html

[22] http://finance.ce.cn/rolling/201504/08/t20150408_5048293.shtml

[23] http://news.sina.com.cn/c/2016-04-12/doc-ifxrcizs7352057.shtml

[24] http://news.163.com/15/0420/05/ANKE8JMU00014AED.html

[25] http://news.xinhuanet.com/health/2014-01-28/c_126072668.htm

[26] http://www.ccidnet.com/2015/1221/10069830.shtml

[27] http://money.163.com/15/1126/01/B9AG60RD00253B0H.html

[28] http://news.rfidworld.com.cn/2015_08/41815e006f0623d8.html

[29] http://www.vcbeat.net/34173?from=singlemessage&isappinstalled=0

[30] http://mt.sohu.com/20160524/n451243180.shtml

[31] http://sanwen8.cn/p/115gW7I.html

[32] http://mt.sohu.com/20150911/n420938162.shtml

[33] http://www.wokeji.com/wlw/zxzz/201512/t20151204_2000643.shtml

[34] http://cooperation.sme.gov.cn/cms/news/100000/0000000009/2016/3/24/d6f37c89f8894
ba7b6ed6537c2f96d36.shtml

[35] http://health.sohu.com/20160625/n456379031.shtml

[36] http://www.cjxzz.org/news/show-60428.html

[37] http://mt.sohu.com/20160613/n454225807.shtml

[38] 崔保丽，杨丽坤，齐亚敏.智能药品管控系统在佑安医院的应用[J].中国卫生信息管理杂志，2015（2）:173-175.

[39] 郭清.移动智慧医疗与智能健康管理[J].健康人生，2014（10）.

[40] 刘金权."4P"医学模式下的智慧医疗方案[J].物联网技术，2013（5）:5-6.

[41] 石永峰，曾云锋，徐菲.智慧医疗推动就医模式创新[J].中国公共安全:学术版，2013（21）:138-139.

[42] 席恒，任行，翟绍果.智慧养老：以信息化技术创新养老服务[J].老龄科学研究，2014（7）:12-20.

[43] 张足生，方翔.基于 Android 智能手机的电子处方系统研究[J].中国科技信息，2013（15）:90-90.

[44] 赵翊君，孙皓月，董颢霞.基于物联网的医疗设备智能化管理应用研究[J].河北建筑工程学院学报，2014（2）:98-101.

[45] 左秀然，杨国良.以患者为中心的智慧医疗应用模式研究与实践[J].医学信息学杂志，2014，35（12）:13-18.

第 4 章

[1] 陈海锋."智慧医疗"中的物联网技术应用[J].金卡工程，2015，08:15-18.

[2] 陈骞.智能可穿戴设备在医疗健康领域的发展与应用[J].上海信息化，2014，12:83-85.

[3] 陈钰，王捷，刘仲明.无线传感网在智慧医疗护理中的应用[J].医疗卫生装备，2011，05:73-75.

[4] 胡新丽.物联网框架下的智慧医疗体系架构模型构建——以武汉智慧医疗为例[J].电子政务，2013，12:24-31.

[5] 黄辰，潘永才，李可维，黄本雄，皮健夫，付勇前.基于传感器聚类数据挖掘的物联网智慧医疗模型设计[J].传感器与微系统，2014，04:76-79.

[6] 黄海诚，汪丰.可穿戴技术在医疗中的研究与应用[J].中国医疗设备，2015，01:1-5.

[7] 梁瑞.物联网在智慧医疗系统建设中的应用思考[J].电脑知识与技术，2012，02:303-305.

[8] 邵星，王翠香，孟海涛，刘其明，韩立毛，徐秀芳.基于物联网的社区智慧医疗系统研究[J].软件，2015，12:45-48.

[9] 孙焱，戴启锐.可穿戴设备与医疗健康产业关系研究及发展趋势分析[J].中国数字医学，2015，08:25-28.

[10] 徐蕾，陈敏亚.可穿戴医疗设备在医疗监测系统中的应用[J].中国数字医学，2015，05:23-24+35.

[11] 郑西川，孙宇，于广军，杨佳泓，王炯.基于物联网的智慧医疗信息化 10 大关键技术研究[J].医学信息学杂志，2013，01:10-14+34.

第 5 章

[1] 蔡佳慧，张涛，宗文红.医疗大数据面临的挑战及思考[J].中国卫生信息管理杂志，2013，04:292-295.

[2] 胡新平，张志美，董建成.基于云计算理念与技术的医疗信息化[J].医学信息学杂志，2010，03:6-9.

[3] 黄辰，潘永才，李可维，黄本雄，皮健夫，付勇前.基于传感器聚类数据挖掘的物联网智慧医疗模型设计[J].传感器与微系统，2014，04:76-79.

[4] 李建功，唐雄燕.智慧医疗应用技术特点及发展趋势[J].中兴通讯技术，2012，02:22-26.

[5] 倪明选，张黔，谭浩宇，罗吴蔓，汤小溪.智慧医疗——从物联网到云计算[J].中国科学：信息科学，2013，04:515-528.

[6] 张振，周毅，杜守洪，罗雪琼，梅甜.医疗大数据及其面临的机遇与挑战[J].医学信息学杂志，2014，06:2-8.

[7] 赵长勇.面向智慧医疗的诊断信息数据挖掘应用研究[D].浙江大学，2014.

[8] 周光华，辛英，张雅洁，胡婷，李岳峰.医疗卫生领域大数据应用探讨[J].中国卫生信息管理杂志，2013，04:296-300+304.

[9] 邹北骥.大数据分析及其在医疗领域中的应用[J].计算机教育，2014，07:24-29.

第 6 章

[1] 陈金雄.迈向智能医疗[M].电子工业出版社，2014.

[2] 黄波.基于云计算的医疗联合体信息化建设研究[D].北京交通大学，2014.

[3] 姜黎辉.移动健康与智慧医疗商业模式的创新地图和生态网络[J].中国科技论坛，2015，06:70-75.

[4] 李瑾，赵琦，骆文香.移动智慧医疗系统的构建与思考[J].东南国防医药，2015，03:329-331.

[5] 莫胜男，尚武.智慧医疗服务平台中的移动健康服务[J].医学信息学杂志，2015，09:14-17.

[6] 倪荣，陈启岳，楼毅.智慧医疗背景下移动在线支付医疗模式创新应用[J].医学信息学杂志，2014，12:8-12.

[7] 蒲亚川.可穿戴医疗开启大健康时代[J].互联网经济，2015，04:16-19.

[8] 寿文卉，王义，王博，周贤波，许利群.可穿戴及便携式设备在健康医疗领域的应用分析[J].互联网天地，2015，08:26-32.

[9] 孙文德，沈风桂，张伟忠.杭州智慧医疗建设现状及对策建议[J].现代城市，2013，04:34-37.

[10] 唐雄燕.基于物联网的智慧医疗技术及其应用[M].电子工业出版社，2013.

[11] 托波尔.颠覆医疗[M].电子工业出版社，2014.

[12] 吴越.智慧医疗[M].清华大学出版社，2011.

[13] 左秀然，杨国良.以患者为中心的智慧医疗应用模式研究与实践[J].医学信息学杂志，2014，12:13-18.

第 7 章

[1] http://www.yiliaoshebei.com.cn/show.aspx?id=500

[2] http://www.biodiscover.com/news/industry/113021.html

[3] http://www.36dsj.com/archives/32241

[4] http://www.yiliaoshebei.com.cn/

[5] http://www.cntrades.com/tradeinfo/chanpin_detail_5639420.html

[6] http://mt.sohu.com/20151208/n430208546.shtml

[7] http://www.d1net.com/bigdata/news/327132.html

[8] http://www.cnjxol.com/xwzx/jxxw/szxw/content/2014-10/24/content_3188930.htm

[9] http://www.chinanews.com/cj/2015/06-02/7316990.shtml

[10] http://www.doc88.com/p-2082446247558.html

[11] http://www.cnegu.com/news/3/news_10948.html

[12] http://www.caa.org.cn/index.php?me_id=1025&ac_id=1426

[13] http://www.ciotimes.com/ProCase/85470.html

[14] http://news.rfidworld.com.cn/2015_07/6bc11defba104ff4.html

[15] 郭磊,曹世华.基于物联网技术的医疗设备供应链管理[J].计算机时代,2011:29-31.

[16] 郭玉清,李文红,陈秀毅.医院药品采购和库存成本控制[J].中国医药指南,2009,7（3）:25-26.

[17] 哈鹰,安欣,郭平,等.药物滥用监测网络信息管理系统[J].中国药物依赖性杂志,2006,15（5）:390-394.

[18] 皇甫德俊,张玉,穆小苏等.基于物联网技术医疗设备运行状态监测系统的设计[J].医疗卫生装备,2014：39-41.

[19] 志民,吕宪祥.我国药物滥用监测概述[J].中国药物依赖性杂志,2004,13（1）:11-17.

[20] 栾智鹏,蒯丽萍,舒丽芯,等.医药物流追踪系统中二维条码和射频识别技术联合应用的探讨[J].药学实践杂志,2009,27（5）:373-374.

[21] 罗丽华,于汇泉.医疗设备效益分析数据采集模型设计[J].医疗装备,2006,19（6）:26-27.

[22] 马广瑞,张永亮.基于 RFID 技术的药品物联网仓储管理的分析与设计[J].速读,2016（4）:364.

[23] 施磊.自动数据采集系统在医药物流系统中的应用[J].物流技术与应用,2004,9（6）:67-70.

[24] 苏根元.医院医疗设备采购管理环节的信息化探讨[J].中国医学装备,2013：71-72.

[25] 谭永红,曾仁杰,梁容梅,等.药物临床治疗效果跟踪——药历[J].西南国防医药,2002,12（4）:351-352.

[26] 王菊勇,肖臻,倪爽,等.我院新型药物临床试验电子信息化管理系统[J].中国新药杂志,2014（22）:2647-2650.

[27] 吴巍.大数据助推医药企业供应链发展[J].物流技术与应用,2014,19（9）:131-134.

[28] 徐海飞,文光俊.基于 RFID 技术的药品供应链管理研究[J].现代电子技术,2012,35（3）:68-70.

[29] 徐沪萍,姚念.基于物联网的医药物流管理信息系统研究[J].武汉理工大学学报:信息与管理工程版,2013,35（3）:361-364.

[30] 徐徕,黄伟俊,蒋兰敏.药品电子监管的作用和意义[J].上海医药,2010,31（11）:498-501.

[31] 杨凤辉,尚长浩.物联网背景下医疗设备数据采集器的研制[J].中国医学装备,2012,9（12）:10-14.

[32] 杨坤,邵蕾.大型医院医疗设备采购流程精细化管理的探讨[J].生物医学工程学进展,2014（2）:108-111.

[33] 杨舒杰，刘皓.基于供应链管理的药品分销渠道管理及实施对策[J].世界临床药物，2010，31（7）:443-446.

[34] 姚国红，吴豪，刘运成，等.基于互联网+技术医疗设备招标采购管理系统的构建[J].人民军医，2015（10）:1239-1240.

[35] 余进，胡益民，甘霖等.物联网技术在消毒医疗器械追溯管理中的应用[J].中国医疗设备，2014: 95-97.

[36] 张景双，郭妹.药品库存预警和新型采购模式在药库日常工作中的应用[J].中国卫生标准管理，2016.

[37] 张世霞.物联网技术在智能医疗管理中的应用[J].齐鲁工业大学学报:自然科学版，2012，26（3）:87-89.

[38] 周军华，任坚，吴文生等.基于自组网和物联网的医疗设备综合管理系统设计与实现[J].中国医学装备，2015：41-44.

[39] 朱丰根，徐新隆，严志汉.论信息技术优化医院药品管理流程[J].中国医院管理，2007，27（6）:10-12.

[40] 种银保，郎朗，黄燕.现代医疗设备管理现状及其发展趋势[J].医疗卫生装备，2009，30（03）:86-87.

[41] 徐璐宁.美国大型医院医疗设备管理案例分析[J].中国医疗设备，2009，24（08）:88-91.

第 8 章

[1] 褚湜婧，王猛，杨胜慧.典型福利类型下居家养老服务的国际比较及启示[J].人口与经济，2015（4）:119-126.

[2] 崔舸，班晓娜.我国机构养老面临的困境及应对策略[J].学理论，2014（22）:122-123.

[3] 崔恒展.居家养老的源起演变及其内涵探究[J].山东社会科学，2015（7）.

[4] 傅亚丽.国内城市机构养老服务研究综述[J].人口与社会，2009，25（1）:33-36.

[5] 李敏，王风娥.我国社区居家养老:现状、问题及建议[J].党史博采:理论版，2012（4）:33-34.

[6] 穆光宗.我国机构养老发展的困境与对策[J].华中师范大学学报：人文社会科学版，2012，51（2）:31-38.

[7] 孙泽宇.关于我国城市社区居家养老服务问题与对策的思考[J].中国劳动关系学院学报，2007，21（1）:98-101.

[8] 张建明.一种理性必然——城市社区居家养老[J].中国经济与管理科学，2008（2）:10-13.

[9] 张琳.我国发展"以房养老"模式实践及完善对策[J].商业时代，2014（28）:106-107.

[10] 赵立志，夏咏雪，马卓然，等.我国城市"以房养老"的问题与对策研究[J].城市发展研究，2014（11）.

[11] 周元鹏，张抚秀.上海市社区居家养老服务发展的背景、需求趋势及其思考[J].人口与发展，2012，18（2）:82-90.

第 9 章

[1] Alexis，Denton，Joyce，等.探讨美国 CCRC 养老模式及其在中国的前景[J].建筑技艺，2014（3）:52-55.

[2] 胡淼.美国"三支柱"模式对我国养老保障制度的启示[J].商情，2013（16）:10-10.

[3] 龙纳，胡秀英，大黑绫子.日本老年护理制度介绍[J].护士进修杂志，2011，26（11）:1032-1033.

[4] 吕永久.浅析美国养老制度及对我国的启示[J].中国老年保健医学，2011，09（3）:94-95.

[5] 马荣真.试析美国养老模式对我国的借鉴意义[J].工会论坛——山东省工会管理干部学院学报，2011，17（3）:21-22.

[6] 任福荣.国外社区居家养老模式的实践探索及对中国的借鉴意义[J].城市建设理论研究：电子版，2012.

[7] 田原.日本城市社区养老服务的经验与启示[J].当代经济，2010（9）:40-41.

[8] 万江，余涵，吴茵.国外养老模式比较研究——以美国、丹麦、日本为例[J].南方建筑，2013（2）:77-81.

[9] 王志成.美国养老地产的四大经典模式[J].中国社会工作，2014（9）:120-121.

[10] 吴兴竹.美国养老保障制度研究[D].武汉科技大学，2008.

[11] 郑秉文.美国的养老制度[J].中国民政，2015（1）:55-56.

[12] 周长生.日本社会养老给我们的启示[J].中国社会组织，2011（9）:51-53.

第 10 章

[1] 陈晓燕.我国养老保险制度现状及今后发展方向[J].学术探索，2006（5）:30-34.

[2] 陈艳艳.国外养老的主要模式与中国养老模式的选择[J].上海投资，2007（9）:6-9.

[3] 陈友华.居家养老及其相关的几个问题[J].人口学刊，2012（4）:51-59.

[4] 李敏，王风娥.我国社区居家养老:现状、问题及建议[J].党史博采:理论版，2012（4）:33-34.

[5] 马颖颖，申曙光.老年医疗保障制度探析[J].中国社会保障，2014（9）.

[6] 祁峰.我国城市居家养老研究与展望[J].经济问题探索，2010（11）:119-123.

[7] 孙泽宇.关于我国城市社区居家养老服务问题与对策的思考[J].中国劳动关系学院学报，2007，21（1）:98-101.

[8] 邢印江.我国养老保险制度的现状及对策分析[J].中国市场，2013（44）:51-52.

[9] 杨方方.我国养老保险制度演变与政府责任[J].中国软科学，2005（2）:17-23.

[10] 张新生，王剑锋.发达国家居家养老服务产业及其对我国的启示[J].理论导刊，2015（9）:79-81.

[11] 周元鹏，张抚秀.上海市社区居家养老服务发展的背景、需求趋势及其思考[J].人口与发展，2012，18（2）:82-90.

第 11 章

[1] http://tech.sina.com.cn/i/2014-08-01/09199530022.shtml

[2] http://www.jjxinfo.com/Home/Page/2

[3] 仇明.基于物联网 ZigBee 技术的智能社区居家养老系统[J].佛山科学技术学院学报：自然科学版，2015（2）:71-75.

[4] 韩璐，阿细.机器人养老[J].二十一世纪商业评论，2014（24）:38-43.

[5] 蒋皆恢，潘晓洁，姜贤波，等.基于智能检测与康复的多功能护理床[J].中国医疗器械杂志，2016（1）:47-51.

[6] 孔庆莹，李青云，王波，等.适用于居家养老的智能护理设备应用综述[J].电脑编程技巧与维护，2015（14）:103-104.

[7] 刘琳.智能化家居系统在养老住宅中的应用[J].产业与科技论坛，2013（24）.

[8] 陆云菲，姚玲.基于物联网的现代养老——智慧养老[J].群文天地，2013（5）.

[9] 罗超.安防开启智慧养老新模式[J].中国公共安全:学术版，2015（8）：50-54.

[10] 潘峰，宋峰.互联网+社区养老：智能养老新思维[J].学习与实践，2015（9）:99-105.

[11] 潘思羽，汪科，郭培宇，等.上海市智能化居家养老服务的供给和需求研究——以上海市松江区和长宁区为例[J].卷宗，2014（12）:472-473.

[12] 石明星.穿戴式智能居家养老照护系统的设计与实现[D].大连理工大学，2014.

[13] 石明星.穿戴式智能居家养老照护系统的设计与实现[D].大连理工大学，2014.

[14] 田秋姣，蔡玉霞，付诗.智能型全自动护理床在介护老年人中的运用[J].护理学杂志：综合版，2014，29（3）:67-69.

[15] 王亮.养老护理智能化系统分析[J].智能建筑电气技术，2015（2）:83-86.

[16] 谢凯生.红外无线报警器的原理分析[J].电子世界，2014（12）:20-20.

[17] 徐超.构筑"没有围墙的养老院"——智慧养老新体验[J].上海信息化，2015（1）:46-48.

[18] 许加明，蒋晓玲.互助服务与智能服务：城市空巢老人居家养老的历史传承及现代创新[J].社会工作，2015（2）:35-40.

[19] 张陆，高文钺.养老机构医养结合远程医疗智能化技术与方法[J].社会福利，2014（8）.

[20] 朱勇，庞涛.中国智能养老产业发展报告[M].社会科学文献出版社，2015.

[21] 朱勇.智能养老[M].社会科学文献出版社，2014.

[22] 禤传君，高艳杰，曲鸿儒，等.养老院智能护理系统的设计及应用[J].中国医疗设备，2015（9）:76-78.

[23] 左美云，陈洁."SMART"智慧居家养老新模式[J].中国信息界，2014（4）:41-43.

[24] 佐美云.智慧养老的内涵、模式与机遇[J].中国公共安全，2014.